SOLDATS DE DEMAIN

Les Filles du Général

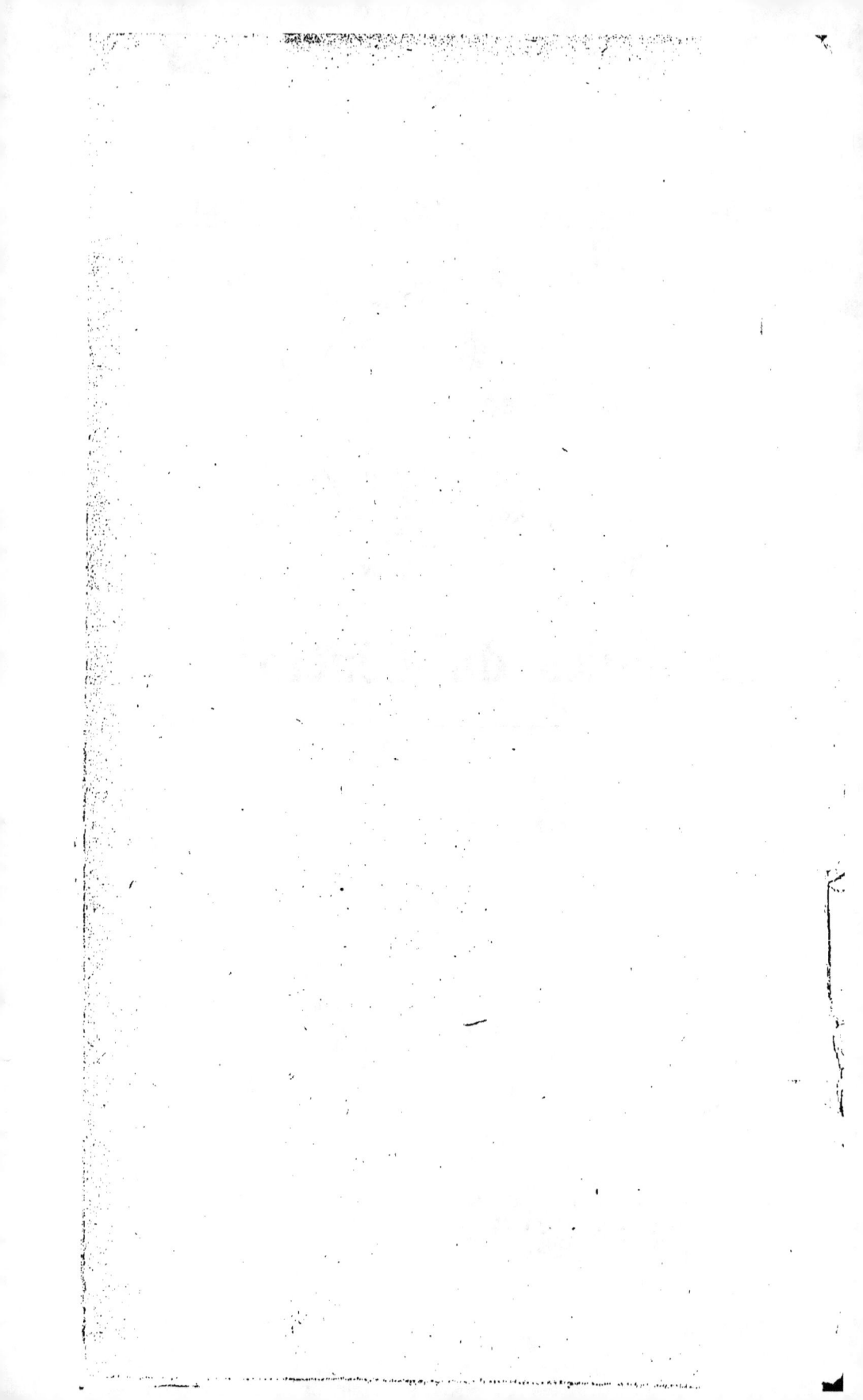

JULES MARY

SOLDATS DE DEMAIN

Les
Filles du Général

**

PARIS

Société d'Éditions et de Publications

Librairie Jules TALLANDIER, 75, rue Dareau (14e)

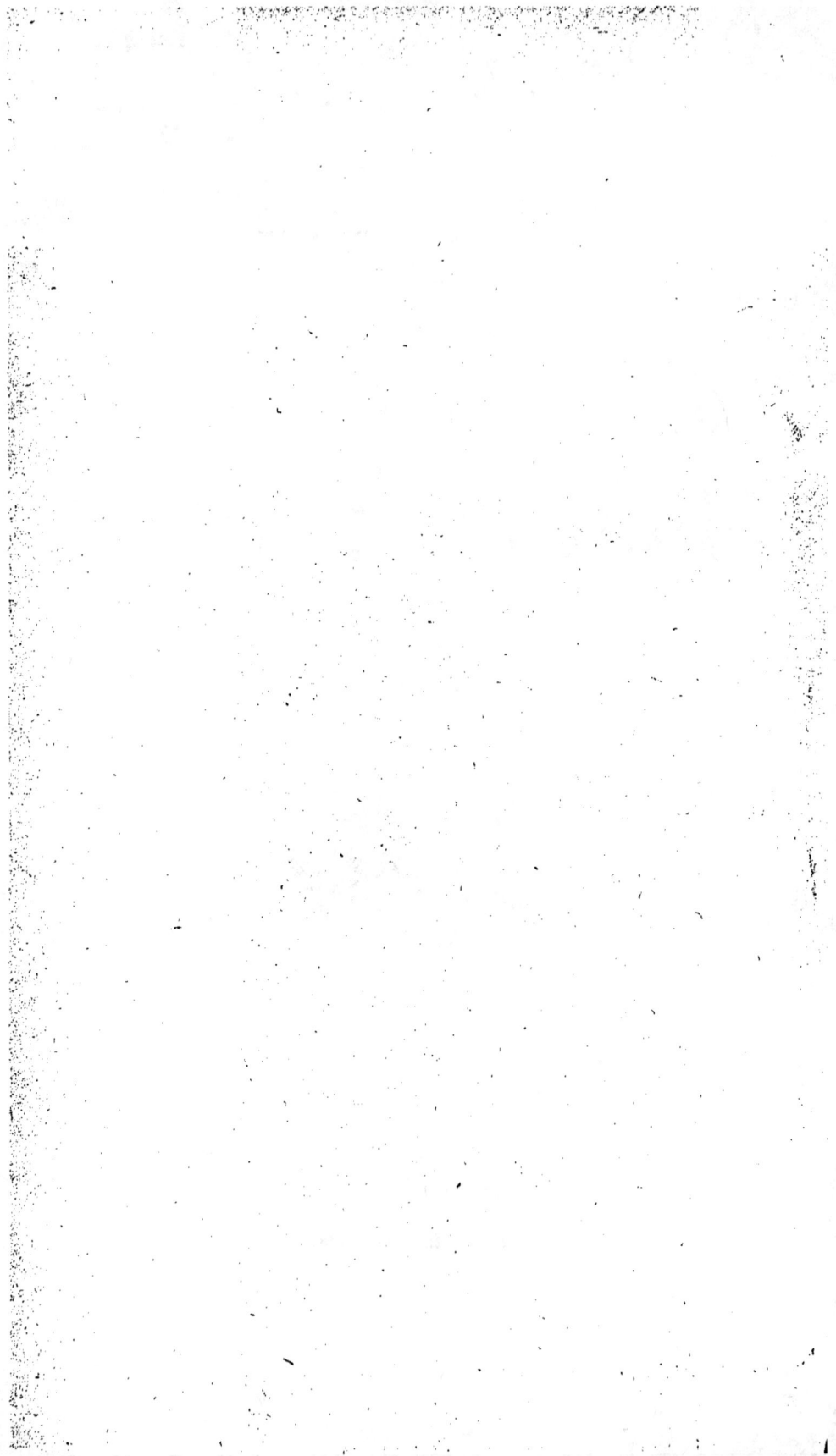

LES FILLES DU GÉNÉRAL

PREMIÈRE PARTIE

LES FILLES DU GÉNÉRAL

I

Les ordres de Tête-de-Mort.

Les deux ou trois jours qui suivirent, César les passa encore au lit. Il avait été fortement ébouillanté et mal en point. Pendant ces deux journées de solitude absolue, il rêva, ressassant en son esprit cent fois le même rêve.

Et ce rêve pouvait se résumer ainsi :

— Drogont est-il Drogont ?

Car, en somme, il fallait bien arriver à se poser crûment cette question. Elle enveloppait, dans sa concision, toutes les situations troublantes que César avait traversées jusqu'alors et elle rendait le problème, ou bien insoluble ou bien facile. Elle contenait tout, lumière et ténèbres. D'elle pouvait sortir toute joie, si Drogont était Drogont, ou la foudre et les catastrophes, si Drogont n'était pas Drogont !...

Mais, en ce dernier cas, quel abîme de complications !

Et comment en sortir !

— Résumons toujours ! murmura-t-il.

Et il recommençait à rêver.

— Admettons que Drogont soit Drogont... En ce cas, tout s'écroule, et c'est le général qui a raison. J'aurai été la victime ridicule d'un tas de coïncidences pour le moins singulières et il y a un malin hasard qui se sera moqué de moi... Et il faut bien avouer que toutes les apparences et que même des preuves se mettent en travers de ce que j'ai imaginé.

Ici, une longue pause pendant laquelle il se fatigue à rêvasser, puis :

— Car, comment Drogont ne serait-il pas Drogont ? L'autre, le vrai, a existé... Il existe... Pour cela, il faut donc que mon Drogont, à moi, ne soit pas le vrai ?... César, arrête-toi, mon ami... Te voilà de nouveau sur la pente fatale !...

Une autre pause, encore plus longue :

— Admettons que Drogont ne soit pas Drogont... Alors, il y aurait substitution ? L'un est entré dans la peau de l'autre ?... Mais qu'est devenu l'autre ? Mort, nécessairement ?... Où est-il mort et comment ? De sa mort naturelle ou de mort violente ? Le Drogont qui s'est embarqué sur le *Sénégal* était-il le vrai ou le faux ? Et à quel moment a eu lieu la substitution ? Avant, pendant ou après la traversée ?

Une pause, de plus en plus longue :

— Pendant la traversée, évidemment — toujours si ma supposition est vraie. En ce cas, je m'explique la présence de la clef de la cabine 17 dans la cabine 21... et l'homme que j'aurais devant moi aujourd'hui ne serait autre que le docteur Marboré, qui s'est suicidé sur le bateau, dans un accès de neurasthénie... Est-ce possible, voyons, est-ce possible ? Tant pis... allons jusqu'au bout du raisonnement... jusqu'à l'absurde... Si Marboré a pris la peau de Drogont, ce médecin neurasthénique était donc de mèche avec Tcherko ? Tout cela était donc combiné de haute main, de loin et depuis longtemps ? Oh ! oh ! César, mon ami, j'aperçois des cordes pour toi et une camisole de force, car tu deviens fou à lier... Dors, tu seras plus calme...

Il se tourna vers le mur, prit une position commode et resta immobile.

Mais le sommeil ne devait pas venir... Et il grommelait :

— Pas si fou, vraiment... Ce ne serait pas la première fois, en France et même dans l'armée française, qu'un homme aurait substitué sa propre personnalité à celle d'un autre, et, de galon en galon, serait arrivé jusqu'au grade d'officier supérieur... Il y a un certain forçat qui est devenu colonel, et dont j'ai lu, autrefois, la stupéfiante, véridique et historique histoire...

. . . .

Au printemps de 1801, sur la place du Palais-de-Justice, à Paris, on venait de dresser le petit échafaud qui servait à l'exposition des malfaiteurs. Avant qu'un voleur fût expédié au bagne, on l'exhibait sur la place publique. Assis sur le tabouret, lié au poteau, les condamnés supportaient l'infamie du carcan. Ce jour d'avril 1801, un homme et une femme venaient d'être ligotés au poteau, et assis sur le tabouret. L'écriteau cloué au-dessus de sa tête indiquait son nom de Pierre Coignard, né à Langeais, âgé de trente ans, condamné à quatorze ans de travaux forcés pour vol et escroquerie ! La femme était sa complice et sa maîtresse, Lise Lordat, condamnée à vingt ans. Leur exhibition dura quatre heures. On conduisit la fille à Saint-Lazare et Coignard à Bicêtre, où il devait attendre le départ de la chaîne. Un mois après, il était à Toulon... accouplé par la chaîne à un forçat nommé Darius...

Quatre ans après, il réussissait à s'évader et passait en Espagne.

Là, il s'engage dans les guérillas espagnoles qui battaient l'estrade contre les troupes de nos généraux Moncey et Duhesme, en Catalogne, monte de grade en grade jusqu'à celui de commandant. Il se faisait appeler Pontis et se donnait comme royaliste compromis dans un complot et échappé aux prisons de Bonaparte.

En 1810, il commandait sa guérilla et venait d'être nommé chevalier des ordres d'Alcantara et de Saint-Vladimir.

A son nom de Pontis, il ajoutait bientôt celui de Sainte-Hélène, le véritable comte de Sainte-Hélène, vieil émigré français, venant de mourir, et Coignard ayant réussi à se procurer quelques-uns de ses papiers, de même qu'un cachet à ses armes.

Mais voici que l'ancien forçat fut fait prisonnier.

Conduit devant le maréchal Soult, il sut s'y prendre avec tant d'éloquence et de vérité que le comte Pontis de Sainte-Hélène au lieu d'être passé par les armes, ainsi que cela n'eût point manqué si l'on avait connu son véritable état civil, entra dans l'armée française et fut affecté, avec son grade de commandant, au 100e régiment de ligne...

Le plus brillant avenir s'ouvrait devant le forçat.

L'étoile de Napoléon pâlit. L'empereur abdiquait. Louis XVIII était roi. Le bagnard eut l'audace de venir s'installer à Paris, sous son nom d'emprunt ; il obtenait une audience du roi, qui le reçut avec bienveillance, et il coudoya bientôt, aux Tuileries, les plus illustres seigneurs de France !

Entre temps, il réussissait, à force d'audace et d'ingéniosité, à se procurer, à créer des actes de notoriété, appuyés et certifiés par des témoins honorables... portant les plus beaux noms...

Or, voici que Napoléon s'échappe de l'île d'Elbe... Voici que le vieux roi s'enfuit des Tuileries escorté par quelques fidèles...

Au nombre de ces gardes du corps, parade le comte Pontis de Sainte-Hélène, l'ancien forçat, l'homme du poteau d'exhibition... en familiarité la plus intime avec les ducs de Duras et de Lévis, M. de Vaublanc, M. de Sèze, M. de Lally-Tollendal, M. de Châteaubriand, et tant d'autres assistant avec lui au lever du roi...

Après Waterloo, il fut nommé lieutenant-colonel, assista à toutes les fêtes, aimé du monarque et des princes. Toutes les portes s'ouvrent devant lui.

Mais ces aventures ne lui ont pas donné la fortune. Il a besoin d'argent, de beaucoup d'argent et grâce aux facilités qui lui sont données d'entrer dans les plus riches maisons, le voici qui tente quelques beaux coups, lesquels réussissent et l'entraînent à d'autres entreprises.

La dégringolade va commencer...

L'ancien compagnon de chaînes Darius, du bagne de Toulon, vient de reconnaître Pierre Coignard au moment où celui-ci défile à cheval, à la tête de son régiment, saluant le roi l'épée basse, à la dernière revue de la place Vendôme...

Darius se présente chez le colonel qui le fait chasser... grande imprudence.

Il est dénoncé, finalement reconnu, et prend la fuite...

Maintenant, il erre de bouge en bouge... Il a formé une bande de voleurs que poursuit impitoyablement, sans une heure de fatigue, le fameux Vidocq... La bande est arrêtée dans un taudis du faubourg de Popincourt où l'on découvre des bijoux, des cachemirs, des armes, des fausses barbes, des déguisements de toute sorte.

La bande arrêtée, ce fut bientôt le tour de Coignard. Il

se défendit à coups de pistolet, fut garroté et porté à la conciergerie.

En juin 1819, le forçat-colonel remonte au banc des assises !

Les débats furent longs et difficiles.

Après quoi le comte Pontis de Sainte-Hélène, colonel commandant la soixante-douzième légion de la garde nationale de Paris, fut condamné aux travaux forcés à perpétuité, à six heures d'exposition au carcan, à la flétrissure des lettres T. F. marquées au fer rouge sur l'épaule des misérables qui ne devaient plus sortir du bagne...

Au bagne de Toulon, il fut mis à la double chaîne.

Il y devint une célébrité. On venait le voir, il essayait d'en imposer par de grands airs, restant malgré tout Pontis de Sainte-Hélène, et répudiant tout ce qui avait été Pierre Coignard.

Ce fut un roi du bagne.

Il mourut vers 1830...

. . . .

— Darius ! Darius ! murmurait César en se retournant dans son lit... Ah ! si je pouvais trouver le même bonhomme !... J'avais bien cru, avec ce pauvre Walter... Mais ils s'en sont proprement débarrassés, les gredins !... Ce Tcherko est tout de même un rude adversaire !... A défaut d'un Darius, quoi faire ?

Certes, il y songeait depuis quelques jours...

Depuis qu'il avait vu, surtout, quel désarroi profond et quelle angoisse il avait jetés dans l'âme de Bénavant avec ses soupçons !

Oui, parbleu, le moyen était très simple...

Ecrire ou télégraphier en Afrique une note confidentielle, — le général en avait les moyens, — et faire venir du Tchad ou du Congo d'anciens camarades, officiers, sous-officiers ou tirailleurs, ayant vécu et bataillé avec Drogont, et qui, par conséquent, du premier coup, le reconnaîtraient.

Ou ne le reconnaîtraient pas...

— La belle affaire ! Si l'on écrit là-bas, il faudra, au bas mot, trois mois pour que la lettre parvienne et trois autres mois, au moins, pour que les hommes arrivent à Paris... Si l'on télégraphie, ce sera toujours un minimum de trois ou quatre mois !.... Et d'ici là, ici, tout sera terminé !

» Dans trois mois, avant peut-être ! Si je n'ai pas pu arrêter l'intrigue de Tcherko, l'Europe sera à feu et à sang... la guerre déroulera partout ses horreurs... Donc, il faut agir vite et aller au plus pressé, si l'on veut épargner à la France, épargner au monde une pareille catastrophe.

L'on parlait, dans les journaux, de faire venir pour la revue du 14 Juillet, à Longchamp, des tirailleurs sénégalais, congolais, des Banbous, des Saras, des Yacomas, des Bambouas, des Occolofs et des Toucouleurs. Peut-être, parmi eux, y en avait-il qui connaissaient Drogont ?

Mais le 14 Juillet, c'était trop longtemps attendre...

La catastrophe aurait éclaté, d'ici là !...

N'était-il donc pas possible de trouver en France le Darius du forçat Coignard ?

Question que Cœur-qui-Tremble se posait pour la centième fois !...

Par l'Assistance publique, peut-être ?

Drogont était un enfant déposé à l'hospice de la rue Denfert. Par l'hospice, ou par l'administration de l'avenue Victoria, ne découvrirait-on pas quelque filière à laquelle on aboutirait à la vérité ? Du passage de l'enfant à l'Assistance, depuis son abandon jusqu'à son apprentissage, ne reste-t-il pas quelque preuve, des documents, des papiers ?

Le jour même où, enfin remis, le médecin lui permettait de sortir pour la première fois, César courait rue Denfert.

Et là, aidé par l'obligeance du directeur, il fit une enquête : il en résulta que vingt-cinq années auparavant, exactement le 20 mars, un enfant avait été déposé auquel on avait donné un numéro d'ordre d'abord... puis confié aux soins d'une nourrice qui l'emporta à Vannes... Ce fut là qu'il fut baptisé du nom de Frédéric Drogont... au hasard de la trouvaille. Il fréquenta l'école primaire, les cours du soir, ayant le goût de s'instruire et, travailleur acharné... à quatorze ans, il fut engagé comme ouvrier dans une ferme du côté de Fouesnant... aux confins de la terre de Bretagne... Fut-ce le voisinage de la mer, le récit des vieux pêcheurs et des marins, l'atmosphère respirée dans ce pays de légendes et d'aventures, il n'eut pas plutôt dix-huit ans, qu'il s'engageait et partait pour l'Afrique.

L'adresse de la nourrice de Vannes, de même que l'adresse du paysan de Fouesnant, le directeur les donna.

Il n'y avait, dans l'existence de l'enfant, aucune particularité de nature à retenir l'attention de César.

Avenue Victoria, à l'administration centrale de l'Assistance publique, il interrogea minutieusement l'employé affecté au bureau des nouvelles. C'est là que viennent les malheureuses mères qui, ayant jeté leurs enfants à l'abandon de la rue Denfert, s'en souviennent pourtant et prennent parfois souci de venir demander s'ils vivent ou s'ils sont morts... Sur la fiche affectée à chaque pupille, et portant son numéro d'ordre, l'employé met un cachet portant la date — trimestrielle — du jour où la mère a voulu s'enquérir du misérable petit être sorti de ses entrailles...

La fiche de Frédéric Drogont était vierge.

Jamais, dans l'immense fourmilière de Paris, de la France, du monde, jamais un cœur ne s'était ému à la pensée du petit abandonné.

Jamais la tendresse et le remords d'une mère ne s'étaient inquiétés.

Nulle visite n'était venue ! !...

C'était comme le silence autour d'une tombe.

En Bretagne, César serait-il plus heureux ?

Rue Denfert et avenue Victoria, il fit préciser certains détails :

— Est-il possible de découvrir quelqu'un à qui l'on désignerait Frédéric Drogont en lui demandant : « Le reconnaissez-vous ? »

Il lui fut répondu :

— Rien ne serait plus facile, d'une manière générale, si l'enfant auquel vous vous intéressez était encore en France... Rien de plus difficile, au contraire, dans ce cas particulier... Drogont est parti pour l'Afrique depuis sept ou huit ans... Il est parti enfant... L'Afrique vieillit vite... Ceux qui l'ont connu à dix-huit ans seraient-ils capables de dire aujourd'hui, sans hésiter, que l'homme qu'on leur présente est celui qui fut leur camarade ?... Nos inspecteurs des assistés l'ont vu, certes, souvent... Mais, depuis lors, ils en ont vu tant d'autres... Il ne faut pas compter sur eux... Reste la nourrice... Reste le paysan... Reste le maire et le médecin de la commune... Reste peut-être des camarades du village avec qui Drogont a pu se lier... En dehors d'eux, dam !

Et le directeur fit un geste négatif.

Le soir même, César partait pour la Bretagne et passait la nuit en chemin de fer.

A Vannes, dans une maison près du pont, en face de l'embarcadère des bateaux qui font le service des îles du golfe du Morbihan, il découvrit la vieille nourrice, Anne-

Marie Troézoff... Elle n'avait guère que cinquante ans, elle en paraissait quatre-vingts, toute malade, toute décrépite...

César avait pénétré le cœur battant dans l'unique chambre au rez-de-chaussée qui composait le logement de la nourrice.

Elle ne se leva pas et ne le regarda pas...

Elle le laissa expliquer ce qu'il désirait... après quoi :

— Oui, monsieur, oui, je me rappelle bien mon gentil Fred... Je l'ai conservé près de moi jusqu'à huit ans... Ensuite, on me l'a repris, mais je le revoyais de temps en temps, par hasard, et lui même, quand il fut plus grand, il venait à Vannes les jours de marché et il ne manquait jamais de m'embrasser... Après ça, on l'envoya chez un fermier, au fond du Finistère, et j'aurais pu le croire perdu si la chance d'une nourriture sèche ne m'avait pas conduite moi-même à Quimper, où j'ai pu le revoir encore, le cher petit... Hélas !

— Quel âge avait-il lorsque vous l'avez vu pour la dernière fois ?

— Seize ans...

— Et le reconnaîtriez-vous maintenant qu'il en a plus de vingt-cinq ?

La vieille fit un mouvement.

Jusque-là, elle s'était tenue immobile dans son fauteuil de paille, comme un cadavre, parlant devant elle, sans tenir compte de son interlocuteur.

Elle tourna les yeux vers César.

C'étaient des yeux blancs, troubles, sans regard, des yeux morts.

— Tonnerre de bon sang ! ! !

Et, frémissant de crainte vague, César se demandait :

— Ah ça, ah ça ! est-ce que j'aurai la cerise jusqu'au bout dans cette affaire ?

D'une voix dolente, Anne-Marie disait :

— Je suis aveugle !

Mais, subitement, une idée germait dans ce cerveau toujours surexcité :

— Vous ne pourriez pas le reconnaître, puisque vous ne pouvez plus le voir, ma pauvre femme, mais lui ?... lui ?... vous reconnaîtrait sans doute ?

— J'ai bien vieilli ! Tant de misères, tant de malheurs !

— Voulez-vous venir à Paris... avec moi ? Oh ! un jour,

rien qu'un jour... Je vous mettrai en sa présence... Et je ne vous demanderai rien de plus... Afin de vous récompenser, je vous donnerai assez d'argent pour que vous soyez à l'abri du besoin pendant longtemps...

La nourrice parut inquiète.

— Pourquoi voulez-vous ?... Et que lui voulez-vous ?

— Ne me demandez rien et ayez seulement confiance en moi...

— Votre voix est pitoyable et il me semble que vous avez le cœur bon... J'ai confiance... Je vous suivrai partout où vous voudrez !...

Le soir de ce jour, César couchait à Quimper. Le matin du lendemain, il entrait dans une ferme dépendant de la commune de Fouesnant, mais distante du village de près de deux kilomètres. C'était de là qu'était parti Drogont pour s'engager. Mais les paysans n'étaient plus là. D'autres fermiers étaient venus. Les premiers avaient quitté le pays, l'homme et la femme étaient morts. Ils n'avaient qu'un fils et une fille. Le fils était marin au service de l'Etat. La fille avait été prise comme femme de chambre à Quimper, pour de là gagner Paris où l'on ne savait ce qu'elle était devenue. De ce côté, tous renseignements étaient impossibles. D'autre part, les gens de Fouesnant interrogés se souvenaient encore d'un certain enfant de l'Assistance, que le fermier Antoine Koat avait employé pendant quelque temps, mais nulle part il n'y eut la certitude qu'on le reconnaîtrait.

Restait la vieille Anne-Marie Troézoff.

César l'emmena, prenant soin, comme d'une mère, de ce pauvre être fragile.

. . . .

A Paris, César avait dit à ses deux apôtres, après les instructions données :

— Je vous la confie... Et n'oubliez pas la tragique aventure de Walter !

Deux jours après, sur un banc de l'avenue de Suffren, presque en face de la maison habitée par Falker, deux paysans vêtus à la mode de Quimper, vinrent s'asseoir, avec, entre eux, une bonne vieille proprement mise, jupe noire courte, tablier noir, corsage soutaché de velours et tout petit bonnet blanc sur ses cheveux gris.

C'était l'heure où Drogont, après son service à l'Ecole militaire, rentrait chez lui, pour se mettre en civil... Et le voici qui s'approche, marchant d'un pas rapide... Le voici qui passe devant les trois Bretons... qui jette sur le groupe un regard indifférent... Ce regard ne s'arrête ni sur l'un ni sur l'autre... Il arrive à sa porte et va entrer... Et déjà les deux paysans bretons ont échangé un coup d'œil triomphant... Ils triomphent trop tôt...

Drogont n'est pas rentré chez lui... Drogont vient de se rappeler que dans les papiers de l'officier mort sur le *Sénégal* se trouvaient les carnets de l'Assistance, et les certificats, et tout ce qui évoque le passé de solitude douloureuse... et dans ces papiers la photographie d'une bonne femme à douce figure... sa nourrice de l'asile... Anne-Marie... son nom était écrit sur le portrait...

Alors, il a l'intuition foudroyante d'un danger, d'un piège, et dans un de ces deux hommes, voilà-t-il pas qu'il croit reconnaître l'un... celui qui l'a poursuivi certain soir, de l'avenue Trudaine au Lion de Belfort et jusqu'à l'Odéon et presque chez lui...

Devant le groupe des trois il s'arrête...

Dans le fond de lui-même, il entend le sourd grondement d'une joie terrible...

Cette femme, c'est bien celle du portrait !... Mais cette femme est aveugle ! !

Une fois de plus, Cœur-qui-Tremble est joué et a été compris.

— Ma pauvre Anne-Marie, que faites-vous donc ici ?...

Les bras de la vieille se tendent dans le vide en hésitant et le saisissent :

— C'est toi, mon petit, mon Fred ! Oui, c'est toi... c'est ta bonté !

Et elle éclate en pleurs ! !

. . . .

L'amour du baron lieutenant Ulrich von Falker pour Madeleine grandissait, et prenait possession, avec une toute-puissance prodigieuse et inquiétante, de ce cœur misérable où tant de mauvaises semences germaient, et qui, pourtant, se gonflait parfois de hautaines révoltes contre l'infamie de son esclavage.

Maintenant, il pouvait la revoir à peu près tous les jours.

En effet, le général Bénavant, suivant les conseils de César, et en dépit d'une presque invincible répugnance, avait convoqué Drogont et lui avait demandé la mise au point d'un important travail sur le fort d'Huningue.

— Vous apporterez ici vos notes et vos plans et vous exécuterez votre travail chez moi... En outre, je voudrais que vous vous prépariez, dès maintenant, à la nouvelle mission que je désire vous confier au courant de l'été...

Et comme, la curiosité en éveil, Drogont relevait vivement la tête :

— Oui, j'ai besoin de détails sur la ceinture des forts qui entourent Mayence... Mais rien ne presse pour le moment. Nous en reparlerons.

Le jour où cette proposition lui fut faite, où il vit s'ouvrir toute grande devant lui la porte de la villa du Parc des Princes, Drogont resta longtemps indécis.

L'insolent bonheur qui le poursuivait, la veine persistante qui effaçait tous les obstacles sur sa route, finissaient par le rendre inquiet...

Il lui venait parfois comme des doutes et des reculs et il se disait :

— Vraiment, c'est trop facile... Toutes les choses viennent à moi.

Cependant, en ces temps derniers, il n'avait pas été sans quelque souci. Il n'avait pas été longtemps sans deviner que des soupçons pesaient sur lui... que César, avec une divination étrange et persistante, le poursuivait... Un doute, on ne sait comment, était venu à Cœur-qui-Tremble... Mais toutes les victoires remportées par Drogont ne pouvaient que consolider sa situation en montrant à César la folie des imaginations qu'il avait conçues... César ! le seul homme qu'il redoutât... et le seul adversaire, en somme, digne de Tcherko !... Jusqu'à présent, toutes ses ruses avaient été éventées, les stratagèmes découverts... Walter mort... les apôtres de César dépistés tant boulevard Malesherbes qu'avenue Trudaine... et jusqu'à cette vieille Anne-Marie qu'on avait essayé de lui jeter à travers les jambes, et qu'il avait recueillie chez lui et gardée et entourée de soins pendant deux jours !... Toutes les inventions contre Drogont tournaient en sa faveur !

Une seule ombre dans ce triomphal tableau...

Son amour pour Madeleine, en un remords horrible, le rongeait au cœur...

Dès le premier jour, ç'avait été un coup de surprise et il s'était laissé emporter, sans résistance, à une passion d'une extrême violence.

Mais rares, en somme, avaient été les occasions de rencontre...

Tandis que maintenant !...

Il l'aimait, cette enfant, non point pour obéir aux ordres infamants de Tcherko, mais véritablement épris, sentant qu'il jouait là, non point son bonheur, qui était impossible... mais toute sa vie... car à quoi pouvait aboutir un pareil et aussi monstrueux amour ?

Dans ses nuits sans sommeil, il se débattait contre l'horreur et contre l'inévitable.

Cette adorable figure, aux traits si délicats, aux yeux si candides, au sourire d'enfant étonnée, hantait ses rêves.

Elle ne se défiait pas de lui... Comment et pourquoi se serait-elle défiée, à présent surtout qu'elle le voyait reçu dans l'intimité de son père ?... Néanmoins, vague instinct de pudeur alarmée, divination du danger sournois qui se préparait dans l'ombre, elle avait ressenti, depuis le premier jour, pour cet homme, je ne sais quelle mystérieuse et insurmontable antipathie...

Mais, par une anomalie singulière et logique, ce fut cette antipathie qui la rapprocha de lui... Elle se trouva injuste envers Drogont... envers cet héroïque garçon, injuste envers l'homme en qui Bénavant semblait mettre son absolue confiance... Elle fut mécontente d'elle-même... et alors qu'elle ne réussissait point, au fond d'elle, à vaincre l'aversion étrange qu'il lui inspirait, elle s'obligeait à le recevoir et à le traiter ainsi qu'elle voyait qu'on le traitait autour d'elle...

Que de fois elle s'était écriée :

— Qu'ai-je donc ? Pourquoi ? Qu'a-t-il fait ? Ai-je à me plaindre de lui ?...

Et ensuite, pour se punir, son étreinte était plus étroite dans la main de Drogont... son sourire se faisait plus franc... ses yeux ne fuyaient plus...

Le misérable, ces jours-là, se demandait :

— Est-ce qu'elle va m'aimer ?

Et son âme bondissait d'espoir, de honte, d'angoisses éperdues...

— Je ne veux pas qu'elle m'aime... Je ne veux pas qu'elle se perde !

Voilà le cri qui montait du fond de son infamie et de son épouvante.

C'est qu'il n'avait rien oublié de ce qui s'était passé ni

de ce qui s'était dit là-bas, dans la Villa-Fleurie de la petite ville lorraine, au bord de la Moselle.

Les termes de l'effroyable marché résonnaient encore à son oreille... Et il l'avait accepté, ce marché... parce qu'il ne connaissait pas Madeleine... Maintenant qu'il la connaissait, et qu'il l'aimait, il fallait tenir l'engagement pris et exécuter le marché conclu... Tcherko attendait !...

Tcherko !... L'infâme ! C'était lui qui avait dit :

— « Madeleine est, paraît-il, séduisante... C'est un morceau de roi, lieutenant. Elle sera l'objet de votre attention... Il faut que, par persuasion, par ruse, par violence ou par un crime, vous deveniez le fiancé qui forcera l'attention, jusqu'à ce que vous atteigniez ainsi les derniers jours qui précéderont un mariage, devenu nécessaire... » Voilà donc ce qu'ils avaient comploté ! ! Dans son âme pleine de honte et pleine de boue, un cri était monté... « C'est monstrueux ! » Et le rire insultant de Tcherko avait été toute sa réponse !...

Souvent, à la villa du Parc des Princes, il se trouvait seul en face d'elle...

Et les terribles paroles de Tête-de-Mort remontaient à ses lèvres, en une nausée de dégoût. C'était parfois dans ces instants-là qu'elle essayait, pour ne pas être injuste et pour éviter des questions étonnées du général, de faire oublier à Drogont les marques d'éloignement qu'elle ne lui avait guère épargnées. Mais lui, alors, pris par son amour, étouffé par son remords, se taisait tout à coup... n'offrait plus à la jeune fille, surprise, que l'attitude inquiétante d'un homme profondément bouleversé par une lutte intérieure.

Et ils restaient interdits de leur silence...

En Drogont bouillonnait une crise... celle de l'aveu de son infamie !

Oui, il avait rêvé cela...

Le jour où il déclarerait son amour, il mettrait à nu les misères exécrables de sa vie, de celle de là-bas, en Allemagne, quand il était aux grenadiers de la garde, quand il était Falker, et de celle d'ici, en France, sous le nom et dans la personnalité de Drogont ! !... Oui, il lui venait de furieuses envies de tout crier à cette enfant... de la protéger contre Tcherko... de défendre Bénavant malgré tout... et ainsi, non seulement de les sauver, père et fille, de lui-même, mais d'épargner ainsi au monde l'effroyable catas-

trophe de la guerre dont il était l'artisan mystérieux !...
En ces minutes-là, quand l'amour généreux, puissant et
vrai agissait sur lui, il ne se rappelait plus rien ! Il ne se
rappelait plus qu'il était venu pour accomplir une mission
qui lui permettrait, à Berlin, de rentrer la tête haute dans
son régiment !... Qu'importait son honneur ! Et l'Allemagne ! Et la France ! Une seule chose au monde existait... Son amour !... Une seule créature... Madeleine !...
Se déshonorer vis-à-vis d'elle ! Ne lui inspirer plus que de
l'effroi et de l'horreur ! La belle histoire ! Après qu'il serait
mort, elle ne manquerait pas de dire, car toute femme est
profondément pitoyable :

— Il a expié et racheté sa grande faute !

Et c'était tout ce qu'il demandait. Il n'aspirait pas à
plus de bonheur.

Que de fois il l'avait essayé, cet aveu, dans des minutes
d'effarement dont il sortait toujours vaincu par la peur de
la première parole à prononcer, et vraiment brisé, âme et
corps, par cet effort impuissant.

Quand, avec un sourire qu'elle tâchait de faire très
franc, et qui restait toujours un peu contraint, elle s'étonnait du silence qu'il gardait devant elle tout à coup, que de
fois il s'était approché d'elle, blême, lèvres pâlies, yeux
troubles...

— C'est vrai, mademoiselle, il semble, n'est-ce pas, que
j'ai peur devant vous ?... Eh bien, il y a un peu de cela...
Il y a certaines choses que je voudrais vous confier, et au
dernier moment j'hésite, parce que je me demande si, en
vérité, je dois...

Ses mains s'agitaient dans un frémissement et sa voix
tremblait, toute rauque.

— Quoi donc, monsieur, quoi donc ? faisait-elle, anxieu-
sement...

— Oui, je vous le dirai... mais j'ai besoin d'avoir du courage... beaucoup de courage pour m'y décider... et ce courage, jusqu'à présent, me manque. Laissez-moi le temps...
la réflexion... la décision... Je vous le dirai, je le jure... il
le faut... je le veux... Et vous verrez, mademoiselle, vous
jugerez...

— Je suis un peu surprise, monsieur, et effrayée de vos
paroles...

— Effrayée !! disait-il en joignant les mains... Non, non,
il ne faut pas,.. je vous demande pardon... Reprenez toute

votre tranquillité... Pourquoi ? Qu'auriez-vous à craindre ?... Croyez-vous donc que vous n'avez pas, autour de vous, des dévouements qui se sont chargés de veiller sur votre bonheur ?... Et tant que je serai là...

Mais craignant de l'offenser, se reprenant vivement :

— Je serais si heureux que vous me comptiez parmi ces dévouements !

Elle fut un peu gênée. Certes, ce n'était pas la première fois qu'il parlait ainsi, qu'il se hasardait à ces sortes d'illusions... et qu'elle se disait, avec crainte :

— Cet homme m'aime !

Toute son antipathie instinctive, irréfléchie, apparut avec une rapidité d'éclair sur sa physionomie mobile. Il se tut soudain. Pour l'aveu de son infamie, ce n'était pas ce geste de défiance et de recul qu'il lui fallait... C'était des yeux de pitié et de pardon, une main tendue, pour l'encourager... Il se redressa... Sa voix s'étouffa :

— Mademoiselle, aurais-je été assez malheureux pour vous offenser ?

Cette fois, la main se tendit et le sourire revint :

— Non !...

Il soupira. Pour ce jour-là, l'élan était perdu. Il ne parlerait pas. Et alors, de nouveau, et pour quelques jours, il allait vivre en ressassant son crime...

Ce fut au lendemain d'une crise pareille qu'il reçut, de Tête-de-Mort, une lettre chiffrée lui indiquant un rendez-vous...

Et le rendez-vous indiqué, la lettre chiffrée ajoutait :

« Je vous conseille là plus extrême prudence !... »

Le conseil était inutile. Drogont savait que toutes ses démarches étaient suivies par César et par ses apôtres. Tcherko, également, le savait. Depuis longtemps — depuis la tentative contre César, au bain — ils avaient évité de se rencontrer. Leurs logements à double sortie étaient connus. Ils n'avaient pas eu le temps de se concerter. Ils sentaient autour d'eux se préparer des embûches. Avant la grande guerre, c'était une lutte ténébreuse. Ils s'élançaient vers la lutte avec une merveilleuse audace.

Toutefois, pour que Tcherko le convoquât subitement, il fallait des choses graves.

C'était un dimanche : il était libre... Tcherko le mandait pour midi... où ?

La lettre, au chiffre connu d'eux seuls, l'expliquait :

« Vous prendrez un canot de louage au Point-du-Jour
» jusqu'à ce que vous ayez croisé un canot automobile que
» vous rencontrerez en face de Billancourt... Je vous pren-
» drai à bord... C'est le meilleur moyen de causer avec la
» certitude de n'être point entendus... »

Il n'avait qu'à obéir...

Un peu avant midi, il rôdait sur le quai, au Point-du-
Jour, pendant que remplissaient l'air les musiques bruyantes des cochons tournants, que la fusillade des tirs aux
pipes crépitait, que les tourniquets roulaient et que l'atmosphère se surchargeait de l'odeur des pommes de terre
frites.

Une dizaine de barques ballottaient leur ventre sur l'eau,
que soulevait en courtes vagues le passage régulier des
bateaux-mouches le long de l'embarcadère.

Sur le bord, un homme fumait sa pipe... attendant la
clientèle des canotiers d'occasion... Drogont l'aborda... Ils
firent marché...

Au moment où il mettait le pied dans le canot et où le
loueur détachait la chaîne, l'officier jeta un regard sur la
berge. Depuis son départ de l'avenue de Suffren il avait
cru remarquer qu'on le suivait... Dans le métro d'abord,
puis à pied, en dépit des précautions prises, deux ouvriers
endimanchés, en redingote et pantalon noir, chapeau haut
de forme, ayant l'air de se rendre à un enterrement ou à
une noce, ne l'avaient pas quitté. Il les aperçut, attablés
devant une guinguette et au moment où Drogont, le bateau
poussé au large par deux vigoureux coups de rames, gagna
le milieu de la Seine, les deux redingotes se soulevèrent
avec empressement... Et il y eut, sur les deux visages, un
désappointement visible...

Les deux redingotes demeurèrent... pendant que Drogont,
paisible, allumait un cigare.

Deux heures après, elles étaient encore là lorsque le canot, sous la conduite du loueur, revint s'amarrer près du
ponton.

Mais Drogont n'y était plus.

L'un des deux hommes s'approcha et demanda :

— Et votre client, patron ? Vous l'avez donc noyé ?

— Je l'ai descendu à l'île de Billancourt... Il ne s'en reviendra que ce soir...

L'un des deux hommes, alors, dit à l'autre :

— Décidément, il n'est pas facile à pincer, le Drogont !

— Veux-tu que je te dise pourquoi, Vérimond ? Eh bien, c'est tout simplement parce que j'ai bien peur que nous nous trompions sur son compte et que le patron nous fasse faire un de ces gaffes...

— En un mot, tu crois que Drogont ?...

— Pur comme l'oiseau, oui, Vérimond... Rien dans les mains, rien dans les poches.

— Possible ! Possible !...

Ils filèrent sur Billancourt, mais nulle part ne découvrirent l'officier.

A quai, dans son canot automobile, Tête-de-Mort, depuis midi, attendait son complice. Il le vit accoster avec le batelier, mais ils ne se firent aucun signe de connaissance, tant que celui-ci fut en vue. Lorsqu'il eut disparu seulement, Drogont sauta lestement près de Tcherko, qui était à la barre. Personne autre qu'eux deux.

— Une promenade en Seine n'est pas chose déplaisante, fit Tcherko... Ces rives du fleuve sont vraiment jolies, et d'une animation, par ce dimanche ensoleillé...

L'embarcation légère vira, fila à toute vitesse... Des deux rives on la regarda, on envoya quelques bravos... Des midinettes en promenade crièrent, agitant des mouchoirs :

— Venez donc nous chercher !

A l'arrière, un petit pavillon flottait, bleu, blanc, rouge, couleurs de France ! !...

Longtemps, ils restèrent silencieux, comme s'ils avaient été absorbés vraiment par la beauté du paysage... Mais, par instants, Tête-de-Mort laissait peser sur Drogont un regard aigu, chargé d'une cruauté sans pitié... on eût dit qu'il devinait qu'en cette âme bourrelée des hésitations naissaient.

Drogont surprit un de ces regards et frémit.

C'était la lutte... et dans la boue où il se mouvait lourdement, il avait peur.

Ils longèrent Saint-Cloud, Suresnes, Asnières, doublèrent les îles d'où partaient des cris joyeux de couples en goguette, d'où leur venaient des relents de fritures, filèrent devant Saint-Denis, passèrent sans s'arrêter devant Saint-Germain, longèrent la forêt, la contournèrent, et Tcherko ralentit seulement entre Villennes et Meulan... Déjà c'était la pleine campagne et les rives solitaires...

— Nous irons jusqu'à Rouen, et jusqu'au Havre, si cela vous plaît...

Ce furent les premières paroles de Tcherko... Il ne quittait pas la barre....

— Venez donc vous asseoir là, cher ami, en face de moi... Nous serons mieux... J'aime regarder les yeux des gens avec qui je m'entretiens... Bien !...

Mais Tcherko jouissait sans doute de la beauté et de la variété des paysages, car ce fut seulement un peu après le vieux pont de Mantes qu'il se décida enfin...

— D'abord, mes compliments, cher ami. J'ai appris avec le plus grand plaisir que vous êtes devenu intime chez le général... Rien ne pouvait mieux nous servir... Indiquez-moi donc les principales lignes de votre plan. Comptez-vous réussir ?

— Je n'ai aucun plan.

Tcherko eut un mystérieux sourire.

— Vous préférez improviser en vous remettant aux événements du soin de vous guider... Cela vous regarde... Il est utile, pourtant, que nous échangions quelques idées... Le général Bénavant est un grand travailleur. En outre, c'est un homme à idées... à idées audacieuses... Nous avons appris, au grand état-major, par des déductions faites sur des changements de troupes et certains nouveaux raccordements de lignes de chemins de fer, qu'une nouvelle concentration des armées françaises serait à l'étude, peut-être même arrêtée déjà, mais là se bornent nos renseignements. Quelle est l'idée, quel est le plan qui dirige cette concentration ? Elle répond sans doute à ce que l'on peut savoir, en France, de l'attaque allemande par l'Est et la frontière belge. Mais c'est l'incertitude. Il est hors de doute, pour nous, que le propagateur de cette idée est Bénavant, hors de doute que c'est du Parc des Princes, de son cabinet de travail, que sont sortis les ordres généraux revisant les plans de concentration et d'offensive... Car nous n'en sommes plus à la défense stratégique à laquelle la France se résignait autrefois... La France songe à l'attaque, à l'offensive qui est dans son tempérament et qui lui a donné tant de fois la victoire... Par où se produira l'attaque ?... Différentes idées ont été émises en France à ce sujet... Ceci importe peu... Ce qui importe, c'est de connaître quel est le projet de Bénavant, sur quoi il repose, et quels sont ses moyens d'exécution ?

Tcherko s'arrêta, parut attendre la réponse de Falker.

Cette réponse ne vint pas. Il fut surpris, mais n'en continua pas moins :

— Peut-être ce grand projet n'est-il qu'en préparation ? Peut-être, au contraire, est-il terminé, examiné, pesé, dans toutes ses chances mauvaises ou bonnes... Dans tous les cas, il est impossible que chez Bénavant, dans son coffre-fort, dans ses tiroirs, dans ses cartons, il n'en existe pas des morceaux... études de quelques points stratégiques envisagés pour répondre à certaines éventualités... Vous voyez où je veux en venir... Nous n'avons nul besoin d'un ensemble pour comprendre... avec un détail, avec quelques détails épars et n'ayant aucune soudure entre eux, le grand état-major saura reconstruire de point en point et réenfanter pour son compte les mystères sortis du cerveau de Bénavant... Il nous faut donc quelques-uns de ces détails, quelque décousus soient-ils, dans le plus bref délai...

Le silence de Drogont devenait inquiétant. Tête-de-Mort fronça le sourcil.

— Vous procurer ces documents, si précieux, n'est qu'une partie de votre mission. Vous savez que nous visons plus haut et plus loin... Vous devrez agir avec la plus minutieuse prudence... Songez que le moindre oubli... que la plus légère distraction pourrait vous perdre, et avec vous s'effondrerait mon rêve... Votre perte ferait disparaître la meilleure, la plus forte chance que nous ayons de vaincre... bientôt...

Drogont se décida à répondre :

— Je ferai, en ceci, ce que vous m'ordonnerez...

— En ceci ? insista durement Tcherko... Vous semblez vouloir faire une distinction dans mes ordres, y prendre ce qui vous convient, en rejeter ce qui vous déplaira ?

— Peut-être... Nous sommes ici pour causer...

Une flamme brilla au fond de la cavité où se cachaient les yeux de Tête-de-Mort... Une flamme terrible... Et l'homme, tout bas, ricana longtemps...

— Causons donc !... Mais je vous interdis de discuter mes volontés... Vous obéirez... Je vous laisse le soin de vous emparer des documents, soit en les copiant, soit en les photographiant, comme l'a fait si adroitement un certain Wurmser de votre connaissance chez notre bon général Hormutz... soit de la façon qui vous conviendra... Vous avez, je le sais, une prodigieuse mémoire, si parfaitement fidèle qu'il vous suffit de lire une seule fois quelques pages les plus ardues pour être capable de les retenir et de les transcrire... C'est une qualité précieuse... vous en avez d'autres... Passons !...

Il s'interrompit pour s'exclamer :

— Vraiment, c'est une merveilleuse promenade, ne trouvez-vous pas ?...

Et tout à coup, brutalement :

— Falker, où en en sont vos amours, cher ami ?

Le misérable tressaillit violemment, comme réveillé en sursaut...

Un regard d'épouvante et de haine s'abattit sur Tcherko.

Certes, il s'attendait à des questions sur Madeleine...

Madeleine, la chaste et jolie enfant, n'était-ce pas la victime désignée, autour de laquelle allait s'agiter la plus effroyable des intrigues ?

Et la douce jeune fille, au cœur si tendre, n'était-ce pas celle que Tête-de-Mort avait choisie pour être la cause — la cause innocente et ignorante — de la guerre qui se préparait dans l'ombre, et dont quelque aube prochaine allait éclairer les horribles carnages ?...

Nulle réponse...

Malgré la dégradation de cette âme, le mot que venait de prononcer Tcherko, et la pensée même qu'accompagnait cette parole, apparaissaient à Falker comme des sacrilèges, comme une tache effleurant la chasteté de la jeune fille.

Mais Tête-de-Mort poursuivait :

— Je crains qu'il n'y ait un malentendu entre nous, cher ami... ou plutôt j'ai peur que dans l'ardeur mise par vous à remplir votre devoir d'officier de l'armée française, vous n'ayez oublié l'importance même et le but précis de la mission que vous avez acceptée...

Nulle réponse...

— Dois-je donc vous la rappeler, cher ami ?... Vous avez pris la place de Frédéric Drogont... Vous êtes entré dans sa peau avec une audace non pareille, avec une certitude et un sang-froid qui vous font grand honneur... Le hasard, auquel j'ai dû mettre la main, vous a mené docilement et aisément jusque dans l'intimité du général Bénavant... Vous voici désormais, et pour quelques jours, approchant sa fille, pouvant lui parler, vous faire remarquer, vous faire aimer... Je vous demande donc, derechef, où en sont vos amours ?

Nulle réponse...

— Tout ce qui a été fait jusqu'aujourd'hui par vous et par moi n'est rien... chaque événement qui s'est produit n'a été que pour préparer l'événement que nous voulons et que nous avons prévu... Ce sont en quelque sorte des travaux de siège qui nous rapprochent de la place convoitée jusqu'à l'heure choisie où nous livrerons l'assaut définitif... Je vous l'ai dit à Thionville : « Par persuasion, par ruse, par violence, ou par un crime, il faut que vous deveniez le fiancé de cette enfant... et qu'un mariage soit nécessaire... » C'est le scandale que je rêve... Le lendemain du jour où ce scandale sera devenu public, ce sera la mobilisation de l'Allemagne, l'attaque brusquée, par une nuit de l'été qui vient, la Guerre !

Nulle réponse...

— N'avez-vous rien oublié des termes de notre contrat ?

Falker releva enfin le front.

— Il est une infamie que vous n'obtiendrez pas de moi... Toutes les autres peut-être, celle-là, jamais !

— Expliquez-vous, lieutenant... Je ne comprends pas et n'ai pas le temps de déchiffrer les énigmes...

— Contre Madeleine, je n'entreprendrai rien !

— Pourquoi, je vous prie ? fit une voix dure.

— Je n'oserais pas répondre, car il me semble que le mot que je dirais serait une sorte de déshonneur pour elle... parce qu'il y a des êtres, dont je suis, si misérables et si méprisables, que c'est recevoir une honte que de recevoir un de leurs regards...

— Et le mot que vous n'osez pas prononcer...

— Je n'entreprendrai rien contre elle parce que... je l'aime !...

Et tout à coup les yeux de Drogont s'emplirent de larmes... larmes de rage désespérée.

— Lorsque à Berlin, le soir de la fête chez la princesse Gütrow, le général Schweiber me choisit pour être votre complice, il ne se trompait pas sur l'homme que j'étais... J'étais l'homme que la fatalité, plutôt que les vices et les passions, avait conduit à trahir son pays en abusant de l'amitié du général Hormutz... Oh ! ce fut un crime horrible, le plus grand, certes, que puisse commettre un soldat... J'ai mérité la honte publique, la mort même, tout. Je n'essaye pas de me disculper... Vous avez fait entrevoir pour moi une réhabilitation si j'acceptais d'accomplir et si je menais à bien la mission que vous prépariez, vous, Tcherko... contre le général Bénavant... Dans l'abîme où je roulais, c'était une espérance que vous faisiez luire... C'était une autre infamie que vous me proposiez, il est vrai, mais du moins elle se couvrait, celle-ci, d'un service à rendre à mon pays... Je ne refusai pas... Il est impossible que vous ne rendiez pas justice aux efforts que j'ai tentés et aux prodigieux succès que j'ai obtenus...

— Je vous rends justice ! fit sèchement Tête-de-Mort.

— Et j'irai jusqu'au bout... oui, je le redis, jusqu'au bout... Les secrets du général Bénavant, je saurai les pénétrer, les documents qu'il vous faut et dont je devine autant que vous l'importance, la gravité extrême au milieu des événements qui vont s'accomplir, ces documents je les volerai, ou je les copierai, ou je les photographierai, ou je les apprendrai par cœur...

— Vous avez la pratique de ces choses ! fit Tcherko avec une ironie sanglante.

— Je continuerai, au régiment, de déshonorer par la trahison d'une âme allemande l'uniforme très noble et très glorieux des vaincus de 1870... Je continuerai de pénétrer dans ces cœurs de Français et d'apprendre à les connaître, afin de vous apprendre à les connaître à votre tour, lorsque je serai revenu dans mon pays, et à les admirer... car nous sommes, nous autres, à mille lieues de ces âmes latines... Non seulement nous les ignorons... dans notre orgueil brutal qui nous vaut la haine du monde, mais nous ne les soupçonnons pas !... Oui, j'irai jusqu'au bout, vous dis-je, et tout ce qu'il vous faudra, vous l'aurez, sauf...

— Sauf, lieutenant ? fit Tête-de-Mort dans une bouffée de cigarette.

— Je ne toucherai pas à Madeleine... Madeleine restera sacrée pour vous et pour moi... Que votre intrigue se déroule autour de son père, par les moyens que vous inventerez, les plus exécrables, peu m'importe. Vous êtes libre, vous êtes le maître, et je vous seconderai... Mais toutes les fois que vous dépasserez le père pour atteindre l'enfant innocente, moi je me dresserai devant vous comme un obstacle, comme l'*Obstacle*, et je vous crierai : « Halte ! » Je l'aime, voyez-vous Tcherko ! Je l'aime ! de toute les forces de mon pauvre cœur, de boue, de bassesse, et de honte...

Tcherko haussa les épaules.

Il avait paru se fâcher tout d'abord.

Maintenant, au contraire, il avait repris un sang-froid d'indifférence et d'ironie.

— Vous êtes une énigme, mon cher ami... car, si je veux résumer ce que vous venez de me dire, je ne trouve que ceci : vous aimez Madeleine... moi, je vous l'offre... Et vous la refusez ! Je devrais recevoir des marques de votre gratitude. Je ne reçois que des paroles de colère, et par ma foi, même de menace...

— Oui, monsieur, pesez, réfléchissez avant de poursuivre le dessein que vous avez conçu... Je serai votre âme damnée, votre complice résolu, jusqu'à la limite que je vous ai tracée... mais plus loin, non !...

— Voilà où nous ne nous entendons plus, cher ami...

— N'insistez pas ! fit le misérable.

Et sa figure était ravagée d'angoisse.

— Calmez-vous, Falker, et écoutez-moi, je vous prie... Le temps est précieux... nous discutons inutilement... alors que nous aurions d'autres choses plus graves à nous dire... Je ne mets pas en doute un seul instant, quoi que vous fassiez et malgré vos protestations, que vous exécuterez mes ordres... tous mes ordres...

— Non !

— Vous êtes un enfant, et vous vous révoltez comme un enfant... Vous obéirez, je vous le jure !... Je veux qu'il y ait scandale, et que le scandale vienne de vous...

— Je serai l'obstacle !

— Vous ne comptez pas... Il y aura quelque chose de plus fort que vous...

— Rien !

— Si, ma volonté !...

— Votre volonté sera impuissante, lorsque j'aurai révélé à Madeleine tout ce que je suis, tout ce que vous êtes, et tout ce que vous machinez...

Un ricanement de défi chez Tcherko.

— Menace vaine, que vous n'exécuterez jamais... Non, jamais, et justement à cause de votre amour... vous vous trompez sur vous-même étrangement si vous vous imaginez que vous trouverez en vous la résignation et l'énergie de faire à cette jeune fille l'histoire de Wurmser, et celle du lieutenant des grenadiers de la garde... vous reculerez, épouvanté, après les premiers mots par lesquels vous aurez essayé de lui raconter l'aventure étonnante qu'est la vôtre, quel cœur bat sous cet uniforme que vous déshonorez... Parce que vous aimez cette jeune fille vous commettrez crime sur crime, s'il le faut, pour lui cacher le nom d'un homme doublement infâme, traître à l'Allemagne, et traître à la France... le nom d'un homme chassé de l'armée de son pays... le nom d'un homme dont les mains sont souillées du sang d'un officier français... lâchement assassiné par vous pour lui voler ses papiers, son rang, sa personnalité...

— Vous mentez ! Vous savez bien que vous mentez !

— Qui le prouvera ? Et puis, si vous n'aviez pas trouvé Drogont mort au pied de son lit, n'étiez-vous pas résolu à le tuer ? Voyons, soyez franc... et puisque vous êtes infâme, ayez du moins l'audace et la franchise de votre infamie jusqu'au bout !...

Le misérable serra les lèvres où ses dents s'incrustèrent avec tant de violence qu'un flot de sang jaillit... Il réprima un sanglot...

— Je vous tiens et je vous ai dit jadis, chez moi, à Thionville, pourquoi votre suicide, même, ne vous sauverait pas... Ce n'est pas de vous que Madeleine Bénavant recevra la confidence de votre bassesse et de vos crimes... C'est de moi, de moi qui saurai bien tout lui apprendre au jour où je devinerai que je ne peux plus compter sur vous... Quant à vous, Falker, justement parce que vous l'aimez, je vous mets au défi de vous déshonorer à ce point, à ses yeux...

Drogont avait caché son visage dans ses mains...

A travers les doigts, des larmes ne cessaient de couler.

— Je le ferai, Tcherko, ainsi que je l'ai dit, mais je vous supplie, ne m'obligez pas... Ayez pitié de moi... Je ne savais pas que mon cœur fût si faible... Je l'aime... Je me suis défendu contre cet amour... Je croyais pouvoir m'en jouer, m'en faire un instrument pour vous servir... Je n'ai pas résisté au premier regard de sa douceur et de sa franchise qui s'est posé sur moi... Il ne fallait pas non plus m'obliger à un pareil rôle... L'infâme qu'est Falker, se substituant à l'un de leurs plus nobles et plus héroïques soldats !... J'ai raconté les exploits de Drogont... sa vertu... ses sacrifices... On m'obligeait à parler de moi... et l'admiration de Madeleine, qui s'adressait à un autre, éveillait dans mon cœur de criminel une douleur atroce... L'autre, s'il avait été là, s'il avait entendu, s'il avait vu, n'aurait

pas résisté à tant de charme... Il eût subi ce choc... Il eût
senti l'amour pénétrer en lui... Alors, que pouvais-je faire,
moi, qui étais cet autre, qui m'étais si bien incarné dans
cet autre, que tous s'y sont trompés et que par tous, j'ai
été reçu comme un ami, comme un frère ?... Dans les premiers jours, j'avais l'illusion que c'était, non pas moi, mais
un autre qui aimait en moi... Et puis, l'illusion s'est effa-
cée, et je me suis trouvé en face de la réalité triste... Je
l'aime... Je veux la défendre... Exigez de moi tout ce que
vous voulez, mais ne comptez pas sur moi pour la
perdre !...

Tcherko répliqua froidement :

— Je n'ai rien à exiger de vous... sinon de la perdre !
C'est là tout... Le reste n'est rien ! Et vous ne parlerez pas !
Toute femme, autre que celle-là, pardonnerait peut-être,
au moment où il se tuerait, à l'homme qui viendrait lui
révéler pareilles abominations... Devant la preuve suprême
de l'amour de cet homme, par sa mort, peut-être que toute
femme, autre que celle-là, sentirait se lever de son cœur
un peu de pitié... Avec Madeleine Bénavant, ne l'espérez
pas !... Or, ce qui vous ferait agir, justement, c'est l'espoir... l'espoir d'être pardonné... à cause de vos remords, à
cause de votre amour... Elle seule ne vous pardonnerait
pas... C'est la fille d'un soldat... Je connais les femmes de
ce pays de France... Il y a des intérêts et des sacrifices
qu'elles mettent bien avant les mouvements de leur cœur...
La pitié de ces femmes a des limites... Vous ne parlerez
pas !...

Il appuya sur les mots, en achevant :

— Causons donc, comme si vous deviez obéir !... Tous les
événements sont prêts, qui doivent nous conduire au but...
Vous n'aurez plus désormais qu'à vous laisser guider.
Vous recevrez des ordres précis... faciles à exécuter. Vous
n'aurez qu'à vous y conformer... Une seule chose est indispensable : il faut que vous continuiez d'inspirer confiance
à Madeleine... Il faut que, lors de certaines circonstances
que je me chargerai de faire naître, non seulement la jeune
fille consente à sortir avec vous... mais que, même, elle
vous prie de l'accompagner...

Les mains de Drogont s'étaient disjointes, laissant voir
un regard surpris, encore noyé de larmes, un regard de
dénégation :

— Jamais elle ne consentira...

— Elle sortira en secret, en se cachant de tous, et parce qu'elle aura peur de se trouver seule où elle se rendra, c'est à vous qu'elle aura recours pour la protéger...

De l'horreur éclata sur les traits de Falker.

— Quel crime nouveau rêvez-vous donc ? Et après tout ce que je vous ai dit ?

Tcherko ricana...

— Vous me remercierez bientôt, quand je l'aurai jetée dans vos bras !

— N'oubliez pas !... fit Drogont, avec une sourde colère... Je suis l'obstacle !

Tête-de-Mort fit le geste d'une chiquenaude dans l'air.

— Je vous défie de lui dire ce que vous êtes... et je suis si certain de vous, de votre dévouement, et, si vous préférez, de votre infamie, que je ne vais pas hésiter à vous confier sur quoi je compte pour réussir...

Bien que le canot filât au milieu du fleuve, bien que ce fût la solitude sur chacune des rives, bien qu'auprès d'eux ne passât aucun bateau remorqué, que nulle oreille humaine ne pût entendre, Tcherko se pencha.

Et ce fut à voix basse qu'il dit :

— Bénavant avait deux filles... L'une, Nicole, disparue, perdue, que l'on croit morte... Elle n'est pas morte... Je viens de la retrouver... au milieu de quelles effroyables créatures, moi, seul, je le sais !... Et voilà comment je me servirai de Nicole pour attirer sa sœur... Nicole sera l'appât... infaillible !... C'est le piège certain, où Madeleine sans défiance, entraînée par sa pitié, par sa joie et par sa tendresse, viendra se prendre !...

A partir de cet instant, Tcherko ne parla plus.

Drogont, de son côté, resta silencieux, épouvanté, penché sur l'abîme...

Drogont qui, malgré tout, se disait, du fond de son angoisse :

— Madeleine saura tout... Cet homme se trompe... Elle pardonnera !

Et ce fut ainsi qu'au soleil couchant, dont les rayons rougissaient de feux ensanglantés la coulée de la Seine, dans la traversée de Paris, Tête-de-Mort vint amarrer son canot automobile au quai, près du pont des Saints-Pères...

II

L'émouvante tentation.

Le bureau du général Bénavant, à la villa du Parc des Princes, se composait de deux pièces donnant sur le quai de Boulogne ; l'une, la plus grande, prenant jour par une baie vitrée devant laquelle il y avait une jardinière demi-circulaire pleine de fleurs en toute saison ; l'autre, plus petite, prenant jour par une fenêtre, et qui servait soit à des secrétaires, soit à Chémery, lorsque son service le retenait auprès de son chef.

Les deux pièces communiquaient entre elles par une porte qui restait la plupart du temps ouverte, mais on pénétrait dans l'une comme dans l'autre séparément. Elles ne se commandaient pas.

Sévèrement meublées, rien n'y était sacrifié au luxe ni à la fantaisie. Il ne se trouvait là, en dehors des fleurs dont Bénavant avait la passion, rien que ce qui était strictement nécessaire. Des cartons-bibliothèques, renfermant des cartes et des papiers assurément sans importance, puisqu'ils ne fermaient même pas à clef, se collaient aux murs du second cabinet... Trois petites tables-bureaux... des chaises au siège de cuir noir... une machine à écrire... Voilà pour l'un... Dans le cabinet particulier du général, il y avait, en outre, quelques fauteuils et surtout un coffre-fort où Bénavant devait mettre en sûreté les notes, rapports et communications présentant de la gravité au point de vue de la défense nationale, qui se fermait par une combinaison de chiffres que seul il connaissait, et dont il portait toujours la clef sur lui. Le général travaillait beaucoup. Levé de grand matin, à peine de retour de sa promenade quotidienne à cheval qu'il faisait par tous les temps, et lorsqu'aucun service ne l'appelait au dehors, il s'enfermait dans son cabinet dont il ne sortait qu'à l'heure du déjeuner. L'après-midi se passait en courses ou en obligations mondaines, ou en conférences, soit avec le ministre, soit avec ses collègues du conseil supérieur de la guerre, mais le soir, après dîner, il se retrouvait à son bureau où il veillait très tard dans la nuit... Tcherko le savait... Les agents de sa bande, bateliers de la Seine, mendigots, rôdeurs, ou simples passants affiliés, voyaient la lumière des lampes électriques éclairant la large baie... Et un soir, un camelot, en grimpant sur un des marronniers de la berge de la Seine, avait pu distinguer Bénavant, le front penché, profondément pensif, devant une carte qui prenait toute la largeur de sa table de travail...

Sur cette table, large, spacieuse, en fer à cheval, c'était une masse de brochures ou de livres, des documents imprimés, des revues, ou même simplement des articles de journaux, le tout dans toutes les langues... Tout ce qui était anglais, allemand et italien n'était pas traduit... Bénavant connaissait à fond les trois langues... Les brochures, dans les autres langues, russe et japonaise, étaient accompagnées de leurs traductions juxtaposées.

Mais en dehors de ces papiers de travail courant ou de renseignements quotidiens, Bénavant ne laissait jamais traîner sur son bureau aucune note, aucune page qui lui fût personnelle....

Lorsqu'il entrait dans son cabinet, de même que lorsqu'il en sortait, on entendait, du bureau des secrétaires, un choc de lourde porte accompagné ou suivi d'une sorte de grincement particulier très typique.

C'était le coffre-fort qui s'ouvrait ou qui se fermait...

Puis, deux tours de clef... puis le brouillement des chiffres...

Le travail mystérieux de Bénavant était en sûreté...

Certes, il ne soupçonnait aucun de ses modestes collaborateurs... Certes, la pensée de s'en défier ne lui était jamais venue... mais il savait quelle grave et terrible responsabilité pesait sur lui... Ce n'était point contre ses amis du dedans qu'il témoignait de tant de prudence et de précautions, mais contre les tentatives qui pouvaient venir de ses ennemis du dehors...

Ceux-là, il le savait, étaient légion...

Depuis quelques jours, Drogont et Bénavant avaient de fréquentes entrevues... En dehors du travail sur Huningue, le général avait chargé le lieutenant de mettre au net et de rédiger un rapport d'ensemble — lequel n'avait rien de secret — sur le remaniement projeté en Allemagne de presque toutes les forteresses existantes aux frontières orientale et occidentale et sur les constructions nouvelles en projet : travaux exécutés à Thionville et le long de la Moselle, prolongeant le rayon d'action de Metz jusqu'au Luxembourg... Forts de Strasbourg... Forts d'Istein et de Tüllingen sur la rive droite du Rhin... Renforcement de Neufbrisach... Fortification de Fribourg-en-Brisgau, dans le but évident d'interdire la haute vallée du Danube à l'offensive française... Egalement, du côté de la Russie, Glatz, Neisse, Marienbourg, Posen, Grandenz, Glogau, Breslau, dix autres villes, où les travaux commençaient, Küstrin, Thorn, même Berlin... malgré les treize forts de Magdebourg qui sont le centre de la défense de l'Elbe et qui protègent Berlin contre une agression venant de l'Ouest.

Souvent, dans le cabinet des secrétaires, Drogont se trouvait seul...

Bénavant en avait éloigné Chémery et les sous-officiers, sous des prétextes divers, afin de laisser libre d'obéir à ses impulsions, le mystérieux officier sur lequel César avait bâti de si singulières imaginations.

Mais Drogont était trop prudent pour profiter de ces premières occasions

Il avait pour cela, deux raisons : la première, c'est qu'il se savait surveillé de très près par Cœur-qui-Tremble... la seconde, c'est que, depuis son entretien avec Tcherko, il guettait, dans l'horreur de la situation qui lui était faite, quelques minutes dont il profiterait pour avertir Madeleine...

Car il le voulait... Son amour était au-dessus de tout !...

Dès lors, puisqu'il allait la sauver et puisqu'il allait se perdre, qu'importait maintenant de trahir ! Qu'importaient les documents qu'il aurait pu surprendre ! Qu'importait le travail auquel se livrait Bénavant ! Qu'importait un plan de campagne, sur des idées nouvelles aussi audacieuses que pratiques, pour repousser l'Allemagne, la battre, l'envahir et la réduire !... Qu'importait tout cela, puisqu'il était, lui, Drogont, bien décidé à empêcher l'affreuse lutte ! !...

Pourtant, un jour, vers la fin de mai, il était seul depuis

2

deux heures... Le général était sorti avec sa femme et sa fille. Il travaillait au milieu d'un grand silence...

Il fit quelques pas, pour se délasser, et se trouva devant la porte grande ouverte qui communiquait avec le cabinet particulier du général.

Et là, dans l'encadrement, il resta longtemps debout, pâle, agité...

Jamais il ne l'avait franchi, ce seuil, en l'absence du chef... Et maintenant il regardait, craintif, un peu oppressé, tout ce qui était là, tout ce qui entourait l'homme dans le profond mystère des pensées tournées vers la frontière... comme si Drogont eût attendu que chacune de ces humbles choses trahît ce rêve où s'agitaient les destinées de la patrie.

C'était surtout vers le bureau que son regard se portait, vers le bureau où se concentrait, dans l'étude et la réflexion, la pensée du grand chef...

Il y avait là des papiers éparpillés... des notes prises sans doute... et prises sur un livre, qu'on voyait ouvert encore, avec un couteau à papier.

Drogont se hasarda à faire un pas dans l'intérieur du cabinet, poussé par une volonté impérieuse — sa volonté à lui, l'Ennemi, de pénétrer ce que pouvait rêver l'autre — l'Adversaire — dans la solitude des nuits laborieuses...

Une fois entré, il s'avança vivement...

Il se pencha sur les notes... Elles étaient écrites au crayon... Après lecture du livre, sans aucun doute... Certes, elles avaient leur importance... Elles pouvaient laisser deviner la pensée de derrière la tête... et, par quelques traits rapides, éclairer un ensemble de préoccupations... Mais Drogont n'essaya point de lire...

Il se contenta de chercher le titre du volume...

C'était un livre allemand... du général von Bernhardi, célèbre outre-Rhin : « *Von heutigen Krieg* » traitant de la prochaine guerre...

De nombreux passages y étaient soulignés de traits au crayon...

Déjà le livre avait été depecé, lu, appris, recueilli, idée par idée, dans le vaste cerveau du général, mais, après lecture, il avait paru vouloir revenir à la préface et dans cette préface il avait barré d'une croix dix lignes ainsi conçues, que le chef allemand n'avait pas craint d'écrire, à la face du monde civilisé :

« Ce serait une guerre au couteau que nous aurions à
» conduire contre la France, une guerre qui, si nous
» avions le dessus, devrait obligatoirement anéantir pour
» toujours la situation de grande puissance de la France...
» Si les Français, malgré la décroissance de leur popula-
» tion, veulent engager une pareille lutte, il faut qu'ils
» sachent que l'enjeu sera la disparition de leur pays du
» système des Etats ayant voix dans le concert européen,
» et son asservissement définitif... »

En marge, d'une petite écriture serrée, au crayon-encre,
Bénavant avait écrit :

« Au premier mouvement des troupes allemandes de
» Trèves dans la direction de Stavelot, une offensive fou-
» droyante franco-anglaise, ou française seule, par la Bel-
» gique et la Hollande, tournera la barrière du Rhin, me-
» nacera la base navale allemande de la mer du Nord et
» dirigera le choc contre la Prusse, détachant de celle-ci
» les Etats du Sud... Pour la Russie, direction décisive
» d'attaque : Berlin, malgré l'Autriche, par la frontière
» orientale ouverte... ayant l'avantage, en outre, de cou-
» vrir directement les routes de Moscou et de Saint-Péters-
» bourg... »

Drogont, d'un doigt nerveux et tremblant, tourna une
trentaine de pages.

Une autre croix, parmi beaucoup, signalait un autre passage du livre :

« La progression des forces allemandes n'a pas eu pour
» conséquence l'augmentation des troupes d'Alsace, ni le
» renforcement du front de Lorraine déjà saturé... La ma-
» nœuvre semble comporter une attaque décisive d'aile
» exécutée par une armée réunie dans la région de Trèves,
» dans le but d'envelopper l'armée adverse où qu'elle se
» trouve... L'armée d'aile droite, pour embrasser sûrement
» une étendue de terrain suffisante, pour prendre et con-
» server, par rapport aux armées voisines, un intervalle
» de manœuvre convenable, choisira comme axe de marche
» la ligne Trève-Stenay, traversant le Luxembourg et la
» Belgique méridionale... »

En marge, Bénavant avait ajouté ce rapide commentaire, suivi d'un résumé :

« *Commentaire* : L'attaque allemande qui partira de la
» base Saint-With-Trèves sera forte de sept corps d'armée
» avec deux divisions de cavalerie. Deux de ces corps avec
» une division de cavalerie resteront en observation vers
» Malmédy pour surveiller l'armée belge. Le reste, cinq
» corps et une division de cavalerie, soit environ 200.000
» hommes, se portera sur le front Sedan-Carignan-Stenay,
» à travers le grand-duché de Luxembourg. Ces forces se-
» ront concentrées vers le dixième ou peut-être le onzième
» jour. De la base Saint-With-Trèves à la Semoy, il y a
» cent dix à cent vingt kilomètres. C'est donc vers le qua-
» torzième ou peut-être le seizième jour que la masse alle-
» mande abordera la frontière française...

» *Résumé* : Combats d'attente, combats d'usure en Lor-
» raine sur le front Verdun-Toul. Décision par la Bel-
» gique. »

Drogont ne feuilleta pas plus loin et alla reprendre sa
place à sa table de travail, dans le second cabinet.

Il n'avait pas dérangé une seule des notes manuscrites
du général.

Le soir même, Bénavant disait à César :

— Il est entré chez moi... il est venu jusqu'à mon bureau... Toutes les feuilles éparpillées sont restées intactes...
pas une seule n'a été touchée, même du bout du doigt... les
points de repère si ingénieux et si délicats que vous aviez
imaginés sont restés tels que vous les aviez voulus... Il a
seulement feuilleté le livre de Bernhardi, *Von heutigen
Krieg* ; les grains de poussière jetés sur la page ouverte de
la préface ont glissé contre le brochage et s'y sont incrus-
tés... C'est tout... A mon avis, ce n'est rien !

— Ce n'est rien, dit César... Mais attendons et veillons !

Le lendemain et le surlendemain Drogont essaya de rencontrer Madeleine. Il la vit et ne put lui parler. C'était
le hasard qui pouvait faire naître une pareille occasion et
ce hasard, on pouvait l'attendre longtemps...

Lui écrire ? La supplier de l'entendre ?... Oui, s'il ne pouvait rien autrement. Et il se disait : « Encore trois jours...
encore deux jours... encore un jour... et coûte que coûte,
elle saura... il le faut... je le veux ! »

Et, durant ces jours-là, il continuait de travailler seul
presque toujours...

Le général venait passer une heure et ressortait. Mais

déjà habitué aux plus infimes détails de la vie d'autour de lui, Drogont entendait le crissement de la clé dans la serrure du coffre-fort, et les chiffres qui craquaient en courant pour se rejoindre, et le lourd battement de la porte d'acier... Et chaque fois il se disait :

— Là est peut-être l'avenir de mon pays... et le secret de la victoire...

Mais Bénavant reparti, le coffre était refermé.

Seulement, toujours, sur le bureau, s'étalaient des feuilles manuscrites paginées, mais sans suite, sautant de la page 8 à la page 15, ou de la page 32 à la page 45... et une autre fois de la page 19 à la page 60, comme si le général avait tenu à reviser, sans ordre, les lignes du travail considérable auquel il consacrait ses jours et ses nuits...

Un soir, Drogont avait lu, en tremblant, sur un dossier bleu :

« Plan général d'offensive française. »

Il avait avancé la main pour ouvrir... mais son toucher était si léger, si délicat, qu'en soulevant la première feuille, il s'aperçut que l'angle extrême adhérait à la feuille suivante... et que la seconde adhérait à la troisième... et ainsi de suite...

Il eût suffi du moindre mouvement pour les décoller sans même s'en apercevoir.

Il eut un frisson d'épouvante...

Est-ce que l'on se doutait ? Tout cela n'était-il qu'un piège ?

Et voilà qu'il fait une autre remarque... pendant que la sueur inonde son front...

En soulevant la couverture bleue du rapport, il a fait voler, par-dessous, une feuille de rose rouge, toute fraîche, qui s'y trouvait... Mais où se trouvait-elle ? A quelle place ? Et n'avait-elle pas été mise justement afin de prouver qu'une main criminelle s'était tendue pour violer un secret ?...

Il murmura :

— Je me perds... S'ils ne savent pas, ils se doutent... Et alors !...

Rapidement, il a parcouru la première page... Chaque phrase s'incruste dans sa mémoire, pour n'en plus sortir et, rentré chez lui, il pourra la récrire sous l'exacte dictée

de son souvenir... Mais ce ne sont que des considérations
générales, où le général examine la nécessité de la guerre
pour l'Allemagne orgueilleuse... Le cahier renferme une
dizaine de pages... Ce n'est pas dans ce cahier, mais dans
ceux qui suivent, sans doute, que le général a exposé son
plan d'attaque... Drogont demeure immobile, devant ce
mince cahier, hypnotisé par l'effroyable péril qu'il cache...
Et des détails se pressent, en foule, à son esprit dans l'angoisse... Oui, oui, une embûche !... Et Sanguinède, bien
certainement, ne doit pas y être étranger !... Voilà donc
pourquoi le général a voulu lui confier ce travail sur
Huningue, et la mise au point de ses notes sur les pro-
chaines fortifications de l'Allemagne ! Voilà donc pourquoi,
en cette villa, lui, Drogont, est maintenant presque toujours seul... pourquoi on a voulu qu'il fût libre, loin de tout
regard et de toute indiscrétion ?... Voilà pourquoi l'on entretient avec tant de zèle, autour de lui, la solitude propice
aux trahisons et aux crimes !...

Et qui sait, même, si de quelque coin, aux alentours, des
yeux invisibles ne le suivent pas, dans sa tentative, et ne
mesurent pas son infamie ?

Il se recule avec crainte, un regard fou autour de lui,
dans ce cabinet dont chaque coin, dont chaque meuble, à
présent, peut recéler un danger...

Il revient à sa table, où il s'affale dans son fauteuil.

Et pendant longtemps, il reste, éperdu, à reprendre sa
présence d'esprit.

Mais, de cette crise, surnage une idée fixe qui change en
révolte les bons sentiments éclos chez lui... et en haine
l'amour qui remplissait son cœur... L'effroi d'avoir été dupé
et d'être tombé dans ce piège fait bouillonner les ferments
mauvais qui s'apaisaient... Un immense orgueil s'empare
de son cerveau... l'orgueil d'avoir éventé le danger et d'y
échapper... et la certitude que, désormais, prévenu sans
que personne le sache, sur ses gardes, sans que l'on s'en
doute, il vaincra ! Mais, en même temps, une douleur
aiguë... Ainsi, ils étaient tous contre lui, ligués pour le
tromper, non seulement Bénavant et César, ses ennemis
naturels, mais elle, Madeleine, qu'il aimait !... Qui sait si
on ne lui avait pas dit, à la jeune fille : « On soupçonne
que celui-là cache une âme de traître. Nous l'éprouvons ! »
Plus que tout le reste, cette pensée le fit atrocement souffrir et, dès lors, il comprit que Tcherko avait raison lors-

qu'il affirmait avec tant d'autorité que Drogont n'aurait jamais le courage d'aller devant elle jusqu'au bout de son aveu... et lorsqu'il disait : « C'est une femme de France, c'est la fille d'un soldat... Elle ne pardonnera jamais ! »

Le même soir, Bénavant téléphonait à César :

— Il a soulevé la couverture bleue du dossier... La pétale de rose s'est détachée, à l'intérieur, du triangle des trois points où vous l'aviez placée... Il n'a pas touché autrement au rapport... n'en a pas tourné les pages... C'est tout... Ce n'est rien !

— Ce n'est rien... fit César au téléphone. Attendons toujours et veillons plus que jamais...

Les épreuves redoublèrent. Drogont avait la sensation de ne plus faire un pas et de ne plus lever les yeux, dans cette maison, sans être entouré d'embûches...

La situation lui apparaissait donc très claire.

La chasse aux documents, quelle que fût la gravité extrême de ceux-ci, était désormais impossible : d'une part, elle le conduirait sûrement à sa perte ; et d'autre part, du moment qu'on le soupçonnait, il était évident qu'on ne laisserait jamais à sa portée que des renseignements sans valeur, sinon même erronés.

D'autre part, s'il s'obstinait à cette chasse et s'il risquait ainsi d'être découvert, la partie était perdue, et l'intrigue contre Madeleine échouait.

Il fallait choisir...

Tenter un coup de maître, un coup désespéré... en s'emparant des pièces que renfermait le coffre-fort et qui résumaient la pensée du généralissime, son plan d'attaque, la distribution des armées françaises pour répondre à l'offensive des Allemands sur deux fronts.

Ou bien, abandonner ce terrain, pour ne plus s'occuper que de Madeleine.

Il écrivit ces craintes à Tcherko, qui venait de quitter Paris et s'était rendu auprès du général Schweiber, à Berlin, pour lui faire connaître la situation et combiner les efforts de la diplomatie avec les marches souterraines de l'espionnage.

Il reçut, de Tcherko, une réponse qui ne contenait qu'un mot, un nom :

« Madeleine. »

Ils étaient donc d'accord.

Drogont traversa pourtant une dernière crise d'incertitude.

— Etait-il vrai qu'on le soupçonnât ? Tout ce qu'il croyait, n'était-ce pas, en somme, imaginaire ?... Car, rien n'était changé autour de lui, dans l'attitude, dans la sympathie, dans la confiance du général, de Françoise, de Madeleine, et Chémery paraissait éprouver pour lui la plus franche amitié...

Même César, en qui il ne pouvait plus deviner d'arrière-pensée, même César qui, parfois, en des besoins de confidence, lui racontait les exploits mystérieux de ses apôtres contre les espions de l'Allemagne, livrant ainsi des secrets qu'il se fût bien gardé de révéler s'il avait eu le moindre soupçon contre l'officier.

Or, les Français n'ont pas comme l'Allemand, la puissance de mensonge et de dissimulation : quelque chose les eût trahis sans doute, s'ils avaient menti... et Drogont ne pouvait croire que si Cœur-qui-Tremble livrait ainsi ses projets et ses mystérieuses combinaisons, c'est qu'il jouait le tout pour le tout... car pour César, si Drogont était un traître, il n'y avait pas de devoir plus pressant et plus impérieux que de le démasquer... Tout autre intérêt disparaissait devant celui-là.

Et Madeleine ?

C'était toujours le même sourire, la même douceur... Un peu plus d'intimité se resserrait entre elle et lui... Toutefois, il n'y avait jamais chez elle l'abandon d'une confiance entière !... Savait-elle ?... Non, il en fut bientôt certain... en même temps qu'il acquérait une autre certitude... Le hasard continuait de le favoriser...

Nous avons dit que les deux cabinets de travail avaient des portes qui les rendaient indépendants l'un de l'autre...

Un matin, Drogont venait d'entrer...

Il avait trouvé ouverte la grille du jardin et n'avait pas eu besoin de sonner. Il était monté au premier étage sans rencontrer personne et, au moment où il pénétrait dans son bureau, il s'arrêta en reconnaissant deux voix... la voix de César et celle de Bénavant... Les deux hommes étaient dans le cabinet de travail voisin, et le cœur de Drogont cessa de battre.

Rien, aucun bruit n'avait révélé sa présence... ni son arrivée dans la maison.

Et du premier mot, il comprit qu'il était question de lui...

Bénavant parlait :

— Etes-vous persuadé maintenant que vous vous êtes trompé sur son compte ?

— Je le crois... oui... J'ai été sûrement le jouet de hasards extraordinaires, de circonstances les plus imprévues... et tout cela, amplifié par mon imagination... Toutefois, je voudrais tenter une dernière épreuve... Oh ! je suis bien certain qu'il en sortira à son honneur... et si je la demande, c'est bien plutôt pour faire, comme en géométrie, la démonstration par l'absurde...

Le général hésitait.

— A quoi bon ?... Votre conviction n'est-elle pas absolue ? Mais César, gêné, ne répondit pas.

— Vous reste-t-il, est-il possible qu'il vous reste des doutes ?

— Non, mon général, mais, en géométrie...

Bénavant l'interrompit :

— Soit, une épreuve encore, mais la dernière... car je rougis du rôle que vous m'infligez... et vraiment, je le redis, s'il n'y avait, au-dessus de ma répugnance, un intérêt supérieur, d'une exceptionnelle gravité... Enfin, que désirez-vous ?

— Voici : dans votre coffre-fort, se trouve le dossier complet du rapport que vous avez promis au ministre. Ce rapport contient toutes vos idées, vos projets, le plan que vous avez fait accepter par le conseil supérieur de la guerre... la merveilleuse et audacieuse offensive inattendue par laquelle vous répondriez, dès le premier coup de fusil, à l'attaque allemande... Vous expliquerez à Drogont quelle en est l'importance... Et vous le lui remettrez.

Le général eut un geste brusque de surprise.

— Nul autre que moi ne le remettra au ministre...

— Vous le confierez à Drogont, sous enveloppe cachetée... Je me hâte d'ajouter que l'enveloppe ne contiendra que du papier blanc... Au ministère, arrangez-vous pour que votre rapport soit remis à un officier que vous aurez prévenu et qui vous le restituera, sous prétexte d'une dernière retouche que vous voulez y apporter... Vous vous trouverez au ministère, à l'heure où Drogont s'y présentera.

— Ensuite ?

— Je m'y trouverai également... Si l'enveloppe — si bien cachetée soit-elle — a été ouverte, je le verrai et du reste, depuis sa sortie de chez vous jusqu'à son entrée au ministère de la Guerre, rue Saint-Dominique, mes agents seront placés pour le suivre, pour se le renvoyer de mains en mains, sans le quitter une minute...

— Et s'il déjoue la surveillance de vos hommes ?

— C'est qu'il aura quelque mauvais dessein... Donc, c'est qu'il sera coupable... En outre, s'il a ouvert l'enveloppe, il se sera vite aperçu de ce qu'elle renferme... Il flairera le piège, il se verra deviné, surpris, perdu, et prendra la fuite... si nous le laissons faire...

Le général murmura :

— La dernière épreuve, n'est-ce pas ?

— Je vous le jure, mon général, et je vous assure, avec un plein soulagement pour moi, non moins que pour vous...

— Le pauvre garçon ! Si jamais il se doute !

— Il ne se doutera de rien, s'il est innocent... S'il se doute, c'est qu'il est coupable...

— Pas un mot à Madeleine... Il ne faut pas que cette âme d'enfant puisse croire que nous ayons jugé possible une pareille infamie...

— Je vous le promets.

— C'est bien assez pour moi d'y avoir prêté les mains...

Drogont entendit des froissements de papiers.

Il jugea que l'entretien était terminé...

Alors, aussi discrètement qu'il était entré, il se retira, redescendit, avec le même bonheur, sans rencontrer personne, jeta un coup d'œil dans le jardin et le traversa rapidement jusqu'à la grille...

Puis, se retournant, il revint sur ses pas lentement, faisant crier le gravier, s'arrêtant même à des massifs.

Lorsque, tout à coup, il tressaillit.

— Bonjour, mon lieutenant... faisait une voix familière mais respectueuse.

C'était l'ordonnance Sylvain, que Drogont n'avait pas vu, et qui, appuyé sur le manche d'un rateau, une serpillière autour du corps, s'arrêtait de ratisser une allée pour regarder l'officier.

Etait-il là depuis longtemps ? Avait-il vu l'étrange manège de Drogont ?

S'il l'avait vu, il n'en pensait aucun mal, car sa bonne et honnête figure ne laissait deviner aucune arrière-pensée...

Le bruit de ses pas avait attiré l'attention de César. Il se pencha et salua Drogont de la fenêtre. Et le misérable répondit d'un geste cordial.

Cinq minutes après, César croisa Sylvain sous les marronniers :

Il lui fit un petit signe, avec un mot :

— Suis-moi !

Et lorsqu'il fut certain qu'il était hors de la vue de Drogont, il dit brièvement :

— Tu as vu entrer le lieutenant ?

— Oui, monsieur César.

— Il y a longtemps ?...

— Dame ! je l'ai vu deux fois, monsieur César... Mais lui ne m'a vu que la seconde fois... La première, il est entré, est resté là-haut un quart d'heure, puis je l'ai aperçu qui descendait, retraversait le jardin comme s'il avait perdu quelque chose, mais s'arrêtait à la grille et revenait vers la villa, où il remontait... C'est à ce moment que je lui ai adressé la parole... pour lui dire bonjour.

— Merci, Sylvain ; au revoir, mon ami !

— Au revoir, monsieur César !...

— Et il reprit son travail de ratissage.

Quant à Cœur-qui-Tremble, interdit, il pensait :

— Drogont est entré... pendant que le général et moi nous causions... Il n'est pas impossible qu'il fût dans son cabinet... et qu'il ait entendu tout ce que nous avons dit. Est-ce vrai ? Que vais-je croire encore ?... Si c'est vrai, il a tout découvert et ne se laissera pas prendre à mon piège !...

Il serra les poings avec rage.

Le même soir, Drogont remettait au ministère de la Guerre le pli cacheté que le général lui avait confié... Rien n'avait été touché aux cachets... Et de la villa du Parc des Princes à la rue Saint-Dominique, l'officier avait fait le trajet à bicyclette, suivi par les hommes de César...

Et le général, pour la troisième fois, disait à Sanguinède :

— Vous le voyez, et cette fois bien définitivement, il n'y a rien... et, croyez-moi, mon ami, il ne devait et ne pouvait rien y avoir... Il y a des infamies qui confondent la raison. C'eût été une de ces infamies.

— Oui, mon général, répliqua gravement César, le lieutenant est innocent !

Mais, au fond de lui-même, il se disait :

— Je donnerais les dix-huit millions qui me restent pour savoir la vérité !...

III

Les misères de Nicole.

Lorsqu'il avait rendu compte à Bénavant du drame qui s'était passé autour de sa fille, errant à l'aventure dans la forêt de Paris, le préfet de police avait caractérisé nettement la situation d'esprit de la pauvre Nicole et tous les dangers qui en naîtraient :

— Les choses n'arrivent à son cerveau qu'en passant au travers de brumes qui les défigurent. Elle n'a plus la notion exacte de la vie. Elle va au hasard. Assurément, elle n'est pas folle, mais elle est plus à plaindre qu'une folle et plus en danger surtout...

Dans la peur d'être retrouvée chez les Verdelet, où elle avait reçu l'hospitalité, rue Rodier, et où, on se le rappelle, Sylvain, l'ordonnance du général, venait de la reconnaître, Nicole s'était enfuie en emportant un peu de linge et une centaine de francs : c'était toute la fortune qui lui restait, depuis que son sac à main lui avait été volé dans le parc Monceau.

Elle s'éloigna le plus vite possible, n'osant même pas tourner la tête... craignant à chaque pas de voir apparaître ceux qui, sans doute, étaient chargés de l'arrêter et de la reconduire chez son père... chez sa mère !

Quand elle se crut en sûreté, elle ralentit le pas...

Elle avait marché au hasard, ne connaissant point Paris, et, fatiguée par tant d'émotion, par la terreur de se voir de nouveau seule, tout isolée, sans protection, dans la terrible et sombre forêt de Paris, elle s'assit, pour se reposer, sur un banc du boulevard de la Chapelle... Et là, pendant longtemps, elle resta sans penser, ne prêtant nulle attention aux passants qui la regardaient, n'entendant rien du vacarme des voitures, des autos et des autobus qui défilaient devant elle, rien des roulements rapides et profonds du Métro, dont les rames passaient en trombe au-dessus de sa tête...

Si indifférente à tout qu'elle ne vit même pas une femme qui, depuis un long moment, après l'avoir dévisagée avec attention, avec une insistance particulière, venait de s'asseoir auprès d'elle sur le banc...

Si éloignée de tout qu'elle tressaillit brusquement, frappée de commotion, lorsque cette femme, en la frôlant, l'éveilla de son rêve et lui adressa la parole.

— On n'est pas heureuse, ma pauvre enfant ?

Elle avait la voix doucereuse et ses yeux fatigués et boursoufflés pleuraient sans cesse, avec une larme qui dégringolait sur chaque joue maquillée de blanc et de rouge. Pauvrement mise, mais propre, de forte carrure, épaisse, elle portait avec un vêtement noir un chapeau rouge empanaché de plumes noires sur lesquelles avaient paru s'amasser toutes les averses de l'hiver. Il lui manquait deux dents par devant, ce qui la faisait siffler quand elle parlait. Elle avait les mains nues, chargées de bagues en toc.

Le regard languissant de Nicole se releva sur cette femme, puis s'abaissa.

La femme reprit, sans se décourager :

— La cerise, n'est-ce pas ? On voit ça... Et jolie, et honnête, oui, sûrement honnête !... Ah ! la société est mal faite et on n'y rigole pas tous les jours... bien sûr... Y en a qui ont de trop et d'autres qui n'ont pas assez... Vous êtes de celles qui n'en ont pas de trop, hein ? Moi, je ne me plains pas, pour le quart d'heure, mais c'est justement parce que j'ai été comme vous dans la mouïse que je vous compatis... Oui, vous m'inspirez de l'affection...

— Vous êtes bien bonne, madame, fit une voix basse, fatiguée, désespérée.

Enhardie, la femme se rapprocha un peu plus... Instinctivement Nicole serra dans ses doigts son pauvre baluchon et son petit sac, qui renfermait toute sa fortune.

L'autre n'eut pas l'air d'y prendre garde.

Elle continuait sur le même ton geignard, en essuyant à tous coups tantôt à gauche, tantôt à droite, la larme qui suivait sa pente sur le maquillage.

— J'ai eu des malheurs, bien des malheurs... Je suis mariée, moi, telle que vous me voyez, fit-elle avec une sorte d'orgueil... J'ai épousé un brave ouvrier... qui travaillait à Lille, dans les meules... Dur métier... enveloppé du matin au soir de bouquets d'étincelles... et mouillé par les gouttelettes de l'arrosage, et penché à gauche, et penché à droite, on se balance pour que la lime morde à la meule... La meule gronde, l'acier grince... l'ouvrier est nu, dans l'eau et dans le feu... les veines gonflées, les dents serrées... recevant toutes les poussières... de grès, de silex, d'acier... Point de masque, point de lunettes... Dur métier...

De nouveau, Nicole releva les yeux. Elle écoutait... La femme avait l'air de dire la vérité... Il y avait donc au monde des gens plus malheureux qu'elle ?

La femme s'aperçut qu'elle avait réussi. Le poisson attaquait l'amorce.

— Cocogne — c'est le nom de mon mari — gagnait sa vie... Mais j'ai eu cinq enfants en cinq ans... Cocogne a été malade... On nous a chassés de logis en logis, jusqu'au jour où nous avons été chercher refuge dans les caves de Lille... Une trappe s'ouvre, au ras du trottoir... un escalier... vous descendez... c'est un caveau... La trappe est refermée... Il n'y a pas d'air... On y vit, on y meurt surtout... Quand vous irez à Lille, rue du Curé-Saint-Sauveur, allez donc visiter ça... Puis on a embauché Cocogne, à Paris, à la Villette, dans les limes et dans les meules, toujours. Il ne connaît que ce métier-là... On n'y fait pas de vieux os, surtout quand on est employé à la retaille et au dérochage... On y respire de la poussière de vitriol plutôt que l'air vivifiant des bois de Saint-Cloud... Et voilà ce qui fait que mon pauvre Cocogne ne travaille plus et qu'il est à ma charge... Heureusement, je suis adroite de mes mains, je suis débrouillarde et je gagne mes huit francs par jour... Pour nous deux, ça suffit.

— Je croyais que vous aviez cinq enfants, madame ? fit Nicole.

— Ils sont morts ! fit la femme, lugubrement.

Et elle essuya une larme à gauche, une larme à droite.

— Vous êtes ouvrière sans travail, ma pauvre enfant ?

— Oui, madame.

— Et qu'est-ce que vous savez faire ?

— Je sais bien coudre, broder, piquer à la machine, mais surtout faire de la dentelle...

La mère Cocogne hocha la tête et regarda tout à coup les doigts de Nicole.

— Je vois, je vois... jusqu'à présent vous avez travaillé en amateur, n'est-ce pas ? chez vos parents... A l'heure d'aujourd'hui, on donne des métiers manuels aux jeunes filles du monde... Et puis, vous avez quitté la maison... Un coup de tête ? Oh ! je ne vous demande pas des détails... Les cerveaux de maintenant, ça n'est pas comme ceux de ma jeunesse... De mon temps, c'était de l'ordre partout... Les papiers rouges avec les papiers rouges... les blancs avec les blancs... une place pour chaque chose et chaque chose à sa place... Moi, mon enfant, je pourrais sans doute vous trouver de l'ouvrage et si vraiment vous êtes adroite à l'aiguille ou à la dentelle...

— Je fais la malines très bien.

— Bravo ! alors vous êtes sauvée... Voulez-vous me donner votre adresse ?

— Je n'ai pas de domicile, madame.

La Cocogne tressaillit. Une joie fugitive activa les larmes de ses yeux boursouflés.

— Pauvre petite ! Pauvre petite !... Chez moi, ce n'est pas riche, mais je pourrai tout de même vous loger, en se serrant... Et ça fera plaisir à Cocogne de voir près de lui une jeunesse aussi gentille, quoique vous soyez triste... Acceptez sans crainte, mon enfant. Quand vous me connaîtrez mieux, vous verrez que j'ai le cœur sur la main... Dans le quartier, on ne vous dira pas de mal de moi...

— Je veux bien, madame...

— Et je vous aime déjà beaucoup, moi, vous savez... Je suis comme ça, tout feu, tout flamme... Tenez, je parie que vous avez faim et que vous n'avez pas dîné....

— Non, pas encore, madame... Mais j'ai un peu d'argent.

— Gardez-le... ma petite... gardez-le, votre argent... Moi, je vous offre votre dîner de ce soir... On va faire une petite noce ensemble... Je connais un bouillon où, pour un franc vingt-cinq, sans le vin, on est comme chez soi... là, à côté...

Nicole se laissa entraîner. Elle était harrassée. Puis, elle avait besoin de paroles amies.

Cette femme qui disait avoir été si malheureuse, qui luttait contre la misère avec tant d'énergie, ne lui inspirait aucune défiance. La pauvre enfant voguait au hasard du grand désert de Paris, sans boussole, sans direction. Elle n'en connaissait pas les dangers, et « les choses n'arrivaient plus à son cerveau qu'en passant au travers de brumes qui les défiguraient... » En outre, les Verdelet, chez lesquels elle s'était réfugiée, rue Rodier, étaient de braves gens, compatissants et tendres. Elle ne pouvait croire ni soupçonner que Cocogne et sa femme ne seraient point pareils à la famille Verdelet.

Le *Qui-perd-gagne* est un petit caboulot situé dans le quartier des Buttes-Chaumont ; c'est une baraque en planches construite à l'angle d'un terrain vague, entre la rue Secrétan et la rue des Chaufourniers : une pièce longue et basse, éclairée par des lampes à pétrole ; un comptoir derrière lequel se tient le patron, colosse barbu au ventre énorme ; une dizaine de tables, et, tout au fond, la cuisine... C'est un de ces centres de mendigots, de camelots sans travail, de rôdeurs en peine de bagne, de ramasseurs de bouts de cigarette, parmi lesquels se glissent parfois des messieurs louches, ceinturés de flanelle, casquette plate, moustaches en crocs, et qui, en compagnie de leurs amies et aux heures de noire purée, viennent chercher là une maigre pitance en attendant l'aubaine qui les ramènera aux grands bars du quartier.

La Cocogne entra là comme chez elle, et fit un petit signe de tête au patron :

— Bonjour, Léonard...

— Tiens, c'est la Punaise !... Y a longtemps qu'on ne s'avait vus...

La femme fit la grimace et dit à Nicole en prenant place à une table inoccupée :

— Oui, c'est un nom d'amitié qu'ils me donnent comme ça... parce qu'ils savent que je ne roule pas sur l'or... Les punaises, ça se met dans le lit des pauvres gens... c'est misère et compagnie... Nous allons bien ensemble...

Mais Nicole ne voyait rien, n'entendait rien.

Elle marchait dans le cauchemar commencé au lendemain de la première nuit de son mariage, et qui, pour elle, continuait.

La Cocogne appelait :

— Léonard, qu'est-ce que tu donnes à tes invités, ce soir ?

— Une soupe aux choux et du bouilli... Et du vin, Punaise ?... Vos deux litres, comme d'habitude ?...

— C'te bêtise !... Du vrai, votre cachet rouge !...

— Combien ?

— **Deux bouteilles... Je régale... Et tu nous feras du café... avec deux fines...**

Léonard, stupéfait, regarda la vieille femme, après quoi il regarda la jeune fille.

— Je comprends ! dit-il dans un clin d'œil.

La vieille ne broncha pas ; le patron s'empressa de servir.

Pendant qu'elles mangèrent, Punaise ne cessa pas de bavarder. On eût dit qu'elle désirait ne pas laisser à Nicole le temps de répondre, et surtout le temps de réfléchir... Elle ne savait pas que la torturée ne l'écoutait pas et l'entendait à peine... que tout ce que l'autre disait l'intéressait peu... et qu'elle se laissait mener par les hasards qui l'entraînaient sans résistance, sans âme... Son âme gaie et tendre de jeune épousée souriante à la vie, elle ne la possédait plus. Cette âme était restée là-bas, sur les bords du beau fleuve de Loire, parmi les grands bois qui avaient vu la fin tragique de sa jeunesse ! C'était la Punaise qui l'avait abordée : elle avait suivi la Punaise... Toute autre lui eût adressé la parole, qu'elle l'eût suivie docilement... « les brumes de son cerveau défigurant toutes choses... »

La Cocogne, tout de suite, avec cette compréhension aiguë du mal qu'ont certaines créatures, lesquelles resteraient fermées à d'autre intelligence, la Cocogne l'avait jugée mentalement

— Elle a été frappée... C'est une simple d'esprit !...

Mais, en même temps, ses yeux pleureurs semblaient se repaître de cette beauté gracieuse, si pure malgré tant de malheurs, et elle se disait encore :

— C'est un morceau de roi... Une vraie fortune !

Le silence de Nicole acquiesçait à ce qu'elle disait... quand la Punaise racontait ses infortunes... et la vieille s'enhardissait, accumulant mensonges sur mensonges...

— Sûrement, vous ne serez pas logée chez nous comme à l'Elysée... on n'est pas des princes... Et puis, si vous croyez qu'on fait ce qu'on veut à Paris pour se loger quand on a cinq enfants... Les propriétaires n'en veulent pas... Nous en avons fait, des maisons, avant de trouver... Moi, j'avais pas le temps, vous comprenez, à cause de mon travail, mais c'était Cocogne qui trimait, le brave homme... Et, à notre arrivée de Lille, on a roulé de taudis en taudis, dans tous les quartiers, de Saint-Merri et de l'église Saint-Paul au Combat... dans les parages de la place Maubert... impasse Blottière, à Plaisance... et à une autre extrémité de Paris, rue des Amandiers, dans le quartier Saint-Fargeau... Tenez, rue des Amandiers, nous avons habité un logement qui était une ancienne écurie... Trois de mes pauvres petits couchaient sur des chaises réunies par deux; les autres couchaient sur notre paillasse et notre matelas, avec nous... Eh bien, le proprio nous a mis à la porte... C'est de là que nous sommes venus aux Buttes-Chaumont...

Elle ajouta avec mélancolie :

— En France, on n'aime plus les enfants... et pourtant, fit-elle en soupirant, Dieu ne bénit-il pas les familles nombreuses ?...

Léonard, au comptoir, rigolait en l'écoutant. Son ventre faisait, par-dessus le zinc, des sauts désordonnés, épileptiques. Les autres clients, aux tables voisines, se poussaient du coude, avec des clins d'yeux significatifs...

Et Punaise buvait, buvait, faisait claquer sa langue à chaque verre qu'elle vidait d'un trait, pendant que celui de Nicole restait plein.

Elle redemanda une bouteille.

— Vous ne buvez pas, ma pauvre ! Il faut boire, dans la vie, pour que tout soit rose !

— Je n'ai pas soif, madame !

— Chérie ! Elle ne veut pas boire parce qu'elle n'a pas soif... Tendresse que vous êtes !...

Elle avala son verre.

— Et Cocogne, vous verrez quel brave homme !... Ça ne travaille plus, puisque la maladie est venue... Ça ne peut plus accepter de besogne régulière... Eh bien, ça rapporte de l'argent quand même à la maison, c'est malin et débrouillard dans la rue !...

Qu'est-ce que cela lui faisait, à Nicole, et Punaise, et ses enfants, et Cocogne, et la maladie, et la misère, et tous les expédients pour en sortir !... Quand il lui faudrait mourir de faim, elle mourrait, voilà tout !... Pour le moment, et c'était ainsi du matin au soir, elle ne pensait qu'à une chose jolie, une chose fantastique... C'était sur le balcon de leur chambre à coucher... dans le chalet de la forêt, au long de la Loire, et c'était aussi quelques heures après le réveil des jeunes mariés... Un joli soleil flamboyant sur le chalet, et, dans le ciel bleu tout à coup d'immenses oiseaux étranges étaient apparus, tournoyant au-dessus d'eux, plongeant vers eux comme pour se rapprocher, remontant vers le firmament, gracieux, agiles et redoutables parce que ce n'étaient pas seulement des oiseaux, mais que c'étaient aussi des engins conduits par la main des hommes... Et des vastes ailes, soudain, une pluie de gerbes de fleurs s'était répandue sur la maison qu'elles survolaient et qui abritait tant de bonheur !... Hélas !

Et la Punaise aurait pu parler la nuit entière.

Nicole ne voyait que le ciel bleu, que les avions et que les fleurs !...

. . . .

Il était neuf heures du soir et la Punaise était ivre.

Même quand elle était ivre, elle conservait entièrement son sang-froid.

Dans une sorte de caresse tenace et volontaire, elle s'était emparée d'une main de Nicole et c'était ainsi qu'elles remontaient la rue Secrétan. En réalité, ce n'était pas une caresse, mais la Punaise craignait de voir lui échapper cette proie que le hasard lui offrait et sur laquelle elle avait bâti, dès la première minute, des châteaux en Espagne.

Elles s'arrêtèrent à une petite porte en bois pourrie et branlante, qui donnait accès sur une vaste cour carrée où jadis s'étaient installés les ateliers d'un peintre de décors. Les ateliers avaient été dévastés par un incendie dont on voyait encore les traces et rien n'avait été rebâti pour les remplacer... Tout au fond, cependant, quand on avait traversé la cour, s'élevait une cabane qui, avec la permission temporaire du propriétaire du terrain, avait été rafistolée tant bien que mal, à l'aide de matériaux tirés de l'incendie... Moitié maison et moitié baraque... Elle était rudimentaire et se composait d'une seule pièce assez grande, coupée en deux dans un angle par une cloison qui aménageait ainsi un cabinet de débarras. Dans le cabinet, rien en dehors du tas de charbon de terre destiné à alimenter le poêle. Dans la pièce, à peu près carrée, des chaises de paille, un bahut, une grande armoire, une table, un lit, d'autres menus objets. C'était, tout cela, d'apparence misérable... et cependant certains détails révélaient qu'on n'y souffrait point trop de la misère... C'est ainsi que, si la vaisselle, accumulée sur une planche du bahut, était grossière, les couverts qui traînaient près de là étaient en argent. De provenances diverses et de différents modèles, assurément. Cela se voyait aux initiales et aux styles. Sur le lit, du reste malpropre, traînait une étoffe précieuse... Il y avait, dans un coin, un panier de bouteilles de champagne d'une marque qui n'était pas trop inférieure, et deux très belles lampes à pétrole, en fer forgé, d'un joli travail, éclairaient cet intérieur bizarre... On pouvait croire qu'il n'eût manqué là que peu de choses pour que ce fût la profonde et définitive misère, ou bien que ce fût au contraire l'aisance... Et peut-être était-ce les deux à la fois... Peut-être cette vaste pièce aux matériaux de hasard abritait-elle tour à tour aisance et misère, selon les exploits de la veille, selon les vols réussis et peut-être les crimes !... ou selon la persistante déveine qui replonge dans la noire purée...

Cocogne, le maître du lieu, était absent.

— Il travaille nuit et jour, le pauvre cher homme ! fit la mégère.

— Je croyais que vous m'aviez dit qu'il était malade et que...

— Oui, oui, mais il faut bien qu'il s'occupe... Il est si vaillant...

— Et quel est son métier ? dit Nicole avec un peu de crainte.

— Il fait du commerce... Il a tant de connaissances !... Il s'en va la nuit vers les cafés, les restaurants et les établissements de Montmartre... Ce sont des maisons de fête... oh ! pas pour les gentilles femmes comme vous... qui ne s'ouvrent que le soir pour fermer le matin... Et là, en se tenant aux alentours, mon homme réussit à vendre à des femmes et à leurs amis des provisions de coco...

— Qu'est-ce que c'est ?

— C'est vrai, vous ne pouvez pas savoir... La coco, mon enfant, c'est une belle poudre toute blanche avec des reflets de cristal... On la vend en boîtes de quelques grammes... Ça se prise comme du tabac... C'est très à la mode... On en raffole à Montmartre... Tout le monde en veut... Et puisque c'est leur goût, il faut bien donner aux fêtards ce qu'ils demandent... Quand ils ont humé une prise de cette poudre tentatrice, ils se sentent tout autres... Ceux qui sont aveulis sentent leurs forces se réveiller... Tout à coup leur imagination embellit les choses de la vie les plus vulgaires... Tout paraît rose et tout paraît gai... Le cerveau est en proie à une fermentation qui fait sortir les idées toutes seules et sans effort... et l'on aperçoit toutes les belles images qui embellissent la vie... C'est une drogue qui se vend terriblement cher... et que les marchands ne se procurent pas aisément... Lui, Cocogne, a trouvé le moyen de s'en procurer autant qu'il veut et de la façon la plus naturelle du monde... Ah ! il est débrouillard, je vous l'ai dit... Et voilà comme quoi, pendant que je travaille de mon côté, il travaille du sien...

Mais Nicole, affaissée sur une chaise, avait la tête si lourde qu'elle n'entendait pas... Le sommeil, invinciblement, allait s'emparer d'elle...

— Bon, dit la Punaise, je vois ce que c'est... on n'en peut plus...

Elle tira un matelas, sur les deux qui formaient le lit, et alla l'installer derrière la cloison, en reculant le plus possible tout ce qui avait roulé du tas de charbon de terre... Puis, elle jeta dessus une couverture de laine, épaisse et toute neuve, qu'elle prit dans une armoire... un oreiller... sur lequel elle tapa à grands coups pour lui donner une bonne forme...

— Voilà votre dodo, ma belle... Dormez, ma petite. Ce n'est pas brillant, mais à votre âge on dort partout... Et puis, demain, on verra à vous installer plus confortablement... Soyez tranquille, on veut votre bonheur...

Nicole tomba sur ce lit improvisé, sans prendre le temps de se déshabiller.

Un lourd sommeil, brusquement, sans transition, s'empara d'elle. Il n'y eut même pas de rêve, ainsi qu'il lui arrivait tous les soirs : rien ne lui apparut, à la seconde où elle s'engloutit dans une léthargie profonde... rien... ni la rieuse figure de Robert Villedieu, qu'elle avait tant aimé... ni la douceur des yeux de Madeleine, la sœur chérie..., ni l'énergique et tendre visage de Bénavant... rien, pas même l'infinie tristesse de la mère, dont elle repoussait chaque fois l'image..., pas même les joies délicieuses des fiançailles... pas même les ivresses du soir du mariage... rien, pas même les horreurs intraduisibles qui suivirent le réveil du lendemain...

Elle s'endormit, et ce fut comme la mort...

Dans la nuit, Cocogne rentra... Un court colloque avec Punaise, qui ne s'était pas couchée... Il vint, à la lumière d'une lampe, examiner Nicole, murmura :

— Elle est rien gironde... Ça vaut de l'or...

Et il se coucha...

Le lendemain, elle se réveilla de bonne heure... Elle fut longtemps à se rendre compte de ce qui lui était arrivé, regardant avec stupeur autour de soi ces choses qui ne lui étaient point familières... cette cloison de planches noircies à la base et qui interceptait presque entièrement la lumière... cet amas de houille dans un coin... ce grabat où elle était couchée... Puis elle se souvint... De braves gens l'avaient recueillie pour la seconde fois... Elle allait essayer, auprès d'eux, de vivre de son travail...

Comme elle n'entendait aucun bruit dans la baraque, elle resta couchée.

Cocogne et la Punaise se levaient tard en général... Le métier de Cocogne le retenait dehors à peu près toutes les nuits et il se rattrapait dans le jour.

Mais, vers neuf heures, on frappa à la porte.

Punaise se leva en grondant. Toutefois, Cocogne, en bâillant, disait :

— C'est le facteur, probable, qui apporte la drogue. Il était temps. J'en manquais et on ne s'imagine pas ce que les filles de Montmartre en consomment.

C'était le facteur, en effet. Il remit une boîte, fit signer et partit.

Nicole, aux écoutes, entendait sans comprendre.

Cocogne disait à la Punaise :

— Mon truc est le bon, tout de même. Pendant que les camaros se battent les flancs pour se procurer de la cocaïne dans des pharmacies louches et chez les marchands de produits chimiques, moi, j'en ai plus que je n'en veux... Je m'adresse à Zurich et dans le grand-duché de Bade... On envoie sans faire d'enquête... Tiens, cette boîte, elle m'arrive de Francfort-sur-le-Mein. Je varie, tu saisis ? Je ne m'adresse pas toujours au même, pour pas débiner le truc... J'y ai envoyé un mandat international et voilà la marchandise... Tout le monde peut en faire autant... J'en ai pour un mois et je vais gagner là-dessus cinq cent pour cent... chouette !...

Cocogne ne se recoucha pas et la Punaise se leva également.

Doucement elle poussa la porte de la cloison ; de la lumière entra... Elle vit de grands yeux noirs qui la considéraient avec un peu d'apeurement.

— Bonjour, ma fille. Avez-vous bien dormi ? Oui ?... Allons, tant mieux !...

Cocogne avança la tête et Nicole aperçut l'homme pour la première fois ; il était de très petite taille, très maigre,

flottant dans ses vêtements, assez pareil à un lapin vidé...
Visage exsangue... yeux bridés... joues creuses de tubercu-
leux et lèvres gonflées de scrofuleux... toutes les misères,
mais aussi tous les vices.

Toute la matinée s'écoula à préparer ce que Punaise
appelait « l'appartement » de Nicole. On enleva le charbon, ratissa, balaya... On colla un papier de tenture sur la
cloison... Et Cocogne revenait, vers onze heures, avec une
couchette, des matelas, une armoire, tout ce qu'il fallait
pour meubler ce cachot.

— On vous refuse rien, disait-il... on est du brave monde,
quoique pauvre... La lumière manquera tout de même dans
votre chez vous, mais je vous couperai une fenêtre dans la
cloison... Et puis vous n'y serez que pour dormir, pas
vrai ?... Ça sera toujours assez clair...

Le déjeuner fut copieux : les Cocogne ne se refusaient
rien. Après le déjeuner, Nicole dit :

— Madame, je ne voudrais pas vous être à charge... Je
voudrais me mettre au travail...

Le soir, Punaise rentra. Elle avait trouvé de la besogne.
Très répandue chez les filles de Montmartre, auxquelles
elle servait d'intermédiaire, pour de louches commissions,
elle rapportait des dentelles à raccommoder... Nicole s'oc-
cuperait toujours, en attendant... disait-elle.

— En attendant quoi, madame ?

Mais Punaise ne s'expliqua pas autrement. Seulement,
elle convint des prix avec Nicole. La pauvre enfant était
en réalité fort habile. Punaise le jugea tout de suite. Elle
pouvait gagner ses six francs par jour. Mais, comme la
vieille procurait le travail, elle retint deux francs, sans
rien dire ; en outre, Nicole payerait son loyer et sa nourriture... il fallait compter trente-cinq sous... pour le logement... Restait vingt-cinq sous... Sur les vingt-cinq sous,
Punaise retint vingt sous pour se rembourser des avances
qu'elle était obligée de faire...

— Dam ! Vous comprenez, n'est-ce pas, mon enfant ?...
Le fil de Malines coûte 7.200 francs le kilo... Bien sûr que
je n'avais pas de quoi vous en payer un kilogramme d'a-
vance, mais ça se détaille à l'écheveau de 50 grammes et
l'écheveau de 50 grammes se paye 360 francs. J'ai donc
avancé pour vous cette somme... Ça fait un trou dans le
ménage... Même que, si vous pouviez, avec le petit argent
qui vous reste...

— Oui, madame, c'est trop juste.

Nicole vida son sac. Il y avait quatre pièces d'or et de la monnaie d'argent. La vieille prit les quatre louis, deux pièces de cinq francs et laissa quelques sous.

— C'est bien assez, dit-elle !... Avec nous, Dieu merci, vous ne manquerez jamais de rien.

Des jours s'écoulèrent ainsi... Nicole travaillait, ne demandant pas à sortir... Sortir, c'était retrouver des dangers... Elle avait si grande épouvante de tout !...

— Un ange, cette petite ! disait la Punaise.

Une chose, cependant, étonnait Nicole. La vieille avait prétendu qu'elle travaillait et gagnait ses huit francs par jour. Or, elle ne faisait œuvre de ses dix doigts. Une fois, elle hasarda une question timide, à quoi Punaise répondit :

— Oui... c'est vrai... il y a du chômage à l'atelier...

Ces jours-là furent tranquilles. Nicole les vécut dans une sorte d'assoupissement. Oui, c'étaient de braves gens et qui prenaient intérêt à sa situation... La preuve !...

— Nous ne voulons pas savoir qui vous êtes et d'où vous venez, petite, fit un soir Cocogne, d'un ton grave. Nous sommes discrets et jamais nous ne vous interrogerons là-dessus. Toutefois, nous faisons des réflexions... Sûrement, vous vous cachez... Vous avez vos raisons et elles ne nous regardent pas... nous ne vous demanderons pas votre nom, parce qu'il est probable que vous ne tenez pas à ce qu'il soit connu...

Nicole secoua la tête, prise d'un frisson de peur.

— C'est votre affaire... Alors, un nom, si vous voulez, on vous en cherchera un ?...

— Oui. N'importe lequel... pourvu que ce ne soit ni Françoise, ni Madeleine...

Et sa jolie tête, toute pâle, s'inclina brusquement sur sa poitrine...

A quelque temps de là, Punaise revint sur cette question :

— Vous vous appellerez Jacqueline... C'est un joli nom, pas commun... et comme nom de famille, on vous a trouvé celui de Lagasse... Jacqueline Lagasse... Ça vous va-t-il ?

— Tous les noms me sont indifférents, madame, sauf ceux que j'ai dits...

— Un ange ! Oui, un ange du bon Dieu ! répétait la vieille... Comme elle est triste !... Et comme je voudrais voir sourire ces jolies lèvres... et ces beaux yeux !

Nicole fut gênée...

Parmi les « brumes » qui obscurcissaient son cerveau, une crainte passa... et se dissipa...

Elle vivait, presque toute la journée seule, à partir de l'après-midi surtout... Elle se laissait aller, impuissante épave, à cette vie nouvelle... mais elle n'était jamais si heureuse que lorsque les deux Cocogne l'abandonnaient.

Alors, quittant pour un instant son travail, elle rêvait.

Souvent, l'afflux des souvenirs, toujours les mêmes et fixés sur le même deuil, elle ramassait un journal, apporté par le marchand de coco et jeté dans un coin.

Elle allait tout de suite aux nouvelles qui intéressaient l'aviation... et c'était autour de ces nouvelles qu'elle ressassait les mêmes imaginations... Ce qu'elle avait fait par hasard se renouvela... Des choses l'attirèrent bientôt, retinrent son attention, la passionnèrent. Quand Cocogne n'apportait point de journaux, elle en achetait... C'est qu'elle retrouvait parfois, çà et là, le souvenir de Robert Villedieu, qui n'était pas oublié... Nul aviateur, encore, n'avait, non point surpassé, mais égalé celui-là... Le nom de Villedieu, si tragiquement disparu, était prononcé... et il se passait depuis quelques semaines, en Europe, des choses étranges.

La mort d'un aviateur n'abat jamais le courage ni la témérité des autres.

Villedieu, englouti dans l'Océan, parut déchaîner dans tous les aérodromes de France une émulation extraordinaire... Tous voulurent faire aussi bien, tous voulurent faire mieux... Les records détenus par le mari de Nicole furent battus les uns après les autres... Et c'est alors que se passèrent les choses qui tout d'abord stupéfièrent, puis enthousiasmèrent le monde...

Villedieu battu, d'autres records s'accumulèrent... Un de nos officiers accusa la hauteur fantastique de 6.800 mètres... Ce fut un beau tapage. Mais voici que, huit jours après, on apprenait que ce record n'existait plus chez nous... Un Suédois, Peterson, dont le nom se révélait ainsi tout à coup, montait à 7.400... Et ce ne fut que le début d'une lutte gigantesque, à travers le monde comme à travers les airs, entre Peterson et nos aviateurs...

A Villacoublay, deux départs, pour reprendre le record, échouèrent et ne dépassèrent pas 7.100 mètres et 7.180 mètres.

Comme pour répondre à cette tentative, dans un coup d'ironie prodigieuse, six jours après la nouvelle parvenait que Peterson avait battu son propre record et atteint la hauteur fantastique de 8.000 mètres... En même temps, il faisait dire qu'il comptait prochainement dépasser les hauteurs des cimes les plus élevées du globe, celle de Kintchindjinga dans l'Himalaya (8.581 mètres) et celle de Garisankar (8.839 mètres).

Peterson fut célèbre et le monde eut les yeux fixés sur lui...

Les aviateurs français étaient vaincus... Ils n'avaient connu parmi eux qu'un homme capable de rivaliser avec cet inconnu et peut-être de le battre...

Cet homme, c'était Villedieu — Villedieu était mort...

Tout à coup, l'un des nôtres part d'Issy-les-Moulineaux, sans crier gare. Il a dit simplement qu'il irait dans la journée à Berlin où il déjeunerait, puis à Varsovie et de là à Saint-Pétersbourg... Et l'exploit était accompli... Et l'aviateur doubla sa course par le retour qu'il exécuta avec les escales prévues... C'était un fait unique et l'émotion fut énorme... on s'en souvient...

Mais on se souvient aussi de l'impression d'angoisse qui partout se répandit lorsqu'on sut que, par manière de défi et pour prouver sa supériorité écrasante, Peterson venait de partir de Stockolm... volait par-dessus l'Allemagne... volait par-dessus les déserts désolés du nord de la Sibérie... volait par-dessus le détroit de Behring qui sépare la Russie de l'Amérique... volait par-dessus l'Alaska... et allait atterrir sans une défaillance à Montréal, au Canada !

Ainsi, Peterson défiait la France !

Cet homme, de son lointain mystérieux, semblait dire aux Français comme la Nature toute-puissante dit aux flots de l'Océan :

— Tu n'iras pas plus loin !...

Et toujours, toujours, dans les journaux qu'elle lisait avec une curiosité avide, éclatait dans la même phrase le même regret :

— Ah ! si Robert Villedieu était là !

...Le 17 juin de l'année précédente, à midi trente-cinq, le capitaine norvégien Jacobson, du cinq-mâts *La-Ville-de-Bergen*, avait aperçu l'aéro de Villedieu venant des côtes de France, direction Dieppe, et volant vers l'Angleterre à travers le brouillard... A une heure vingt-sept, le terrible accident se produisait...

Et Jacobson avait fait son rapport en arrivant au Havre...

Nos aviateurs renonçaient à la lutte...

Peterson leur semblait un de ces hommes extraordinaires que chaque sport révèle à de rares intervalles, et qui, jusqu'à la fin de leur carrière, resteront victorieux. Ils résument en eux, à la dernière puissance, toutes les qualités de sang-froid et de force, unies à la plus vive acuité du danger à éviter, de l'attaque à produire, tout à la fois audacieux et prudents à l'excès... Ce sont des êtres d'exception...

Les clubs sportifs, l'aéronautique en tête, l'invitèrent...

Chose singulière, il refusa...

Des journalistes de Paris avaient fait, dès les premiers temps, des tentatives auprès de lui... Il accueillit toutes les interviews... laissa prendre et publier sa photographie.

On apprit de la sorte qu'il n'était venu en Suède que par hasard, mais qu'il prétendait être né en Irlande... L'Angleterre le réclamait donc comme son héros...

Des interviews qui lui furent prises, on ne retint qu'une phrase.

Elle semblait pleine d'orgueil, et surtout de je ne sais quelle haine farouche portée à tout ce qui était français.

Il avait dit un jour :

— Quel que soit le record que l'on tienne en France, je le battrai.

Et il n'avait pas menti...

Il paraissait du reste très instruit des choses de notre pays. Il connaissait de nom nos principaux aviateurs... Il les avait vus... Il les appréciait hautement... Un reporter lui ayant parlé de Robert Villedieu, il répondit :

— Je n'aurais jamais osé me mesurer contre lui... Il a fini sa carrière d'une façon lamentable... Je me trouvais par hasard à l'aérodrome de Juvisy le matin où il prit son vol, pour ne jamais plus revenir... Et je me souviendrai toute ma vie de la triste impression qu'il nous fit... de sa pâleur de mort... et surtout d'un pli qu'il avait aux lèvres et qui semblait trahir un désespoir immense... C'était navrant, et quand nous le vîmes disparaître, là-haut, il y eut chez nous tous un frisson...

En lisant ces détails et tant d'autres les yeux de Nicole se mouillèrent.

Mais pourquoi cet homme, en tout si remarquable, avait-la haine de notre pays ?... Avait-il donc à s'en plaindre ? Lui avait-on refusé justice ? A quoi s'y était-il heurté ?... On n'obtint de lui aucune explication...

Puis dans tous les journaux, son portrait parut...

Une tête énergique, aux yeux noirs, petits et brillants, mais des yeux dont la limpidité semblait avoir été remuée profondément, faisant ainsi remonter à la surface des eaux troubles. On ne pouvait, à cause de cela, distinguer par les yeux le caractère de cet homme, mais, à coup sûr, c'était un triste... Une barbe noire, très épaisse, cachait le modelé de son visage, les lignes de la bouche disparaissaient sous une forte moustache retombante, et cela, encore, empêchait de deviner la personnalité qui paraissait vouloir se dérober sous ce masque velu. Il avait l'air plutôt un peu petit, mais agile, souple et vigoureux.

Nicole s'attarda sur cette photographie...

Voilà donc celui que Robert eût vaincu... pensait-elle... voilà donc celui qui n'eût même pas osé se mesurer contre Robert...

La fixité de son regard, longuement appuyé sur le portrait, amena peu à peu une sorte de défiguration de celui-ci... On eût dit que chez cet homme dont le monde entier comparait l'audace et la merveilleuse habileté à celles de son mari, elle essayait de surprendre la pensée intime de Villedieu... Il avait parlé de Villedieu en termes d'admiration... Ce n'était donc pas un ennemi !... Puis, n'avait-il pas vu Villedieu, à l'heure de son tragique départ, quelques heures avant sa mort ?... Et cela donnait à Peterson, pour la pauvre Nicole, quelque chose de solennel et de sacré ! Le front, surtout, le front l'attirait... Si vague et imprécise que dût être cette ligne d'un visage reproduit par les journaux sur une photographie, elle s'hypnotisait sur ce foyer du cerveau derrière lequel bouillonnait tant de folle et heureuse témérité.

Et elle se disait :

— Ce front est celui de Robert... Robert et lui devaient se ressembler par là !...

Elle soupira, plia le journal, soigneusement, au lieu de le jeter, et le rangea dans sa corbeille à ouvrage...

Dans ce geste irréfléchi, il se trouvait peut-être la joie

singulière, la joie déraisonnable, artificielle et décevante, de cacher quelque chose où elle pourrait se reporter dans ses heures de tristesse et où elle évoquerait plus facilement celui qui était disparu...

L'inévitable arriva ainsi... sa douleur, assoupie, se réveilla plus vibrante...

Elle revécut les affres atroces du lendemain de son mariage.

Alors, souffrant trop et pour échapper à cette torture qui la brisait, un jour elle dit à Cocogne, en lui voyant ranger ses boîtes de drogue blanche :

— Puisque c'est la mode, moi aussi j'essayerais bien...

Cocogne et Punaise furent surpris, échangèrent un regard rapide.

Cocogne murmura :

— Dame ! si elle veut... On arrivera plus facilement à bout, le jour qu'il faudra...

Mais la Punaise secoua la tête... Elle hésitait... Elle savait combien la drogue était dangereuse... et que fraîcheur et beauté n'y résistaient pas... « Ça valait de l'or », cette enfant, et elle ne voulait pas la détériorer... Pourtant, elle céda... Cocogne avait raison... Nicole était honnête... Nicole ne soupçonnait même pas le vice... Le jour où elle subirait l'assaut qu'ils préparaient dans l'infamie de leurs âmes perverses, il fallait qu'elle n'eût plus la force de résister... et la coco rendrait plus denses « les brumes » qui déformaient toutes choses en arrivant à son cerveau... Punaise acquiesça.

— Ça coûte cher... En voilà une boîte de quatre grammes qui m'arrive de Munich... Lisez la facture jointe... 4 grammes valant 3 marks 75... port 0,20... factage 0,05. Total 4 marks... c'est-à-dire juste cinq francs de notre monnaie... prix coûtant...

Nicole tira en tremblant de fièvre cinq francs de son sac et les tendit...

— Je ne gagne pas un sou, dit l'homme...

Punaise murmura :

— Si elle commence, elle fera comme les autres, elle y reviendra...

Cocogne haussa les épaules. Une femme à la mer... Une de plus, une de moins... Il ne s'y intéressait plus guère, en vérité, ce semeur de poison !...

Alors, quand elle fut seule, Nicole essaya... Elle avait

tant de fois entendu raconter ces choses qu'elle savait ce qu'il fallait faire... Une pincée qu'elle aspira... Puis, ne savait-elle pas aussi, par la Punaise, que c'était du rêve et du bonheur, pour un peu de temps, qu'elle faisait couler, avec le poison, par tout son corps ?... La vieille ne tarissait pas là-dessus... elle devenait lyrique... Elle avait retenu, de quelques romans parcourus — pourtant elle ne lisait guère — des morceaux d'éloquence sur la drogue et elle les déversait à son tour, quand il le fallait... C'est ainsi que les établissements nocturnes où le poison a le plus de succès n'étaient plus pour elle ni des bars, ni des restaurants de nuit, ni des caboulots... mais des palais de l'Illusion... C'est avec des mots qu'on trompe le monde... « Parmi les chants, les danses, les rires, au cliquetis des verres choqués, au bruit sec du champagne qu'on débouche... car si l'opium exige la fumerie discrète et les instruments compliqués... la cocaïne s'accommode des lieux publics et du tumulte et des cris et des musiques des tziganes, et des lumières crues de l'électricité... La reine Coco réunit en elle les joies divines... mais aussi des joies morbides et cruelles... » Elle en savait bien d'autres, qu'elle racontait au *Qui-perd-gagne*, quand on l'interrogeait... Mais elle ne racontait pas tout. Elle ne disait pas les angoisses terribles des empoisonnées... car ce sont surtout des femmes qui prisent la drogue... ni les terreurs de leur mort, lorsqu'elles aperçoivent des fantômes surgissant de tous les coins de leur chambre... des mains monstrueuses soulevant des portières... des yeux féroces dont l'éclair les poursuit... des ombres fantastiques voltigeant dans des ténèbres lourdes de cauchemars... et les bruits terrifiants qui éclatent, exacerbés, se mêlant à des hurlements d'angoisse...

Nicole était seule... Le poison absorbé, elle se renversa sur sa chaise... Son visage, déjà si pâle, était devenu plus pâle encore... d'une blancheur effrayante qui lui donna soudain le masque d'une morte... Ses yeux vibrèrent d'un éclat de fièvre... sa gorge se serra dans une contraction nerveuse soudaine et ses mains se mirent à battre l'air autour d'elle dans un tremblement bizarre... Mais dans ses narines frémissantes, l'air pénétrait avec une fraîcheur délicieuse... Elle l'aspirait largement, avec une volupté sans cesse renaissante... bien que cette fraîcheur fût si intense qu'elle en souffrait presque comme d'une légère blessure que chaque aspiration renouvelait... Ses dents se serraient et les muscles de son visage se tordaient douloureusement... Tous les muscles de son corps aussi, car tout entière elle se tendait pour recevoir le plaisir que le poison lui distribuait de la tête aux pieds, faisant sa chair si délicatement sensible et ses nerfs si impressionnés, que toutes les sensations de sons, d'odeurs, d'images, frappant l'organisme excité à se rompre, y résonnaient profondément... Le cœur se mit à battre à outrance, en une crise de tachycardie au paroxysme, vivant de sa vie propre, en roulements précipités, comme s'il voulait abandonner les autres organes auxquels il distribuait la vie... Ce fut l'angoisse... Les yeux de Nicole semblèrent voltiger, puis s'effondrèrent dans un vertige... Là s'arrêta la souffrance de la première crise... Elle fut courte... Un bien-être survint... Seul, le cœur battait en un tumulte, dans des soubresauts, pareil à une de ces montres dont le ressort se détraque soudain et se déroule... La chaleur qui s'était emparée d'elle, d'abord suffocante, s'apaisa... Le froid glacial qui avait succédé à la chaleur se calma... Elle respira plus largement... se dilatant dans une force nerveuse singulièrement accrue... tout à la fois factice mais réelle. Elle fut heureuse... Elle sourit... Les contractions des muscles de son visage avaient disparu... Et le palais de l'Illusion s'ouvrit un instant pour elle... empli de visions merveilleuses...

Elle fouilla dans sa boîte à ouvrage...

Elle en tira le journal qui reproduisait le portrait de Peterson.

Elle l'étala devant elle...

Et elle s'abîma dans son rêve....

Peu à peu, elle vit cette figure sombre, d'énergie et d'audace, s'animer, se détacher de son cadre, vivre devant elle...

Peu à peu, ce qu'elle vit, ce ne fut plus le mystérieux aviateur...

L'ivresse de la coco lui donna l'illusion qu'elle avait cherchée...

Elle revoyait son Robert... Elle l'entendit. Elle lui parla... Il répondit !...

Ce fut le rêve de quelques minutes... L'illusion tomba... L'angoisse la remplaçait... angoisse mortelle... troubles hallucinants... puis torpeur... C'était fini...

IV

Le Palais de l'Illusion.

Elle recommença. C'était fatal. Au fur et à mesure que les images délicieuses qu'elle recherchait étaient plus difficiles à évoquer, elle forçait la dose du poison... Et son imagination tendue vers les souvenirs de son mariage d'une nuit lui représentait Robert Villedieu, sans cesse, partout, le Robert qu'elle avait connu et qu'elle avait aimé... non point avec le tragique désespoir des dernières heures, après qu'ils eurent reçu la révélation qu'ils étaient frère et sœur et que leur union abominable était un inceste, mais le Robert de ses fiançailles et du jour et de la nuit des noces... le garçon amoureux et gai, un peu enfant, confiant dans l'avenir, exubérant dans ses projets.

Et avec l'habitude qui venait, ces crises redoublèrent de fréquence et d'intensité. La coco avait, tout d'abord, exalté les fonctions cérébrales, mais l'exaltation, maintenant, ne durait plus, s'affaissait presque tout de suite, et Nicole, épuisée et déçue, reprenait une dose de la funeste drogue.

Parfois, à force de lassitude, elle tombait dans une torpeur, brusquement, plus invincible que le plus lourd sommeil et c'était ainsi qu'on la retrouvait, soit encore assise sur sa chaise et la tête appesantie sur sa table, soit ayant roulé sur la terre battue de la maison, et là, immobile comme une morte.

C'était ainsi que Punaise ou Cocogne la retrouvait.

Et ils avaient la même pensée et le même sourire :

— Elle est mûre pour tout ce nous voudrons en faire...

Un jour, plus triste, plus accablée que jamais, elle avait eu recours à son poison... Cocogne ne le lui marchandait pas... Il allait jusqu'à lui en faire cadeau...

Déja, les plaisirs des premières intoxications avaient disparu...

Les souffrances et les hallucinations commençaient tout de suite... Elle sentait sous la peau courir des frissons douloureux, comme s'ils roulaient des corps étrangers, des grains de sable, des cristaux, des insectes dont les pattes s'aggripaient à la chair... des fourmis qui s'accrochaient et pinçaient... Et ces hallucinations faisaient jaillir tout à coup des portraits le long des murs, sortir des fantômes du morceau de glace pendu à la muraille, et, de la muraille elle-même, d'autres apparitions fantastiques.

Tout à coup, elle resta comme hypnotisée sur sa chaise, dans la contemplation d'un point fixe et son regard atteignit une acuité extraordinaire...

Elle parut endormie... et perdre la notion de ce qu'il y avait autour d'elle...

Seuls, ses yeux vivaient, mais d'une vie singulière...

Cela dura des heures, de cette contemplation prodigieuse...

Et que voyait-elle ?...

Deux figures qui, d'abord éloignées, se rapprochaient, se mêlaient jusqu'à ne plus faire qu'une seule et même figure... Les mêmes traits, le même homme... Ce fut Robert Villedieu qu'elle vit... le premier... puis elle vit Peterson... Puis, l'acuité de son regard se concentra sur Peterson et, peu à peu, la physionomie de l'aviateur changea ; la barbe, dans l'hallucination, s'éclaircit, se raréfia, disparut... Le visage se montra avec tous ses angles... la moustache tomba, découvrant des lèvres rieuses, d'une rare pureté... Ce fut la face de Villedieu... Il n'y avait plus rien là de Peterson... Et c'était bien vraiment la folie, la folie hallucinée... la folie qui, pour une heure, lui créait une autre vie d'illusions et de rêves... la folie qui, tout à coup, lui jeta des paroles incohérentes, mais dont l'incohérence répondait au désordre de son cerveau... la folie qui la fit se lever... se diriger vers une table... ouvrir un tiroir... en retirer un papier... une enveloppe... un encrier... une plume... la folie qui lui fit tremper la plume dans l'encre... la folie qui lui fit écrire des mots enflammés... des choses de torture et d'incertitude... qu'elle n'avait jamais pensées et que lui inspirait la folie... la folie d'une heure... la folie seule...

« Monsieur... Je suis une pauvre femme abandonnée de
» tous et profondément misérable, et se résume en moi une
» des plus grandes catastrophes qui puissent accabler une
» créature humaine... Monsieur, j'ai lu vos exploits... j'ai
» su que vous aviez admiré Robert Villedieu... et que vous
» n'auriez pas osé vous mesurer contre lui... Monsieur,
» vous avez dit que quelques heures avant sa mort vous
» l'aviez senti marqué au front pour sa destinée fatale...
» Oh ! monsieur, monsieur, pardonnez à la malheureuse et
» à la folle que je suis, dans l'affreuse solitude de sa mi-
» sère morale et de son désespoir sans remède... Ecrivez-
» lui pour lui parler de l'homme qu'elle a tant aimé et
» qu'elle aime encore comme s'il vivait... vers qui je tends
» les bras pour l'étreindre comme s'il s'approchait de moi...
» Vers qui, malgré l'horreur que vous ne comprendrez pas,
» se précipitent et mon âme et mon corps, toujours... »

Elle signa : « Jacqueline Lagasse » et mit son adresse.
Avec une lucidité étrange, elle ajouta :

« C'est le nom que je porte maintenant. Ici, où je vis, et
» désormais partout où je vivrai, je n'en porterai point
» d'autre... »

Elle sortit, marchant d'un pas d'automate, sans entendre
rien des bruits de la rue, sans rien voir que le but qu'elle
suivait, dans l'intimité de l'hallucination persistante, entra
dans un bureau de poste, mit un timbre et laissa tomber
la lettre dans la boîte.
L'adresse était ainsi conçue :

« Monsieur Peterson, aviateur, à Stockholm. — Suède. »

C'était tout.
Elle rentra dans là cahute de Cocogne, trébucha contre
son lit et s'endormit.
Le soir, quand la Punaise rentra, Nicole dormait encore.
La mégère la considéra, en s'esclaffant, elle-même du
reste ivre d'eau-de-vie.
— Elle est saoule de coco !...
Et elle ne s'en occupa plus...
Mais elle remarqua le désordre de la table, du tiroir,
l'encrier, la plume encore humide, et elle réfléchit longue-
ment...

— Elle a écrit... pendant mon absence... A qui ?...

Nicole dormit d'un sommeil de mort jusqu'au lendemain... Le matin, à son réveil, la Punaise l'interrogea sur cette lettre mystérieuse que tout révélait...

Et Nicole ne se souvint de rien...

Des journées s'écoulèrent ainsi...

Maintenant, lorsque Cocogne et la Punaise sortaient de leur baraque, presque aussitôt surgissait derrière eux un homme, vêtu en ouvrier, coiffé d'un chapeau mou, la figure entièrement disparue sous l'épaisseur d'une barbe noire. L'homme les suivait pendant quelque temps, pour s'assurer qu'ils n'étaient pas près de revenir, et aussitôt s'en allait rôder rue Secrétan, autour des ateliers incendiés. L'homme appartenait sans doute à la police, car il prenait toutes les précautions possibles pour ne pas être remarqué. En outre, il était évident qu'il en voulait à la cabane du ménage Cocogne, lequel, également, lui en dirait long sur l'existence louche des deux personnages, car parfois il entrait furtivement dans la cour, se faufilant dans les débris jusqu'à la baraque, et là, essayait de voir et essayait d'entendre. En toute évidence, il était renseigné. Il savait que dans la maison, en s'en allant, Cocogne avait laissé une locataire et que, par conséquent, tant qu'il y aurait là un être vivant, un témoin, la tentative qu'il avait rêvée échouerait.

Certes, si on avait pu remarquer attentivement ses allées et venues, on eût deviné qu'il traversait des phases d'hésitation et qu'une lutte se livrait dans ce cœur... Après s'être rapproché de la cabane, il s'en éloignait... Il ressortait dans la rue... On croyait qu'il ne reviendrait pas... Il revenait... Et, de nouveau, le voilà aux écoutes, l'oreille collée aux planches...

C'était le soir, surtout, la nuit tombée, qu'il se livrait à ce manège...

Pendant le jour, des fenêtres des cuisines des deux maisons contiguës, on aurait pu l'apercevoir et s'étonner de ses précautions.

Une fois, soit qu'elle eût entendu quelque bruit, soit parce qu'elle voulût sortir du taudis, Nicole vint sur le seuil respirer un peu de l'air calme d'une belle soirée.

L'homme faisait corps avec les planches et les poutres de la baraque, s'identifiait avec elles pour ainsi dire, ne perdant rien de ce qui se passerait à l'intérieur. Tout à coup, il entendit une clef qui tournait dans la serrure et la porte s'ouvrit avec une longue plainte stridente... D'un bond, il s'effaça, tomba sur le sol, y disparut derrière un tas de gravats, de planches brûlées et de pierres calcinées.

Nicole apparaissait...

L'homme souleva la tête... une tête noire et broussailleuse qui disparut parmi tous les matériaux de l'incendie, non moins noirs, et resta invisible dans les ombres de la nuit.

Nicole fut là longtemps, accoudée... Elle n'était pas, ce soir-là, sous l'influence de la cocaïne. Elle était calme, et, comme toujours, infiniment triste et accablée...

L'homme ne la perdait pas de vue.

Ses yeux ardents luisaient dans l'obscurité, sous la poussée d'une émotion extraordinaire... Que Nicole s'éloignât, franchît la cour, atteignît la rue, s'absentât pendant quelques minutes... est-ce que ce n'était pas ce que l'inconnu cherchait ? Alors, un saut dans la cabane... les meubles ouverts, éventrés, les tiroirs bouleversés, tout perquisitionné, et la police savait à quoi s'en tenir...

Car, en toute certitude, l'homme appartenait, ne pouvait appartenir qu'à la police, et peut-être que l'on soupçonnait le commerce criminel auquel se livrait Cocogne dans les établissements nocturnes de Montmartre...

Ce qu'il souhaitait ne se réalisa pas...

Nicole, au bout d'un quart d'heure, rentra, la porte se referma... Alors, l'inconnu se souleva du tas de gravats, et, longeant le mur de la cour, disparut.

Le lendemain, et les jours suivants, il ne revint pas.

Mais ces jours-là, Cocogne, durant les mystérieuses pérégrinations de son commerce nocturne, fit une connaissance nouvelle... Une nuit, au coin de la rue Biot et de la place Clichy, il se trouva en pleine bagarre... une querelle entre apaches, dans laquelle Cocogne, ayant trop bu, décida d'intervenir... Mal lui en prit... Il fût resté sur le carreau, avec un couteau à virole dans le ventre, si un coup de bâton n'eût cassé le bras de l'apache, et si deux bras vigoureux, enlevant le marchand de coco comme une plume, ne l'avaient transporté dans les petites rues des Batignolles.

Les gardiens de la paix, quand ils arrivèrent, trouvèrent la place nette...

Cocogne était dégrisé... Ils s'arrêtèrent, devant un bar violemment illuminé.

— Merci, mon vieux frère !... J'ai vu le couteau d'un peu près... Sans vous, il me serait entré jusqu'à la garde dans les boyaux...

— Je le crois, fit paisiblement l'autre en riant.

— Si, pour se remettre, on entrait boire une bouteille ?

— Ce n'est pas de refus, camarade.

Une heure après, ils étaient amis. D'autant mieux et d'autant plus vite que le sauveur, sans hésitation, avait dit, en entrant dans le bar, à l'oreille du sauvé :

— Je te connais... Tu t'appelles Cocogne... Tu vends de la blanche à Montmartre... moi, j'en vends au quartier Latin et dans les ateliers de Montparnasse... On est des frères...

Ils se serrèrent la main.

— Seulement, moi, le métier ne va pas. Je triplerais mes bénefs si je savais comment me procurer de la coco... les pharmaciens rechignent... les fabricants de produits refusent, et, par-dessus le marché, je suis traqué par la police...

— Tu me diras combien qu'y t'en faut par semaine... Je suis ton homme...

— Le moyen que tu prends ?...

— Je le garde. C'est mon secret. Mais il est sûr. Tu peux y compter... à une condition... c'est que tu ne viendras pas me concurrencer dans mon patelin de Montmartre ?

— Ça ne serait pas juste et c'est juré.

— Tu connais mon nom, mais moi je ne connais pas le tien...

— Courapied, dit Miton-Mitaine, pour le moment sans travail, ancien caissier, ancien comptable, ex-sou-off' d'artillerie à Limoges... dans la mouise, pour le quart d'heure, à la recherche de la fortune... Si tu peux m'aider ?

— On verra... Ex-sous-off' dans l'artillerie, c'est quéque chose... Moi, tu sais, j'ai pas qu'une corde à mon arc... Je me remue... J'ai des relations... On cumule !...

— T'es un frangin. Je suis content de t'avoir sauvé la vie...

Ils burent quelques bouteilles et se séparèrent très tard dans la nuit, à peu près gais... Celui qui titubait le plus, bras dessus bras dessous, et qui voulut reconduire l'autre jusqu'à la rue Secrétan, ce fut Courapied, dit Miton-Mitaine... Il est vrai que, lorsqu'ils se quittèrent, devant les ateliers, et que Courapied se retrouva seul, il ne titubait plus du tout... La solitude, et l'aube prochaine, lui avaient rendu toute sa présence d'esprit.

. . . .

C'était trois jours après... le soir, très tard... Il faisait un vent violent, après un orage qui s'était déchaîné sur Paris, à l'heure de la sortie des bureaux, des ateliers et des usines... Les ruisseaux d'eau jaunâtre roulaient le long des trottoirs en dégringolant la rue Secrétan... et les tourbillons étaient si violents que le vent enlevait les feuilles des arbres du parc qui venaient s'abattre en pluie verte sur les maisons et dans les rues avoisinantes.

Trempé jusqu'aux os, l'inconnu, qu'attirait avec une force d'aimant la misérable bicoque habitée par le ménage Cocogne, s'infiltra dans la cour...

Il ne pleuvait plus et, là, on se trouvait à l'abri du vent.

Il y régnait une nuit d'un noir d'encre, mais une petite raie lumineuse perçait sous la porte mal jointe et disait que si Cocogne et la Punaise étaient absents — l'Inconnu le savait — dans la masure quelqu'un veillait.

Contrairement à ses habitudes, ce soir-là, l'homme marcha droit vers la porte... sans se presser... sans se cacher, comme allant rendre une visite attendue... Près de la porte, seulement, il s'arrêta... resta près d'une minute, le bras tendu pour ouvrir, ou pour frapper... le bras fut inerte... atteint de paralysie... l'homme passa la main sur son front... l'y appuya fortement... la retira mouillée....

Mais nous avons dit qu'il avait reçu le plus fort de l'orage... son chapeau mou se rabattait misérablement sur ses yeux, ses vêtements se collaient à son corps... rien donc de plus naturel que la main qui venait de presser son front se fût toute mouillée.

Enfin, il frappa. Ne recevant pas de réponse, il ouvrit et entra...

. . . .

Ce soir-là, Nicole avait succombé de nouveau... elle avait repris de la coco... et avec la coco les hallucinations étaient revenues... Tout d'abord, autour d'elle, elle avait vu danser des fantômes... Les murailles s'entr'ouvrirent, et béantes, donnèrent accès sur des salles inondées de lumière, vides, qui semblaient prêtes pour quelque fête somptueuse... puis les murailles se refermèrent... l'obscurité l'entoura d'un triple voile... elle y fut close, comme en une prison qui la séparait pour jamais du reste du monde... Dans ces ténèbres bientôt se mirent à danser, ainsi qu'au fond d'un kaléidoscope, des atomes, qu'elle prit pour des âmes, et qui avaient toutes les couleurs, et dont les couleurs se mélangeaient dans une fantasmagorie de tons... Les atomes s'évanouirent...

Jusque là, Nicole s'était remuée légèrement. Elle n'avait pas encore cette immobilité absolue de mort, pendant laquelle naissait, devant l'exacerbation de son cerveau, l'idée, l'idée fixe qui grandissait, obsédante, colossale...

Mais la voici qui s'absorbe...

Ses yeux viennent de rencontrer, par hasard, sur une table à ouvrage, son dé à coudre... Ils s'y accrochent machinalement, sans pouvoir plus s'en détacher... Elle tombe ainsi, peu à peu, dans un état d'hypnose, et tout un drame inouï, étrange, affolant, va se développer là, à son imagination en délire...

Peu à peu elle voit le dé qui s'élargit... il s'ouvre, s'étale, dépasse les bords de la table... envahit la pièce... C'est une vaste nappe d'argent... de l'argent qui devient liquide, qui miroite aux ardents rayons du soleil... Et Nicole se croit au centre de cette vaste nappe, dont elle ne peut plus apercevoir les rives... Et voici maintenant que les flots se forment, roulent doucement comme endormis, et se mettent à bercer des bateaux qui passent... Un calme immense... Ce n'est pas seulement du silence, c'est le silence... Où sont-ils donc, à présent, les bateaux qui voguaient sur les vagues d'argent ?... Disparus à leur tour... Mais voici que du milieu de cet océan de blancheurs qui s'irisent une buée s'élève, monte vers le ciel serein, s'épaissit, blanche sur la mer blanche, et livre au regard de Nicole le mystère de ses flancs qui s'entr'ouvrent... Une figure apparaît... Nicole voit distinctement... Elle la reconnaît... Mais qui donc ?... Car elle l'a vue à plusieurs reprises, si différente d'elle-même !... Elle l'a vue et c'était Peterson... Elle l'a vue et c'était Robert Villedieu... Celui-là qui prend dans le brouillard blanc sa forme humaine, est-ce Villedieu ? Est-ce Peterson ?... Tout à l'heure, c'était le Suédois à la figure broussailleuse, l'homme de l'extrême Nord, qui n'avait ni les yeux bleus ni la barbe blonde... par un étrange caprice du hasard. Et maintenant c'est Villedieu, visage rasé, regard doux et lèvres souriantes... Ces deux hommes semblent se mêler et se confondre... changer à plaisir de personnalité... se jouer avec une cruauté féroce de ce pauvre cœur de femme... paraître et disparaître... vivre et mourir à tour de rôle... Nicole halète, éperdue, tend les bras et crie, la voix rauque, une voix de folle et de cauchemar :

— Robert ! Robert !

Elle se soulève lentement de sa chaise et s'en va ainsi, les bras en avant...

L'hallucination n'est plus... Sous son regard fixe, l'immense océan d'argent a semblé rentrer dans les profondeurs inconnues de la terre, d'où il était venu vers les commencements du monde... la splendeur du soleil s'est éteinte... Une demi-obscurité règne autour d'elle... Sur la table, son ouvrage et près de son ouvrage son dé à coudre... Un tourbillon de vent par la porte qui vient de s'ouvrir a fait filer la lampe.

La porte se referme... la flamme de la lampe s'apaise...

Nicole répète :

— Robert ! Robert ! Mon Robert !

Puis elle a un rire éclatant... et tout à coup, avec une voix étrange :

— Non, c'est Peterson !

Car l'hallucination n'est plus... Il y a un homme dans la chambre, qui vient d'entrer et qui le dos contre la porte refermée, n'ose plus faire un pas... Certes, la jeune femme n'a rien à craindre de lui, car, à le voir ainsi tremblant comme un fiévreux ou comme un criminel pris en flagrant délit, il n'accuse pas plus de force qu'un enfant... Peut-être après tout, dans son mystérieux projet, s'attendait-il, en entrant là, à n'y trouver personne... Nicole est maintenant tout près de lui... Ses mains le touchent, pour s'assurer que c'est bien une créature vivante, qu'il est de ce monde terrestre et ne sort point des visions fantomatiques de la sinistre drogue.

Elle se redit tout bas, à elle-même :

— J'ai vu son portrait... c'est lui qui est Peterson...

Mais l'homme hoche la tête, parle et rompt le charme :

— Mais non, madame, je ne suis pas le fameux Peterson... Si je lui ressemble, c'est à cause de la barbe... tous les gens barbus se ressemblent... Moi, je suis tout simplement un camarade de Cocogne... Je suis Courapied... pas aviateur pour un sou... C'est bien sûr pas en volant en aéroplane que j'ai gagné mon nom...

Et l'homme barbu eut un gros rire.

Dans le cerveau de Nicole, que les « brumes » emplissent et qu'exacerbent encore les dernières fermentations de la coco, la réalité et la fiction se combattent. Est-ce lui ?... Est-ce Peterson ?... Que vient-elle d'entendre ?... Est-elle sûre d'avoir entendu ?

Elle se recule lentement... jusqu'à sa table... jusqu'à sa chaise...

Elle s'écroule... en proie à une redoutable émotion... La lutte vient de finir, entre la vérité et le mensonge... Celui qui est là est un homme... Mais cette voix ?... Est-ce encore dans son rêve qu'elle va chercher les douces inflexions de celui qui, jadis, a murmuré à son oreille tant de tendresses ?... Et comment va-t-elle s'imaginer, maintenant, que la voix qu'elle vient d'entendre est celle de Villedieu ?... Les bras accoudés sur la table, elle a caché son visage dans ses mains. Elle souffre... Elle n'essaye même plus de se rendre compte... Cela lui fait mal... Et justement parce qu'elle souffre trop, et pour échapper à la torture, soudain, elle s'empare, sur la table, d'une petite boîte ouverte, qui renferme une poudre blanche... Encore une dose du poison... Et elle retrouvera ses rêves... Et la douleur s'effacera, fera place au plaisir...

Déjà ses doigts menus se sont resserrés sur la poudre. Déjà ils en ont pris une pincée...

Mais l'homme s'avance — son pas est chancelant — il lui a pris les doigts, il a secoué et fait tomber le poison... il a jeté et écrasé la boîte sous ses pieds.

Et la voix très douce — oh ! cette voix pleine d'affreux et délicieux souvenirs — cette voix qui la remue jusqu'au fond des entrailles, ordonne, car c'est un ordre, si timide et si hésitant qu'il soit prononcé :

— Il ne faut plus prendre de cette poudre !

Elle relève les yeux et cherche le regard de l'homme... Mais ce regard s'est baissé, parce que l'homme a eu peur de ce qu'il a dit, sans doute...

— Je n'en prendrai plus ! fait-elle, à mi-voix — en confidence.

— Il faut me le promettre...

— Je le promets... fait-elle encore, avec un sourire divin.

— Il faut le jurer, sur tout ce que vous avez de plus cher au monde...

— **Sur mon amour... sur celui** qui fut Robert Villedieu !

s'écria-t-elle sans raisonner, sans se dire qu'elle venait de livrer son nom, son secret, à celui-là qui était un ami de Cocogne, et qu'on appelait Courapied, dit Miton-Mitaine !

Celui-ci restait debout, dans une attitude qu'on eût dite gênée... Il n'y eut plus aucune parole entre eux... Courapied avait jeté par terre son chapeau traversé par la pluie et comme il portait les cheveux coupés très courts, son front apparut dans toute sa largeur, un front lumineux, où de nouveau s'attachèrent les yeux de Nicole.

Elle l'avait remarqué, sur la photographie des journaux.

Ce front-là, c'était celui de Peterson...

Mais c'était aussi celui de Villedieu !...

Alors, elle détourna le regard. L'influence de la coco n'agissait plus... Elle était plus tranquille... Elle reprit, sur sa table, sa pose de mélancolie et de fatigue, le visage appuyé sur les mains... Cependant, cette tranquillité — réelle en ce qui concernait les angoisses disparues de la coco — n'était pour le reste qu'apparente.

Elle ressentait un grand trouble.

La présence de l'inconnu pesait sur son âme, l'attirait par un lent et puissant effort... auquel, chose singulière, elle s'abandonnait sans résistance.

Elle eut pourtant cette réflexion, qui prouvait du moins qu'elle reprenait possession d'elle-même, et que toute trace d'hallucination avait disparu :

— Pourquoi cet homme demeure-t-il, puisque je suis seule ?

Et elle finit par demander :

— Que désirez-vous ?... et pourquoi êtes-vous venu ?

De la même voix très douce, comme hésitante, et qui la remua toute :

— Je veux parler à Cocogne ou à sa femme...

— Vous les connaissez donc ? fit-elle avec surprise.

Pourquoi cette surprise ? Et comment s'étonnait-elle que cet homme, qu'elle n'avait jamais vu, eût de pareilles connaissances ?

— Oui, un peu.

— Depuis longtemps ?

— Ma foi non, depuis quelques jours seulement...

Et il conta l'aventure de la rue Biot où il avait tiré Cocogne d'un mauvais pas.

Elle soupira... Là encore une désillusion... Elle eût été **contente de savoir qu'il n'y avait rien de commun entre** eux et que le hasard seul l'avait amené. Il s'amoindrissait à ses yeux... Elle coula un regard de son côté, à travers les doigts. Il n'avait pas l'allure d'un rôdeur... mais d'un ouvrier. Certes, mouillé comme il l'était, il ne payait pas de mine... Pourtant, il paraissait propre...

— Asseyez-vous, monsieur...

Il se mit à rire, d'un rire frais et jeune et sa figure s'anima brusquement :

— M'asseoir ? Ma foi, non... **J'suis trempé...** Je mouillerais tout...

Elle tressaillit... Une souffrance aiguë lui traversa le cœur.. Ce rire !... Non, elle ne s'était pas ressaisie complètement, puisque cela venait, à nouveau, d'évoquer la figure de Villedieu... Car c'était bien le même rire, comme elle avait cru tout à l'heure que c'était la même voix... Elle devenait folle... Soit ! folle ! ! Eh bien, puisqu'elle était folle, il ne s'étonnerait de rien, cet homme. Il connaissait la drogue, puisqu'il la lui avait interdite, et que, domptée par un mystérieux pouvoir, elle s'était soumise...

Et la voici qui, pour la seconde fois, se rapproche...

L'homme, comme s'il avait peur de cette enfant, accuse un commencement de recul... une pâleur profonde apparaît aux pommettes — là seulement transparaît la peau, tout le reste est pris par la barbe drue — les yeux vacillent... Vraiment, il a l'air de se trouver mal, et il faut, pour justifier une émotion aussi forte, que l'inconnu redoute que Nicole n'en vienne à deviner des intentions criminelles — autrement, un pareil trouble fût resté inexplicable...

— Qu'êtes-vous venu faire chez nous ? demande-t-elle en tremblant.

Il ne répond pas sur-le-champ.

Pris à l'improviste par cette question si simple, il cherche, il hésite... et ses yeux se détournent du regard ardent posé sur lui, qui le scrute, et qui essaye de descendre jusqu'au fond de son âme...

— Je suis marchand... de la drogue, comme lui... Il a des moyens de s'en procurer en gros... Moi, j'en manque... Il m'en repasse... C'est du commerce...

— Etes-vous bien celui que vous avez dit ?

Il répéta, la voix gouailleuse, dans un effort qui se sentit visiblement :

— Je suls Courapied, dit Miton-Mitaine, pour vous servir.

Elle hocha la tête et murmura :

— Je suis folle, parfois... Ce poison me donne des idées ! !... Il faut me pardonner.

— Je vous pardonne... et puis, n'y avait pas d'offense... Quand vous ne prendrez plus de coco, ces phénomènes, ça disparaîtra.

Elle répliqua, toute pensive :

— Je les regretterai peut-être...

— Déjà, votre promesse vous pèse ?

— Non, je la tiendrai...

Elle sembla tout à coup défaillante... les paupières lourdes... terriblement lasse.

— Le sommeil ?... fit-elle... le sommeil qui vient...

Et, sur sa chaise, le front sur des dentelles éparses qui étaient sur la table et qui étaient son labeur quotidien, elle s'endormit, prise d'une léthargie...

Courapied, dit Miton-Mitaine, se contenta de la regarder. Il ne fit rien pour empêcher ce sommeil, retarder cette torpeur... Sa sombre figure s'éclairait d'une joie singulière... Cette léthargie favorisait-elle donc ses projets ?... Elle dormait, paisible et sa respiration était régulière... L'homme regardait et rêvait... Mais il vit que dans un mouvement Nicole avait failli rouler de sa chaise sur le sol... Alors, il vint... avec des soins maternels, avec des précautions infinies, il la prit dans ses bras, et l'emporta doucement, de l'autre côté de la cloison, où il la déposa sur son lit...

Il jeta un coup d'œil autour de lui sur ce qui constituait cet abri.

— Misère ! Misère ! soupira-t-il.

Il alla prendre la lampe de travail, revint dans la chambrette, et éclaira vivement la jolie figure aux traits fins et délicats, si fatigués maintenant, mais auxquels un rien de bonheur eût vite rendu leur beauté d'autrefois avec le rayonnement de leur jeunesse.

Longuement il admira... pensif, immobile...

Si cet homme avait des projets criminels, certes ils ne visaient pas la malheureuse.

Il finit par s'arracher à cette contemplation... comme à regret... s'éloigna, le regard en arrière... ferma la porte de la cloison... reposa la lampe sur la table...

Au même moment, deux hommes entrèrent... que la Punaise accompagnait.

Dans l'un, il reconnut tout de suite Cocogne.

L'autre avait un manteau noir, dont le capuchon était rabattu sur le front, dérobant ainsi tout le visage... Il était impossible de distinguer ses traits... La porte de la baraque, un instant entr'ouverte, laissa passer avec un sifflement de rafale, une trombe d'eau. L'orage, un instant apaisé, de nouveau grondait et le plus grand des deux hommes, celui qui portait le manteau à capuchon, ayant pénétré dans la masure après l'autre, se trouva pendant une seconde enveloppé par un éclair de feu et de sang...

Cocogne dit, gaiement :

— Tiens, Courapied !

Et se tournant vers l'autre qui semblait observer, silencieux et sombre :

— Je vous ai parlé de lui, patron... Une recrue qui pourra servir... Qu'est-ce qui me vaut l'honneur de ta visite, frangin ? fit-il, en lui tapant sur l'épaule.

Courapied fit un signe, désigna l'homme au capuchon :

— Peut-on parler ?

— Oui... C'est le patron... Pas de secrets... Dégoise !

— Cocogne, je t'ai sauvé la vie... je viens te sauver de la prison... Demain, dans tous les établissements que tu fréquentes... tu seras pisté par la rousse... et arrêté en flagrant délit... et à la même heure, on perquisitionnera chez toi pour y trouver tes provisions de blanche... Je suis venu t'avertir... change de quartier... Terre-toi pendant huit jours... Fais le mort... Quant à tes provisions, faut qu'elles disparaissent... Facile... Je te rachète le tout... Voilà... Je t'ai dit : acré ! acré ! tu feras de l'avertissement ce que tu voudras... Bonsoir, Cocogne, et la compagnie...

Cocogne se gratta la tête. Il avait peur de la police. Punaise elle-même fut inquiète.

— Es-tu sûr ? De qui te viennent tes renseignements ?

— Bien simple... de la sûreté. J'y ai deux types qui prisent de la coco à en crever, et qui hurlent des gémissements de l'autre monde quand je leur en refuse... Ils m'ont tout dit...

— Bon. Merci. Ça fait deux services que tu me rends... A charge de revanche... Patron, je vous ai parlé longuement du frangin... Ne pouvez-vous rien pour lui ?

Le capuchon recouvrait toujours la tête de l'homme... et ce fut de sous le capuchon que répondit une voix rude, au fort accent étranger :

— Vous vendez de la coco... où, dans quel quartier opérez-vous ?

— Dans le quartier Latin, à Montparno, et aux abords de l'Ecole militaire.

Le capuchon noir se pencha. Ce renseignement paraissait l'intéresser.

— Parmi vos clients, avez-vous des officiers ?

— Un ou deux... pas sérieux... des fantaisistes qui essayent, pour voir...

— De l'Etat-Major ?

Légère hésitation chez Courapied, qui finit par répondre, comme en se pressant :

— Oui, justement, de l'Etat-Major... ou de l'Ecole de guerre... Je sais pas bien...

— Vous recrutez votre clientèle surtout parmi les demi-mondaines ?

— Comme de juste... Les pauvres filles cherchent de l'oubli et de l'illusion.

— Parmi ces clientes, il en est certainement qui sont les maîtresses d'officiers ?

— Oui, j'en connais.

— Vous êtes bien avec elles ?

— Au mieux ! Pensez... je suis le semeur de joies et de rêves... Mon nom est connu, vous pouvez vous renseigner... Miton-Mitaine, populaire sur la rive gauche...

— Bien. Vous me plaisez. Cocogne m'affirme que je puis avoir confiance en vous... Je vous intéresserai à mes affaires... Venez me voir... nous causerons...

Il s'interrompit...

Derrière la cloison, on percevait quelques mots étouffés...

C'était Nicole qui rêvait, et qui parlait en rêve.

L'homme au capuchon fit un geste de colère et d'autorité, et, tourné vers Cocogne :

— Il y a quelqu'un là qui peut nous écouter ?

Et, brusquement, sans attendre, écartant la Punaise avec un geste de brutalité, il se précipite vers la porte percée dans la cloison et l'ouvre.

Les rayons de la lampe à pétrole pénètrent jusqu'au lit, et viennent auréoler d'une lumière très douce la pâle figure de l'endormie...

Elle repose, les mains jointes sur la couverture, et ses cheveux, qui se sont dénoués, l'enveloppent de leurs ondes douces et blondes... Elle rêve et, sans doute que le songe qu'elle fait est délicieux, car elle sourit d'un sourire d'ange...

L'homme a fait deux pas dans l'étroite soupente...

Il se penche sur le lit...

Et soudain il ne retient pas un cri de stupeur...

— La fille de Bénavant !...

Il recule, un moment effaré, frappé par ce hasard terrible, comme d'un coup en plein cœur... Il étouffe, porte les mains à son cou pour arracher sa cravate et se donner de l'air... haletant, le soupir rauque d'une bête aux abois... La surprise est telle qu'il en est accablé, vaincu... Et quelle surprise, faite de haine contente et assouvie, où le remords n'entre pas !... Oui, Nicole, sa victime... car cet homme...

Dans le brusque mouvement qu'il vient de faire, pour respirer, il a rejeté en arrière son capuchon et sa tête apparaît, à découvert, hideuse... aux yeux profondément enfoncés et brillants d'une flamme, à l'ossature décharnée, aux pommettes saillantes... aux lèvres rentrées...

Car c'est Tcherko... mais plus terrible que nous ne l'avons jamais vu...

Cette tête qui se penche, image de squelette, miroir de mort, forme un contraste si imprévu et si émouvant avec la douce figure pâle de l'endormie, que la comparaison s'impose... c'est une araignée qui s'avance pour envelopper l'insecte imprudent, joli, et ivre de soleil, vers lequel elle a tendu sa toile où s'imprègnent, le matin, pareilles à des gouttes de diamant, des gouttes de rosée... c'est la bête, la bête, dans sa soif de sang et de carnage, c'est plus horrible que la bête qui veut et qui doit vivre et qui tue pour vivre, puisque c'est l'homme !... Et ce spectacle est si terrifiant que les deux misérables qui sont tout près, Cocogne et sa femme, se sentent, à le regarder, saisis d'une vague épouvante... On n'entend rien, en dehors de la pluie qui bat les vitres et les murs de la bicoque... Personne n'ose plus parler... car l'instinct leur dit que, de la bouche de cet homme, doit sortir la destinée de cette enfant pure, au sommeil calme, qui repose dans un rêve amoureux...

Lui, lentement, se remet... démonté un instant, malgré sa puissance sur lui-même...

Il attend qu'aient cessé les battements en soubresauts de son cœur... il ne veut pas que, lorsqu'il parlera, sa voix tremble... et qu'on soupçonne son émotion.

Et tous les trois, en ces minutes fugitives et si remplies, où se décident peut-être dans l'esprit de Tcherko des drames de mort, tous les trois sont si violemment secoués qu'ils ont oublié la présence de l'autre...

La présence de Courapied, dit Miton-Mitaine...

Celui-ci n'a pas fait un pas, figé, immobile... en apparence lointain et indifférent.

Mais il a entendu le cri de l'homme au capuchon :

— La fille de Bénavant ! !

Il a un geste violent de surprise... Courapied, sans doute, connaît ce nom-là, comme tout le monde... autrement, pourquoi s'en fût-il ému ?... Mais dès lors, son attention redouble, surexcitée et dans l'ombre de la mansarde où il se tient, ses yeux petits et sombres brillent d'un éclat insoutenable, devant lequel, peut-être, s'éteindrait la rouge flamme des yeux de Tcherko... Appuyé contre le bois du lit de Cocogne, il attend, invisible et silencieux...

Mais Tcherko vient d'apparaître en pleine lumière... capuchon rabattu...

Courapied se penche tout à coup, et ses poings s'agrippent au lit pour ne pas tomber.

Comment n'ont-ils pas entendu le soupir profond qui lui échappe... pareil à une sorte de hurlement aussitôt étouffé... à un râle de soulagement et de joie...

Et s'ils avaient entendu et s'était retournés, ils se seraient trouvés en face d'un visage convulsé, animé par une joie terrible, par l'ivresse d'un triomphe imprévu, duquel Courapied désespérait peut-être, et dont la soudaine certitude l'avait laissé un instant désemparé et incrédule...

— Jean Cabral... la Tête-de-Mort !

Puis l'incertitude, la crainte de se tromper, s'empare de lui.

— Est-ce bien vrai, mon Dieu !... Est-ce possible ?...

Ses mains crispées ont abandonné le lit... restent longtemps agitées de mouvements de désordre et de fièvre... Il n'ose respirer, parce qu'il a peur qu'on ne se souvienne qu'il est là, et qu'on ne le chasse... Il aspire, la bouche largement ouverte, des gorgées de l'air fétide et chaud qui emplit le taudis... une sueur inonde son front... ce front volontaire et lumineux que Nicole trouvait pareil à celui de Peterson et pareil à celui de Villedieu. Cet homme traverse une crise et ne serait pas plus ému s'il se trouvait sous le coup d'une menace de mort, pour lui ou pour des êtres chers...

Nicole continue de dormir.

Tcherko a refermé la porte... En proie à un trouble extraordinaire, il interroge Cocogne et la Punaise...

— Comment cette jeune femme est-elle chez vous ?

Ils n'osent répondre, ni l'un ni l'autre... Ils se regardent... Ils se concertent... Ils se poussent du coude avec des mines apeurées.

C'est la Punaise, plus hardie et plus loquace, qui se décide :

— Une bonne œuvre, de compassion et de charité, que nous avons accomplie, patron... C'est une pauvre fille qu'avait pas bien tourné... et qui s'en allait comme ça par les rues, vivant comme elle pouvait... et dame ! ces filles abandonnées, vous savez ce qu'elles deviennent... Celle-là était comme les autres... sans l'avoir voulu, bien sûr, entraînée par les circonstances et par la misère... Et de plus que les autres, celle-là est un peu simple d'esprit... oui, quand on lui dit quelque chose, ça n'arrive pas tout de suite et du premier coup jusqu'à son entendement... Elle est excusable plus que les autres... Lorsque j'ai fait sa connaissance, c'était au *Qui-perd-gagne*, je l'ai confessée la pauvrette, et j'ai vu qu'il y avait quelque chose à sauver... Elle n'était pas pervertie, oh ! non, et pour sûr qu'elle se repentait, car, aux douces paroles de remontrances que je lui ai adressées, elle s'est mise à fondre en larmes... Alors, je l'ai prise avec moi sans dire quoi ni comment... Elle ne demandait que ça... Adroite de ses mains comme une petite fée, douce comme un amour, elle est habile aux dentelles et elle ne chôme jamais. Savez-vous qu'elle gagne ses huit francs par jour ? Bien certainement je ne lui retiens rien ni sur sa nourriture ni sur son logement... Elle économise... Elle ne sort pas... C'est moi qui fais les courses chez les clientes... Elle est heureuse, je l'affirme, bien qu'on ne tire pas d'elle quatre paroles par jour... Malheureusement, ce qui est fait est fait... On ne revient pas sur ce passé-là... Le service des mœurs...

Elle s'arrêta, devant la monstruosité qu'elle allait dire... promena un regard sur ceux qui l'écoutaient, et reprit délibérément, mais pourtant à voix basse :

— Le service des mœurs a dû s'occuper d'elle... C'était inévitable... Elle est inscrite... J'ai trouvé sa carte sur elle, cousue dans sa doublure... et c'est même comme ça que j'ai appris son nom... Elle s'appelle Jacqueline Lagasse, mais elle était connue, au Sébasto, où elle se promenait, sous le surnom de Bille-en-Bois...

Elle s'arrêta, étonnée du silence étrange qui accueillit ses paroles.

Cocogne, gêné, s'occupait à remonter la lampe dont la mèche carbonisait, et il toussotait à petits coups...

Tcherko n'avait rien entendu de ce qu'elle venait de dire... Le regard rivé sur la porte de la cloison derrière laquelle dormait Nicole, il combinait...

Il murmura entre les dents :

— Le hasard qui me sert est si effrayant qu'il me déconcerte...

Et Courapied, dit Miton-Mitaine ?

Lui avait entendu, hélas !... Et au fur et à mesure que la Punaise parlait, et qu'il comprenait, son visage s'imprégnait d'une horreur sans nom... Il se cacha un moment la tête dans les mains... Et les mots de la vieille entraient dans sa tête, avec des souffrances de clous qu'on lui eût enfoncés dans le crâne... Il mordait ses lèvres... Un instant, il se pencha comme pour s'élancer sur la Punaise, pour la serrer à la gorge et l'empêcher de parler encore...

Il se répéta pour lui-même :

— Jacqueline Lagasse, dite Bille-en-Bois ! Une fille repentie !

Et doucement, pris de vertige, il s'affaisse sur le lit et perd connaissance.

Cocogne et Tcherko ont entendu le bruit de la chute.

— Tiens ! fait Cocogne... le frangin qui tourne de l'œil...

Mais cette faiblesse dure quelques secondes à peine ; Courapied se redresse, s'excuse :

— Voilà, dit-il, je suis pas très solide comme santé... si je suis solide comme muscles... J'ai été mouillé jusqu'aux os... Ici, il fait une chaleur qu'on étouffe... La transition !... ça m'a tapé sur le cœur, et j'ai vu que je m'en allais... Excusez, camarade... de la peine que je vous donne... Ce n'est rien, c'est fini... Et au plaisir de vous revoir !

Il se dirigea vers la porte en chancelant.

— Surtout, frangin, n'oublie pas pourquoi je suis venu...

— As pas peur, et merci !...

Il sortit...

Tcherko l'avait regardé partir, mais il ne fit aucune réflexion. C'était toujours à Nicole qu'il pensait... Et debout, la tête penchée, tout enveloppé jusqu'aux pieds par un manteau noir qui déguisait complètement sa personnalité, il ressemblait avec son visage décharné à une apparition fantastique, hors de toute réalité...

Courapied n'était pas allé très loin.

Tout d'abord il avait traversé la cour, comme s'il eût voulu vraiment s'éloigner.

Il ouvrit et referma bruyamment la porte vermoulue qui donnait sur la rue... mais quelques instants après il la rouvrait de nouveau, rentrait, revenait sur ses pas... longeait le bas des maisons bordant la cour, se coulait derrière le tas de gravats qui déjà lui avait servi et il vint s'accroupir sous la fenêtre de quatre carreaux dont la jaune lumière, à travers des rideaux à lisérés rouges, se projetait en ce moment dans la cour, incertaine et peu dangereuse.

Un coin de rideau s'était légèrement soulevé et était resté replié...

Il y avait donc là quelques centimètres par lesquels Courapied put glisser un œil au ras de la fenêtre...

Il était à peu près impossible de l'apercevoir, de l'intérieur.

Cocogne, Tcherko et la Punaise conversèrent longtemps avec animation... L'homme parlait avec une sorte d'autorité dure et cassante.

Courapied entendait bien le son des voix, mais, hélas ! il ne pouvait saisir aucune parole, l'entretien lui échappait.

Tcherko rouvrit la porte de la cloison et demeura sur le seuil, dans une contemplation muette... Comme il était placé, Courapied le distinguait parfaitement et ne perdait pas un de ses gestes.

Tcherko tira de son portefeuille des billets de banque, les tendit à Cocogne.

— Deux complices, murmura Courapied... mais pour quel crime ?

Puis, Tête-de-Mort, ayant rabattu le capuchon, s'esquiva dans la nuit.

Courapied, dit Miton-Mitaine, le suivit dans l'ombre.

V

Le terrain des embûches.

Tcherko avait des ramifications dans tous les mondes. On le voit, Cocogne et la Punaise, en vendant leur drogue, ne se contentaient pas seulement de faire un commerce criminel, ils étaient les agents d'espionnage de Tête-de-Mort, et l'homme l'avait dit à Courapied : « Je me remue... j'ai des relations... on cumule... » C'était par ses clientes, maîtresses d'officiers, que Cocogne essayait de rendre des services. Les renseignements qu'il pouvait ainsi se procurer et qu'il transmettait à Tcherko, étaient peu de chose par eux-mêmes... quelques confidences d'un officier, faites sans penser à mal, quelques paroles imprudentes, auxquelles personne n'eût pris garde, étaient soigneusement recueillies par le chef de l'espionnage allemand, transmises à Schweiber, et là, dans les bureaux du général, étaient examinées à la loupe, soudées, décortiquées... menues parcelles d'un grand tout, avec lesquelles on essayait de percer un peu du mystère qui planait sur les préparatifs de concentration de l'armée française.

La visite de Tête-de-Mort à Cocogne n'avait pas eu d'autre but que de recevoir les renseignements de ce genre que l'homme à la drogue pouvait lui vendre.

Mais, chose singulière, pendant que Cocogne parlait, Tcherko ne l'écoutait pas.

Cocogne discourait, centuplait l'importance des menus faits dont il avait concentré la moisson, l'autre les accueillait avec la plus complète indifférence.

Il venait d'entrevoir, depuis qu'il était entré dans ce taudis, l'intrigue suprême qu'il avait rêvée pour triompher de Bénavant... Tout à coup, dans un éclair, était apparue la solution qu'il cherchait... formidable.

Le scandale où sombrerait l'honneur de Bénavant... où viendrait s'écrouler la confiance de la nation tout entière.

Le désastre pour l'armée... la grande catastrophe !... prévue, escomptée, qui déchaînerait la guerre... avec la victoire pour l'Allemagne...

Et voilà pourquoi lui était échappée cette exclamation :

— Le hasard qui me sert est si effrayant qu'il me déconcerte...

Cocogne, après avoir longtemps parlé, finit par s'interrompre, en disant :

— Mais, patron, ça n'a pas l'air de vous intéresser, tout cela, aujourd'hui ?

Tcherko ne répondit pas. Et Cocogne s'esclaffa :

— Hé ! patron ! Vous dormez debout, sauf votre respect ?

En effet, Tête-de-Mort parut se réveiller et tressaillit...

— Je vais vous employer à une besogne plus utile...

— Comme il vous plaira, patron... Nous sommes prêts, la Punaise et moi...

Alors commencèrent des explications minutieuses qu'ils écoutèrent avec stupéfaction d'abord, puis avec une curiosité intense... Et ces explications, sans doute, furent très nettes, claires et décisives, car ils ne les interrompirent par aucune question, approuvèrent seulement par des signes de tête... des rires... des étonnements aussi... Et, de temps en temps, Cocogne et la Punaise se poussaient du coude, comme s'ils avaient été enchantés du rôle que le patron leur réservait dans la partie qu'il allait engager, mais dont il avait soin de ne pas leur expliquer la gravité tragique...

Ce fut après leur avoir ainsi parlé qu'il tira son portefeuille.

Courapied, de la fenêtre, avait surpris le geste... presque pu compter les billets.

Penchés sur les mains de Tcherko, Cocogne et la Punaise, eux aussi, comptaient un à un.

Ils s'arrêtèrent de compter en même temps que s'arrêtait Tcherko.

Et ils eurent, ensemble, le même cri... un grondement de joie...

— Cinquante mille francs !...

— Je vous ai dit de ne rien économiser. Lorque vous les aurez dépensés, il y en aura d'autres.

Alors, Cocogne, pâle de joie et d'ivresse, ne put s'empêcher de dire :

— Hein ! la Punaise, voilà pourtant ce que c'est d'être honnête... on finit par réussir !...

Le lendemain, la Punaise donnait des conseils à Nicole :

— Plus de coco, ma fille... ça vous rend malade et ça vous détériore... Nous n'aurions pas dû vous en donner, ni vous en laisser prendre, mais voilà ! on est trop faible pour ceux qu'on aime... Il est temps de vous arrêter... même il n'est que temps... Savez-vous seulement ce qui vous est arrivé depuis que vous avez pris cette dangereuse habitude ? Je parie que vous ne vous en doutez pas... Eh bien, moi, je vais vous le dire... Plusieurs fois, vous vous êtes enfuie de chez nous, dans des crises de demi-folie, où, bien sûr, vous ne pouviez pas vous rendre compte de ce que vous faisiez... Et vous vous êtes mise à courir les rues de Paris, la nuit... Ma pauvre fille, ce n'est pas votre faute, c'est la faute de la drogue... Vous êtes assez à la coule pour comprendre qu'une jolie fille comme vous, propre et soignée comme nous vous tenons, ne court pas la prétentaine sans qu'il lui arrive des malheurs... Nous en avons été bien tristes, allez... mais ce qui est fait n'est plus à faire... Tant et si bien qu'à différentes fois, oh ! vous ne vous souvenez pas !... nous avons été obligés d'intervenir, pour qu'il ne vous soit pas causé de peine par la police... Oui, pourtant, c'en était là !... Cette drogue, ma fille, c'est un poison violent, voyez-vous... Vous en absorbiez tellement que pendant des heures, et généralement la nuit, votre raison y sombrait... et quand vous repreniez votre intelligence, vous aviez oublié, tout oublié... Par malheur, la police n'oublie pas, elle !... Ma pauvre enfant, je n'ose pas vous dire... Non, vaut mieux que vous ne sachiez pas... car, au fond, je suis certaine que vous êtes honnête... mais, pour votre tranquillité, pour la nôtre, il faut nous promettre que vous ne prendrez plus de coco, ni aujourd'hui, ni demain, ni jamais...

— Je l'ai déjà promis, madame...

— A qui ? fit la Punaise, surprise.

— Je ne sais pas, mais je l'ai promis...

La mégère haussa les épaules. Evidemment, la petite radotait. Mais Nicole essayait de deviner le sens caché de ce que la vieille venait de lui dire... Ainsi, elle aurait eu une vie en partie double ?... Dans la fièvre morbide et l'exaltation cérébrale qui suivaient son intoxication, elle sortait, errait à l'aventure ? Etait-ce vrai ? oui, possible après tout... Elle n'ignorait pas qu'elle avait eu des sortes de syncopes... pendant lesquelles s'était interrompue la vie, du moins sa vie intelligente... Alors, une autre vie aurait donc commencé, aurait duré des heures, et se serait renouvelée ?... De là, sans doute, ces fatigues écrasantes, mortelles, qui l'avaient accablée à certains de ses réveils... Mais pourquoi l'intervention de la police ?... Que voulait-elle dire, la Punaise, en faisant ces singulières allusions ?... Dans la pureté de son cœur et la chasteté de son corps, Nicole ne comprit pas... « Les choses n'arrivaient à son cerveau qu'en passant au travers de brumes qui les défiguraient... Elle n'avait plus la notion exacte de la vie... Elle allait au hasard... assurément, elle n'était pas folle, mais elle était plus à plaindre qu'une folle, et plus en danger surtout !... »

Ce fut en cette même journée que Drogont rejoignit Tcherko dans son canot automobie et que les deux complices eurent entre eux l'entretien que nous avons rapporté...

Dans cette même journée où Tcherko dit à Falker :

« Je viens de retrouver Nicole... au milieu de quelles
» effroyables créatures, moi seul le sais... Et je me servirai
» de Nicole pour attirer sa sœur... Piège certain où Made-
» leine, sans défiance, entraînée par sa pitié, par sa joie
» et par sa tendresse, viendra se prendre... »

. . . .

Pendant les huit jours qui suivirent, Cocogne et Punaise vécurent dans la fièvre. Il se passait, en effet, dans la baraque de la rue Secrétan, des événements extraordinaires. C'est ainsi que pendant que Cocogne, qui n'avait jamais été à pareille fête, se commandait une garde-robe complète, y compris chemises fines de soirée à dentelles, habit, escarpins, chapeaux haut de forme et à ressort, jusqu'à des gants clairs, Punaise, de son côté, passait des journées en compagnie de Nicole, dans les grands magasins, où elle faisait achats sur achats pour elle-même et pour la pauvre femme.

C'était un changement de vie absolu... le luxe... les dépenses sans compter.

Nicole voyait et laissait faire, languissante et surprise,

sans essayer de comprendre... on la conduisait, on la rame-
nait... Elle se laissait conduire, elle se laissait ramener...
Jamais une question... Elle continuait de marcher comme
en rêve dans cette vie nouvelle qu'on lui préparait, comme
elle avait marché dans l'autre...

Rien de ce que l'on achetait n'était envoyé rue Secrétan.
La cabane était isolée. Les voisins se rendaient difficile-
ment compte de ce qui s'y passait. Mais quelques détails
auraient pu les intriguer. Les commentaires malveillants
s'en seraient suivis. Il ne fallait pas. Donc, toutes les marchandises, vêtements, robes, chapeaux, chaussures, linge-
rie, bijoux destinés à Cocogne, à Punaise et à Nicole furent
livrés, payés comptant, avenue Hoche, dans un luxueux
appartement au second, loué récemment à M. le baron de
Castel-Fressac, famille de Béarn, qui venait passer une
année à Paris, avec une jeune femme orpheline, sa nièce,
qu'accompagnait une gouvernante vénérable, elle-même de
souche aristocratique, branche des Castel-Fressac tombée
dans la misère... A en juger par les dépenses qu'ils faisaient, les Castel-Fressac devaient être très riches... Mais
déjà, on ne sait comment, et avant même que l'appartement fût occupé, les fournisseurs avaient répandu le bruit
que la situation de la nièce dans le ménage n'était pas tout
à fait ce que l'on aurait pu croire... Cette parenté n'était là
que pour sauver les apparences et, en réalité, la jeune
femme, qu'on disait extrêmement jolie, n'était que la maîtresse du baron... D'où venaient, et si vite, pareils détails
aussi précis ?... Le concierge, qui les avait répandus, prétendait les tenir d'un ouvrier tapissier qui était venu prendre des mesures dans les chambres... « Un drôle de type,
même, qui n'était pas beau, qui avait un fort accent, et
facile à reconnaître, avec une tête qui avait plutôt l'air de
celle d'un mort que d'un vivant... » Mais c'étaient des gens
riches, et toutes ces histoires ne regardaient pas les
autres !...

Quant à Punaise, elle expliquait à Nicole :

— Un héritage ! Imprévu, comme beaucoup d'héri-
tages !... Nous avons rendu service quand nous étions pauvres... On ne va pas vous laisser sur le pavé, maintenant
que nous sommes riches... Et on va la jouer, vous allez
voir, la danse aux écus ! !

Et le ménage alla s'installer avenue Hoche.

Cette vieille noblesse de province fut bientôt remarquée

aux alentours... Sauf Nicole, qui restait d'une distinction rare, réservée, énigme entre ces deux créatures, les deux autres attirèrent vite l'attention par leur vulgarité et par leurs excentricités...

La Punaise avait plutôt l'air, malgré ses atours, d'une de ces louches revendeuses qui, sous le couvert d'un commerce honnête, font en dessous un commerce qui l'est beaucoup moins... en facilitant les rapprochements de l'un et de l'autre sexe...

Quant à Cocogne, il était vraiment superbe... Jamais il ne s'était vu à pareille fête.

Comme l'habitude lui manquait un peu, n'ayant jamais guère porté que des guenilles, il sortit en habit de soirée, depuis midi... Sa cravate n'était pas toujours impeccable, car, s'il la mettait blanche, à la vérité, elle devenait assez vite sale, le baron de Castel-Fressac y portant la main sans cesse, une main qu'il ne lavait pas tous les jours et dont les doigts étaient d'un jaune-marron, à force de leur faire rouler des cigarettes de caporal. De même le gilet, que coupait en deux une énorme chaîne d'or, tendue d'une poche à l'autre... gilet blanc le matin, lorsqu'il le mettait après déjeuner, mais qui se truffait, quelques instants après, de cendres de tabac, de larges traits de bistre laissés par le passage de la main, de taches de vin ou de sauce... Sans doute, la tenue était négligée, en dépit de son élégance, mais le baron était toujours d'humeur charmante et enjouée. Il était servi par trois domestiques, un homme et deux femmes... et il ne se gênait pas pour les tutoyer, même les femmes qui, à l'office, en faisaient force rigolades... Quant au fonctionnaire important qui présidait, dans sa loge, à la garde de l'immeuble de l'avenue Hoche, Castel-Fressac lui tapait familièrement sur le ventre. Mais tout cela était manières pittoresques et ne sentait point son parvenu... Le baron, quand il le fallait, savait se tenir... Il prenait alors ses grands airs et vous regardait de haut, de si haut, qu'il était impossible de ne pas reconnaître la vieille noblesse... Il avait une façon, qui n'appartenait qu'à lui, de garder sa cigarette éteinte collée au bec pendant qu'il parlait, suivant tous les mouvements des lèvres... Et il crachait un long jet de salive, hors concours, atteignant à des portées considérables le but qu'il avait visé... Il n'y mettait pas d'amour-propre et ne cherchait pas à s'en faire valoir... Cette adresse lui était naturelle...

Quant à Punaise, elle ne lui cédait en rien... La richesse brusquement survenue lui avait permis de doubler la couche de blanc et de rouge sous laquelle se cachaient les traits de son visage que nul ne pouvait se vanter d'avoir vus sans peinture depuis quelques générations. Bien qu'elle fût très épaisse, elle portait mieux la toilette que Cocogne, et il y avait encore en elle, parfois, des restes de manières de très ancienne jolie fille... Malheureusement, si elle avait eu du goût quand elle était jeune, ce goût était passé avec sa jeunesse... Il y avait dans sa toilette, bien coupée d'ailleurs, un assemblage de couleurs qui avait résisté à tous les conseils... L'harmonie des verts et des rouges ne le cédait qu'aux assemblages des jaunes et des violets et il semblait que Punaise se fît une joie d'outrager la nature en choquant les yeux.

Ces deux étranges personnages faisaient sensation partout où ils passaient et, en vérité, ils étaient bien faits l'un et l'autre pour attirer l'attention sur Nicole.

Les gens se retournaient sur eux en riant.

Mais quand ils voyaient Nicole, ils ne riaient plus.

Si les lèvres se taisaient alors, les yeux clairement exprimaient :

— Quelle délicieuse enfant ! Comment peut-elle se trouver avec ces deux grotesques !

Enfant, elle le paraissait encore, dans sa sveltesse fragile, avec la précieuse et rare délicatesse de son visage. Mais on ne la regardait pas sans un peu de surprise, parfois même avec un peu de crainte... car elle ne paraissait point vivre, mais marcher en dormant... ses beaux yeux pleins de vague et de trouble...

En la conduisant, chez un couturier à la mode, Punaise avait dit à Nicole :

— Il vaut mieux faire envie que pitié... Vous êtes assez mal nippée depuis longtemps. Et les beaux ajustements, de même que les bijoux, ça augmente singulièrement la valeur d'une femme... aux yeux des imbéciles, ajouta-t-elle avec sa connaissance du cœur humain.

Nicole se prêtait, inconsciente, à ces fantaisies. Il ne lui venait même pas à l'esprit d'en chercher ni les raisons, ni le but... Ces choses étaient pour elle trop lointaines... Cependant il restait au fond d'elle certaines épouvantes contre lesquelles Cocogne se heurta un jour.

— Maintenant que nous avons de l'os, dit-il, on va se la

couler douce, hein ? ma petite ? On va fréquenter, nous deux, les endroits oùsqu'on rigole...

— Je ne désire qu'une chose, monsieur, dit-elle de sa voix résignée et triste... demeurer dans l'ombre et travailler pour me nourrir... C'est tout...

— Mais vous ne savez donc pas que vous êtes très jolie ? s'exclama Punaise.

— Non, dit-elle, je ne le sais plus.

Elle avait parfois de ces réponses qui eussent révélé, à tout autre que Cocogne ou la Punaise, le désastre de sa jeunesse et quel immense deuil régnait en cette âme... mais le ménage n'avait pas de ces délicatesses...

— En tout cas, fit Cocogne, faut bien se divertir un brin et vous ne prenez pas trop de plaisir, vrai ! Donc on va se ballader, dans les coins de Paris fameux... Je connais rien de ce Paris, moi, ni Punaise, ni vous bien sûr, pas ?

— Non... Je ne sais non plus de quel Paris vous voulez parler.

— Ça vous l'apprendra.

— Pourquoi me faire sortir de mon obscurité ?

— Pour vous distraire....

Elle secoua la tête et répondit :

— Non... il ne faut pas... Vous pourriez m'exposer à des rencontres que je ne veux pas...

Cocogne et Punaise se regardaient. Ils étaient embarrassés. Tcherko leur avait ordonné :

— Vous la conduirez partout où grouille le Paris nocturne de la haute et basse noce. Partout où se réunissent les filles d'amour, il faudra qu'on vous voie avec elle...

Et si Nicole refusait ?... Ils ne lui avaient jamais entendu manifester de volonté... Son refus les surprenait... Mais elle céderait vite... faible, sans force contre eux... et redoutant, malgré tout, de se retrouver seule dans l'effrayante solitude de Paris...

Cocogne, renversant la tête, appuya un doigt qui laissa une trace noire sur sa cravate blanche.

— Je vous chaponnerai, mon enfant... avec moi, pas d'insulte possible !...

L'enfant donnait des signes de frayeur... La Punaise intervint de nouveau :

— Pour les besoins de votre travail, car vous avez raison de vouloir travailler toujours, il est nécessaire que vous fassiez des connaissances parmi des clientes riches...

Ça pourra vous servir un jour ou l'autre... Je devine que vous avez, peut-être, la crainte de vous rencontrer avec des gens qui vous ont connue... C'est une chance... Elle n'est pas grande...

— C'est déjà trop qu'il y ait une chance, madame, je ne veux pas m'y exposer... et courir le risque de retomber... chez... certaines personnes avec lesquelles ma vie n'est pas... possible...

Ses yeux s'emplirent de larmes... Elle pensait à son père qu'elle chérissait et à Madeleine, la jolie et tendre Madeleine, à leur chagrin, à leur désespoir... Mais elle pensait aussi à sa mère... Et sa mère, c'était la cause de son malheur... Sa mère qui n'avait pas empêché l'inceste...

Ils n'insistèrent pas ce jour-là, mais, deux jours après, la Punaise entra dans la chambre coquette de la pauvre Nicole. Elle portait sous son bras un baluchon enveloppé dans une toile. Elle l'étala sans mot dire sur une table. Nicole regardait et laissait faire.

— Est-ce de l'ouvrage pour moi, madame ? demanda-t-elle tout à coup avec empressement.

— Non, fit sèchement la vieille... c'est tout bonnement votre Saint-Frusquin que je vous rapporte... C'est avec ça que vous nous êtes arrivée un jour... C'est avec ça que vous pouvez repartir pour courir la prétentaine, comme vous l'entendrez... nous vous avons accueillie et vous n'avez rien à nous reprocher... Ce n'est pas notre faute si nous sommes devenus riches et si nous avons tenu à vous faire partager notre bonheur. Puisque vous ne montrez plus que de l'ingratitude, ça nous désole, ma petite, mais pour vous comme pour nous, vaut mieux nous séparer.

Elle défit le baluchon, étala sur la table ce qu'il contenait...

C'était un pauvre chapeau qui avait subi bien des avaries, dont les plumes n'avaient plus que les côtes, pareilles à des arêtes de poissons, ou à de menues branchettes dont toutes les feuilles seraient tombées... quant à la coiffe et à ses rubans, ils avaient changé de couleurs... C'était des bottines défraîchies, dont le drap s'était souillé à la boue de Paris, plus sales que toutes les autres boues... C'était une jupe qu'une pauvresse aurait hésité à mettre... raccommodée au bas à plusieurs reprises, et un corsage noir, la seule partie du vêtement qui fût restée assez propre...

Après quoi, la vieille tendit un sac à mains...

— Il n'y a rien dedans, fit-elle... vous pourrez y mettre votre mouchoir et des gants si vous en avez... Mais vous êtes jeune et courageuse, et vous remplirez votre porte-monnaie à la longue... Dans votre porte-monnaie j'ai mis cent sous pour vos pressants besoins... Vous aviez de petites économies, mais puisque vous préférez nous quitter, il me semble juste de vous retenir les frais que nous avons faits pour vous dans ces derniers temps... Voilà ma petite... Vous méprisez notre intérieur paisible... Vous aimez mieux la rue... A votre aise !... Et bien le bonjour, chez vous.

Nicole pleurait silencieusement.

Elle n'avait aucune tendresse pour ces deux créatures qui souvent, d'instinct, l'effrayaient, mais jusqu'à présent elle n'avait pas eu de reproches à leur faire... Cependant, en dépit des « brumes » qui enveloppaient son cerveau, il lui venait des inquiétudes. Le marchand de coco faisait un métier malhonnête... et de métier, la Punaise, malgré ce qu'elle avait prétendu, n'en avait pas du tout... Inconnue et comme blottie au fond de leur repaire, Nicole avait laissé passer les jours... Soudain, ces deux êtres se réveillent fortunés, et leur vie s'étale désormais en plein luxe et en pleines dépenses... Une frayeur nouvelle en Nicole... Mais quand elle tend ses nerfs, quand elle veut réfléchir, elle souffre !... Et elle avait laissé faire... Aujourd'hui, que demandaient-ils ?... Une chose bien simple... Pourquoi ne leur donnerait-elle pas la satisfaction qu'ils exigent ? Est-ce que son âme les suivra ? Jamais ! Son corps, seul, le fantôme de son corps inerte... Quant à l'âme, elle est restée là-bas, dans le chalet de verdure, dans la forêt du bord de la Loire, errante parmi les souvenirs tendres et tragiques du jour qui avait précédé et du jour qui avait suivi son mariage...

A suivre Cocogne et Punaise, qui la reconnaîtrait ? Elle était si changée... Robert Villedieu lui-même, s'il revenait à la vie, hésiterait devant ce pauvre visage fatigué, amaigri, devant ces yeux sans lumière qui trahissaient tant de désolation intime et tant d'épuisement physique ! !

— Sans compter, ajoutait sournoisement la mégère, qu'une fois que vous serez seule sur le pavé, vous retomberez entre les mains des « mœurs »... Ils vous laissent tranquille, les agents, parce que vous êtes dans une famille honnête, mais pour lors que vous trimarderez sur les boulevards et dans les rues comme vous faisiez dans vos crises de coco, vous tâterez du Dépôt, ma petite, et de Saint-Lago...

Nicole releva ses yeux candides, apeurés.

— Madame, je ne comprends pas de quoi vous parlez !

— C'est bon, faites votre nitouche, petite...

— Je vous jure...

— Nous autres, on ne nous trompe pas, on est à la coule... Enfin, voilà vos nippes, si vous êtes décidée à vous barrer, barrez-vous... Seulement, une fois que vous serez hors d'ici, on ne vous connaîtra plus... N, i, ni, ça sera fini !...

Nicole continuait de pleurer... Pourquoi, tout à coup, se sentait-elle environnée de périls ?... Comme en haut d'une cime vertigineuse autour de laquelle s'engouffreraient des abîmes immenses... Le vertige la prenait... Elle tendit les mains pour se rattraper à quelque chose... et ce quelque chose ne pouvait être que la Punaise...

— Madame, vous avez été bonne pour moi...

— Je le crois bien, ma petite... Et pour ce que vous m'en êtes reconnaissante !

— Je ne vous quitterai pas, madame... et je... je vous... remercie !

Tout de suite, la mégère s'apaisa... Et comme Cocogne entrait, habit et cravate blanche, elle dit, avec componction, en embrassant Nicole :

— Nous avons retrouvé notre enfant !

Dans toutes les maisons à la mode où la vie commence à huit heures du soir pour finir à six heures du matin, grave, dédaigneux, généreux et sale, Cocogne jeta l'argent à pleines poignées... Les billets de banque semblaient lui brûler les poches et il s'en débarrassait à tous les prétextes... Qanud il payait une addition au cabaret, quelle que fût la somme, il ne ramassait jamais la monnaie... Il donnait un louis comme on donne deux sous... Il écrivait son adresse au revers d'un billet de cent francs, d'une écriture au style qui en disait long sur son origine, grossière, irrégulière et avec quelques oublis fâcheux d'orthographe !... Il payait dix francs le journal du soir que lui tendait le camelot... et ayant remarqué un jour une jolie fille mal coiffée, il lui jeta une liasse de coupures de cinquante francs pour ses bigoudis... Certes, avec ses airs d'apache endimanché et grotesque, il devait vite attirer l'attention... D'autant plus que des clientes habituées de la drogue, le reconnurent pour leur marchand favori... aussi bien que les chasseurs des restaurants de nuit qu'il réapprovisionnait. Mais ce Castel-Fressac, dont la noblesse n'en imposait à personne, et dont l'argent ainsi distribué ne pouvait venir que d'une source impure, devint pourtant, là où il passa, le centre de toutes les curiosités... et comme un point d'attraction... C'est que le gentilhomme n'était jamais seul... c'est que partout où il se présentait, il était accompagné d'une femme... Oh ! toujours la même !... Et ce n'était pas la Punaise ! Non, non, la Punaise était la compagne d'intérieur, celle qui soignait le fastueux logis de l'avenue Hoche et veillait aux dépenses... et non point celle que l'on sortait... Et s'il attirait ainsi les regards, ce n'était point tant pour sa cocasserie pittoresque et sa vulgarité raffinée qu'à cause de la beauté triste et radieuse de la jeune femme qui était son amie...

Car, parmi ceux qui le connaissaient, le mot courut aussitôt :

— Cocogne a une maîtresse... Avez-vous vu la maîtresse de Cocogne ?

Et les autres disaient :

— Comment ce Castel-Fressac, ce lapin vidé qui porte la saleté inscrite en taches noires sur tout son linge, peut-il avoir une aussi jolie amie !...

Effet d'argent ! Il y a des femmes qui n'y regardent pas de si près !...

D'où venait-elle, celle-là ? Mystère... Un mystère dont les voiles, du reste, ne tardèrent pas à être soulevés... Un démon veillait, dans la coulisse, pour renseigner la curiosité et habilement la tenir en éveil...

— Jacqueline Lagasse, dite Bille-en-Bois, ramassée sur le trottoir.

— Etait-ce possible ?... Comment cette tenue modeste, et si distinguée, ces yeux doux, mélancoliques et pour ainsi dire toujours absents, comment cette enfant qui respirait la tristesse, la décence et la pureté, pouvait-elle appartenir à un rouleuse !

Mais puisqu'elle était devenue l'amie d'un rouleur, de ce

Cocogne ridicule et abject, c'est qu'elle ne valait guère mieux !...

Et des mots abominables furent prononcés, tout bas, sur leur passage :

— Du service des mœurs, mon cher, rien que ça... qui l'aurait dit ?...

L'enfant glissait sur cette boue sans en être salie. Pourquoi Cocogne l'obligeait-il à le suivre parmi toutes ces fêtes de nuit, dans ces soupers où le champagne coulait, dans des ruissellements de lumière, au milieu des musiques et des danses ? Pourquoi venait-elle apporter sa tristesse incurable et l'obsession de ses souvenirs tragiques parmi toutes ces clameurs de joie factice, ces rires hystériques, ces interjections bêtes, dans cette ruée de gens qui se fatiguaient à tenter de s'amuser sans y réussir ?... Elle s'efforçait de deviner... mais elle n'avait pas la force de réagir... Le vague instinct du danger couru la faisait reculer parfois, mais son pauvre esprit si douloureusement frappé s'opposait à la compréhension complète d'une situation étrange... Quand elle voulait réfléchir, elle se heurtait comme à une muraille qui lui cachait la vérité et qu'elle ne pouvait point franchir. Pour rentrer en pleine possession d'elle-même, il lui fallait une crise violente qui remettrait l'équilibre dans sa volonté... à moins qu'elle n'en fût tuée !

Cependant, il restait en elle une sensibilité excessive qui se révoltait parfois.

Elle recevait des regards insolents et railleurs qui la couvraient de rougeur et de honte.

— Pourquoi ces gens me regardent-ils ainsi ? Qu'est-ce que j'ai fait pour que leurs regards me provoquent et m'insultent ?

On n'avait vraiment pas à se gêner avec la maîtresse de Cocogne !

Elle avait pourtant des défenseurs, et c'était parmi les femmes... Leur premier sentiment avait été la curiosité, un peu d'envie aussi, car Nicole était belle, mais parmi ces clientes nocturnes des grands cabarets à la mode, beaucoup l'étaient autant qu'elle et n'avaient rien à lui jalouser de ce côté-là...

— Ça, une fille des mœurs ? ça, une rouleuse du Sébasto ?... Vous ne l'avez donc pas regardée ?... Mais d'où elle vient, ah ! dam ! c'est une autre affaire...

Puis, dans cette foule bruyante, hostile, dont les yeux convergeaient vers elle, avec des appétits non dissimulés, elle éprouva une grande paix de son cœur...

C'était un soir, vers minuit...

Cocogne avait entraîné Nicole, comme presque tous les jours.

Elle allait, sans même plus s'informer, ne voyant rien des spectacles auxquels le baron de Castel-Fressac la conviait... absorbée dans ses rêves...

Il y avait à Tabarin une exposition de seins nus, concours suivi d'une distribution de prix... Et pendant toute cette soirée, où le baron, dans sa loge, s'était fait remarquer par son entrain bruyant habituel, Nicole, les yeux clos, rivés à des visions intimes, écoutait les sanglots désespérés de Villedieu, devant le coffret enrichi de pierres précieuses, qui avait renfermé leur mort à tous les deux...

Le Tout-Paris des boulevards extérieurs assistait au concours avec quelques Anglais en goguette, qui faisaient un tapage infernal, embrassés toutes les filles, se querellant avec tous les hommes...

Cocogne poussa légèrement Nicole, et, se mettant à rire :

— Hé ! Vous dormez, ma chère belle ?

Elle rouvrit les yeux, et devant elle, dans la salle, regarda au hasard... et tressaillit... Ses yeux troubles — des yeux intérieurs — s'animèrent d'une flamme de vie... rayonnèrent brusquement, s'agrandirent, redevinrent les admirables yeux qui jadis avaient inspiré la passion de Villedieu... et leur regard se fixa obstinément sur un point de la salle...

Là, contre un pilier, un homme était debout, perdu parmi tant d'autres...

Et pourtant c'était celui-là, non les autres, qui l'attirait...

Lui, semblait considérer la foule, sans la voir... Mais quand le regard de Nicole s'était posé sur lui, il avait fait un geste brusque, détourné la tête, et c'était à ce moment-là seulement, qu'il avait pris une attitude d'indifférence ennuyée... Il était vêtu modestement, de vêtements de couleur sombre et coiffé d'un chapeau mou...

Nicole, jusque-là oppressée, respirait plus largement... En même temps que la vie revenait à ses yeux, l'animation revenait à son visage... Très pâle, presque exsangue tout à l'heure, à présent il était rose... L'instinct lui avait dit que des dangers l'avaient entourée... l'instinct lui disait que parce que cet homme était là les dangers n'existaient plus... Elle sentait autour d'elle une atmosphère de grand calme, apurée et saine...

Cocogne suivit son regard, dans une inquiétude...

— Qui admirez-vous, ma chère, avec tant d'attention ?

— Votre ami Courapied, dit Miton-Mitaine...

L'homme venait de se découvrir et, machinalement, passait la main sur son front !...

Ce front, tout à coup, fut baigné de lumière...

Et deux noms vinrent effleurer les lèvres de Nicole, prononcés très bas :

— Peterson... Robert Villedieu...

Courapied ne paraissait pas soupçonner l'examen dont il était l'objet. Il se livrait à certains préparatifs au même instant... Il avait sollicité et reçu de la direction du music-hall l'autorisation de photographier le concours... Sur ses indications, l'orchestre s'étant tu, des groupements se formèrent... qu'il prit au magnésium, après quoi il dirigea son objectif, pour une dernière plaque, du côté des loges, et, manifestement, sur celle de Cocogne...

Un éclair, et ce fut tout.

Le baron de Castel-Fressac riait :

— Une bonne farce... Il nous a photographiés... Chouette !... Je ne savais pas qu'il était devenu opérateur... Je vais le faire venir dans notre loge...

Il se mit à agiter les bras pour attirer l'attention de Miton-Mitaine... avec force gymnastique et force exclamations... Courapied rangea méthodiquement son appareil, replia son chevalet, après quoi il voulut bien répondre par un signe... Il allait venir...

Et sans savoir pourquoi, elle sentit grandir encore la paix descendue dans son âme.

Un quart d'heure après, Courapied prenait place dans la loge, derrière Nicole...

M. le baron de Castel-Fressac lui tapa sur la cuisse :

— Alors plus de coco ? Te voilà devenu photographe ?

Courapied cligna l'œil, avec un geste d'entente, en désignant Nicole.

Et négligemment, il répondit :

— Oui, faut bien vivre...

— Et pour le compte de qui, s'il n'y a pas d'indiscrétion ?

Courapied regarda Cocogne jusqu'au fond des yeux et jeta, mystérieusement :

— Pour le compte du patron...

Il ajouta, après une seconde de silence :

— J'opère et je ne sais pas pourquoi... mais je suis bien payé, et ça marche.

— C'est comme moi, dit Cocogne... j'opère dans les cabarets de nuit, je fais rouler les louis d'or, et du diable si j'en sais la cause... Je m'en fiche du reste...

Du bout du doigt, derrière Nicole, Courapied la désigna :

— Qu'est-ce qu'elle fait, dans cette affaire-là ?

Cocogne haussa ses maigres épaules :

— Sais pas !... Le patron a ses idées... sûr... Sommes pas obligés de les comprendre.

Courapied ne fit pas de réflexion. Une dureté singulière passa dans ses yeux sombres. Pendant longtemps, ils n'échangèrent plus une parole et le marchand de coco, devenu photographe, parut s'absorber dans la contemplation de la salle criarde, remuante et grouillante, d'où montaient, jusqu'à eux, des relents de tous les parfums, de toutes les poudres de riz et de toutes les sueurs...

Puis, lentement, prudemment, et comme Castel-Fressac paraissait distrait, lui aussi, par ce même spectacle, les regards de Courapied, dit Miton-Mitaine, s'abaissèrent et s'arrêtèrent sur la nuque et sur les épaules nues de Nicole... sur la masse ondulée des blonds cheveux... sur les coquillages menus, ourlés et roses des oreilles... et sur la taille délicate, flexible, qu'on sentait devoir ployer sous les étreintes comme un de ces hauts joncs que le vent courbe au bord des rivières...

Et le brillant de ses yeux s'atténua, se fondit...

Ce fut une grande douceur... Cette beauté fragile l'intéressait... Quelle jolie photo on ferait de cette enfant... si elle voulait !... Et sans doute que cette pensée lui donnait à réfléchir, car il pencha la tête, déroba ses yeux dans ses deux mains, et longtemps, longtemps, il resta ainsi, insensible aux choses d'autour de lui !...

Il était, nous l'avons dit, derrière Nicole, et si près d'elle que la jeune femme sentait sur les cheveux de son cou passer la respiration légère de Courapied... Cela lui semblait une caresse à laquelle elle s'abandonnait sans penser à mal... une caresse singulière qui était à la fois comme un réconfort et qui l'engourdissait. En face d'elle, dans le brouhaha, dans le tumulte grossier du bal, elle ne voyait rien, c'était derrière elle que se passait en ce moment sa vie, sur ce fauteuil où se tenait un homme pourtant bien vulgaire, camelot comme en engendrent tous les coins de Paris et dont elle subissait l'influence magnétique... S'en doutait-il, seulement, ce garçon ? Certes non !... Même, le premier soir, rue Secrétan, lorsqu'elle s'était élancée vers lui en l'appelant : « Peterson ! »... ce qu'il avait ri... Mais chez Nicole les imaginations prenaient la force des choses réelles, plus fortes même que la réalité... Nous l'avons dit, et nous le redirons encore, elle vivait d'une vie factice qui durerait, avec les mêmes rêves et les mêmes imprécisions, tant que durerait l'ébranlement de son cerveau, sous la commotion qui l'avait frappée... Puis, Courapied n'avait-il point parlé tout à l'heure ?... Et le hasard, qui souvent s'acharne à renouveler les douleurs, et qui semble ainsi animé d'une sourde et implacable volonté, le hasard n'avait-il pas fait que cet errant des nuits parisiennes rappelait la voix de Robert Villedieu ?...

Mais, s'était-elle dit souvent, ce ne pouvait être Peterson, puisque Peterson est Irlandais... et celui-ci parle le français... il parle même le parisien, avec un peu d'accent du faubourg...

Ce ne pouvait être Villedieu non plus, hélas ! Villedieu mort !...

Alors, dans ses jours plus calmes, elle pensait douloureusement :

— Je deviendrai tout à fait folle !...

C'est qu'elle devinait autour d'elle, le vide, le vide absolu, la paroi lisse et redoutable contre laquelle elle ne pouvait se raccrocher à rien, et où il lui fallait tomber, sans espoir... l'immense abîme de sa raison défaillante.

Un moment, n'entendant plus Courapied derrière elle, et ne sentant plus sur sa nuque l'effleurement de sa respiration qui, une certaine fois, s'était faite courte et haletante, elle s'était retournée.

Miton-Mitaine avait renversé la tête sur le dossier du fauteuil.

Ses yeux étaient clos.

Et ce qu'on voyait de son visage, sous la barbe broussailleuse, était d'une pâleur extrême... Les lèvres étaient décolorées...

Elle avertit Cocogne en lui montrant le camelot :

— Monsieur ! monsieur !... Votre ami se trouve mal !

— Mais il ne fait que ça ! gronda le marchand de coco.

Il le secoua de toutes ses forces et Courapied reprit connaissance.

— Eh bien, vieux, tu tournes facilement de l'œil, à ce qu'il paraît ?

— Mais non, balbutia Courapied, faut pas croire... J'suis pas d'une santé bien brillante, c'est certain, mais je m'étais endormi, simplement... Je vous fais mes excuses...

Il mentait. Un peu de pitié entra dans le cœur de Nicole. Elle pensa :

— Tout cela est étrange...

— Je t'invite... fit le baron... Allons souper, ça te réveillera...

Le camelot parut hésiter, se leva de sa chaise, chancelant, comme accablé par un trouble qui faisait de lui un pauvre être languissant...

— Oui, bégaya-t-il... je veux bien...

Et tout à coup, affectant l'air gavroche :

— C'est que je t'aime bien, vois-tu, mon vieux Cocogne...

— Moi aussi je t'aime bien, mon vieux Miton-Mitaine...

Courapied paraissait vouloir questionner Cocogne et ne l'osa... Il se décida :

— Alors, elle ?... tu l'emmènes partout ?

— Oui.

— Pourquoi ?

— Je ne sais pas... je continue de pas savoir... c'est l'ordre du patron de la conduire dans tous les coins où l'on rigole... Ça la distrait, la pauvre...

— Et moi, j'ai l'ordre du patron de la photographier partout, avec toi...

— C'est drôle, hein ?

Ces paroles étaient échangées à voix basse, pendant que Nicole, aidée par l'ouvreuse, s'apprêtait, inattentive aux deux hommes.

Courapied interrogea encore :

— Sais-tu ce qu'il est, toi ?

— Qui ?

— Le patron ? Connais-tu son nom ?... son métier ?... ses ressources ?... d'où lui vient cet argent qu'il distribue sans compter ?... Et son but... enfin, son but ?...

— Il paye... Je m'occupe pas du reste...

— Cocogne, dit Courapied avec une violence contenue, tu sais quelque chose ..

Le baron de Castel-Fressac tirailla, entre ses ongles en deuil, quelques poils de sa moustache, coupée au ras de la lèvre...

— Possible, mais je le garde pour moi... Et toi, quel intérêt as-tu à être si curieux ?

— Parce que j'aime à savoir pour qui je travaille...

— L'argent n'a ni couleur ni odeur... Les louis et les billets, ça roule dans toutes les poches... depuis Rothschild jusqu'au ramasseur d'orphelins !... Ta place est bonne ; si tu veux la garder, ne t'inquiète pas trop du patron... Ça porte malheur...

Courapied, dit Miton-Mitaine, releva le front. Ses yeux se chargèrent de flammes et exprimèrent une telle énergie, une telle audace, qu'il en sembla transfiguré...

— Moi, vieux, souviens-toi... je n'ai peur de rien !...

Et Cocogne, qui n'était pas très brave, eut un mouvement de vague inquiétude...

Il laissa échapper un cri qui était presque une révélation :

— Est-ce que tu serais de la contre-police ?

Alors, il se mordit les lèvres, chercha à se rattraper et plaisanta lourdement :

— Ce que j'en dis, c'est par manière de farce... parce que... autrement, faut pas croire...

Il était trop tard... le mot avait porté... Courapied se hâtait de répondre :

— Contre-police... S'agirait donc d'espionnage ?... Pour le compte de l'Allemagne... hein ?

— Voyons, vieux, voyons !... faisait Castel-Fressac, très gêné...

Mais Courapied riait d'un rire éclatant, nerveux, maladif...

— J'en suis, vieux, j'en suis avec toi... parce que moi, vois-tu, le patriotisme ! !

Il s'arrêta court...

Nicole venait de laisser tomber sur lui son regard doux et triste...

Il se hâta de dire très bas, en tendant la main au baron :

— Motus... nous en recauserons... nous sommes copains !...

Le cabaret grouillait de monde. Ils trouvèrent à grand'

peine une table vide, près d'une fenêtre donnant sur la rue
Victor-Massé... Déjà les tziganes perpétuels faisaient fureur. Toutes les valses y passaient, inévitablement lentes,
et les clientes habituelles les accompagnaient en chantant.
Parfois des couples de femmes se formaient et dansaient.
Parfois, c'était des femmes payées par l'établissement qui
exécutaient quelques danses soi-disant de caractère, lesquelles avaient cela surtout de particulier que les dan-
seuses étaient à peu près nues. La nudité fut très à la
mode à Paris durant quelques hivers. La mode tombe. On
se lasse de tout. Puis ce fut le tango, non point le tango
expurgé et mis au point pour les jeunes filles, mais le
tango lascif et brutal, dégingandé et qui va du saltim-
banque à la chaloupée, sans grâce et sans élégance, prétentieux, bête et très laid...

Le baron avait fait servir quelques viandes froides, des
fruits et du champagne.

Et là comme partout, Nicole, dès son apparition, excitait la plus vive curiosité. Tous les regards convergeaient
vers elle. La pauvrette ne voyait rien.

Elle ne mangea pas, n'approcha même pas les lèvres
d'une coupe.

— Toujours comme ça, dit Cocogne en faisant claquer
sa langue ; on ne sait pas de quoi elle vit... Elle ne mange
ni ne boit....

De fait, elle était là, complètement étrangère et lointaine... ainsi qu'elle était partout... si jolie, si mélancolique
et si réservée !...

Par toute la salle, ce soir-là comme tous les soirs, les
bombardements commençaient de table à table, confetti,
banderoles et fleurs... et des rires fusaient, et des cris, des
colères aussi, avec des verres qui se brisaient, pendant que
des maîtres d'hôtel, graves, s'interposaient pour rétablir
l'ordre. Des jeunes gens, à peu près ivres, mais qui, du
reste, gardaient une tenue de gentlemen, parcouraient les
tables avec un sérieux sacerdotal, une assiette à la main,
et quêtaient ici une crevette, là un gâteau, plus loin une
tranche de foie gras, des feuilles de salade, un peu de com-
pote ou de fruits rafraîchis... Après quoi, leur assiette
bourrée, ils allaient manger à leur table, où trois femmes,
jolies, couvertes de diamants, riaient de leur manège à
gorge déployée. Et quelles gorges !

D'autres eurent moins de retenue... C'étaient des échap-

pés d'Auteuil ou de Longchamp qui avaient réalisé du
bénéfice l'après-midi et le dépensaient...

Eux aussi étaient ivres... et ils augmentaient leur ivresse
de leur grossièreté insupportable et insolente... Ils vinrent
rôder autour de Nicole, la lorgnèrent, et tout à coup avi-
sèrent Cocogne, Cocogne insensible, occupé à manger et à
boire.

— Eh ! c'est le marchand de coco ! Bonjour, Cocogne !
Ils s'attablèrent devant lui, les coudes sur la table, pendant que le semeur de poison les considérait avec un sourire paternel. Mais tout de suite ils l'oublièrent et l'un
d'eux ayant entre les bras une gerbe énorme de roses de
toutes les couleurs, ils les effeuillèrent toutes et répan-
dirent sur le chapeau de la jeune femme une profusion
odorante de pétales....

Elle baissa la tête, chercha au hasard une protection
contre l'insulte...

Puis elle soupira et ses yeux se mouillèrent...

Un des ivrognes dit :

— Hé ! Jacqueline Lagasse qui pleure !...

— Bille-en-Bois qui chiale !

Cocogne, la voix pâteuse, murmurait :

— Messieurs, de la tenue ! de la tenue !

Mais Courapied était devenu livide et son regard se fit
terrible.

Il prit un ivrogne par le col de son habit, le souleva de
sa chaise et l'envoya rouler sous les tables. En même
temps, il se dressa devant les deux autres... Ceux-ci, un
instant ahuris par cette brusque attaque, se rebiffaient...
Ils considérèrent de haut l'ouvrier en veston et chapeau
mou, pâle de fureur.

— Hé ! paraît qu'on se la partage, le vieux et le jeune...
Le vieux paye et monsieur touche...

Il n'alla pas plus loin... Deux gifles retentirent, d'une
main si puissante, que deux hommes s'abattirent, le front
cognant le parquet avec un bruit sourd...

Une stupeur... Courapied est aussitôt entouré... mais il a
un tel air de menace... une force et une colère si redoutables émanent de lui que personne ne le touche... et l'acte
de justice qu'il vient de commettre est suivi d'un long silence.

Nicole a-t-elle compris ce qui s'est passé ?

Toute autre se fût évanouie, devant cette querelle ou se serait enfuie...

Elle est restée inerte, mais de quels yeux ardents elle regarde le camelot !...

Les trois hommes se sont péniblement relevés... Ils tremblent encore sur leurs jambes et restent un instant aveuglés par toutes les myriades de chandelles allumées par le rude soufflet qu'ils ont reçu... Dans le cabaret, tous les clients et toutes les clientes sont debout, attendant le dénouement de l'affaire... Chacun des trois ivrognes a tiré sa carte et l'a jetée sur la table... Ils attendent que Courapied en fasse autant...

Mais Courapied ne bouge pas... D'abord, il a regardé leur geste avec ironie, et les autres, croyant qu'il a peur, reprennent courage.

— Monsieur n'est brave qu'à coups de poings... Devant une épée, il cannerait...

D'une voix sourde, hésitante à force d'émotion, une émotion extraordinaire :

— Ecoutez-moi bien, fit le camelot... Je ne demande pas mieux que de me battre avec chacun de vous, le même jour, l'un après l'autre...

Si sourde et tremblante, presque suffoquée que fût la voix on l'entendit d'un bout à l'autre du cabaret... Une sympathie irraisonnée, l'instinct de la brute, s'en allait vers ce camelot si vigoureux et qui tenait tête à trois hommes.

On entendit des femmes crier :

— Bravo, le petit, bravo... Il est costaud...

Courapied reprenait :

— J'y mets une condition... Vous allez, tous les trois, l'un après l'autre, faire des excuses à cette jeune femme, que vous avez outragée...

— Bravo ! Bravo ! C'est juste, qu'ils fassent des excuses !

Et l'on entendit tout à coup, dans la salle emballée, sur l'air des *Lampions* :

— Des excuses ! Des excuses ! Des excuses !

Les ivrognes perdaient contenance. Le terrain se dérobait sous eux.

Courapied acheva :

— Sinon, vous allez vous barrer d'ici, tout de suite, ou je cogne de nouveau...

— Des excuses ! Des excuses !

Un des ivrognes grogna, puis un second, puis le troisième :

— Des excuses à Jacqueline Lagasse...

— A Bille-en-Bois !

— Aux mœurs !

Courapied fit autour de lui un geste d'autorité violente :

— Reculez-vous... je vais les exécuter...

Il fit un pas en avant, le cou tendu, les poings serrés, et telle était sa colère que c'est à peine si les paroles pouvaient sortir, entre ses dents serrées :

— Barrez-vous !... Une fois... deux fois...

Ils s'enfuirent sous les huées... criant des injures à la foule... bousculés jusqu'à la porte... Et les soupeurs reprirent leurs places sans plus s'occuper de l'incident... Seulement, un maître d'hôtel, grave et poli, s'approcha de Miton-Mitaine :

— Monsieur, je dois vous faire observer que ces trois hommes n'ont pas payé leur addition... et il est à croire qu'ils ne rentreront pas pour réparer cet oubli...

Pour la première fois, Nicole vit Courapied sourire... Il eut pendant un instant, sous sa barbe noire si drue, un visage de gamin, de gamin qui s'amuse de tout.

Et il disait, en tapotant sur la main de Cocogne, chargée de bagues :

— Monsieur le baron de Castel-Fressac réglera les dépenses de ces messieurs...

— Trop juste ! trop juste ! fit le marchand de poison.

D'un geste négligent, il jeta sur la table un fafiot de vingt-cinq louis !

Nicole pensait :

— J'ai connu ce sourire si gai et si enfant... Mon Dieu ! mon Dieu !... je voudrais perdre la mémoire de tout ce qui fut... de tout ce qui fut heureux et malheureux...

Et doucement, bien tremblante :

— Monsieur, je ne sais pas ce que ces gens ont voulu dire ni de quoi ils m'accusaient... A vrai dire, je ne sais pas pourquoi l'on me conduit ici... moi qui ne demande qu'à vivre dans ma tristesse, isolée dans mon travail... Mais je viens de comprendre que j'ai été en danger et que vous avez été très courageux en me défendant... Alors, je vous remercie...

Elle tendit sa petite main au camelot.

Mais, chose étrange, cette main, Courapied n'osa la prendre...

Et Nicole, attristée, eut tout à coup le visage de l'enfant qui vient de commettre une faute... ses traits, si délicats, se contractèrent légèrement et les cils se baissèrent sur les yeux pour en voiler l'humidité qui venait d'y apparaître.

Cocogne, impassible, buvait...

Et comme sa main était devenue tremblante, sa coupe débordait parfois... des gouttelettes glissaient du bord jusqu'au pied, et de là tombaient sur le plastron de la chemise...

· · · · · · · · · · · · · · · · · · ·

Courapied demeurait non loin de là, rue Biot, où il avait loué une chambre dans un hôtel garni. La chambre voisinait avec un cabinet noir qu'on eût dit fait exprès pour la photographie et, en louant, le camelot devenu opérateur avait dû songer que ce hasard lui servirait...

Il remontait lentement, la tête baissée et les mains dans les poches, plongé dans de profondes réflexions... Et il repassait sans doute dans son esprit les bizarres événements de cette soirée... Cependant la prudence ne l'abandonnait pas... Mêlé à ces bas-fonds de Paris, il savait que les rancunes y sont profondes. Peut-être que les trois ivrognes qu'il avait si bien arrangés le suivaient et lui préparaient quelque guet-apens. De temps en temps il s'arrêtait dans sa montée et brusquement inspectait les alentours. Mais aucun danger ne le menaçait... Il rentra chez lui sans encombre, posa dans un coin son appareil de photographie avec le trépied, et alluma une lampe à pétrole... Sa chambre était petite, mais très propre, avec un lit dans une alcôve qui se fermait par deux vantaux et qui comprenait un cabinet de toilette... Une armoire... C'était tout... L'hôtel était une maison de famille très tranquille... tenue par deux sœurs qui étaient veuves et qui excluaient toute clientèle suspecte...

Il se laissa tomber dans un fauteuil de reps vert, genre Empire, et rêva longtemps.

Sa figure exprimait un accablement immense... mais pourtant, peu à peu, cet air de fatigue disparut... faisant place à une énergie implacable qu'aucune déconvenue, qu'aucune trahison ne devait pouvoir affaiblir... et qu'exprima soudain une exclamation :

— J'irai jusqu'au bout... et je saurai ce que je veux savoir...

Il ouvrit un tiroir de la commode et prit un paquet de clichés photographiques, et un à un il se mit à les examiner à la lumière...

L'opération à laquelle il s'était livré cette nuit au bal Tabarin n'était pas la première de ce genre et toutes répondaient à une idée directrice, à un plan mystérieux, car dans chacune de ces photos Nicole était représentée...

Elle était représentée, saisie, pour ainsi dire au vol, par le déclic inattendu de l'instantané, lorsqu'elle passait au bois dans une auto de louage, avec le baron de Castel-Fressac galamment penché sur elle.

Elle était représentée, toujours avec le même instantané, sortant du Pavillon d'Armenonville, au bras de Cocogne, entre deux haies de jeunes gens et de femmes qui l'insultaient de leurs regards... et aussi de leurs sourires...

Elle était représentée deux fois au Pré-Catelan, de jour et de nuit...

Il semblait que, depuis la visite de Tête-de-Mort à la rue Secrétan et le changement de fortune de Cocogne et de la Punaise, Nicole n'avait pu faire une promenade dans Paris sans qu'il en restât un témoignage contre lequel aucune dénégation ne prévaudrait jamais...

Tcherko l'avait dit :

« Nicole sera le piège où Madeleine viendra se prendre... »

Parole énigmatique... dont on aura bientôt l'explication.

A la lueur de sa lampe, Courapied contempla toutes ces épreuves... Pour un photographe ordinaire, il eut paru vraisemblable qu'il en recherchait les défauts afin d'y remédier sans doute... Mais Miton-Mitaine, sans doute, n'était pas un opérateur comme les autres, car parmi tous les groupes ainsi représentés sous ses yeux, un seul personnage l'intéressait, un seul attirait son regard... Nicole... Partout c'était elle qu'il cherchait, sur elle qu'il concentrait son attention fiévreuse, absolue, maladive...

La nuit s'écoulait. L'aube blanchit la fenêtre ouverte sur la rue Biot. Il ne s'était pas couché. Avant de se mettre au lit, il tira les photos qu'il avait prises à Tabarin ; celles où n'étaient point Nicole lui furent indifférentes ; il ne retint que celle où la jeune femme apparaissait, dans sa loge, auprès de Cocogne, plastron étalé et la bouche en cœur...

Et la même interrogation revenait sur ses lèvres :

— Pourquoi ? que veut cet homme ? quel abominable projet rêve-t-il ?

Mais cette question restait sans réponse... Et il s'abîma, dans une profonde rêverie, si profonde qu'il s'endormit sur sa chaise d'un lourd et fatigant sommeil dont il ne se réveilla que lorsque le soleil était déjà très haut...

Il consulta sa montre vivement avec une sorte de crainte :

— Dix heures... J'ai le temps, heureusement...

Il fit sa toilette. D'abondantes ablutions chassèrent sa torpeur. Il remit tous les clichés qu'il possédait dans une boîte qu'il passa sous son bras et il descendit... Afin de chasser les dernières fatigues de la nuit il marcha pendant une heure, descendant la rue Blanche, remontant la Chaussée-d'Antin, et il gagna la rue de Rivoli. Là, il bifurqua à gauche et ne s'arrêta plus qu'au quai du Louvre où il s'introduisit dans une vieille maison dont l'entrée donnait sur le quai par un sombre couloir. La concierge, dans une chambre étroite comme une cage d'ascenseur, pencha la tête, le regarda et ne le questionna point. Elle était en train de choisir des branches de mouron et de distribuer des friandises à une demi-douzaine de serins jaunes et verts qui s'égosillaient. Courapied, ses clichés sous le bras, monta quatre étages, s'arrêta sur un palier et sonna... Un guichet fut tiré dans le plein de la porte... un œil se glissa, le considéra et le reconnut... La porte fut ouverte et il entra... C'était un logement de quatre pièces où assurément l'on n'habitait pas, et qui ne devait servir qu'à donner des rendez-vous... Les pièces étaient nues, sauf une ou deux tables et des sièges achetés dans un bric-à-brac voisin...

Celui qui avait ouvert indiqua une chaise et dit :

— Asseyez-vous !

La concierge lui avait loué sous le nom de M. Jean... C'était l'homme au capuchon noir de la rue Secrétan... Celui que Cocogne appelait le patron... C'était... Tcherko... Jean Cabral ! !...

Rue Secrétan, quand il l'avait vu, Courapied avait murmuré :

— La Tête-de-Mort ! !

Et il avait été si violemment ému, à sa vue, qu'il avait perdu connaissance. Depuis lors, ils s'étaient rencontrés, ils étaient devenus complices. L'homme avait confié une mission, Miton-Mitaine l'avait acceptée et il venait en rendre compte. Donc, aucun trouble... ou, s'il y en avait encore chez le camelot, il le dissimulait sous l'obséquiosité de l'inférieur qui a obéi aux ordres donnés et qui attend un compliment ou un blâme.

Montrant la boîte, Tcherko disait :

— Vous avez des clichés ?

— Oui.

— Réussis ?

— Je le crois.

— Combien ?

— Cinq déjà... Je n'ai eu que trois jours pour opérer... Il y en aura d'autres...

— Oh ! cinq... S'ils sont significatifs, sufiront pour ce que je veux...

« Pour ce que je veux ! » Ce mot fit légèrement tressaillir Courapied. Le camelot, bien qu'il ne fît pas partie de la contre-police, — il s'en était défendu avec violence, — était probablement curieux de sa nature... Que voulait l'homme à la tête de mort en poursuivant ainsi la jolie et malheureuse Nicole ? Son but, enfin, son but ?...

— Montrez !

Courapied étala les clichés que Tcherko examina en les interposant devant la lumière.

— Très ressemblante ! murmura-t-il... Il ne peut y avoir de doute...

Il eut un rire muet.

— Quant à Cocogne, pur chef-d'œuvre... L'association de Castel-Fressac avec Jacqueline Lagasse, dite Bille-en-Bois, c'est parfait... Une araignée sur une fleur ! !

Si Tcherko s'était retourné en cet instant, il eut surpris le camelot qui venait de se lever et se penchait vers lui avec une étrange figure de haine...

Mais quand Tcherko se tourna, Courapied avait repris place sur sa chaise et rien en lui n'indiquait autre chose qu'une indifférence placide...

— Je vois que vous êtes intelligent et que je puis vous continuer ma confiance...

— Moi aussi, dit simplement le camelot ; je crois que vous n'aurez pas tort...

Et se penchant sur la table, les bras croisés :

— Et après ça, patron, qu'est-ce que je dois faire ?

Tcherko resta un long moment sans répondre. Non qu'il hésitait à se confier. Mais ce qu'il allait abattre, c'était le deuxième atout dans la formidable partie entamée...

— Vous laisserez désormais Jacqueline Lagasse et Cocogne à leurs plaisirs et à leurs amours... et vous vous occuperez de deux autres personnages sur lesquels j'ai besoin d'avoir quelques documents...

Courapied écoutait, son regard resta morne. Il n'avait même pas eu le moindre frémissement lorsque Tcherko parla des amours de Nicole.

— Deux personnages ? fit-il... Je les connais ?

— Non, vous ne les avez jamais vus.

— Et comment les reconnaîtrai-je ?

— Vous serez averti par mes soins de l'endroit où vous les rencontrerez, de l'heure où ils s'y trouveront... Et vous ferez pour eux ce que vous avez fait pour... les autres...

— C'est à dire ?

— Partout où vous le pourrez, vous les photographierez...

— Je vois ce que c'est, fit Miton-Mitaine avec flegme... et vous serez content... mais il y a mieux que la photographie pour reconstituer les scènes comme celles que vous semblez chercher... Il y a le cinéma... avec quelques leçons que j'irai prendre chez un ami, qui travaille à Vincennes, je réussirai à vous tourner un film sensationnel... du moins je le suppose, car je ne cherche pas à deviner vos projets...

— J'apprécie votre discrétion... Si vous réussissez... je double la somme que je vous ai promise... Vous savez que je ne regarde pas à l'argent...

— Merci, patron, fit une voix de gavroche... Seulement, il y a toujours la question... Je ne connais pas les particuliers à prendre en photos... Pour lors....

— Il y a un homme et une femme... Voici une photographie de l'homme...

Courapied prit la carte... ses doigts tremblèrent un peu...

Il l'examina longuement.

C'était le portrait d'un homme élégant, à l'allure martiale, au regard bleu et dur, à la moustache blonde et aux cheveux blonds... portant l'uniforme de lieutenant d'infanterie française, sur lequel brillaient la croix de la Légion d'honneur et la médaille militaire... L'officier était tout jeune... vingt-cinq ans au plus...

— Connais pas cette tête-là ! dit-il... mais diable, la croix et la médaille, ça compte.

— Gardez la carte... elle vous servira de signalement lorsque l'officier sera en civil. En voici une autre... d'une femme... Gardez-la également... Lorsque vous rencontrerez l'homme et la femme ensemble... n'importe où... vous n'oublierez pas votre devoir ?

— Un déclic, et ça y est, en instantané ! dit Courapied en riant... Je ne suis pas curieux, mais c'est clair... il s'agit d'un divorce, pas vrai ? Et ce que vous cherchez, c'est des preuves de flagrant délit ?

— Peut-être ! fit Tcherko sans sourciller.

Et il tendit une seconde carte-photo... que Miton-Mitaine reçut machinalement.

En même temps, Tcherko, se reculant un peu, fouillait dans son portefeuille et en tirait quelques billets de banque, qu'il étala sur la table, près du camelot.

Courapied contemplait la photo... ses yeux vacillèrent un moment... Et, sans doute pour retenir un cri de surprise, ou de joie, ou d'admiration, ses dents s'enfoncèrent dans ses lèvres...

— Fichtre ! bégaya-t-il... Elle est jolie...

La voix se raffermit. Il blagua :

— Je comprends, si c'est votre femme, que ça ne vous fasse pas sauter de plaisir de savoir qu'elle se balade avec l'autre type...

Mais Tcherko ne releva point la plaisanterie.

Il désigna du doigt les billets de banque épars sur la table...

— C'est un acompte... Ramassez !

— Merci, patron. C'est rien chouette de travailler pour vous...

· Il rafla la somme d'une geste d'avare... Tcherko remarqua que le bras qui fit ce geste s'était raidi dans une convulsion...

— Vous êtes ému ?

— Dam ! Depuis le temps qu'on est dans la mouise !

Il se leva, les yeux troubles, les doigts serrés, la poitrine oppressée.

— En résumé, pour cette opération et celles qui vont suivre... j'attendrai vos ordres.

— Oui !... ils seront brefs, mais très clairs.

— Bon. Vous n'avez plus besoin de moi, patron ?

— Non.. mais restez chez vous... et attendez.

— Je remonte rue Biot et je n'en bouge plus... Au revoir !

Tcherko baissa le front, légèrement, en signe qu'il congédiait son complice.

Courapied descendit l'escalier sombre, lentement, en se tenant à la rampe...

Il repassa devant la concierge, qui n'avait pas fini de garnir de mouron la cage de ses serins joyeux, et il se retrouva sur le quai, jambes fauchées, sueur au front, ses doigts crispés autour des photographies...

Celle de l'officier... qu'il ne connaissait pas... et qu'il semblait oublier.

Celle de la femme, qui attirait, qui retenait son regard... comme s'il avait retrouvé là une figure qui lui fût familière, ou du moins qui eût avec une autre une ressemblance étrange...

Et cette autre ?

— Madeleine Bénavant... la sœur de Nicole !...

Ce fut le nom qu'il prononça enfin tout haut... et il en fut si surpris qu'il regarda brusquement autour de lui, craignant qu'on ne l'eût entendu...

Mais le quai était désert...

Il s'accouda sur le parapet, en face du Louvre et regarda les pêcheurs au-dessous.

— Qu'est-ce que tout cela veut dire ?... Quelle affreuse machination se prépare-t-il ?...

Et comme s'il eût été César lui-même, ou l'un des apôtres, il se demanda :

— Suis-je enfin sur la bonne voie ?... Est-ce que je ne vais pas me tromper encore ?

Il rêvait si profondément qu'il ne prenait pas garde aux passants et se cognait contre eux. Il ne s'excusait pas. On l'injuria. Il n'entendit pas...

Mais, vers la rue de Richelieu qu'il remontait, il rencontra tout à coup un cortège bizarre qui, malgré lui, éveilla son attention et le tira de ses préoccupations.

Deux charrettes à bras suivaient la rue dans le même sens que lui.

La première était tirée par une femme, poussée par un homme...

La seconde était tirée par deux hommes, poussée par deux autres...

La première portait sept enfants, dont le plus âgé n'avait

guère plus de neuf ans et dont le plus jeune était entre les bras de l'avant-dernier.

La seconde était chargée de tout un misérable ameublement, quelque literie, une commode, des chaises, des ustensiles de cuisine... une cage avec un merle... et comme la cage était bousculée dans des cahots, le merle sautillait dans sa prison en s'ébouriffant les plumes et se cassant la queue aux barreaux.

Et par-dessus meubles, literie et le reste, victorieusement les pauvres gens avaient planté un immense drapeau tricolore...

C'était un déménagement-Cochon.

Courapied, dit Miton-Mitaine, murmura :

— Voilà de quoi épurer l'argent qui vient de ce misérable...

Il s'approcha de la femme, mère probablement des sept gosses...

— Ma bonne femme... fit-il doucement... ces enfants ?...

— A moi, monsieur... et on ne sait plus où les gîter, les pauvrets...

Courapied tira de sa poche la poignée de billets de banque.

Il les glissa dans les deux mains réunies de la femme.

— Tenez... prenez... c'est de bon cœur... et pendant longtemps les petits auront de quoi manger... et vous de quoi vous reposer....

La femme regarda ses mains... Elle ouvrit des yeux ahuris... une bouche où le souffle parut manquer, dans un paroxysme d'émotion... des larmes lui vinrent aux yeux...

— Merci, monsieur, merci !...

Elle le chercha vainement autour d'elle.

Le camelot avait disparu !

VI

Les embûches.

Courapied, autant que nous le connaissons, était un homme actif. Cependant, lorsqu'il fut rentré chez lui, il sembla pris d'une grosse fatigue et d'un irrésistible besoin de sommeil, car, au lieu de s'occuper à une besogne photographique quelconque, il se jeta sur son lit.

Il avait, il est vrai, pour excuse, qu'il venait de passer une nuit blanche.

Mais s'il ferma les yeux, ce ne fut point pour dormir.

Ce fut pour ne pas être distrait, plutôt, par les choses d'autour de lui, de même que par la lumière du jour, afin de s'abandonner mieux à ses réflexions.

Mais pourquoi Courapied, dit Miton-Mitaine, tenait-il tant à réfléchir ? C'est qu'il était curieux par nature, et par nature observateur, comme tous ces gavroches qui naissent et qui vivent du pavé de Paris.

Or, voici que depuis plusieurs jours, il était plongé dans un tas d'aventures parmi lesquelles il cherchait de la clarté, et où il trouvait seulement des ténèbres.

Et il se demandait :

— Qu'est-ce que tout cela veut dire ?

Qu'est-ce que cela voulait dire, le mystère dont s'entourait l'homme à la tête de mort ? Celui-là, du moins, il l'avait presque deviné, grâce à une imprudence de langage de Cocogne... C'était un agent de l'innombrable bande d'espionnage que l'Allemagne, depuis quarante ans, entretient sur la terre de France...

Son vrai nom lui importait peu et, du reste, en l'appelant Tête-de-Mort, il était tombé du premier coup sur le surnom qui rendait cet homme célèbre.

Connaître l'homme, c'était bien, se disait Miton-Mitaine.

Connaître le but mystérieux qu'il poursuivait, c'eût été mieux...

Et pour y arriver, Courapied examinait les éléments qu'il avait découverts.

La complicité de Cocogne était certaine, mais le marchand de drogue ne devait être qu'un de ces comparses infimes auxquels on ne confie que des missions sans gravité, petits fils ténus destinés à relier des ouvrages entre eux...

Mais que de questions se posaient à l'esprit du camelot !

Pourquoi Cocogne était-il devenu le baron de Castel-Fressac ?

Pourquoi dépensait-il l'argent sans compter ?

Pourquoi ne faisait-il pas un pas dans Paris sans être accompagné de cette pauvre femme, sorte d'esclave inconsciente, qui obéissait, passivement, sans jamais récriminer, comme si tout ressort de volonté se fût brisé en elle ?

Pourquoi ces promenades, de préférence dans les endroits où l'on s'amuse ? Dans les cabarets des fêtards et des noceuses ?

Pourquoi ces photographies de la jeune femme, ordonnées par Tête-de-Mort ?

Miton-Mitaine avait fait, sans doute, tous les métiers pour vivre, tous les métiers de ceux qui n'en ont pas. Et il avait hurlé dans Paris les journaux du soir avec le *Plet des Curses*... Il était donc très au courant des aventures parisiennes...

Lorsqu'il avait aperçu Jacqueline Lagasse, rue Secrétan, tout de suite il se rappela les événements de l'année écoulée dont tout Paris, dont toute la France s'était émue, le mariage de Robert Villedieu, sa mort, la fuite de sa jeune femme, sa disparition... La photographie de Nicole avait couru les journaux et les illustrés... Elle lui était restée familière... Et tant de fois, il avait annoncé : « L'accident de Villedieu, nouveaux détails », ou bien encore : « Le tragique mariage d'un aviateur » qu'il n'avait guère hésité à retrouver les traits d'une des filles de Bénavant sous le nom de Jacqueline, dite Bille-en-Bois... Mais comment était-elle roulée si rapidement dans cette boue ?

Les feuilles illustrées ne s'étaient pas contentées de publier le portrait de Nicole. Elles avaient donné celui de Madeleine, inconsolable... Et des articles pleins d'émotion et de profonde sympathie les accompagnaient. Ce grand malheur n'avait fait que redoubler l'amour de la France pour Bénavant lui-même et tout ce qui l'approchait.

Courapied se rappelait donc également la photographie de Madeleine.

Et se rappelant ces choses, il se demandait :

— Tête-de-Mort semble poursuivre une vengeance, ou seulement un but particulier contre ces jeunes femmes... A-t-il joué un rôle jadis dans le lugubre dénouement du mariage de Villedieu ? Et lequel ? Voici qu'aujourd'hui, il essaye d'achever son œuvre maudite... Laquelle ?... Il organise une intrigue contre Nicole, d'abord... et il veut y faire intervenir la sœur de Nicole... Pourquoi ?

Pourquoi les deux sœurs ?

Pourquoi ces deux victimes choisies dans la famille de Bénavant ?

Sans aucun doute Tête-de-Mort préparait, à l'aide de ces photographies de Nicole, quelque scandale, peut-être quelque odieux moyen de chantage...

Mais restait Madeleine ?

Ici, pour Miton-Mitaine, c'était l'impénétrable mystère...

Une clarté illumina un moment, pour Courapied, ce douloureux problème : Tête-de-Mort n'avait-il pas un but plus élevé, plus lointain ?...

Nicole et Madeleine étaient-elles bien les victimes directes ?

La véritable victime, n'était-ce point Bénavant, que l'espion voulait atteindre ?

Oui, en toute évidence.

Mais en Bénavant, il y avait le général, et il y avait le père.

Etait-ce le général qu'on voulait frapper ? Etait-ce le père ?

— Sûrement le général, pensait Courapied... Mais de quelle façon ? Et par-dessus le général, celle qu'on vise, c'est la France !... Ça ne peut pas faire de doute... Diable ! dans quelle aventure me suis-je fourré ? Et comment vais-je me tirer de là ?

Et cette réflexion, il l'avait faite à haute voix. Mais elle ne rendait pas sa pensée : s'il avait voulu l'exprimer nettement, il eût dit :

— Nicole et Madeleine Bénavant sont en danger, le général Bénavant aussi, et la France par-dessus le marché... Comment vais-je faire, moi, sans pouvoir, moi, Miton-Mitaine, marchand de coco et camelot, photographe d'occasion, pour empêcher ce projet de réussir et empêcher la catastrophe ?

Sa rêverie fut prolongée.

Mais il ne trouva pas la solution du problème, car il murmura :

— Je ne sais vraiment comment faire...

Puis, il y avait encore, en tout cela, un autre inconnu... cet officier dont Tête-de-Mort lui avait remis la photographie... Ce joli garçon, blond, à l'œil bleu un peu dur, à l'attitude plutôt hautaine...

En cette vaste intrigue, quel rôle remplissait-il ?...

Etait-ce un comparse du genre de Cocogne ? Ou un complice intelligent ?

Enfin, Courapied, ayant réfléchi à tant de choses, ferma les yeux... Des idées tristes traversèrent sans doute cette tête, car des frissons tout à coup la parcoururent...

— Pourquoi me mêler de tout cela ? Je ne suis rien... Ma vie est finie... Personne ne s'occupe de moi... Quelle récompense puis-je attendre ?... Aucune ?... Et tout bonheur m'est rendu impossible... Alors... mon pauvre Miton-Mitaine, reste dans ton coin obscur... fais comme les chouettes, redoute la lumière... et cache-toi !

Et sous les paupières closes, des larmes silencieuses se glissèrent.

. . . .

Maintenant, et depuis quelques jours, Frédéric Drogont recevait, en général le soir à la nuit tombante, des instructions envoyées par Tcherko.

Car les deux complices, se sachant surveillés par Cœur-qui-Tremble et sa bande, étaient obligés aux plus strictes précautions.

Les instructions étaient donc remises à Drogont, parfois mais rarement avenue de Suffren, la plupart du temps dans des coins de Paris convenus d'avance, les plus singuliers, les plus inattendus, les plus lointains.

Et toujours par des personnages si soigneusement déguisés qu'il eût été bien difficile de signaler leur nationalité, leur âge et même leur sexe, car sous les vêtements féminins se dérobaient des hommes, quand il le fallait.

Du parc Montsouris aux cabarets de Montmartre, aux bars les plus vulgaires de la butte, des cafés élégants du Bois de Boulogne, aux guinguettes de Vincennes et de

Saint-Mandé, jusqu'à Saint-Cloud, et jusqu'à Joinville, les émissaires de Tcherko parcouraient ainsi Paris et les alentours pour remettre au baron von Falker les ordres précis du patron.

Depuis que Falker avait pris son service au régiment, si subtil qu'il fût, et si plein de présence d'esprit, il avait bien eu quelques *absences*, dans ses entretiens avec ses camarades, qui avaient soulevé l'étonnement, mais non point excité le soupçon. Ces *absences* dans le service intérieur de l'armée métropolitaine, on les avait mises sur le compte de l'homme habitué à l'armée d'Afrique et à son indépendance. On l'avait raillé doucement et nul n'avait eu, et ne pouvait avoir, de mauvaises pensées.

Cependant Drogont se sentait menacé. A toujours vivre ainsi, la corde extrêmement tendue, on risque de la casser. Il n'était pas sans connaître le danger sous lequel il pouvait, d'un moment à l'autre, succomber ; ce danger, c'était que César — le seul homme dont il redoutât la perspicacité — eût demandé en Afrique, par l'intermédiaire du ministère, et dans le plus grand secret, des renseignements sur Drogont, et surtout — c'était là le péril — eût fait venir à Paris quelques camarades du lieutenant.

Mais pour que le danger éclatât, mortel, il fallait le temps du retour.

Il fallait trois mois...

Et Falker se tranquilisait en se disant :

— J'ai encore deux mois de bons... Et avant deux mois, ce sera la guerre...

Les ordres de Tcherko se précisèrent tout à coup.

Ces ordres visaient Madeleine.

Et alors, une dernière fois repris de ses angoisses, épouvanté de son rôle, accablé par les remords que lui inspirait sa passion pour la jeune fille, Drogont se dit :

— Obéirai-je ?

Il était capable de tout exécuter contre la terre entière, mais il se sentait faible et tremblant devant la jeune fille. Il lui venait, quand il pensait à elle, des bouffées de chaleur aux yeux et au front. Des révoltes emplissaient son cœur.

— Non, non ; je ne ferai pas ce qu'il me demande. C'est affreux !... Ou bien...

Et après avoir pesé, sans doute, la restriction qui se faisait dans son esprit :

— Ou bien, je lui dirai tout... Je l'aime... Elle aura
horreur d'abord, mais quand elle aura compris que mon
amour a été plus puissant que mon crime... et que c'est à
cause de lui que j'aurai révélé le terrible projet de Tcherko,
elle pardonnera, quoi qu'il en dise, et tout ce que je lui
demande, c'est de me pardonner... quand je me serai tué
devant elle...

Il réfléchit encore, dans la plus extrême agitation :

— C'est cela, je me tuerai devant elle... Mon sang qui
jaillira à ses pieds effacera l'horreur de ce que je lui révé-
lerai...

Il relut un papier sur lequel il y avait quelques mots en
langage chiffré.

Une toute vieille femme, l'air d'une mendiante, le lui
avait glissé dans la main, le soir même, dans la salle des
Pas-Perdus de la gare Saint-Lazare, en même temps qu'il
lui tendait une aumône... Le papier disait :

« Demain, sans faute, et sans aucun retard !... »

— Soit, murmura Drogont, à demain donc...

Il tira de son étui son revolver d'ordonnance, en renouvela les cartouches, le glissa dans la poche de son veston.
Et peut-être parce qu'il se voyait mort, délivré de Tcherko,
pardonné, absous de tout ce qui avait constitué les infamies de sa vie — car cet amour le rachetait, — il eut un
profond et long soupir de soulagement, presque de
bonheur.

Il écrivit deux ou trois lettres rapides qu'il cacheta :

« Je vais me tuer. Qu'on ne recherche pas les motifs de
» mon suicide. Quelques-uns le comprendront peut-être.
» Cela me suffit. En me tuant, j'ai voulu racheter bien des
» fautes qui me sont personnelles, mais j'ai voulu aussi
» épargner cent mille vies plus précieuses que la mienne... »

Il ne mit aucune adresse sur l'enveloppe qu'il laissa en
évidence sur la table.

Ce que Tcherko ordonnait, c'était une communication à
faire à Madeleine.

Mais comme le plus grand secret était nécessaire, il fallait que Drogont pût parler à Madeleine en la trouvant
seule... Or, depuis plusieurs jours, Drogont remettait au

lendemain l'exécution de cet ordre, sous prétexte qu'il lui était très difficile d'approcher de la jeune fille et de lui parler en confidence...

Ce qui était faux.

Ces occasions, en effet, se présentaient tous les jours.

Tcherko n'était pas homme à se rendre compte des difficultés imaginaires ou non.

Il venait d'exprimer sa volonté.

Cette fois, Drogont était prêt à obéir.

Le lendemain, à son heure accoutumée, il se rendait à bicyclette au Parc des Princes. Le général n'était pas encore rentré de sa promenade matinale, à laquelle il restait fidèle par tous les temps... Drogont rencontra Sylvain dans l'escalier... l'ordonnance lui fit un bon sourire, qui épanouit son large visage...

Il entra dans son cabinet de travail.

Il terminait les rapports demandés par Bénavant, et même cette besogne eût pu être achevée depuis quelques jours s'il ne l'avait pas fait traîner en longueur.

Rarement, il adressait la parole à Madeleine, mais de savoir qu'elle était près de lui, en cette maison, de l'entendre aller et venir, d'écouter sa voix, de sentir même parfois le parfum qui émanait d'elle, Drogont était heureux.

Madeleine, de son côté, n'avait aucune défiance contre cet homme que son père accueillait ainsi dans son intimité : elle restait simplement sur la défensive — par un sentiment que nous avons expliqué — avec le reproche intime qu'elle se faisait à elle-même de ne pas rendre à l'officier la justice qui lui était due. De là, de ce sentiment si naturel, venait parfois que par un sourire ou par un regard bienveillant, elle semblait faire à Drogont quelque avance ou l'encourager par des marques de sympathie.

Telle était vis-à-vis l'un de l'autre la situation des deux jeunes gens...

Le général rentra, ne fit qu'une courte apparition auprès de Drogont et ressortit aussitôt en auto, appelé au ministère.

Quelques minutes après, il entendit des pas légers sur le sable du jardin.

Il s'approcha de la fenêtre.

C'était Madeleine qui cueillait des fleurs pour renouveler,

ainsi que chaque matin, les vases du salon et de la salle à manger. Elle en apportait également dans le cabinet de son père. Drogont l'avait remarqué, et c'était cette occasion qu'il attendait et qu'il guettait. Quant à la pauvre Françoise, la mère inconsolable, on ne la voyait que rarement. Elle semblait, depuis la tragique disparition de sa fille Nicole, devenue indifférente à tout. Elle ne sortait plus, refusait toute visite, chargeant Madeleine de tous les soins de la maison, des achats à faire, de toutes les besognes extérieures. Elle quittait rarement sa chambre, sans cesse au rappel de ses tristes souvenirs et se nourrissant de sa douleur. Le général et Madeleine avaient essayé de réagir, avec la force de leur profonde tendresse, contre cet anéantissement moral, qui provoquerait à coup sûr, une maladie de langueur, mais leurs prières, leurs conseils, leurs exhortations, étaient restés sans effet.

Drogont était venu se rasseoir à sa table.

La tête entre les mains, le cœur battant en tumulte, il attendait. Et son cœur s'arrêta de battre, soudain.

Dans le bureau de Bénavant, Madeleine venait de pénétrer.

Il avait reconnu son pas.

En même temps, un parfum de roses — de toute la gerbe qu'elle apportait à son père — emplissait les deux pièces.

Il se leva, très pâle, tout son sang retiré vers son cœur, s'appuya un instant contre la table avec les deux mains, pour reprendre sa respiration.

— Il le faut !...

La porte de communication, entre les deux bureaux, était ouverte.

Il entra.

Madeleine, toute à ses fleurs, penchée sur le vase de Chine où elle les arrangeait, lui tournait le dos et ne l'entendit pas...

En une seconde, un drame d'hésitation mortelle, chez Drogont.

Il fut tenté de reculer, de ne rien faire, de ne rien dire... de se sauver loin et d'échapper à Tcherko, et de rendre impossible ainsi l'intrigue effroyable... Il s'en irait expier son infamie en quelque pays où personne ne le connaîtrait, ou s'engagerait dans la Légion étrangère, refuge de tant de pauvres âmes qui s'y relèvent, au souffle des grandes choses à accomplir, des dangers et des héroïsmes...

Mais il n'en eut pas le temps.

La jeune fille se retournait pour placer le vase fleuri sur le bureau du général.

Elle aperçut Drogont, ne remarqua point son émotion et lui sourit.

— Bonjour, monsieur !... dit-elle.

Il balbutia quelques mots. Elle le regarda alors, toute surprise.

Ses yeux interrogeaient... Ce qu'il venait de dire, il fut obligé de le répéter :

— Mademoiselle, voudriez-vous m'accorder quelques minutes d'entretien ?....

L'homme était si troublé, que Madeleine sentit en elle un vague effroi ! Toutes ses répugnances instinctives remontaient à la surface de son cœur. Mais elle se savait injuste. Elle les dompta. Puis, elle était vaillante, cette enfant. Déjà, elle avait beaucoup souffert et la souffrance vieillit vite. En outre, à côté de sa mère, frappée d'insensibilité morale, à côté de son père duquel son devoir était d'écarter les soucis du foyer et les moindres préoccupations, n'avait-elle pas toute la charge de la famille ?

— Mais oui, monsieur, dit-elle... De quoi s'agit-il ?

— D'intérêts extrêmement graves, mademoiselle, et qui vous touchent au plus près.

— Quelqu'un des miens court-il un danger ?

— Peut-être... mais pas immédiat... D'autre part, si j'ai désiré vous parler, ce n'est pas que je sois auprès de vous le porteur d'une mauvaise nouvelle... au contraire... Donc, rassurez-vous, mademoiselle... L'heureuse nouvelle d'abord... ensuite, nous écarterons le danger, s'il existe.

Un peu d'étonnement chez Madeleine.

Elle n'interrogea plus, son regard seulement s'emplissait d'inquiétude.

— Mademoiselle, je vais être obligé de vous rappeler certains souvenirs douloureux... qui ont endeuillé votre jeunesse... J'ai appris, depuis mon arrivée à Paris, cette navrante histoire du mariage de votre sœur...

Elle fit un geste pour interrompre.

— Pourquoi, monsieur, pourquoi ?

— Tout Paris a connu jadis ce grand malheur... et il m'a été conté dans ses moindres détails... je ne vous dirai pas que cela n'a fait qu'augmenter la profonde et respectueuse affection que j'avais vouée, dès le premier jour, à tous ceux

qui vous sont chers... Rien n'est plus naturel... Ce qui est
naturel, également, c'est que j'aie été choisi, moi, comme
intermédiaire auprès de vous, puisque l'on sait que je vous
approche, que je vous vois, et qu'il m'est facile de vous entretenir... et de vous confier certaines révélations que seule
vous devez entendre, en dehors de votre père, et surtout de
votre mère...

Elle eut un nouveau geste de crainte... un pli fronça son
front.

— Mon père et ma mère doivent entendre tout ce qui
peut m'être dit.

— Non, mademoiselle... car vous voudrez leur épargner
des angoisses nouvelles... Depuis près d'un an, il y a une
pauvre et adorable créature qui a été la compagne de votre
enfance, auprès de laquelle vous avez passé votre vie, avec
laquelle vos pensées ont été communes, qui a partagé vos
jeux, vos travaux, vos chagrins et vos joies... et que vous
avez brusquement perdue... Il ne s'attache même pas à elle
le souvenir qui s'attache aux morts... ce regret qui finit par
être apaisant puisqu'il se heurte à la fatalité inéluctable
et à l'éternel anéantissement... Cette pauvre créature a disparu, et tous les trois, ici, père, mère et sœur, vous pensez
à elle sans cesse, vous ne pouvez la croire morte, et sa disparition est pire que la mort, puisque vous la savez, en
quelque coin inconnu de Paris ou du monde, en proie à
tous les dangers, à toutes les misères, à tous les désespoirs
et à toutes les folies...

— Ma sœur !

— Oui.

— Vous voulez me parler de Nicole ?

— Oui.

— Vous savez ce qu'elle est devenue ?... Oh ! monsieur, je
vous en supplie...

— Je vous dirai tout ce que je sais, tout ce que je peux
vous dire, calmez-vous...

— Comment avez-vous appris ce que nul n'a pu... Par
qui ?

— Ici, mademoiselle, il y a un mystère que je me chargerai de deviner plus tard... Ce sont des lettres non signées,
des lettres qui toutes professent pour le général une sympathie et un respect sans bornes, qui m'ont mis au courant
de ce qui s'est passé... Vous les lirez... elles vous donneront
toute confiance... Les voici... Inutile que vous en preniez

connaissance en ce moment... Les minutes nous sont précieuses et j'ai des choses plus graves à vous dire... Toutefois, avant tout... comme je ne suis auprès de vous que
l'intermédiaire obligé de subir certaines conditions, je dois
exiger de vous la promesse que rien de ce qui va se dire
entre nous, rien absolument de ce qui pourra plus tard se
dire et se faire, ne sera connu ni du général, ni de votre
mère.

Elle fut interdite.

— Pourquoi ?

— C'est une exigence formelle... un ordre.

— De qui ?

— De votre sœur Nicole !

Et comme elle restait hésitante :

— Votre sœur ne voulait revoir ni son père ni sa mère...
Pour quelles raisons ? Elle se refuse à les faire connaître...
Mais sa volonté faiblit lorsqu'on lui parle de vous... C'est
votre souvenir, surtout, qui attire des larmes à ses yeux...

— Vous l'avez revue ? Vous lui avez parlé ?

— Pas moi... D'autres...

— Mon Dieu ! Mon Dieu !

Elle se laissa tomber sur une chaise, en proie à une extrême agitation.

Ce que disait Drogont, cette volonté arrêtée chez la disparue d'échapper à l'intimité de sa famille, n'étonnait pas
la jeune fille. Au contraire... N'avait-elle pas reçu certaines
confidences étranges de Nicole, peu de temps avant que
celle-ci prît la fuite ? N'avait-elle pas entendu Nicole lui
dire : « Si vous voulez que la vie soit possible entre nous, il
faut éviter toute allusion au passé et nous conduire comme
si nous avions perdu la mémoire... » Et quelques minutes
après, elle avait dit encore : « Je ne retrouverai un peu de
tranquillité, que lorsque je ne verrai plus autour de moi
ceux qui m'ont connue heureuse !... » Hélas ! tout cela était
bien clair... Nicole, depuis la mort de son mari, cachait
un mystère douloureux... et refusait de le confier à sa
sœur... Et voilà pourquoi elle avait fui !...

— Je suis obligé de vous demander de nouveau, mademoiselle : « Acceptez-vous que le secret le plus rigoureux
soit gardé sur notre entretien ?... »

— Oui !... mais parlez-moi de Nicole, je vous en conjure...

— Hélas, mademoiselle, je vous ai dit la bonne nouvelle.

Votre sœur est vivante. Maintenant, je n'ai plus à vous apporter que de la souffrance... Il faut me pardonner... Songez seulement, en écoutant tout ce que j'ai à vous apprendre, que mon dévouement pour vous est absolu et que vous pouvez compter sur moi... jusqu'à... jusqu'à la mort... fit-il d'une voix sourde... Je pourrais m'abstenir de toute parole... Ces lettres que je vous ai remises vous instruiraient comme elles m'ont renseigné moi-même... mais vous aurez des résolutions à prendre et puisque le hasard nous a donné la liberté de cet entretien, mieux vaut que vos décisions soient prises... C'est du temps gagné... et tant de jours ont été perdus !...

— Nicole serait-elle en péril ?...

— Sa vie ne court aucun danger... mais la mort est préférable à certaine façon de vivre... Voici, maintenant, mademoiselle, que je n'ose plus...

Madeleine avait pâli et ses yeux étaient largement cernés.

Elle ne fit pas de geste. Elle n'eut pas un mot. Comme si elle n'avait pas compris.

— S'il en est encore temps, mademoiselle, vous seule pouvez la sauver, vous seule l'arracherez à l'abîme... où elle tombe...

— Parlez... Dites-moi tout... Il le faut...

— Votre sœur s'est trouvée seule à Paris, livrée à toutes les tentatives, à toutes les ruses, et si affaiblie moralement qu'il n'y avait plus en elle l'énergie nécessaire pour se défendre contre tout ce qui l'attaquait... Et vous savez combien elle est jolie... sans expérience de la vie... Elle s'est débattue dans les premiers temps contre la misère, elle a été vaillante, elle a voulu vivre dans la solitude, avec son pauvre travail de dentelière.

Les larmes de Madeleine coulaient...

Elle se rappelait la passion de Nicole pour ces ouvrages délicats.

— Mais je vous ai dit qu'elle n'avait pas la force de se battre contre les dangers de Paris... Sa beauté était guettée par des gens qui voulaient en profiter et la perdre... Elle est tombée entre les mains de misérables qui sans doute vont essayer de l'exploiter... Il n'est personne autour d'elle pour l'avertir du péril... Tous, au contraire, sont intéressés à la perdre... Et, de chute en chute, entrevoyez-vous l'abîme ?...

Les courts sanglots de Madeleine scandaient ces paroles.

— Il ne faut pas croire qu'elle soit coupable... Ceux qui s'intéressent à elle, qui l'ont rencontrée et qui ont vécu auprès de votre sœur... ceux-là qui ont écrit les lettres que je vous ai confiées... vous diraient qu'elle vit d'une existence imaginaire, en une sorte de rêve, toute aux souvenirs de son bonheur si dramatiquement interrompu... Rien n'éveille son esprit, en dehors des choses qui se rattachent à ce passé... Et elle accepte avec indifférence, elle accepte sans les comprendre, tous les événements qui changent son existence, si étranges qu'ils soient...

Elle est si renfermée en elle-même qu'elle ne s'étonne pas des mœurs de ce monde où elle a été conduite... rien n'émeut cette âme... qui n'est sensible qu'à son deuil... Voilà pourquoi je vous ai dit, mademoiselle, qu'elle court les plus grands dangers...

— Où est-elle ? De quoi vit-elle ?

— Elle a habité rue Secrétan, chez des miséreux exerçant, dans les nuits de Paris, des professions inavouables... Ils l'avaient recueillie au moment où elle venait de s'enfuir de la rue Rodier où de braves gens commençaient de l'aimer... On a fini par le savoir, car, elle, reste silencieuse, refusant de répondre à toutes les questions qui la concernent... Puis, voici que maintenant on la voit dans le demi-monde, parmi les gens qui s'amusent, fréquentant les établissements nocturnes en compagnie d'un certain baron de Castel-Fressac... Oh ! elle n'a pas changé, la pauvre créature... elle apporte au milieu de ces fêtes son même visage triste où jamais n'apparaît le moindre sourire... mais si jolie, si délicieusement élégante que partout elle provoque un murmure d'admiration...

Madeleine fit un geste lent vers Drogont...

Elle souffrait trop. Drogont comprit et se tut.

Et longtemps dura ce silence...

Les lèvres de Madeleine murmuraient, sans qu'on entendît aucun son :

— Ma Nicole ! ma pauvre et innocente Nicole !

Drogont vit les paroles qu'il ne pouvait entendre...

— Je savais bien que je vous apportais de la souffrance...

Elle lui tendit la main — une main qui brûlait de fièvre.

— Nicole a été vue dans la compagnie de cet homme ?

— **Oui.**

— Souvent ?

— Ils sortent tous les jours ensemble...

— Nicole a été vue, dans les endroits de fêtes ainsi que vous l'avez dit...

— Toutes les nuits...

Madeleine mordit son mouchoir, qu'elle arrachait pour étouffer ses sanglots.

Et elle posa enfin la question qui allait décider de tout... la question formidable qui avait été prévue par Tcherko... la question qui allait la jeter dans un engrenage d'où sortirait le scandale... la question que Tcherko attendait parce qu'elle déchaînerait la guerre... les plus grandes catastrophes étant déterminées souvent par les déails les plus infimes... les causes générales étant seules connues du grand public... la question qui déclancherait le ressort menu auquel était accrochée la gigantesque machinerie due à l'invention diabolique de Tête-de-Mort.

Cette question, toute banale, était celle-ci :

— Que dois-je faire, que puis-je faire et que me conseillez-vous ?

Et si Frédéric Drogont, si le lieutenant des grenadiers de la garde baron Ulrich von Falker ne répondit pas tout de suite à cette question si simple, c'est que, à lui également, sa vie dépendait de ce qu'il allait dire. Mieux que sa vie de misérable... mieux que sa vie d'infamies !... De ce qu'il allait dire dépendait le sort de deux nations... Il en est ainsi souvent dans les grandes querelles où les comparses de qualité inférieure mènent en dessous les détails d'une intrigue qui change d'aspect aux yeux du monde, lorsque la partie ainsi obscurément engagée se livre au clair soleil de l'histoire.

Atome de poussière contre lequel trébuchaient deux peuples.

Frédéric Drogont était cet atome...

Et en cette redoutable minute, il délibéra mentalement...

D'une part, l'horrible triomphe d'avoir déchaîné la catastrophe, et ceci, pour obéir aux ordres reçus d'en haut, et sans en être responsable... et le retour dans son pays, et la rentrée au régiment dont il avait été banni.

D'autre part, son amour pour Madeleine, ses remords, sa pitié... la joie immense, la joie, cette fois, divine — d'un dévouement qui rachèterait, à ses propres yeux, le passé qui pesait si lourdement sur son orgueil... La passion vraie, toute puissante, qui l'emportait sur tous les autres sentiments, sur ses crimes passés, sur les intrigues présentes, sur les exécrables souvenirs, sur la crainte de Tcherko... La passion qui lui avait fait entrevoir et préparer sa mort...

Et sa main, machinale, caressait son revolver dans sa poche.

Mais le silence se prolongeait et le regard de Madeleine s'inquiétait, douloureux.

Ce fut la passion qui l'emporta.

Livide, les paupières baissées, agité de brusques frissons, il dit tout à coup :

— Peut-être vaut-il mieux oublier ce que je viens de vous confier... n'y plus penser que comme on pense à ces cauchemars peuplés d'affreux mensonges...

— Monsieur, monsieur, que voulez-vous dire !

Elle avait relevé ses beaux yeux chargés de pleurs.

Elle tendait vers lui ses bras, lourds de toutes ses angoisses.

— La vérité, toute la vérité, si terrible qu'elle soit !

Elle était si belle, dans son épouvante, toute proche de Drogont, le touchant, lui saisissant les mains, qu'il eut une minute de folie...

Oui, il allait la lui dire, cette vérité affreuse...

Il allait lui crier dans un paroxysme de sa passion exacerbée :

— Tout cela est un piège odieux contre vous, contre votre père !...

Après quoi, il eût dit :

— Pardonnez-moi... Je vous aime et je vais mourir !

Et il fût mort !...

Mais, au contact des mains tremblantes et douces, son courage s'amollit. La folie s'empara de son cœur. Il ne réfléchit plus... Il attira brutalement contre sa poitrine cette enfant qui ne songeait à rien, sinon à sauver Nicole, et la retenant ainsi, il se pencha pour chercher les lèvres... Alors, il y eut, entre eux, une seconde de sensations, rapides et déconcertantes... Il sentit que ce corps se raidissait dans sa révolte indignée. Il reçut le choc d'un regard, dont la fierté, la surprise et la douleur le déconcertèrent... Il comprit qu'il était loin, très loin de ce cœur... et que dans ce cœur il n'y avait rien, il n'y aurait rien pour lui. Il comprit aussi qu'il venait de commettre une grosse faute et qu'il avait — pour la seconde fois depuis sa pre-

mière rencontre avec elle — éveillé sa défiance. Il comprit
enfin — oh ! ce regard qui lui rappela ce souvenir — que
cette âme ne serait jamais défaillante, quoi qu'il fît, et
qu'il avait raison, Tcherko, en lui affirmant que, même couvertes et châtiées par la mort, il est certaines fautes que
les femmes françaises ne pardonnent jamais !

Alors, ce fut fini... Il s'abandonna au destin qui l'emportait... Dans sa nature complexe, tantôt un sentiment l'emportait sur l'autre... Et il s'y abandonnait... Un peu de
tendresse, une émotion fugitive qu'il eût inspirée à cette
enfant loyale, et il était à ses pieds pour lui tout avouer...
Mais entre elle et lui, entre leurs deux âmes, toute communication était impossible... Et c'était tant mieux qu'il
en fût ainsi, car Madeleine eût perdu de sa candeur, et de
sa droiture, à se laisser émouvoir, même dans l'innocence
de son cœur, par l'être de bassesse et d'avilissement
qu'était Drogont... Le souffle de cet homme eût terni ce
beau front de chasteté et de fierté... et pour jamais eût
laissé sur la vie de l'enfant la honte d'un odieux souvenir.

Il avait compris toutes ces choses, et toutes ces choses en
une seconde.

Alors, il avait desserré son étreinte.

Une lueur de regret, de désespoir, passa dans ses yeux.

Mais c'en était fini du Drogont qui se repentait...

L'ancien Drogont reparut.

Il murmura :

— Je vous demande pardon, mademoiselle, pour le mouvement involontaire qui m'a rapproché de vous... Je vous
ai vue si malheureuse que je n'ai plus vu, près de moi,
qu'une pauvre fille, qu'une enfant qui était ma sœur... à
laquelle j'avais voué une affection respectueuse, un dévouement de frère... Vous ne pouvez pas vous en offenser, mademoiselle, je vous le jure... Et si vous vouliez vous en offenser, songez que vous ne pouvez avoir, en ce moment,
d'autre pensée que celle de sauver la pauvre femme pour
le salut de laquelle je ferai ce que vous m'ordonnerez...

Madeleine respira, toute sa confiance revenue...

— Je n'ai pas peur ! dit-elle, et je vous crois.

Elle serra les mains qu'il tenait encore, puis, se déga-
gea doucement.

Maintenant, la minute suprême d'hésitation était écoulée.

Madeleine allait se jeter à corps perdu dans l'aventure. Elle répéta sa question, la question qui décidait de tout :

— Que puis-je faire ? Etes-vous sûr qu'il s'agit de Nicole ?

Drogont s'était ressaisi... Une affreuse douleur le ravageait, mais il allait obéir maintenant, sans plus réfléchir, en aveugle, aux ordres qu'il connaîtrait, résolu à ne plus s'arrêter jusqu'à ce que sa tâche fût accomplie.

— Pour qu'il n'y ait en vous aucun doute, dit-il... car vos doutes sont bien naturels devant la grandeur de ce désastre familial... je vous apprendrai encore que votre sœur devient à la mode... Un peu partout où elle est rencontrée, les photographes prennent sa jolie figure... Comment son portrait, parmi bien d'autres, déjà célèbres, n'a-t-il pas encore été rendu public, dans certaines feuilles parisiennes ? Parce que, je le devine, un homme a jusqu'ici veillé sur elle, s'est interposé pour racheter cette publicité, afin que votre père et votre mère n'en soient pas éclaboussés... Le pourra-t-il toujours ? Je crains que non.

— Cet homme, c'est vous, monsieur ?

Drogont évita de répondre.

Il lui plaisait de laisser croire que c'était lui, en effet.

— Vous demandiez tout à l'heure, mademoiselle : « Etesvous sûr qu'il s'agit de Nicole ? » Voici des photographies interceptées... Veuillez me dire si vous la reconnaissez...

Madeleine s'empara, avec une curiosité avide, mais combien douloureuse, des épreuves qu'il lui tendait, et son visage qu'une rougeur de fièvre animait depuis quelques instants, redevint blanc, pendant que la bouche se contractait d'un sanglot réprimé.

— Oui, c'est bien elle, c'est bien ma pauvre Nicole !

— Mademoiselle, je vous ai dit que votre sœur traversait, inconsciente, le monde où elle vit, où l'a jetée le hasard... Que rien ne vienne donc diminuer votre affection pour elle... Ce serait injuste... Depuis le lendemain de son mariage, elle marche dans de l'irréel... je vous le répète... elle n'est pas responsable de ses actes...

— Et personne, mon Dieu, personne pour la protéger...

— Si, mademoiselle, il y a quelqu'un... Vous !...

— Que me conseillez-vous ?

— Je n'ose pas donner de conseil. Faites ce que votre cœur vous inspirera...

— Ah ! je veux la sauver ! Tout pour moi se résume en cela : la sauver...

— Je vous y aiderai de tout mon dévouement.

— La revoir, d'abord, oh ! la revoir, une fois, lui parler, la supplier, la ramener...

Drogont tressaillit...

Madeleine s'en venait d'elle-même à ce que voulait Tête-de-Mort... C'était elle qui cherchait les moyens de revoir Nicole... Ce n'était pas lui qui les proposait... Cela le rendait plus fort, puisque cela devait enlever à Madeleine toute défiance.

Mais la jeune fille se tordit les mains en une crise de désespoir :

— Pourquoi ne rien dire à mon père ! !

C'était là le péril. Drogont l'écarta tout de suite.

— Ne vaut-il pas mieux que votre père et votre mère ignorent pareille chute ?... N'est-ce pas leur épargner bien des larmes ?... Puis, ne vous l'ai-je pas dit ? Jamais votre sœur ne consentira à rentrer au foyer de sa famille... Si elle se doutait qu'on veut l'y contraindre, elle disparaîtrait encore... Vous seule, avec votre tendresse, avec l'affection qu'elle n'a cessé d'avoir pour vous, vous seule, mademoiselle, pouvez avoir de l'influence sur son pauvre esprit en désordre, et la ramener, peut-être...

Madeleine comprenait ces raisons. Elle était convaincue.

— Où demeure-t-elle ?

— Avenue Hoche.

— J'irai la voir.

Il secoua la tête.

— Non, vous ne le pouvez, sans imprudence... Elle n'est pas libre, je vous l'ai dit.

— Comment vit-elle ? N'est-elle pas seule ?

— Elle habite un riche appartement, avec un certain baron de Castel-Fressac, que l'on soupçonne, du reste, être tout simplement un aventurier, enrichi par quelque accident mystérieux, car plusieurs prétendent reconnaître en lui un rôdeur connu sous le nom de Cocogne, qui vendait de la cocaïne à des détraqués des cafés de nuit aux alentours de Montmartre et sur la butte... Est-ce vrai ? Je ne l'affirme pas... Quelles sont leurs relations ? Je l'ignore... D'où vient la subite fortune de Castel-Fressac ? Je ne sais... Tout est suspect, dans ce monde de noceurs.

— Il me permettra peut-être de la voir.

— Non. Il refusera, surtout s'il se doute que vous êtes sa sœur et que vous venez pour tenter de la lui reprendre. Et vous vous serez compromise inutilement.

— Ah ! qu'importe ! pourvu que je la sauve !

— Non, mademoiselle, votre réputation est sacrée... Il vous faudra, dans ces démarches, dans ces tentatives, la plus extrême prudence...

— Mais Nicole n'est-elle pas seule quelquefois ?

— Jamais elle n'est seule. Lorsque le soi-disant baron s'absente sans votre sœur, ce qui, paraît-il, est très rare, une vieille femme, complice et compagne de Castel-Fressac, veille sur elle... avec un soin jaloux, comme sur un trésor...

— Comme vous êtes renseigné ! fit-elle avec une nuance de contrainte.

— Oui, très renseigné... Je vous l'ai dit... Les lettres !...

— Mais je veux la revoir !.. Je le veux !...

Les pleurs recommencèrent.

— Seule, mademoiselle, sera-ce possible ? J'ai peur que non... Il faudrait que vous fussiez aidée, accompagnée, au besoin défendue... Il faudrait que, dans de pareilles démarches, aussi difficiles pour une jeune fille de votre monde, aussi hasardées, oserai-je dire, que vous vous sachiez protégée par la présence d'un homme dont le sang-froid et le dévouement attentif éloigneraient de vous jusqu'à l'apparence même du danger... Ainsi, en réunissant vos efforts à ceux de cet homme, réussiriez-vous à vous rencontrer avec votre sœur, en dehors des gens qui ont intérêt à l'éloigner de vous... Vous ne réussiriez sans doute pas du premier coup, car elle est bien gardée, mais si elle apprenait, de son côté, vos efforts pour la voir, qui sait si, malgré ses craintes et ses répugnances, elle ne vous seconderait pas ?... Ce qu'elle refuserait à son père et à sa mère, elle ne le refuserait pas à la sœur qu'elle adore et qu'elle pleure en secret... Je n'ose prendre sur moi de vous conseiller, mademoiselle, car ces démarches sont délicates... Quel que soit le soin que vous prendrez à ce qu'elles ne soient pas connues, elles peuvent l'être... Le monde est méchant... Ces démarches, comment les interprétera-t-on ? Il faut tout craindre... Mon respect de vous est si absolu que j'ai peur...

Mais ce qu'il pouvait dire — et il insistait, sûr de n'être pas écouté — ne devait pas changer la résolution de Madeleine...

Une résolution dictée par sa tendresse...

Et qu'elle résuma ainsi, pour la troisième fois :

— Je veux la sauver, coûte que coûte !...

Et tendant la main :

— Je ne puis me confier à un autre qu'à vous, monsieur, puisque c'est de vous que me vient cette douloureuse révélation... Je sens que, toute seule, je serais impuissante... Voulez-vous m'aider à revoir Nicole ?...

— Oui, mademoisele, dit-il simplement.

Après un silence, pendant lequel il parut réfléchir :

— Peut-être la reverrez-vous d'abord, mais de loin, sans pouvoir lui parler...

— Ce sera déjà un grand bonheur pour moi.

— Peut-être, elle, de son côté, vous apercevra-t-elle, tentera-t-elle de se rapprocher et en sera-t-elle empêchée... Il faut tout prévoir... Mais elle saura que vous êtes là !... De nouveau naîtra, entre vous, la communication de vos âmes... et votre tendresse réciproque fera le reste... Après les premières tentatives inutiles, le succès viendra... Seulement...

Le visage de Drogont se rembrunit tout à coup...

Il murmura :

— Déjà, dès les premiers pas, des obstacles... des obstacles insurmontables.

— Lesquels ?

— Hélas ! mademoiselle, je vous ai dit que nous devions agir dans le plus profond mystère... Et ne voyez-vous pas combien il vous sera difficile, même impossible, de sortir seule, de vous en aller, du Parc des Princes à Paris, quelle que soit l'heure... sous le premier prétexte venu... sans que l'on s'étonne de vos sorties... de vos absences prolongées...

Un air de fatigue profonde s'épandit sur le doux visage de Madeleine.

— Je mentirai, dit-elle... puisqu'il s'agit du salut de Nicole...

Puis, avec un soupir :

— Sortir, et sortir seule, ne m'est pas aussi difficile que vous le croyez... Ma pauvre mère, depuis le malheur qui a frappé Nicole, est devenue presque indifférente à tout. Elle vit dans son deuil et dans sa douleur. Elle m'a laissé peu à peu le soin de m'occuper de la maison. J'ai pris l'habitude de me rendre seule à Paris, soit par le chemin de fer de Ceinture, soit par une des autos, lorsque le chauffeur n'est pas retenu par mon père. Or, le général, depuis quelques semaines, s'absente souvent pour plusieurs jours... Je reste ici avec ma mère, qui jamais ne me demande compte de mes sorties... dont elle connaît, du reste, toujours les raisons... Ma mère se décharge sur moi, autant que cela se peut, de toutes les courses qui ne lui sont point particulières et obligatoires... Elle passe ses journées et ses nuits dans les larmes... je n'ose ni l'interroger ni lui faire des reproches, car je me cache aussi pour pleurer... Telle est notre vie, monsieur... que vous avez devinée sans doute...

— En effet, et je vous plains de tout mon cœur...

— Par les détails de notre existence, vous jugerez que l'obstacle que vous aviez cru insurmontable n'existe pas... Je puis sortir comme bon me semble et rester dehors aussi longtemps qu'il me plaît... On a confiance... J'ai dit qu'au besoin je mentirais... Le jour où ils connaîtront mon mensonge, mon père et ma mère me pardonneront, quand je leur dirai pourquoi j'ai menti...

— J'ignore encore, mademoiselle — n'y ayant pas pensé jusqu'à présent — comment à l'insu de tous et surtout du baron de Castel-Fressac, je pourrai vous rapprocher de votre sœur... Peut-être serez-vous surprise et effarouchée si vous vous voyez contrainte d'affronter certains mondes, certains milieux...

Un peu de gêne encore, chez Madeleine.

— Est-ce donc si difficile de faire savoir à Nicole que je la recherche ?...

— Non... mais après ? En dehors de la surveillance dont on l'entoure, ne devons-nous pas redouter je ne sais quel recul, chez votre sœur qui comptait avoir brisé avec sa famille et qui hésitera à renouer avec vous, malgré sa tendresse réelle ?...

— Faites donc ce qu'il faudra, monsieur, je me confie entièrement à vous.

— Et vous avez raison, mademoiselle...

— Attendrai-je longtemps ? dit-elle avec un frémissement d'émotion.

— Demain, mademoiselle... Oui, peut-être demain je serai en mesure, je l'espère, de vous indiquer un premier rendez-vous... Sans vous assurer toutefois que vous pourrez parler à votre sœur... Mais vous la verrez... oui, j'en ai la certitude... Vous la verrez...

— Et ce sera une grande joie, dit-elle, profondément émue

Rentrée chez elle, Madeleine parcourut les lettres anonymes que Drogont lui avait remises... Ces lettres ne lui apprirent rien de plus que ce qu'elle savait déjà... par l'officier. Lettres fabriquées par Tcherko, qui instruisaient Drogont, sous prétexte de sympathie inconnue pour la famille Bénavant, de tout ce qui intéressait Nicole...

Quand elle eut fini sa lecture, Madeleine murmura :

— Tombée si bas ! Est-ce possible ?... Est-il encore temps de la sauver ?....

Avenue de Suffren, le même soir, lorsque le lieutenant Frédéric Drogont pénétra dans son petit logement, son premier soin fut de déchirer la lettre qu'il avait écrite le matin même et dans laquelle il annonçait son suicide...

Il l'avait déposée sur sa table, bien en évidence, afin qu'après sa mort ce fût la première chose que l'on aperçût, lorsqu'on entrerait chez lui...

La lettre avait disparu ! !...

Il eut une exclamation de rage et d'angoisse...

Il chercha, fouilla partout, bouleversa son bureau, sans rien trouver nulle part.

Il fit monter la concierge et la questionna minutieusement. La bonne femme ne sut que répondre. Elle était incapable d'une indiscrétion et d'un vol. Puis, cette lettre, sous une enveloppe banale qui ne portait même pas d'adresse, ne devait tenter personne, et n'éveiller aucune curiosité. D'autre part, aucun visiteur n'était venu demander Drogont dans la journée. En l'absence du locataire, personne n'entrait chez lui, ni camarades, ni fournisseurs... Restait l'ordonnance du lieutenant... Les soupçons auraient pu se porter sur le soldat... C'était impossible, car l'ordonnance s'était foulé gravement le pied deux jours auparavant et était à l'infirmerie pour une huitaine de jours.

La concierge partie, Drogont examina la serrure de la porte d'entrée.

Il y découvrit, à l'extérieur, quelques éraflures légères, comme en pouvait déterminer une pointe d'acier courant sur du fer, maniée par des doigts maladroits.

Quelqu'un avait ouvert, et, en ressortant, avait eu soin de refermer.

— Vulgaire cambrioleur ?

Drogont haussa les épaules... Le voleur eût été volé...

Bien que l'officier, grâce à la générosité de Tête-de-Mort, pût disposer de sommes importantes, il n'en possédait point, trop prudent pour éveiller ainsi l'attention... Il n'avait que sa solde et ne vivait que de sa solde, modestement, humblement, comme tant d'autres...

Cette lettre volée — car elle avait été volée, il fallait bien se rendre à l'évidence — était grave, malgré ses termes imprécis... Si elle était tombée entre les mains de gens qui ne soupçonnaient rien des événements préparés par la complicité de Tcherko et de Drogont, elle restait pour eux incompréhensible...

Mais si elle était tombée entre les mains de Cœur-qui-Tremble ?

Un flot de haine gonfla le cœur de Drogont... et toute cette nuit il se demanda :

— Qui ?... Tcherko ou César ?...

Les Rendez-Vous.

Le jour suivant, Frédéric Drogont, entendant Madeleine entrer dans le cabinet de son père, venait lui dire, à brûle-pourpoint, comme s'il avait voulu ne pas lui donner le temps de réfléchir et forcer ainsi sa résolution :

— Votre sœur se propose d'assister à la matinée du Théâtre-Français.

Le lendemain était un jeudi : on donnait *Primerose*.

— Demain ! murmura la pauvre enfant... Demain !

Elle était profondément troublée par l'espérance de revoir Nicole... Nicole perdue... Nicole, pleurée depuis une année déjà... et troublée aussi par l'espérance de lui parler...

Il s'imagina qu'elle hésitait et se hâta d'ajouter :

— J'ai loué une baignoire, ne doutant pas que vous iriez à la matinée... La baignoire est grillée... Ainsi, vous pourrez voir et ne pas être vue...

— Merci, dit-elle faiblement.

Elle avait si pleine confiance qu'elle ne pensa même pas à lui demander comment il était si bien et si promptement renseigné.

— Vous pourrez entrer au théâtre, alors que la représentation sera commencée, et de cette façon, vous n'attirerez l'attention de personne. Vous ne rencontrerez dans le vestibule que les inspecteurs du théâtre et les employés du contrôle... Dans le couloir au rez-de-chaussée, les ouvreuses... Vous pourrez être voilée... Vous resterez seule... mais je serai dans le théâtre... Je tâcherai de favoriser votre rencontre... Le pourrai-je ?... Comptez sur moi... Si j'ai besoin de vous parler... de vous transmettre une parole de votre sœur, voulez-vous me permettre d'entrer dans votre loge ? Vous pouvez compter sur ma prudence et sur ma discrétion...

— Oui...

Et il lui remit le coupon de la baignoire.

Le lendemain, il était trois heures moins le quart, lorsqu'elle se présenta au théâtre. L'auto de Bénavant l'avait conduite jusqu'aux magasins du Louvre, où Madeleine était entrée par la rue de Rivoli et d'où elle était ressortie par la rue Saint-Honoré... L'auto attendait rue de Rivoli...

— Je resterai longtemps, avait-elle dit au chauffeur.

Et elle avait couru jusqu'au théâtre.

Dans la petite loge, obscure, où elle était en sécurité pourtant, son cœur battait bien fort... Et son regard trouble ne put, de longtemps, rien apercevoir dans la salle... Elle avait abaissé légèrement le grillage et par-dessus regardait où chercher et trouver Nicole, dans cette foule ?... Mais la porte de la baignoire s'ouvrit doucement, sans bruit, et Frédéric Drogont parut...

Il désigna d'un geste silencieux une loge de balcon à Madeleine...

Et la jeune fille eut un soupir étouffé et tout à la fois d'angoisse.

Oui, Nicole était là... C'était bien Nicole ! Comment les yeux de la sœur s'y fussent-ils trompés !... Et les mains tendues comme pour l'appeler, Madeleine la regardait.

Elle n'était pas seule... Le baron de Castel-Fressac l'accompagnait, en habit, toujours... et ruisselant de bijoux... Auprès de Nicole, la Punaise, en grande tenue Perroquet... Et ce couple singulier attirait l'attention par le contraste étrange qu'il faisait avec l'exquise élégance, distinguée et simple de la jeune abandonnée... Non, les yeux de la sœur ne pouvait s'y tromper... Mais les autres !... Nicole était bien changée, amaigrie et pâlie, le visage allongé, mais sans que ce changement diminuât en rien sa beauté, qui n'en paraissait que plus délicate et plus fine... Ce qui l'eût rendue peut-être méconnaissable pour d'autres, c'était la sorte d'immobilité triste de sa figure... Rien ne semblait plus devoir l'émouvoir, insensible à ce qui se passait... C'était du marbre sur lequel s'était figée une éternelle expression de douleur et de la voir ainsi, après la première surprise, cela causait, même à des étrangers, une gêne inexprimable !...

— C'est elle ! Oui, c'est bien elle !... Mais cet homme ? Mais cette femme ?

Elle désignait Cocogne et la Punaise...

— Ceux qui ne la quittent pas ! dit Drogont...

— Mais quelle est sa vie auprès d'eux ?

Drogont détourna la tête et évita de répondre.

Les larmes jaillirent des yeux de Madeleine.

Elle se contint.

— Pourrai-je lui parler ?

— Je vais faire tout ce qui sera possible...

Alors, il sortit... Et Madeleine s'enfonça au fond de la baignoire, indifférente au spectacle, ne quittant pas des yeux la loge en face d'elle, où était la moitié de sa vie...

C'était l'entr'acte... Le baron de Castel-Fressac, seul, sortit, la tête haute, imposant, tout à fait vieux genre... Mais Punaise resta auprès de Nicole... La porte de la loge était restée ouverte. Derrière, dans le couloir, passaient et repassaient des gens qui s'arrêtaient et qui examinaient Nicole... Elle excitait sans doute la surprise, la pitié, l'admiration... Puis, l'entr'acte finit...

Pendant le second acte, Madeleine se hasarda à baisser le grillage de la baignoire complètement et avança le buste.

Elle essayait d'attirer le regard de Nicole par le magnétisme de sa volonté.

Et voilà qu'elle s'imagine tout à coup avoir réussi... Les yeux de Nicole se dirigent de son côté... deviennent fixes obstinément... On dirait vraiment que la pauvre femme vient d'apercevoir Madeleine... Et il faut bien croire que c'est vrai... car Madeleine appuie ses doigts sur ses lèvres pour envoyer à Nicole toute sa profonde tendresse dans un baiser... et comme si Nicole en eût reçu le choc, elle se renverse en arrière sur son fauteuil... sa tête s'incline... derrière son éventail...

Et peut-être pleure-t-elle, là-bas, comme ici pleure Madeleine !...

A l'entr'acte suivant, Drogont vint dire :

— J'étais tout près d'elle au balcon et je ne la quittais pas des yeux... Elle vous a vue... Elle vous a reconnue... mais il ne m'a pas été possible de lui faire passer un billet, comme je l'ai tenté, par l'ouvreuse... Le baron de Castel-Fressac, tout occupé de son frac, de son plastron de chemise et de sa chaîne de montre, ne s'aperçoit et ne se fût occupé de rien, mais sa compagne est là, aux aguets...

Personne ne reparut dans la loge de Nicole, après l'entr'acte.

Drogont expliqua :

— Vous devinez de quelle surveillance on l'entoure... on s'est douté de quelque chose... Elle est partie... Il est inutile que vous vous attardiez davantage...

Il l'aida à passer son manteau... et sortit, la précédant... Dans le couloir, des ouvreuses... Dans l'escalier, le vestibule, deux employés du théâtre... La pluie tombait, et des torrents roulaient, après un orage, sur la place... Le tonnerre, au loin, grondait encore...

Madeleine hésitait à se hasarder sous l'averse.

D'autre part, elle n'osait attendre, craignant d'être reconnue... tout à l'heure... à la sortie, par quelques spectateurs, amis de sa famille...

Drogont s'avança :

— Je vous ai fait arrêter un taxi, dit-il.

Elle le remercia d'un regard.

Il l'accompagna jusqu'au péristyle... Une auto attendait... Des gens se garaient là contre l'averse qui dégringolait. Drogont se hâta d'ouvrir la portière... mais pendant qu'il était ainsi près d'elle, alors qu'elle s'avançait pour monter, visage découvert, un homme tout à coup surgit contre eux... braqua un minuscule appareil photographique et ce fut tout...

Seul, Drogont avait vu...

Le taxi fila vers le Louvre...

Drogont et l'homme restèrent en présence... se considérèrent un instant... et le misérable tressaillit sous un regard dont la flamme l'enveloppa...

Puis l'homme eut un sourire, à peine perceptible dans l'épaisseur de sa barbe, et, sans souci de la pluie battante, disparut vers la rue de Richelieu...

C'était Miton-Mitaine qui exécutait les ordres de Tcherko.

S'il était venu à Madeleine quelque soupçon sur l'officier, ce soupçon se fût dissipé après ce qui venait de se passer au Théâtre-Français.

Grâce à Drogont, en effet, la jeune fille savait maintenant que Nicole n'était pas morte ; elle l'avait revue, un jour ou l'autre elle pourrait sûrement la revoir encore... et elle finirait, malgré les obstacles, par lui parler.

Donc, plus de défiance en elle.

Elle s'abandonna à toutes les entreprises qu'il allait concevoir !

Tcherko, avec Drogont comme complice, poursuivait

ainsi son dessein, avec une âpreté, une méthode, une sûreté merveilleuses.

Agissant au loin dans l'ombre, il dirigeait tous les fils de sa diabolique intrigue d'une main exercée, qui ne tremblait pas, n'hésitait pas.

Et il voyait se rapprocher chaque jour le dénouement de la crise...

Deux jours après, Drogont disait à Madeleine :

— J'ai été averti, toujours de la même source mystérieuse des lettres que je reçois, que votre sœur doit passer la journée aujourd'hui à la campagne, emmenée par son éternel compagnon de Castel-Fressac...

— Loin ?

— Non... tout près d'ici... à Bellevue... Elle y dînera au Pavillon, en haut du chemin de fer funiculaire qui monte à la gare de Bellevue et aboutit presque en face de la jolie maison du Brimborion, où la marquise de Pompadour aimait jadis venir se reposer des fêtes de Versailles.

— Je connais... Pensez-vous que je pourrai la voir ?

— Peut-être... avec un peu d'adresse et beaucoup de chances.

— Comment ferons-nous ?

Elle ne disait pas : « Comment ferai-je ? » Déjà, et naturellement, elle associait dans sa pensée Frédéric Drogont à toutes ses tentatives... Elle le voyait si dévoué, si attentif, si prudent à éloigner ce qui pouvait amener l'apparence même du danger...

— Il faudra que nous passions l'après-midi au Pavillon... Il y a des chambres... Mademoiselle Nicole viendra au courant de la soirée, bien avant le dîner... Quand vous serez là, et qu'elle sera arrivée, nous agirons... La surveillance de Castel-Fressac se relâchera sans doute un peu... Au besoin, nous y aiderons... Enfin, ce sont les occasions qui devront nous inspirer et nous ne pouvons arrêter un plan de campagne avant d'être sur les lieux...

— Je tâcherai de sortir vers quatre heures... mais je serai obligée d'être de retour au Parc des Princes avant sept heures...

— Espérons ! Je ferai tout pour réussir...

— Où vous retrouverai-je ?

C'était elle, maintenant, qui demandait le rendez-vous...

— Je vous attendrai, à partir de quatre heures, à Bellevue, à la sortie du cimetière.

— Bien...

Une heure après, Drogont sortait, faisait un tour de promenade sur la berge de la Seine et allait au bord de l'eau fumer une cigarette en regardant un pêcheur à la ligne, installé là depuis quelques minutes, avec sa bicyclette penchée contre un marronnier du quai.

Au bout d'un instant, Drogont laissa tomber négligemment dans l'herbe un papier roulé auquel il parut ne point prendre garde.

Après quoi, ayant terminé sa cigarette, il dit au pêcheur en riant :

— Ça ne mord guère, camarade, ce matin ?

Sur quoi, l'homme dit, avec un fort accent d'outre-Rhin :

— Non, ça ne mord pas. Et je replie.

Lorsque le lieutenant se fut éloigné, il ramassa ses affaires, prit délicatement le papier roulé qu'il glissa dans la poche de son gilet, enfourcha lestement sa bécane et fila à fond de train vers Paris.

D'un coup d'œil, Drogont l'avait aperçu.

Il murmura :

— La commission sera faite... Et le photographe sera à son poste.

Après quoi il rentra dans la villa.

Il partit à pied, vers trois heures, désirant être au rendez-vous bien avant l'arrivée de Madeleine... Il savait, du reste, que la jeune fille elle-même irait à pied... Le trajet n'était pas long... Une traversée du pont et d'une partie de Sèvres, la montée de la côte de Bellevue... C'était tout... Madeleine éviterait de se faire conduire par l'auto...

Du côté de Tcherko, toutes les précautions avaient été prises pour l'attentat qui se préparait ainsi, et le drame qui allait se jouer avait été prévu dans ses plus minutieux détails.

A trois heures, Drogont s'en allait.

Il n'avait pas revu Madeleine depuis son entrevue de la matinée.

Mais il était sûr que la jeune fille n'eût pas manqué de le prévenir si quelque événement imprévu l'avait empêchée de sortir...

Dans l'étroite salle, toute nue, où l'employé au tourniquet fait payer les voyageurs à la descente du funiculaire vers la gare, Drogont attendit...

Le train amenait à chaque coup, toutes les dix minutes,

quelques hommes, surtout des femmes ; on entendait ensuite un coup de trompe, auquel, au bas de la côte, répondait un autre coup de trompe, et les deux rames de wagons repartaient, l'une descendant et l'autre remontant, se croisant à mi-rampe.

Quatre heures... Quatre heures et demie... Madeleine n'arrivait pas...

Drogont n'espérait plus, lorsque, tout à coup, derrière un groupe de voyageurs qui venaient de Bellevue pour prendre le train de Paris, hésitante, tremblante et se dissimulant, au dernier moment prise de peur et n'osant avancer, il reconnut la jeune fille.

Il se jeta vivement à sa rencontre...

Elle s'appuya sur son bras... Elle était toute pâle... prête à perdre connaissance.

— Calmez-vous... Vous savez bien que vous n'avez rien à craindre...

— Il me semble que j'ai été suivie depuis le Parc des Princes jusqu'ici...

— Imagination !

— Non... C'était un homme très brun, portant toute sa barbe, ayant des yeux noirs très brillants... Lorsque je suis sortie de la villa, je l'ai remarqué... Il s'est approché de moi, très près... J'ai même cru qu'il voulait me parler... Je me suis aperçue qu'il suivait, à pied, le même chemin... Comme la côte est rude à monter, il avait fini par me rejoindre, il a marché auprès de moi, presque coude à coude... J'avais beau m'éloigner, le laisser me dépasser... il m'attendait... Une fois, même, il a dit : « Mademoiselle... » et puis des choses que je n'ai pas bien comprises, qui sont restées confuses, parce qu'il parlait à voix très basse... et il avait l'air très ému...

L'attention de Drogont était vivement éveillée...

Au signalement donné par Madeleine, il avait reconnu le photographe Courapied.

Mais pourquoi cette insistance de Courapied à suivre la jeune fille, à vouloir lui parler ? Et que voulait-il lui dire ?

— Il ne m'a quittée que lorsqu'il a vu que je me dirigeais vers le funiculaire...

Elle se rassurait peu à peu, maintenant qu'elle était auprès de Drogont.

Du reste, il l'entraînait... lentement... vers le Pavillon...

— Nous avons le temps, dit-il. Je me suis informé tout à

l'heure... J'ai retenu une chambre où vous pourrez rester seule... où personne ne viendra vous déranger... et où nous attendrons... Votre sœur n'est pas encore arrivée...

Ils pénétrèrent dans les jardins.

Madeleine, malgré tout tremblante, avait ramené sur son visage un voile épais... Mais les Parisiens et les Parisiennes qui étaient venus passer là leur soirée, devant le merveilleux panorama de Paris, dont l'immensité s'étalait à leurs pieds, ne paraissaient prêter à ce couple qu'une attention fort distraite.

Drogont, en effet, avait retenu une chambre.

Sur le seuil et sans y entrer, il salua Madeleine en souriant :

— Vous êtes chez vous, mademoiselle, jusqu'à ce que je vienne vous instruire de ce qui se passe... De votre fenêtre, du reste, vous verrez entrer votre sœur.

Il s'en alla. Madeleine respira. Elle donna, par précaution, un tour de clef à la porte.

Elle était heureuse de se retrouver seule, malgré tout.

Elle se pencha, rapidement, à une fenêtre entr'ouverte.

Dans le jardin allaient et venaient des gens qui ne faisaient point attention à elle et qui se promenaient silencieusement, l'air ennuyé...

Ils étaient entrés en même temps que Madeleine au Pavillon.

Si la jeune fille n'avait pas été aussi émue, elle aurait pu observer que ces hommes et ces femmes l'avaient dévisagée près du funiculaire, avaient échangé quelques mots et étaient entrés derrière elle au restaurant.

Mais dans son grand trouble elle ne voyait rien.

Pas même se dissimulant dans un kiosque, son appareil seul à découvert, un homme, le même que celui qui avait fait mine de vouloir s'approcher d'elle et lui parler... aux cheveux noirs coupés court, à la barbe drue, aux yeux vifs et brillants...

Or, la boîte carrée, reposant sur un trépied, qu'il disposait méticuleusement, en observant un certain angle, était un appareil de cinématographe.

On les rencontre maintenant un peu partout, les tourneurs de cinéma, prenant des scènes dans tout Paris et dans la banlieue, soit des scènes populaires où la réalité sans apprêt s'étale à son aise, soit exécutant des scénarios soigneusement préparés à l'avance, dont les acteurs ont repéré leurs places, étudié leurs gestes, composé leurs jeux de physionomie... répondant de la sorte à une idée préconçue, à un sujet travaillé qui a son début, son milieu et son dénouement.

Devant l'objectif étaient des tables élégamment servies où peu à peu s'empressaient les étranges promeneurs silencieux.

Des garçons servirent le thé, des gâteaux... du chocolat.

L'homme au cinéma rectifia la position de son objectif, et sans doute qu'il était satisfait, car il s'assit derrière et parut attendre...

Il n'était pourtant pas indifférent à ce qui se passait, car de temps en temps il relevait les yeux, furtifs, vers la fenêtre où tout à l'heure il avait aperçu le visage angoissé de Madeleine.

Mais tout à coup, voici qu'il se lève...

Son attention est attirée par ce qui se passe...

Et les clients, assis aux tables, manifestent la même curiosité... Ils échangent des coups d'œil... ils sourient... ils se penchent...

Pourtant ce qui se passe est bien banal...

Le klaxon d'une auto a poussé son cri rauque, devant la porte du Pavillon, par trois fois, avec intervalle plus long entre la deuxième et la troisième fois...

Signal probable, car l'homme au cinéma regarde sa montre.

— Cinq heures. C'est Nicole...

Et il prit en main la manivelle...

Une auto venait de s'arrêter. La porte s'ouvrait. Un homme en descendit, en habit toujours, gants blancs, grosse rose rouge à la boutonnière, prétentieux et ridicule...

Le baron de Castel-Fressac.

Il tendit la main à une jeune femme, de mise élégante et simple, qui sauta à terre.

La main qui tournait la manivelle trembla légèrement... les paupières de l'homme battirent par petites secousses rapides... mais ce fut bref, il se remit...

C'était Nicole qui entrait, ou plutôt le fantôme de Nicole... C'était le corps de Nicole que Cocogne promenait ainsi, pour obéir à Tcherko et sans comprendre le but de ses ordres, mais ce n'était pas l'âme de Nicole... Cette âme était lointaine, dans les régions tristes où nul ne pouvait la suivre, où un seul homme au monde l'aurait pu, parce que cet homme savait les causes mystérieuses de l'incurable désespoir... Robert Villedieu...

Mais Robert Villedieu était mort...

Où allait-elle ? où la conduisait-on ? Que lui commandait-on ? Et pourquoi ces choses ? L'âme de Nicole ne se le demandait point... Rien ne traversait « les brumes » de son cerveau.

Elle traversa le jardin et vint lentement prendre place à une table...

L'appareil du cinéma tournait avec régularité.

Elle lui faisait face et ne le remarqua pas.

Castel-Fressac s'empressait auprès d'elle avec une extrême et cocasse galanterie.

Et comme partout où elle passait, Nicole excitait la surprise générale, par la beauté et par l'immobilité de ses traits.

De sa fenêtre, Madeleine avait vu.

Avec une ardeur fiévreuse, penchée à sa fenêtre, elle ne la quittait plus des yeux...

Et elle avait relevé son voile... afin que Nicole pût la reconnaître, si elle regardait là-haut... Mais, de même qu'au théâtre, elle ne réussissait pas à attirer ce regard, insensible aux choses d'autour d'elle...

On frappa à la porte de la chambre.

Elle alla ouvrir.

C'était Drogont. Il dit, à mots pressés :

— Je vais éloigner Castel-Fressac... Votre sœur restera seule... Hâtez-vous !

Il sortit. Madeleine se remit à la fenêtre, guettant la minute propice.

En bas, un chasseur du restaurant remettait une lettre à Cocogne... Celui-ci lisait... se levait, après quelques paroles d'excuse à sa compagne, et rentrait dans l'intérieur du restaurant... Nicole, indifférente, rêveuse et lasse, demeura seule.

Madeleine, le cœur en désordre, étouffée par son émotion, descendit.

Ce qu'elle allait dire à Nicole, oh ! c'était bien simple... supplication qu'elle avait préparée et que Nicole écouterait... Madeleine en était sûre !...

— Fuis cet homme et tous ceux qui l'entourent... Puisque tu ne veux plus du foyer de ta famille, soit, tu vivras selon ton désir, dans la solitude. Mais tu ne peux refuser à ta sœur la joie de te revoir et de te consacrer toutes les heures de sa liberté... Elle te rendra ainsi un peu de bonheur... Nous garderons notre secret qui n'appartiendra qu'à nous... Reviens à moi !...

Déjà, elle s'élançait, au milieu des tables...

Déjà, elle se rapprochait de Nicole... Déjà, presque, elle la touchait, et ses lèvres s'ouvraient pour lui crier, dans le déchirement de sa douleur :

— Sœur ! sœur ! C'est Madeleine...

Lorsque tout à coup, devant elle un homme s'est dressé... Et la scène est foudroyante.

C'est Cocogne.

Il a saisi brutalement la main de Nicole. Il a soulevé de sa chaise la jeune femme. Il l'entraîne, sans qu'elle fasse la moindre résistance, habituée à obéir, passive...

Autour d'elle, Madeleine, devant cette grossièreté, voit les gens qui ricanent.

Un tumulte se produit.

Madeleine a crié, pourtant :

— Nicole ! Nicole !

Mais Nicole n'a rien entendu. Nicole franchit la porte. Nicole est jetée, pour ainsi dire, dans l'auto qui l'a amenée et qui la remmène... L'auto disparaît... Et deux rauquements ironiques du klaxon semblent rythmer le désespoir de Madeleine.

Alors elle défaille... ses bras se tendent pour se retenir et éviter la chute... Elle a les yeux fermés... et ses bras rencontrent des mains qui la soutiennent et qui l'attirent... les mains d'un homme qu'elle ne voit pas, car elle est évanouie.

Dans son kiosque, Courapied, à sa manivelle, tournait, tournait toujours...

C'est Drogont qui a reçu Madeleine contre sa poitrine...

Comme par enchantement, les tables, autour de lui, se vident une à une.

Il ne reste, à l'extrémité de la terrasse que des clients, des vrais, ceux-là, qui ne sont plus dans l'angle objectif du cinéma et que la photographie vivante, qui se déroule inlassablement, ne pourra pas prendre...

Drogont emporte Madeleine évanouie.

Il la dépose dans un fauteuil... la regarde avec passion... dans une anxiété douloureuse... puis il se penche sur elle...

Doucement, avec la tendresse d'un amant, il caresse la

chevelure dénouée de la jeune fille, écartant les cheveux répandus sur le front, en un geste qui prouve une intimité absolue et comme une prise de possession.

L'homme au cinéma tourne toujours.

Mais un sourd grondement sort de sa poitrine.

Drogont se penche davantage...

Il a pris, entre ses mains, le pâle visage de morte que lui offre Madeleine sans défense et l'amenait à lui, lentement, il en a rapproché les lèvres...

Et Courapied, méthodique, inlassable, tourne, tourne, les yeux fermés pour ne pas voir.

Madeleine revient à la vie...

Son premier regard est pour chercher sa sœur... Hélas ! depuis longtemps Nicole a disparu... Son trouble est si grand qu'elle ne songe pas à rabaisser son voile...

Drogont murmure :

— Mademoiselle, il faut nous hâter. Il faut partir...

Elle obéit machinalement... Elle prend son bras... car elle se sent chanceler... et c'est ainsi qu'elle s'éloigne... se dirigeant vers une auto-taxi qui attend là, comme par hasard, quelque client à ramener dans la direction de Paris...

Madeleine monte... Drogont la suit... La portière se ferme....

Les rideaux, devant et de chaque côté, brusquement sont baissés...

Des gens sont là qui regardent.

Ce sont ceux qui, tout à l'heure, aux petites tables, entouraient Nicole... Ils ont l'air égayés par ce spectacle d'amoureux... et ils rient...

L'auto démarre et file.

Là-bas, dans son kiosque, Courapied a cessé de tourner, son travail fini...

Et il a un visage terrible...

Madeleine continuait de n'avoir aucun soupçon.

Tout ce qui s'était passé, au contraire, confirmait les craintes exprimées par Drogont et les renseignements qu'il avait donnés sur l'étroite et rigoureuse surveillance dont Nicole était l'objet.

Deux fois, la tentative avait échoué.

— Elle réussira la troisième fois ! se disait la jeune fille.

Du reste, dès le lendemain, Drogont insinuait :

— Pourquoi ne lui écririez-vous pas ?

Elle y avait pensé, mais la surveillance ne s'étendait-elle pas jusqu'à empêcher Nicole de recevoir toute correspondance ?

Drogont la tranquillisa.

— J'achèterai, ne fût-ce que pour une fois, la complicité d'une domestique...

Madeleine écrivit donc ! Oh ! dans sa lettre elle mit toute son âme. C'était un long et éloquent et ardent appel à la tendresse de Nicole, à ses souvenirs... Et elle sollicitait une réponse... pas bien longue... quelques mots seulement, qui prouveraient à Madeleine que sa sœur n'avait rien oublié !...

La réponse, si ardemment désirée, arriva presque aussitôt... La lettre de Madeleine avait été remise à Tcherko et c'était Tcherko qui avait écrit la réponse... Par les lettres de la pauvre Françoise, autrefois, au père de Robert Villedieu, ces lettres qui avaient causé le tragique dénouement du mariage de Nicole, on sait que Tête-de-Mort, entre autres talents, avait celui d'être un adroit faussaire.

« Oui, je voudrais te revoir. Je suis infiniment malheu-
» reuse. Mais je n'ai aucune volonté, aucun courage.. Je
» me laisse aller à la dérive de la vie que le hasard m'a
» faite et qui m'emporte je ne sais où... Mais te revoir,
» comment ?... Et surtout te parler... te dire que je
» t'aime ?... Et d'abord, une condition... Rien au monde
» ne me fera rentrer dans ma famille... Je préfère vivre
» misérable... Donc le secret, le secret juré... Le serment
» absolu de garder pour toi seule le mystère de nos ren-
» contres, si elles ont lieu... Comment auront-elles lieu ?
» C'est à toi de chercher... de tenter... d'être audacieuse...
» On me surveille, j'ai peur de ceux qui me gardent... Et
» comme ils me font la vie douce, je n'ai pas la force de
» m'enfuir... Oh ! ma sœur ! Madeleine ! Un quart d'heure
» d'entretien avec toi pour que nous nous concertions... et
» mon existence changerait... Ne m'écris plus !... Par
» bonheur, ta lettre m'a été remise... Mais la seconde ne
» me parviendrait pas... Ma femme de chambre me l'a dé-
» claré... Je serais surveillée de plus près... et tout devien-
» drait impossible... Demain, sois au Pré-Catelan... Je vois
» que tu es libre et que tu sors comme tu veux... Viens !...
» Et comptons sur le hasard qui ne peut pas toujours être
» contre nous !... Vers minuit !... »

Madeleine montra cette lettre à Drogont.

— Aucune hésitation, dit-il, puisque c'est votre sœur elle-même qui indique ce rendez-vous... Moi, mademoiselle, après nos deux premiers insuccès, je n'aurais plus osé.

Elle attendit le lendemain avec un impatience fébrile.

Au Théâtre-Français, elle s'était imaginé que Nicole l'avait aperçue. Au Pavillon de Bellevue, Nicole ne l'avait pas regardée. Mais cette fois, avertie, s'attendant à ce rendez-vous dont elle avait eu l'idée, Nicole la chercherait... Leurs regards se rencontreraient... Et quelle joie immense, quelle reprise de possession, avant toute parole !

Cependant, Madeleine ne s'était pas décidée sans effroi à cette dernière tentative...

— Vers minuit, disait la lettre.

Oui, un premier sursaut, à la pensée qu'il faudrait s'échapper de la maison furtivement, comme une voleuse, écouter ses pas qui feraient craquer le plancher, s'arrêter à tous les bruits indéfinis qui glacent de peur, parce que, de tous les coins d'ombre, un témoin semble surgir... Tourner les clefs des portes et tressaillir aux grincements, et s'interrompre, toutes les secondes, avec un battement de cœur... Et puis, se jeter à tous les hasards et à toutes les menaces des nuits de Paris !... Pour aller où ?...

Elle jouait son honneur...

Certes, cette aventure n'était pas impossible, pas difficile même, en l'absence de Bénavant... et grâce à la vie retirée, indifférente, que menait la malheureuse Françoise... Sortir de la villa, y rentrer, c'était une affaire de silence et de prudence...

Et au Pré-Catelan, fréquenté par le Tout-Paris des fêtes nocturnes, le risque était moindre d'être reconnue que partout ailleurs.

Le général Bénavant sortait peu, Françoise n'avait jamais été mondaine... Il y avait bien des chances pour que Madeleine passât inaperçue, même auprès des jeunes officiers qui auraient pu la rencontrer à quelque bal ou à quelque fête, d'avant le deuil de Villedieu et de Nicole, qu'elle portait encore... Et puis, il y avait la ressource du voile qui rendrait impossible toute certitude, dans le cas où naîtraient quelques soupçons... Lorsque paraîtrait Nicole, elle saurait bien, par un geste, par une attitude, se désigner à sa sœur... Et Nicole elle-même ne la devinerait-elle pas bien vite, sachant que Madeleine était là ?...

Drogont lisait clairement quelles craintes agitaient cette enfant.

— Je serai là... dit-il... avec vous, ou non loin de vous, comme vous le désirerez...

Elle baissa la tête, sans un mot de réponse.

Elle acceptait... Il le comprit...

— Je préparerai tout... une voiture vous attendra... vous ramènera... rassurez-vous... Je saurai écarter tout danger, toute menace de votre tête...

Et il ajouta, d'une voix assourdie :

— Ne suis-je pas votre frère ?

Tout s'exécuta comme il l'avait prévu.

Elle put sortir sans attirer l'attention de personne... La clef de la porte du perron, à la grande entrée, était dans la serrure, à l'intérieur. Quant à celle de la grille, elle savait qu'on la plaçait dans le mur, entre deux pierres disjointes... Elle ouvrit, referma doucement, et garda la clef.

A quelques pas de là, une auto attendait... Le chauffeur était au volant... Sur le trottoir, un homme se promenait, mais en ayant soin de ne pas s'éloigner.

A la vue de Madeleine, il s'avança vivement vers elle.

Elle était toute défaillante et ses dents claquaient.

Il murmura, ayant pitié d'elle :

— Vous avez trop peur, il ne faut pas venir...

— J'irai...

Le chauffeur était descendu de son siège pour donner son tour de manivelle. Il passa près de Madeleine et, à la lueur d'un bec de gaz voisin, la jeune fille crut reconnaître une tête broussailleuse, aux yeux vifs, déjà aperçue, l'autre fois...

Puis, elle eut une seconde d'hallucination...

Il lui sembla que l'homme avait prononcé quelques mots, les avait soupirés plutôt...

Et qu'il avait dit, par deux fois, sur un ton d'émotion extraordinaire :

— N'y allez pas !... N'y allez pas !!

Etait-elle bien sûre d'avoir entendu ?... Puis, il était trop tard pour écouter ce conseil, si étrangement donné, par cet homme, à pareille heure !... Et ne s'agissait-il pas de Nicole ?

L'homme avait sauté au volant. Le moteur ronflait. Frédéric Drogont dit :

— Allez... Vous savez où !

Du Parc des Princes au Pré-Catelan, il ne fallait que

quelques minutes... Dans l'auto fermée, Drogont, durant ce temps, sentait Madeleine contre lui, frémissante, glacée d'effroi... agitée de soubresauts, et parfois se penchant brusquement à la portière pour respirer, comme si elle étouffait... De petites plaintes d'enfant s'échappaient de ses lèvres... Drogont l'aimait... Et de nouveau il eut pitié...

— Mademoiselle, dit-il — et sa voix était rauque... — si vous le désirez, nous pouvons revenir au Parc des Princes... Vous avez peur...

Elle ne répondit pas. Elle fit simplement, avec la tête, le signe qu'elle refusait. Elle irait jusqu'au bout... Devant elle, Nicole, qui l'attirait comme une lumière.

— Mademoiselle, je vais vous adresser une question singulière dont je vous prie de ne pas vous étonner... elle est faite plutôt pour vous distraire de votre frayeur en vous obligeant à penser à autre chose... J'ai entendu raconter, par un de mes camarades du régiment, une tragique histoire... celle d'un officier qui avait trahi son pays, et qui, tout à coup, s'était soulevé du fond de son infamie comme on se lève du fond d'un lac de boue, pour tendre les mains vers une fleur éclatante de beauté, enivrante de parfum... vers une jeune fille qu'il se mit à aimer comme un misérable de sa sorte pouvait aimer — avec désespoir... Et c'est alors qu'il comprit l'abjection de son crime... et qu'il tenta de se racheter... Se racheter... Comment ? En révélant la vérité à celle qu'il aimait... en lui disant : « Voilà ce que j'ai fait... Mais voici ce que je peux faire... J'ai trahi... et je me condamne... Personne ne connaît ma trahison et je pourrais vivre, honoré et riche comme tout le monde... Je ne veux plus de la vie, parce que je vous aime... Je sais que je suis indigne de vous et si, en une crise de folie, vous vouliez être à moi, je vous aime tant que je vous repousserais... J'ai trahi et je veux mourir... mais je voudrais mourir en entendant le pardon qui tombera de vos lèvres... A celui qui va se tuer et qui se repent, pardonnerez-vous... »

Elle écoutait toute surprise...

Et comme, en cet instant, il se taisait :

— Qu'a répondu cette jeune fille ?

Il hésita... C'était sa vie qu'il tenait par un mot.

— La jeune fille promit... Il se tua... Et il eut la joie, avant de rendre son dernier souffle, d'entendre une voix murmurer, en lui faisant ainsi entrevoir les portes du ciel : « Je vous pardonne, puisque vous vous êtes repenti... »

Elle gardait le même silence, inquiète, figure fermée, regard dur.

D'une voix indistincte, Drogont interrogea :

— Que pensez-vous de cette jeune fille, mademoiselle ?

— Je pense qu'elle n'était pas Française...

— Elle était de *votre pays*, mademoiselle.

Il avait prononcé : *votre pays* sans s'en douter. Elle tressaillit, brusquement secouée, et regarda longuement cet homme à qui, en cette heure décisive, elle confiait son honneur.

Elle dit :

— Est-ce que mon pays n'est pas le vôtre, monsieur Drogont ?

Il devina l'imprudence commise... ne la releva ni ne l'expliqua, pour ne pas l'aggraver. Et peut-être Madeleine s'imagina-t-elle avoir mal entendu ! Lui, poursuivant son idée fixe, prêt à mourir, sur une parole qu'elle dirait...

— Vous ne l'approuvez pas ?

— Non... Et si elle était Française, elle n'était pas fille de soldat.

— Vous auriez laissé mourir l'homme, sans adoucir sa mort par votre pardon ?...

— J'aurais dit à l'homme : « Jamais ! »

— Et s'il était mort quand même ?...

— J'aurais prié pour son âme... et pour que Dieu eût pitié d'elle... Mais je n'aurais pas trouvé en moi la force de pardonner... Pourquoi me racontez-vous, en ce moment, cette triste et si étrange histoire, monsieur Drogont ?...

— Je vous ai distraite et vous n'avez plus peur mademoiselle.

L'auto s'arrêtait.

— Et nous voici arrivés !...

Madeleine rabaissa vivement sa voilette et descendit, pendant que le lieutenant aux grenadiers de la garde, baron Ulrich von Falker, lui tendait la main en s'inclinant d'un geste respectueux...

C'était fini... Une dernière fois, il venait d'hésiter dans sa tâche criminelle.

Et Drogont se rappelait la prédiction de Tcherko :

— Les femmes de ce pays ne pardonnent pas la trahison...

Il soupira légèrement... Le poids de son crime l'écrasait... Mais il n'avait plus la force de revenir en arrière...

Il tombait, de plus en plus profond dans l'abîme, vertigineusement...

Il se contenta de dire encore :

— Moi, mademoiselle, je crois que c'est l'autre jeune fille qui avait raison !

La mode était au Tango.

Et la mode était d'aller voir danser le Tango au Pré-Catelan : vers minuit les jeunes noceurs, et même les vieux, qui avaient passé la soirée dans les théâtres ou les concerts, à Magic-City ou à Luna-Park — plaisirs d'été — venaient achever la nuit au restaurant du Bois-de-Boulogne, buvant du champagne jusqu'au lever du soleil.

De minuit à six heures du matin, il y avait cohue... De Paris, les tables étaient retenues par téléphone... Pas de table retenue, on courait le risque de ne point trouver de place... Et la cohue présentait ce qu'on appelle un spectacle bien parisien...

Bien parisien, en effet, parce qu'on y rencontrait surtout des provinciaux et des étrangers... Les Américains dominaient, ensuite des Russes, des Allemands et des Italiens... Chose curieuse, les Parisiens, conduits là par caprice, par snobisme, ou pour continuer de bâiller, comme ils avaient bâillé autre part, n'y semblaient point chez eux. C'était eux les étrangers...

Devant le restaurant, des lanternes vénitiennes sont accrochées dans les branches des arbres, jetant sur le gazon pelé des couleurs changeantes que traversent des curieux, des promeneurs nocturnes, parfois des visages inquiétants aux yeux fureteurs, et aussi, de minute en minute, des automobiles, apportant un contingent nouveau de soupeurs pendant que les chasseurs se précipitent aux portières. Des feux d'artifice éclatent sur le gazon. C'est un éclat tumultueux de fête, dans la sombre masse du bois qui l'entoure et où l'on sent remuer, comme les bêtes fauves en forêt, le Paris du vice et du crime qui rôde, en quête d'une proie.

Une immense salle vitrée : trois ou quatre cents tables, presque toutes occupées déjà. Celles qui restent vides sont retenues et auront leurs convives tout à l'heure. Des femmes, presque toutes jeunes et jolies, en toilettes claires d'été, poudrées outrageusement, lèvres trop rouges, yeux allongés, cils trop noirs, ongles trop rouges, dont beaucoup ne se gênent pas pour renouveler leur fard, devant la première glace venue... Les tables sont si serrées que les couples qui y prennent place se sentent les coudes... Pour un peu, les verres, les bouteilles, les assiettes se confondraient comme les gants posés sur les tables, comme les porte-bouquets, comme les sacs à main, comme les éventails que distribue le restaurant à ses clientes, comme les seaux à glace ou les carafes glacées... Tous les hommes en habit... Et sur tout cela un air d'ennui profond, mortel. Pas un rire et pas un éclat de voix... Des murmures de conversations qui s'échangent entre gens qui paraissent plutôt gênés de se rencontrer là et qui finissent par se demander pourquoi ils sont là... Parmi les tables circulent des garçons affairés, portant les commandes à bout de bras, au-dessus des têtes pour éviter la bousculade, un accident malencontreux... Ils ne l'évitent pas toujours... Et alors, seulement, le cri effarouché d'une cliente qui réclame, en termes que l'Académie a sanctionnés par le mot d'engueulade... Pendant ce temps, l'orchestre des inévitables tziganes joue des airs quelconques, rapsodies qui ont traîné partout... et que beaucoup fredonnent en sourdine, en les accompagnant par des coups de fourchettes sur les tables et sur les assiettes... Une lumière intense d'électricité accentue les traits des hommes, accuse les fatigues des insomnies, creuse les yeux, bleuit les paupières, donne aux coins des lèvres, malgré le rouge, chez les femmes, cette teinte de jaune foncé qui rappelle toutes les noces anciennes, comme si chacune avait voulu laisser, en ce pli d'amertume et de précoce vieillesse, un souvenir accumulé là...

Mais voici le Tango, la danse à la mode, qui a fait courir Paris.

C'est au milieu de la salle du restaurant, dans un espace réservé... Le couple s'avance et se cabre, et glisse, et saute, et se renverse, la tête en bas, en avant, en arrière... désarticulé, disgracieux, barbare, exercice de dislocation pendant lequel la femme essaye de garder un sourire, un sourire figé, le sourire de commande de la danseuse qui cache son essouflement... et pendant lequel l'homme, froid, impassible, accomplit jusqu'au bout son numéro payé, sans même avoir l'élégance forte et souple de l'athlète qui soulève des poids, entouré par les badauds, en un coin des boulevards extérieurs.

Le numéro se termine... Tout à l'heure, il recommencera. Et personne n'applaudit. Les trois quarts de ceux qui sont là venus pour voir — ou sous prétexte de voir — n'ont rien vu et ne se sont même pas donné la peine de regarder... On aurait dansé les Lanciers du second Empire ou la polka, la vieille polka des ancêtres, sautillante et drôle, qu'ils ne s'en seraient pas aperçus.

C'est là que Nicole a donné rendez-vous à Madeleine.

Ou plutôt que Tcherko, faussaire, a voulu attirer la fille de Bénavant.

Et le drame qu'il a prévu, qu'il a préparé dans ses menus détails de mise en scène, s'y passe soudain, dès l'arrivée de la jeune fille, avec une rapidité foudroyante.

L'auto s'était arrêtée sous les lanternes vénitiennes.

Elle devait se ranger à la file... Mais elle resta... Une panne subite... un rien qui l'immobilisait pendant une minute... Le chauffeur souleva le capot... puis, ayant besoin de quelques outils, ouvrit sa boîte.

Ce qu'il en retira, on ne le remarqua pas bien... Personne ne faisait attention à lui...

Or, Madeleine, devant la foule qui se pressait dans cette lumière de la salle vitrée, avait eu un geste de recul, et elle hésitait à se livrer ainsi.

Un mystérieux instinct, soulevé en elle tout à coup, l'avertissait, enfin, qu'elle courait un danger. Cette pensée était obscure, imprécise et pourtant forte... Et debout, voilée, à quelques pas de l'auto, elle restait immobile, frappée de paralysie...

Ce fut à cet instant que se passa le drame.

D'autres voitures arrivaient, se vidant de leurs clients... Mais, en même temps, de la masse d'ombre qu'entouraient les lanternes vénitiennes, se détachaient de louches figures.

Et ces figures se rapprochèrent... d'abord timides... ensuite résolues... puis audacieuses... Quels étaient ces gens ?... A quelle tâche s'employaient-ils ?... Plusieurs étaient en habit et avaient l'air des clients habituels du restaurant... D'autres semblaient plus redoutables, aux yeux cyniques et lâches...

En une seconde, Drogont et Madeleine furent entourés... Oh ! le prétexte était bien simple... Les pannes d'autos attirent toujours la curiosité des badauds, et à quelque heure de nuit que ce soit, il y a toujours des badauds à Paris... Le jour, ils rigolent... La nuit, ils deviennent redoutables....

Mais ce n'est pourtant pas l'auto qu'ils examinent.

C'est Madeleine... Et ils chuchotent... Ils se la montrent...
Des paroles s'entendent :

— Elle est trop bien voilée...

— Elle a besoin de se cacher.

— En bombe, parbleu, avec son amant...

Drogont s'est avancé vers Madeleine, rapidement.

— Venez... Entrons ! dit-il très vite.

Et peut-être va-t-elle lui obéir, mais elle n'en a pas le
temps... Un jeune homme, qui semble pris de vin et se balance
en marchant, s'est rapproché d'elle, et avant que Madeleine ou Drogont ait pu s'y opposer, il a porté la main sur
la voilette épaisse et l'a brutalement arrachée.

— Faut voir, bégaye-t-il, si elle est jeune ou jolie, vieille
ou laide...

Madeleine a jeté un cri étouffé et cherche protection auprès de Drogont. Mais Drogont s'est avancé vers l'ivrogne :

— Misérable !

— De quoi ?... Le michet n'est pas content ?...

L'homme n'a pas le temps d'en expectorer davantage...

Un soufflet le jette sur la gauche et il va tomber, lorsqu'un autre soufflet le rejette sur la droite et le remet debout... Il balbutie des outrages ignobles...

Des gens se rassemblent. Du restaurant on accourt... des
garçons, des clients, des femmes. Mais ceci n'est rien.

A l'instant précis où les deux giffles retentissaient, un
éclair de magnésium embrasait la scène et rassemblait en
une photographie instantanée tous ceux qui formaient ce
groupe, comme s'il avait été composé exprès, à l'avance,
toutes les places repérées et les gestes convenus... l'ivrogne
ahuri et en rage, prêt à bondir ; Drogont, le poing s'abat-
tant sur cette face ignoble ; Madeleine demi-morte d'effroi,
et son beau visage, pâli, à découvert ; les curieux...

Et deux gardes s'avancèrent pour s'interposer et dresser
procès-verbal, prendre les noms, faire leur devoir, car la
scène n'avait pas eu lieu dans la salle du restaurant, et
par conséquent n'était pas intime, mais en plein bois confié
à leur surveillance. Alors, Madeleine, affolée, murmura, se
soutenant au bras de Drogont :

— Allons-nous-en... Reconduisez-moi, monsieur... Je suis
perdue !

Les deux hommes avaient échangé leurs cartes... L'ivrogne s'appelait Philippe Drusard... Il voulait encore se précipiter sur Drogont et continuait de hurler :

— Je te tuerai, charogne...

Les gardes l'emmenèrent, en employant la force, l'emportant dans leurs bras.

L'étrange chauffeur avait replacé son appareil dans la boîte aux outils, avait donné un tour de manivelle, sautait au volant et attendait...

Au claquement de la portière qui se refermait sur Drogont et Madeleine, il démarra... Il traversa lentement la foule indiscrète et malveillante... Les coups de trompe sur le klaxon ne dérangeaient personne. Des gens essayèrent de faire descendre la vitre, pour apercevoir une fois de plus le couple qui, honteusement, se cachait à l'intérieur... puis, une sourde irritation sembla gonfler la poitrine du chauffeur, car il cria :

— Garez-vous et tant pis si j'en écrase !

Il y eut une bousculade folle, des hurlements de colère, des bruits de course... des poings tendus, des ricanements, mais l'auto sortait victorieuse et filait dans les ténèbres...

Dans la voiture, Madeleine se redisait, sans gémir, sans même une larme :

— Je suis perdue, bien perdue. Demain tout Paris saura...

Mais Drogont la rassurait :

— Non, mademoiselle, Paris ne saura rien, demain, pas plus qu'il n'a su, hier... Je vous en fais le serment... Le nom que vous portez n'est pas un nom qu'on livre aisément et sans y réfléchir à la publicité et au scandale... Le rapport des gardes n'ira pas plus loin que leur bureau de police et ce sont de braves gens, ils se tairont... Au besoin, et pour les couvrir, je leur en ferai donner l'ordre formel...

Il sentit une légère pression de la main de Madeleine.

Elle le remerciait... puis tremblante :

— Vous avez échangé vos cartes...

— Oui... n'ayez crainte... ou l'homme qui vous a insultée est un misérable, et alors il ne parlera pas, pour la bonne raison que je le tuerai... ou c'est, plus simplement, quelque pauvre toqué qui, dégrisé, ne donnera plus signe de vie... Du reste, celui-là, s'il a pu voir votre visage, ne peut pas, pour cela, avoir deviné votre personnalité...

L'auto s'arrêta non loin de la villa du Parc des Princes...

Drogont attendit que Madeleine fût rentrée chez elle, pour la protéger au besoin.

Après quoi, il jeta son adresse au chauffeur...

VIII

Cœur-qui-Tremble et Miton-Mitaine.

César Sanguinède était aux abois, dans un état d'esprit voisin de la folie.

On sait par quelles alternatives il était passé, de confiance et de soupçon, en ce qui concernait Frédéric Drogont : on sait qu'après avoir soumis l'officier à des épreuves redoutables et décisives, Drogont en était sorti à son honneur ; que le général Bénavant, douloureusement ému par les doutes que soulevait la défiance de César, les lui avait reprochés non sans amertume... Enfin, l'on sait que, malgré tout et malgré tous, Cœur-qui-Tremble n'abandonnait pas son arrière-pensée et mystérieusement poursuivait le projet qui devait lui faire découvrir, en toute clarté et certitude, l'innocence ou le crime de l'officier. En un mot, César, entêté dans son idée fixe, ne désarmait pas.

Avec l'aide de ses deux apôtres, Bérode et Vérimond, deux Batignollais rompus à la vie des dessous de Paris, à tous les pièges des rues, à toutes les embûches de ses carrefours, il ne quittait pas Drogont d'une minute, infiltré dans son existence pour ainsi dire comme un ver au milieu d'un fruit.

Le jour, Drogont ne semblait point se cacher.

Les travaux que lui avait commandés Bénavant tiraient à leur fin, et le lieutenant allait pouvoir reprendre la régularité de son service, un moment suspendu, à la caserne de l'Ecole militaire.

De nuit, la surveillance devenait plus difficile.

Il fallut des prodiges de ruse aux deux apôtres, pour ne pas être semés.

Mais que justice soit rendue à leur flair, Drogont ne fut pas laissé un instant à lui-même sans qu'un seul de ses gestes ne fût aperçu, retenu et commenté.

César payait du reste de sa personne.

Or, ce qui faisait le désespoir de Cœur-qui-Tremble, c'était justement les découvertes qu'amenait successivement, presque nuit par nuit, cette filature.

Par quel prodigieux génie de séduction Drogont s'était-il rendu maître de Madeleine ? Car, tout de suite, dans ces randonnées nocturnes, il avait reconnu la malheureuse jeune fille...

Madeleine, au Théâtre-Français, seule avec Drogont !

Madeleine, au Pavillon de Bellevue, seule avec Drogont !

Mieux ! ! Dans les bras, sous les baisers de Drogont ! !

En pleine foule rigoleuse, insolente et ironique ! ! !

Madeleine, la nuit, au Pré-Catelan... Toujours en compagnie de Drogont...

Et là éclatait le scandale, absolu, sans rémission... L'outrage à la jeune fille, la querelle, des mots ignobles, un soufflet, l'intervention des agents... Rien n'y manquait !...

César, se rappelant ces choses, se lamentait :

— Pourquoi ? Comment a-t-il pu arriver à la séduire ?

Mais il secouait la tête :

— C'est impossible... Je blasphème... Cette enfant est restée pure...

Pourtant !... Pourtant, la réalité était là... redoutable et déconcertante...

Si déconcertante que souvent il se mettait à douter...

— Est-ce bien Madeleine ?

Hélas !... Et alors des colères terribles le prenaient, l'accablaient tout à coup... Il se tournait au milieu de ces ténèbres ainsi qu'un fauve dans sa cage, et il se meurtrissait le front avec ses ongles, dans sa rage de ne pas comprendre... de ne pas débrouiller ce mystère...

Après l'affaire du Pré-Catelan, il se dit, ainsi que Madeleine elle-même :

— Elle est perdue !

Ce qu'il comprenait, pourtant, c'était qu'un scandale allait éclater et qui lui semblait désormais inévitable... Mais quelle répercussion aurait ce scandale sur le pays ? Des choses lui échappaient, il lui manquait un bout du fil, un rien, qui eût réuni entre elles toutes les amorces éparses de cette intrigue. Jusqu'à présent, ce n'était, à ses yeux, qu'une vulgaire aventure d'amour, où avait succombé la plus chaste des enfants... Il n'en pouvait deviner les mystérieuses combinaisons et ceci, pour une raison toute simple :

Il ne connaissait pas Nicole !

Certes, comme tout le monde, il savait l'histoire du mariage et la fin de Villedieu... mais il n'avait jamais vu Nicole, et, comme tout le monde, il la croyait morte...

Au théâtre, à Bellevue, dans la nuit du Bois de Boulogne, Nicole était là... C'était pour Nicole que venait Madeleine ? qui le lui aurait dit ? Et comment, surtout, aussi bien lui-même que ses deux apôtres, eussent-ils pu deviner ?...

Et c'était là, précisément, cette présence de Nicole, le bout de fil, l'incident, le rien, qui eût relié toutes ses idées éparses et fait jaillir la lumière.

Une pensée lui vint...

Prévenir le général !

Il la repoussa avec horreur...

C'était une sorte de délation honteuse dont il rougissait... Et quelle douleur tragique eût fait naître une pareille révélation !... En avait-il donc le droit ?... Et s'il y avait un drame tout proche, lui, qui avait juré d'arriver à tout éclaircir par ses propres moyens, ne se devait-il pas à lui-même d'empêcher ce drame... de tout dénouer... de châtier s'il le fallait... mais dans l'ombre... sans que nul ne soupçonnât ni le crime ni le châtiment ?

Mais le secret lui pesait étrangement...

Il avait pareillement du remords de se taire comme il en aurait eu de parler...

Il ne pouvait même pas prévenir Chémery, qui aimait Madeleine.

C'eût été déchaîner le drame et le scandale... et faire mourir peut-être ce pauvre garçon de désespoir et de dégoût...

— Madeleine ! Madeleine ! Comment cela peut-il se faire ? Tout cela est-il vrai ?

Et penché sur son balcon, sur l'avenue des Champs-Elysées, éclairée ce matin-là d'un beau soleil des premiers jours de juillet, sur l'avenue mondaine où roulaient en ce moment en files innombrables les autos de louage, de place, et les autos de maîtres, il murmura tout haut, après avoir longuement réfléchi :

— Il faut agir comme si tout cela n'était pas vrai... comme si Madeleine était innocente !

Certes, ce serait agir contre la logique des faits !...

Mais non point, au contraire, contre la logique des sentiments !...

. . . .

Or, en ces jours de juillet, qui ramenaient les tristes souvenirs des anniversaires de la guerre de 1870, des inquiétudes commençaient à parcourir l'Europe...

Travail préparatoire des tragiques événements qui allaient se passer...

De menaçantes rumeurs circulaient... les journaux s'en faisaient l'écho... Sans motifs, sans même avoir le prétexte des grandes manœuvres, l'armée allemande se mobilisait et des troupes nombreuses se concentraient d'une façon tout à fait anormale, entre Thionville et Trêves, dans le but évident de pénétrer en France à la première alerte par la percée du Luxembourg, où nulle fortification ne viendrait lui faire obstacle. Et tout à coup on révélait au public alarmé et pris au dépourvu les immenses préparatifs faits de ce côté par l'Allemagne en vue de cette invasion. La France était-elle fermée, sinon par des forts permanents — on savait bien qu'il n'y en avait pas — du moins par le plan de l'état-major opposant les poitrines des soldats français aux envahisseurs ? Les troupes étaient concentrées au camp de Wasserliesch. Tout autour de Trêves s'étendait le formidable système d'un réseau ferré dont les lignes étaient accrues sans cesse depuis des années. Partout, des quais d'embarquement... Partout, et depuis trois mois — c'est-à-dire depuis l'arrivée de Frédéric Drogont à Paris, — des milliers d'ouvriers travaillaient à des ouvrages de défense. L'on remarquait, pour la première fois en France, que le système des ponts sur la Moselle était combiné de manière à former les réseaux de Coblentz-Trêves, Trêves-Metz, Trêves-Gérolstein, Trêves-Luxembourg, Longwy, Trêves-Mannheim, un huit six fois interchangeable pour le cas où l'une ou plusieurs de ses parties seraient dynamitées. Tous les ponts sur la Moselle étaient garnis de redoutes. Il y en avait six à espaces rapprochés et tous menaçaient la frontière française découverte. En moins de quarante-huit heures, l'Allemagne pouvait jeter une armée avec son matériel et ses convois face aux Ardennes et le Luxembourg ne pouvait s'y opposer, puisque tous les chemins de fer du grand-duché appartiennent à l'empire allemand, jusqu'en 1959. Certaines gares possédaient jusqu'à huit quais d'embarquement et vingt-quatre voies ferrées...

Le gouvernement dut calmer l'opinion publique par une note officieuse disant que rien des prodigieux préparatifs de la nation voisine n'était passé inaperçu et qu'à chaque menace allemande répondait une riposte française.

En d'autre temps, cette note eût suffi et l'effervescence se fût apaisée.

Mais comme il arrive chaque fois en période de trouble, des incidents de frontière se produisirent dans l'Est et le Nord-Est... à Nancy, à Mézières, à Lunéville... Un *Zeppelin*, en essai, étant venu tomber près de Verdun, après avoir perdu sa route, des bagarres avaient eu lieu, des cris proférés contre l'Allemagne, et les soldats eurent toutes les peines du monde à protéger le dirigeable contre la foule... Les journaux des deux pays avaient commenté l'incident, avec sévérité chez les Français, avec une grossière insolence, selon leur habitude, chez les autres...

La fièvre qui régnait de chaque côté de la frontière n'était pas sans danger.

Cependant, on avait traversé, depuis 1905, des périodes pareilles, de querelles, de menaces, et la paix n'avait pas été troublée. En serait-il de même aujourd'hui ?

C'est ici que les rumeurs, venant on ne sait d'où, jouaient leur rôle alarmant... Du reste, le sentiment public ne s'y trompait pas... La situation n'était que tendue... Elle pouvait devenir grave... On était à la merci d'un fait menu... d'un de ces impondérables qui, tout à coup, déchaînent la tempête... Un symptôme : des tirailleurs sénégalais, ouolofs, dahoméens, débarquèrent à la gare et gagnèrent leurs casernes respectives, précédés de leurs noubas... On les avait convoqués pour la revue du 14 Juillet. Sur le parcours qu'ils suivirent, ensemble, avant de se disloquer, deux ou trois cent mille Parisiens acclamèrent l'armée avec des cris frénétiques... Ce fut un spectacle inouï, une manifestation extraordinaire de spontanéité, de sincérité... Et soudain la *Marseillaise* courut dans les rangs de ces trois cent mille spectateurs... Des gens s'embrassaient... D'autres pleuraient... Or, il n'y en avait pas un seul, à ce moment — qui fut une minute historique — qui ne pensât à l'Allemagne...

Et il n'y eut pas un cri proféré contre l'ennemi... contre l'assaillant !

Quelques jours après, des bruits couraient persistants...
D'abord on douta, puis on apporta des preuves... On avait
cru entendre sur nos villes frontières, même jusqu'à Reims,
et l'on prétendit à Paris, passer des dirigeables allemands,
à la faveur de la nuit... Les journaux démentirent, pour
ne pas aggraver la situation... On colportait, dans les
cercles informés, que c'était la vérité...

Dès lors, l'anxiété augmenta... On s'attendit à une demande d'explications de la diplomatie française à l'ambas-
sade d'allemagne...

Que l'Allemagne refusât de répondre, et c'était la guerre.

Mais l'Allemagne patientait, dans l'attente d'un autre
événement sans doute.

Il lui fallait gagner quelques jours encore.

Elle désavoua les officiers qui montaient les dirigeables.

Dans l'esprit de César un rapprochement s'imposait.

Il se rappela les paroles surprises et révélées jadis par
Catherine, qui avaient échappé à Tête-de-Mort, lorsqu'il
s'adressait à l'officier mystérieux assis à sa table :

« J'ai compté sur vous pour déshonorer le général Bénavant... C'est à ce moment-là que se produira à la frontière
l'incident, insignifiant d'abord, et aggravé subitement, qui
déclanchera la mobilisation... La guerre surprendra la
France en plein désarroi moral et la partie pour elle sera
perdue... »

Il méditait ces graves paroles qui se rapportaient si bien
à l'heure présente et il en était bouleversé... L'heure choisie par l'ennemi sonnait-elle donc enfin ?

Mais que Madeleine fût séduite par un officier d'ordonnance de son père, qu'elle fût entraînée par cet officier
dans des imprudences du genre de celles que César avait
découvertes, c'était une faute personnelle qui n'atteignait
que la jeune fille... une de ces fautes qui inspirent de la
pitié pour les pères et ne rejaillissent point sur eux...

En quoi Bénavant pouvait-il en être déshonoré ?...

Le général venait de rentrer à Paris, rappelé par une
dépêche ministérielle, alors qu'il commençait une inspection de nos forts des Alpes.

César réussit à le joindre le lendemain de son retour.

Il ne put échanger avec lui que quelques mots : le général
paraissait préoccupé, mais en toute évidence il restait

calme, maître de lui, avec une singulière ardeur qui faisait briller ses yeux bleus d'homme du Nord...

— Le temps se gâte, ami César, fit Bénavant en lui appuyant affectueusement une main sur l'épaule... J'ai peur qu'en ces dernières semaines, trop occupé à vos combinaisons extraordinaires et à vos soupçons injustifiés, vous n'ayez quelque peu négligé la frontière... Préparez-vous !

— Je suis prêt... et en relations quotidiennes avec mes apôtres, mon général.

— Bien... Si la terrible chose arrive, je vous avertirai à temps...

Ce fut tout ! Entre ces deux hommes, il n'en fallait pas davantage.

Le soir même, César télégraphiait à ses apôtres et les mandait à Paris.

Ils arrivèrent le lendemain.

Il passa toute la journée à leur donner ses suprêmes instructions.

. . . .

Le baron de Castel-Fressac recevait souvent la visite de Tcherko.

Et depuis quelques jours ces visites se multipliaient. Le baron le remarquait.

Cocogne n'était pas un aigle, certes, mais ce n'était pas non plus un imbécile.

Il se dit :

— Le patron en tient pour Jacqueline ! Ça se voit comme le nez dans la figure...

Et il attendit les événements : ils ne se firent pas longtemps attendre.

Tcherko le saisit un soir par le bouton de son habit, au moment où le baron allait sortir.

— Ami Cocogne, cette comédie a assez duré... Vous avez montré à Tout-Paris, qui s'en est fort amusé, les taches de votre plastron de chemise... Maintenant vous pouvez rentrer dans l'obscurité, qui convient mieux à votre distinction... La rue Secrétan vous rappelle...

Cocogne était philosophe. Il lança très adroitement un jet de salive contre le pied d'un fauteuil, essuya les poils hérissés et rares de sa moustache et demanda :

— Quand faudra-t-il vider les lieux ?

— Je vous donne deux jours.

— Avec Punaise ?

— Bien sûr... Punaise ne marche-t-elle pas dans votre ombre ?

— Et qu'allons-nous faire de Jacqueline, patron ?

— Nous la rendrons au pavé de Paris... Elle est jolie, elle se débrouillera... Punaise, là-dessus, pourra lui donner des conseils utiles... Pour l'instant...

Tcherko hésita, parut réfléchir, après quoi, délibérément :

— Cette petite me plaît... Je voudrais lui parler de son avenir... que faites-vous demain soir ?

— Je n'ai pas reçu d'ordre de vous, patron... Notre soirée est donc libre.

— Bien. Tout est pour le mieux... Je viendrai demain, vers dix heures du soir... J'ai les clefs de l'appartement... Vous me ferez le plaisir d'aller voir à Montmartre si j'y suis. Je n'aurai pas besoin de vous... ni de Punaise... C'est entendu ?

— Rien n'est plus clair, patron, et comme je vous comprends !

Cocogne cligna de l'œil, fit claquer sa langue et envoya un baiser vers le plafond.

— Un vrai morceau de roi !

— Et je n'aurai pas besoin de vos gens.

— On leur donnera congé, patron. Ils en profiteront pour aller au cinéma.

Décidément, Cocogne était intelligent : Tcherko pouvait avoir confiance.

Le lendemain, les ordres furent exécutés comme ils avaient été prévus, personne n'était sorti. La journée s'était écoulée tranquille... Après le dîner, les domestiques, enchantés, s'empressèrent de sortir, puis ce fut le tour de Castel-Fressac et de Punaise...

Nicole n'était pas habituée à rester seule.

C'était la première fois depuis que l'on demeurait avenue Hoche que pareille aventure lui arrivait. Elle s'en réjouit. La présence du baron et de Punaise lui pesait malgré tout, malgré le laisser-aller de son âme, malgré les « brumes » qui enveloppaient son cerveau, des brumes que le coup de vent violent d'une tempête pouvait seul dissiper et dissiperait peut-être bientôt.

Une crainte d'un danger quelconque, elle ne l'avait pas.

Cependant, elle s'enferma dans sa chambre. Du reste, après s'être assurée que Cocogne et Punaise l'abandonnaient, elle ne se coucha pas et essaya de lire. En général, elle ne pouvait s'abstraire de ses souvenirs au point de se laisser emporter par l'intérêt d'un livre. Il en fut de même, cette nuit-là, comme les autres fois. Elle repoussa le livre et se mit à rêver.

Sa rêverie n'était cependant pas si profonde qu'elle l'empêchât d'entendre tout à coup craquer le plancher d'une chambre voisine et un frôlement léger vers la porte de sa chambre à coucher.

Elle écouta... Elle sortit... Elle alluma l'électricité dans toutes les pièces qu'elle traversait.

Nulle part elle ne vit rien de suspect.

Contre la porte de la chambre de Cocogne, contre celle de Punaise, elle colla l'oreille.

Aucun bruit. Elle entr'ouvrit. L'homme et la femme n'étaient pas rentrés.

Alors qu'elle revenait chez elle, le même craquement se faisait entendre, du côté de l'office et de la cuisine qu'elle avait négligé de visiter...

Elle y retourna...

En pénétrant dans la cuisine, il lui sembla percevoir une respiration étouffée... Mais le compteur de l'électricité battait à coups réguliers...

Etait-ce bien cela qu'elle avait pris, derrière la porte, pour un bruit menaçant ?

La cuisine était plongée dans une profonde obscurité... Au fond, sous la fenêtre, close de ses persiennes, une masse sombre, formée par une table sur laquelle une nappe pendait presque jusque sur les briques du carrelage.

Elle était courageuse, nous l'avons dit, ou plutôt inconsciente du péril.

Elle se dirigea vers cette masse d'ombre... releva la nappe... passa le bras sous la table.

De la nuque aux talons, elle fut envahie par un frisson foudroyant, glacé.

La main, hésitante, avait rencontré là le visage, la barbe, les cheveux d'un homme...

Elle eut le sang-froid de retenir un cri d'épouvante... le courage de se taire, sans hâte... de franchir le couloir, les chambres et de rentrer chez elle...

Là, elle donna un tour de clef à la porte et elle allait, toute haletante, s'effondrer dans un fauteuil, lorsqu'elle jeta, cette fois, un grand cri d'horreur.

Un homme était chez elle, tranquille, assis sur le coin d'un canapé, les jambes croisées et la regardant avec une sorte de cruauté.

C'était Tcherko...

Et cette fois l'instinct du danger traversa confusément l'esprit de Nicole.

Elle avait l'habitude de voir cet homme avenue Hoche, mais jamais il n'avait eu l'audace de pénétrer dans sa chambre. Puis elle était seule !

Il dit, sans se lever :

— Vous vous étonnez de me revoir ?

— Oui, surtout à pareille heure, et ici.

— L'heure au contraire est fort bien choisie, et l'endroit ne peut être mieux trouvé.

— Qu'avez-vous à me dire ?... Je suis fatiguée. Je voudrais me reposer.

— Fatiguée ? On ne le dirait pas. Jamais vous n'avez été aussi jolie et aussi séduisante.

Elle se recula un peu et, sous les yeux luisants de Tête-de-Mort, elle rougit.

— Ma chère petite, j'ai signifié aujourd'hui à Cocogne que votre vie de bien-être allait prendre fin. Je lui ai fait comprendre en outre que ce serait dangereux pour vous de vous donner plus longtemps ces habitudes de luxe, lesquelles rendraient plus dure votre existence de travail et de misère, l'existence que vous meniez hier, celle que vous retrouverez demain...

— Je n'ai pas besoin de luxe et je saurai vivre de mon travail.

Il ricana :

— J'ai mieux à vous offrir... Me comprendrez-vous à demi-mot ?... Je suis riche, et cette douce vie que je vous ai faite, je peux vous la continuer, indéfiniment... à la condition...

— A la condition, monsieur ?

— Que vous me permettrez de vous redonner un peu de la joie que vous semblez avoir perdue, de ramener le sourire sur vos lèvres, afin que vous ne perdiez pas plus longtemps, dans une mélancolie mystérieuse, l'éblouissante jeunesse qui crée autour de vous tant d'admiration.

— En un mot ? fit-elle, ne devinant pas, et pourtant le cœur oppressé.

— Je vous aime... Ne vous en êtes-vous donc pas aperçue depuis longtemps ?

En entendant ces mots : « Je vous aime ! » elle avait tressailli, profondément... Tout un bouillonnement se faisait
dans son cerveau, remuait soudain les choses du passé, si
tendres et si douloureuses... Elle se taisait, et il s'imagina
qu'il l'avait troublée... Alors, il se leva et alla lui prendre
la main, une main qui était devenue brûlante.

— Et vous, Jacqueline ? Voulez-vous m'aimer aussi ?

— Non... Jamais ! Jamais !... Allez-vous-en ! Vous me
faites horreur ! !

— Vous êtes une enfant, Jacqueline... Réfléchissez que
je suis le maître, que nous sommes seuls, que les gens ne
rentreront pas cette nuit, que Cocogne et sa femme ont
reçu l'ordre de ne pas se montrer avant demain... Vous
êtes à moi !... Reconnaissez-le gentiment, et acceptez l'inévitable, puisque, aussi bien, vous ne pouvez pas l'empêcher...

Elle avait fermé sa porte à clef en rentrant.

Elle la rouvrit, s'effaça, et dit, posément, sans colère,
étrangement placide :

— Allez-vous-en de chez moi...

— Non, petite... Je crois que vous ne m'avez pas très
bien compris...

— Très bien, au contraire, vous êtes un misérable...

— Alors, au lieu que tout se passe en douceur, vous
voulez que j'emploie la force !

Il vint, d'un saut brusque, lui enlacer la taille dans un
de ses bras, pendant que, de son autre main, il lui étrei-
gnait les mains. Elle se débattit, renversa la tête pour éviter l'ignoble baiser qui s'approchait... ferma les yeux pour
ne pas voir le regard de flamme qui la brûlait, et elle
cria, la voix étranglée par l'épouvante :

— A moi ! A moi ! Au secours ! !

Contre la force de cet homme, que pouvait-elle ? Elle put
s'échapper, courut, affolée, par sa chambre, essaya de
mettre une table entre eux... Il renversa la table... Il était
hideux...

Dans une corbeille, elle avise tout à coup des ciseaux,
s'en empare.

Il continue de ricaner... En vérité, voilà une belle arme
contre ce colosse !

Au moment où il l'enlace, pourtant, il reçoit un coup en

pleine face, qui lui laboure la joue, de l'œil à la bouche, et le sang gicle avec violence...

Cette tête de mort, toute sanglante, devient horrible à voir.

Il a poussé un hurlement de rage, lorsqu'il s'est senti blessé, mais il est pareil à une bête féroce et il n'aura pas de pitié. Il a tordu le bras, le pauvre bras élégant et frêle de la jeune femme... les ciseaux sont tombés et d'un coup de pied il les a repoussés sous le lit... Du sang de sa face coule, goutte à goutte, dans son cou...

Elle essaye de l'attendrir, se voyant perdue :

— Pitié ! monsieur... Pitié ! Je ne vous ai rien fait...

Il l'enlève brutalement et l'emporte, ne sentant plus contre lui qu'un corps qui se détend, qui semble s'abandonner et qui vient de s'évanouir.

Mais avec ce fardeau il a fait à peine deux pas qu'un autre drame commence... Brusquement, les lampes électriques viennent de s'éteindre... C'est autour d'eux la nuit profonde, intense....

En même temps, d'instinct, Tête-de-Mort a compris que quelqu'un vient d'entrer là, que l'obscurité a été voulue et n'est pas la suite d'un accident.

Il n'a pas le temps, du reste, de réfléchir davantage.

Il entend, près de lui, un souffle court, précipité, comme une sorte de râle sourd, de rage, de haine et de vengeance.

Il a laissé échapper le corps de Nicole...

Elle roule sur le tapis, sans mouvement...

Et libre de ses mains, prêt à se défendre, et à attaquer, et à tuer, il se retourne...

Il était temps...

L'homme qui est entré là semble voir dans les ténèbres, car ses deux mains viennent de s'enrouler avec la force d'un cercle de fer autour de la gorge de Tcherko, mais Tcherko est robuste...

Et une lutte terrible s'engage, une lutte où les deux hommes vont s'étreindre et se broyer sans se voir... se tordant sur le parquet, se roulant sans une parole... n'ayant que les rauques exclamations qui accusent l'intensité de l'effort et la suprême tension de la volonté...

Mais le sang-froid n'a pas abandonné Tcherko qui se demande :

— Quel est celui-là ?...

— Ce ne pouvait être Cocogne : il eût renversé d'une chiquenaude ce torse de lapin vidé. Alors ?...

L'homme est souple et robuste, il vaut Tcherko... Et toute l'énergie musculaire de Tête-de-Mort tend à se relever, à lui échapper, pour se précipiter vers un bouton d'électricité, rendre la lumière et voir !...

En même temps qu'il comprend que toute la vigueur de l'autre est tendue dans le but contraire.

L'autre ne veut pas que Tcherko le voie !...

Cette lutte est longue, acharnée... et elle est presque silencieuse...

Silencieuse jusqu'au moment où, tout à coup, l'un des deux pousse un cri.

Tcherko a réussi à tirer un couteau de sa poche, à l'ouvrir, et il a frappé, en aveugle, sans savoir où il frappe, sans savoir sur qui il frappe.

Mais le coup a porté, et l'autre a jeté une exclamation étouffée.

— Enfin, gronde Tcherko, je vais savoir qui tu es !

Non, il ne le saura pas...

Au moment où il se dirige à tâtons vers le commutateur, il semble que la maison tout entière s'effondre... Un infernal bruit de vitre et de bois cassés emplit la chambre... Une fenêtre de la rue s'ouvre, béante, sous la pesante ruée d'un madrier qui a tout crevé, tout pulvérisé... Les éclats des verres ont sauté jusqu'au milieu de la pièce... Les rideaux désarticulés pendent comme des loques... On dirait qu'une bombe vient de pénétrer là, brisant tout sur son passage.

En même temps, quelque chose de blanc ou de gris a bondi par l'ouverture sur le tapis et, soit hasard, soit calcul, s'est enroulé autour des jambes de Tcherko, qui s'écroule, alors que ses doigts tournaient le bouton.

Il y eut un éclair d'électricité.

Puis tout retomba dans la nuit.

Mais cet éclair avait illuminé la chambre d'un rayon fulgurant...

Un homme gisait sur le plancher.

Un désordre inénarrable, meubles renversés et brisés.

Et, aux prises, deux autres qui luttaient...

Deux autres qui se connaissaient, car, pendant la durée de l'éclair, deux cris :

— Tête-de-Mort ! !

— Cœur-qui-Tremble ! !

Celui qui gisait paraissait inanimé et il fut impossible d'apercevoir sa figure, sa tête était cachée par un fauteuil qui venait de se renverser sur lui...

Quant à Jacqueline Lagasse, dite Bille-en-Bois, elle n'était plus dans la chambre.

César, qui venait d'entrer là comme un projectile, était blanc de plâtras.

Il avait fallu le coup d'œil aigu de Tcherko pour reconnaître son mortel ennemi.

On ravalait la maison habitée par Cocogne et des échafaudages s'étendaient de haut en bas sur toute la largeur... César, cette nuit-là, avait suivi Tcherko. Ce n'était pas la première fois qu'il le voyait pénétrer en familier dans la maison, et par la concierge, il avait su à quel étage il s'arrêtait. Alors, il avait grimpé comme un chat aux mâts qui le rapprochèrent du balcon, s'était tenu caché en se vautrant dans la poussière et le plâtre, avait guetté, avait entendu des cris, avait fait sauter la fenêtre derrière laquelle il devinait que s'accomplissait un drame, qu'un crime peut-être se commettait... Et il avait apparu comme un fantôme blanc, dans l'épaisseur intense des ténèbres...

— Tcherko !... Ah ! tu m'expliqueras ce que tu viens faire dans cette maison !...

Et entre lui et Tête-de-Mort, la lutte recommence... Mais contre le colosse, César n'est pas de taille... Il se sent renverser, on lui prend la tête... on la secoue contre le marbre de la cheminée... le crâne sonne et résonne... et César ne voit plus et n'entend plus...

Alors, craignant un guet-apens, ayant peur de s'attarder là une minute de plus, Tcherko gagne la porte grande ouverte, s'esquive... traverse l'appartement et prend la fuite... En bas, sur l'avenue, il s'arrête, avec un jurement étranglé :

— Et l'autre... l'autre ? J'aurais dû regarder son visage !...

Dans sa précipitation à s'enfuir, il avait oublié... Et il était trop tard !...

Des minutes se passent... Aucun bruit... Pas un mot, pas un soupir dans l'obscurité.

Puis, une plainte, à laquelle, bientôt, répond une autre plainte... Puis, des frôlements de corps qui se soulèvent, des glissements de mains qui tâtent, qui se renseignent, qui s'agrippent aux meubles... des efforts pour se relever tout à fait...

Enfin, une voix qui murmure :

— Encore, si l'on y voyait !... Où diable est le bouton d'électricité ?...

Comme pour obéir, la lumière jaillit...

C'est César qui l'a demandée...

Et César, en face de lui, aperçoit un homme qu'il ne connaît pas, à peu près de son âge, brun, la barbe en broussaille, laissant deviner à peine un peu de peau, et les yeux petits et extrêmement brillants.

C'est celui-là qui a donné la lumière.

Et les deux hommes se regardent curieusement avec une stupéfaction évidente...

César, le premier, prend la parole :

— Monsieur, enchanté de cette rencontre... N'est-ce pas vous qui avez crié, tout à l'heure ?

— C'est moi !... Avant moi, une autre, une femme avait appelé à son secours pour se défendre contre l'ignoble tentative de ce misérable...

— Et vous vous êtes trouvé là juste à point pour intervenir ?... C'est drôle...

— De même que vous êtes intervenu pour me sauver... Ce qui est singulier...

— Vous appartenez peut-être à la maison... en qualité de?...

— Pas plus que vous, monsieur... J'y suis entré en cambriolant la porte de la cuisine, pendant que vous tentiez d'y entrer par les échafaudages du ravalement...

— A quelle bande appartient Monsieur ? faisait César, qui s'amusait.

— A la même bande que Monsieur, sans doute ! répondait l'autre, grave et triste.

— Mais cher confrère, pardonnez-moi, il me semble que vous êtes blessé ?

— Un coup de couteau qui a glissé sur l'épaule... J'ai perdu pas mal de sang... je ne sens presque plus rien... Mais vous-même, vous paraissez souffrir...

— J'ai le crâne démoli, mou comme un chiffon... et une de ces migraines !...

— Je comprends ! Tcherko a dû vous sonner contre la cheminée...

— Tiens ! Vous venez de prononcer un nom qui m'est familier... Tcherko, dit Tête-de-Mort...

Pour la seconde fois, les deux hommes s'examinèrent.

Et, pour la seconde fois, ce fut encore Cœur-qui-Tremble qui rompit ce silence.

— Monsieur, vous n'êtes pas plus cambrioleur que moi...

— Peut-être dites-vous vrai, monsieur.

— Mais, ce que je voudrais bien savoir, c'est comment il se fait que la nuit, à la même heure, nous nous rencontrions tout à coup dans cette chambre à coucher, fort élégante, ma foi, vous, étant entré par la cuisine, et moi par la fenêtre ?...

L'autre ne répondit pas. César insista :

— Monsieur, vous avez failli être assassiné par Tcherko... Vous ne pouvez être qu'un brave garçon... Si vous avez un secret, gardez-le... Voulez-vous me tendre la main ?

Lentement, après réflexion, l'autre se décida.

César se présenta, faisant appel ainsi à la confiance :

— César Sanguinède, surnommé Cœur-qui-Tremble, fils du fameux Sanguinède, l'inventeur du cirage à la Maréchale....

L'autre répliqua, simplement :

— Courapied, dit Miton-Mitaine, camelot et bon pour tous les métiers.

Et, tout à coup, voici que Courapied se passe une main sur le front.

— Excusez, dit-il, dans le coup de l'évanouissement, j'avais oublié... Mon Dieu !...

— Qu'avez-vous donc ?

— Lorsque je suis entré ici, il y avait une femme qui se débattait entre les bras de Tcherko... Heureusement, je suis arrivé à temps pour la sauver, la pauvre créature... Où est-elle ?...

Dans la chambre, rien... Et Miton-Mitaine se met à parcourir, en ouvrant partout les lampes électriques, les autres pièces de l'appartement... Toutes, elles sont vides...

Il revient, pâle, fléchit dans un fauteuil et murmure :

— Tcherko l'a enlevée... ou bien elle a eu peur, elle a pris la fuite... la voici perdue... Mon Dieu ! Mon Dieu ! où la retrouverai-je désormais ! !

César ne cessait de le regarder, avec une grande curiosité :

— Vous vous intéressez beaucoup aux gens que vous cambriolez, monsieur...

Mais il cessa de plaisanter.

La plus vive angoisse se lisait dans les yeux de son étrange compagnon.

— Oh ! je la retrouverai, murmura-t-il... il faudra bien que je la retrouve !

— Cette pauvre jeune femme vous tient au cœur à ce point ? Qui est-elle ?... La maîtresse du baron de Castel-Fressac ?... ou celle de Tête-de-Mort ?... Non, je me trompe, puisque vous venez de la tirer des mains de Tcherko elle ne pouvait être sa maîtresse... Alors, le baron ?

L'autre dit, sourdement, en broyant sous l'étreinte de sa main l'épaule de César :

— Taisez-vous ! Taisez-vous !

Et soudain, accumulant les surprises, il éclata en sanglots.

— Bon ! pensa César... Ce n'est pas un cambrioleur, c'est un amoureux...

Il se sentait attiré vers cet homme, non pas seulement par une curiosité que rendait toute naturelle la singularité de leur rencontre, mais par une irrésistible sympathie.

— Monsieur, dit-il, il me paraît résulter de tout ceci que nous ne sommes pas du tout rivaux... Moi, je suis venu pour l'homme et vous êtes venu pour la femme... Dans ces conditions, et puisque aucune rivalité ne nous sépare, nous pouvons réunir au contraire nos intérêts et nous aider réciproquement...

Courapied releva les yeux. Longuement, il fouilla jusqu'au fond de l'âme de César.

— Monsieur, dit-il, celui des deux qui doit être suspect à l'autre, c'est moi... puisque je me suis introduit dans cet appartement comme un voleur... tandis que vous, en fracassant la fenêtre comme vous l'avez fait, vous avez suffisamment prouvé que vous vouliez me secourir... Certes, ce n'était pas pour moi, sans doute, que vous aviez tenté l'escalade de l'échafaudage ?... fit Courapied avec une nuance d'inquiétude.

— Non... Rassurez-vous... et bénissons le hasard...

— Le hasard... Oui... murmura Courapied pensif... Et il y a là, en vérité, quelque chose de si miraculeux que nous commettrions une faute de nous séparer... ainsi... sans que la confiance ait fait, de nous, deux amis... La confiance !...

Il était infiniment triste. César commençait à se sentir ému.

— Monsieur, dit-il, en ce qui me concerne, je vous en ai donné la meilleure preuve.... Ne vous ai-je pas dit mon nom ?... mon nom véritable ?... Faut-il ajouter que je n'ai d'autre profession que celle de toucher les revenus des dix-huit millions qui me restent de l'héritage de mon père... en ayant déjà dépensé deux, ma foi, et sans regrets, à certaine besogne qui passionne ma vie ?... Faut-il ajouter encore — j'espère que je ne vous offenserai pas — que votre nom, votre surnom, la profession que vous vous donnez, ne s'accordent guère ni avec votre personne ni avec votre langage, et puisqu'il est question de confiance...

Miton-Mitaine l'arrêta d'un geste, et son regard était devenu douloureux.

— Il m'est impossible de vous donner un autre nom... Et pourtant... je ne sais quel instinct m'avertit que nos deux destinées sont liées, qu'une séparation nous nuirait... et que, peut-être, oui, peut-être, nous poursuivons le même but... Ah ! le miracle ! le miracle de cette rencontre ! Qui sait ?

— Le même but ?... J'en doute ! fit César qui, de parti pris, semblait vouloir obliger Courapied à se trahir, à lui livrer du moins un peu de son secret... Ne vous ai-je pas dit que je ne m'intéresse guère à Jacqueline Lagasse, dite Bille-en-Bois, si jolie soit-elle ?

Les poings de Courapied se crispèrent... ses yeux se fermaient... Il venait de pâlir... Et sous les paupières closes, pour la seconde fois, César vit apparaître des larmes, brusquement refoulées.

Il pensa :

— Ça va ! Ça va ! Laissons-le cuire dans son jus !

Et tout haut :

— Moi, je vous le répète, c'est à Tcherko que j'en veux...

— Pourquoi ? fit tout à coup le camelot avec fièvre... Ah ! monsieur, puisque vous avez confiance, allez jusqu'au bout... Plus tard, plus tard, vous saurez pour quelle cause je ne peux rien dire... Ne vous défiez pas de moi... Nous sommes peut-être dans une heure tragique... Non, non, ce n'est pas un hasard qui nous a réunis... Parlez !

— Tcherko est le chef de l'espionnage allemand en France...

— Je m'en doutais !

— Et moi — vous n'apprendriez rien à Tête-de-Mort en le lui révélant — je consacre ma vie et ma fortune à contreespionner ses agents... Partout où il y a un guet-apens préparé par Tcherko contre la France, pour le jour de la mobilisation, ce guet-apens est déjoué par moi et se retourne contre lui... Dussé-je y dépenser tout le cirage de feu Sanguinède, mon père, je ferai toucher les épaules à Tcherko, ou j'y perdrai la vie... C'est, entre nous, un duel mortel...

— Monsieur, dit Courapied en tremblant, êtes-vous bien sûr que la pauvre femme qui se débattait tout à l'heure contre la violence de ce misérable s'appelle de son vrai nom Jacqueline Lagasse, surnommé Bille-en-Bois ?...

— Elle n'est pas autrement connue... et du reste, peu m'importe...

Miton-Mitaine resta silencieux, puis, lentement, la voix infiniment douce :

— Elle s'appelle Nicole... et c'est la fille aînée du général Bénavant !

— La femme de l'aviateur Robert Villedieu ?

— Oui... disparue depuis un an.

César s'était élancé vers Courapied, lui brisant les poignets.

— Vous en êtes sûr ? Comment le savez-vous ?

— La vérité suffit... Cela ne vous intéresse pas de savoir d'où elle vient...

Mais César, au comble de l'émotion, ne lui lâchait pas les bras... A son tour, il plongeait dans cette âme qui essayait de lui échapper, et tout à coup, il eut un cri de triomphe...

— Vous êtes Robert Villedieu, que l'on croit mort !

Il sentit dans ses mains des doigts qui palpitaient... Il ne lâchait pas prise.

— Avouez-le ! Avouez-le !

Enfin, Courapied, vaincu, baissa le front.

— Oui... murmura-t-il très bas.

Et, comme si cet aveu avait fait déborder le vase, ses yeux clos laissèrent couler un ruisseau intarissable de larmes.

Interdit, César ne trouvait pas un mot pour le consoler. Il se rappelait le drame qui avait suivi le mariage de Nicole et tout le mystère jamais éclairci. Il n'osait poser de questions, dans la crainte de remuer un peu plus, au fond de ce cœur, le rouge foyer d'une douleur toujours brûlante. Mais confusément il pressentait que la tragédie d'alors avait une liaison avec les événements présents, sans comprendre encore comment pouvaient se nouer ces ramifications.

Et il attendit, silencieux, troublé, que Robert Villedieu parlât.

Miton-Mitaine eut une question singulière :

— Vous haïssez Tcherko ?

— Oui... je vous le répète... et j'ajoute ceci : avant un mois, l'un de nous deux, lui ou moi, sera mort, tué par l'autre...

Redevenu maître de lui, Miton-Mitaine secoua la tête, très calme :

— Non... Cet homme mourra, mais ce n'est pas vous qui le tuerez...

— Qui donc, alors ?

— Ce sera moi !... Oui, j'ai confiance en vous... Mais ce n'est pas seulement parce que vos yeux sont ceux d'un honnête homme... Ce n'est pas seulement parce que j'ai ressenti d'instinct pour vous la plus vive sympathie... Non !... Tout cela ne serait rien, et n'eût pas forcé mon cœur, si nous n'étions pas réunis tous les deux par la même haine, par la haine que nous portons à Tête-de-Mort... Puisque vous le haïssez comme je le hais, nous sommes amis, monsieur... et je vais tout vous dire... et si effroyable que vous paraisse la confidence, ne m'interrompez pas... laisser-moi aller jusqu'au bout... ne me témoignez votre pitié que lorsque j'aurai fini, autrement, vous risqueriez de m'enlever le courage de tout dire.

» Du reste, la confidence sera brève... Nicole et moi nous nous aimions... de toute notre tendresse... et la journée de notre mariage fut celle d'un bonheur parfait... Le lendemain — écoutez bien ceci, monsieur, — le lendemain la certitude nous fut donnée, à notre réveil, que nous étions frère et sœur !

Un cri de stupeur chez César, de stupeur et d'angoisse...

— La certitude m'était donnée que Nicole était fille de mon père, et que celui-ci avait été l'amant de Françoise Bénavant avant son mariage avec le général...

Avec violence, dans une réprobation de tout son être, une révolte de tout son cœur :

— Ce n'est pas vrai ! Non ! Ce n'est pas vrai ! D'où venait ce mensonge ? crie César.

— Il n'y avait pas de mensonge... On m'envoyait les preuves... Des lettres qui établissaient des relations anciennes entre mon père et la fiancée du général... des relations rompues au moment où la jeune fille se sentait mère... Et son mariage peu de temps après... Les dates des lettres ! et du mariage ! et de la naissance de Nicole ! Tout cela confirmait la vérité.

— Encore une fois, d'où venait cette révélation ?

— De Tcherko !

Cœur-qui-Tremble eut un rire éclatant :

— Vous voyez bien que c'est un mensonge !

— Hélas ! Si je pouvais douter !

— Avec cet homme, il ne faut croire à rien, même à la certitude, même aux preuves, même à l'évidence !... Cet homme est un monstre, prêt à toutes les infamies... Vous avez gardé ces lettres ?

— Elles n'existent plus... Ce matin-là, Nicole et moi nous les avons brûlées... et en les brûlant, nous ne pleurions même pas, nos yeux étaient secs, nos cœurs étaient morts ! ! !

— Ces pauvres enfants ! murmurait César, profondément apitoyé.

Et sans une parole pour interrompre ni pour interroger, il écouta, dans un silence profond, le récit que faisait Robert Villedieu : ce fut le mariage, puis le drame du lendemain ; l'affreuse détresse inénarrable de ces deux cœurs qui n'avaient plus le droit de s'aimer d'amour, et qui, pourtant, s'aimaient toujours ; ce fut la fuite de Villedieu, son départ en aéro, parmi ses camarades étonnés, pris d'un pressentiment lugubre ; et bientôt la nouvelle de la mort de l'aviateur, en pleine mer ; nouvelle fausse, nouvelle concertée avec le capitaine du bateau qui avait recueilli Villedieu... et le silence de l'équipage obtenu à prix d'or... Ce fut la retraite de Villedieu, presque fou, dans les pays du Nord, courant au hasard, sans se fixer, poursuivi par les souvenirs terribles, tantôt en Russie, tantôt en Suède, tantôt en Norvège...

Puis, le retour à la santé et à l'énergie...

Alors, l'idée fixe qui entre comme une hantise, dans le cerveau de Villedieu.

Ces lettres abominables, qui les lui avait remises ?

Il n'aura pas de repos tant qu'il ne le saura pas.

Et le voilà parti à la découverte.

Comment ? Sur quelle piste ?... Sur quel point de départ ?...

Il s'est souvenu d'un détail...

Les lettres lui ont été apportées, enfermées dans un petit coffret oriental, orné de pierres d'une grande richesse et d'un travail infiniment précieux.

Ce coffret est-il resté dans la villa des bords de la Loire ?

Villedieu revient en France.

Il s'y introduit une nuit, comme un voleur, dans la jolie maison où il fut si heureux, mais où il paya son bonheur avec une souffrance de damné.

La maison n'était gardée que par une bonne vieille paysanne.

Il y passa toute la nuit à pleurer, à sangloter dans la chambre nuptiale. Rien n'y était changé. Personne, depuis le mariage, n'était venu habiter là. Et, par une superstition religieuse, toutes choses, même les plus futiles, étaient restées en l'état où il les avait laissées. Il lui semblait même, dans la fièvre de son imagination, sentir le délicat parfum laissé là, flottant en cette chambre, du corps de Nicole, tant aimé, tant caressé... L'illusion était si forte et si troublante qu'il fut sur le point de défaillir...

Et là, sur une petite table, le coffret, ouvert... d'où avait surgi la vérité infâme !

Il s'en était emparé, et avant que l'aube ne vînt luire aux fenêtres de ce balcon d'où, jadis, il avait vu, dans le ciel, les aviateurs lancer sur la villa des nuages de fleurs, il s'enfuit, ayant tout refermé derrière, pour qu'on ne soupçonnât point le vol.

Et ce fut, avec ce coffret, une course furieuse à travers l'Europe...

Il vint à Paris, chez les joailliers, renvoyé de l'un à l'autre, parfois sur le point de réussir, parfois replongé dans la plus cruelle des incertitudes, demandant partout le renseignement qui pouvait le conduire à l'acheteur...

C'était bien incertain un pareil indice, bien vague une pareille chance.

Mais pourtant il ne se découragea pas : on le vit aussi à Londres, et c'est à Londres qu'un indice l'envoya à Constantinople, de Constantinople à Vienne, et de Vienne à Moscou...

Là, il resta en panne, perdu, sans doute pendant quinze jours.

Et, tout à coup, un marchand juif reconnaît le coffret,

envoie Robert Villedieu à Varsovie... chez un autre juif, qui renvoie Villedieu à Berlin...

A Berlin, Villedieu découvre, alors qu'il commençait à désespérer, un coffret exactement pareil ; pareil comme forme, comme dimension, comme fini de travail, et richesse de pierres, chez un joaillier, marchand de bijoux anciens, le fameux Strauss.

Et Strauss n'hésite pas à le renseigner...

Mais renseignements bien vagues...

Il possédait deux coffrets, les seuls existants, provenant d'un vente des bijoux du sultan Hamid... Cette vente était célèbre... Le catalogue en avait été publié par les journaux de tous les pays... Les coffrets y figuraient sous les numéros 401 et 402, et Strauss s'en était rendu acquéreur pour le prix de cinquante mille francs les deux.

Le lendemain, il en vendait un.

— Connaissez-vous le nom de l'acheteur ?... demandait Villedieu, angoissé.

— J'ai été livrer le coffret à l'homme qui m'avait remis sa carte et son adresse... « Jean Cabral, Wilhelm strasse, 35, Berliner Hotel ». C'est un hôtel comme tous les autres, et Jean Cabral me paraît être un nom français... Mais l'homme n'avait de français que le nom... C'est un Balkanique, bohémien, tzigane, Albanais peut-être, car il est difficile de définir sa nationalité d'après son accent, et surtout d'après sa physionomie... Oh ! cette figure... Si vous le rencontrez jamais, monsieur, vous le reconnaîtrez à ce signe particulier qui vaut toutes les photographies possibles... Très grand, très maigre, la peau sur les os, et la tête, oh ! une véritable tête de mort...

— Tcherko ! disait César à lui-même.

— Oui, Tcherko !

— Mais comment êtes-vous arrivé jusqu'à lui ? Jusqu'à votre pauvre Nicole ?

— C'est Nicole elle-même, ou plutôt c'est Jacqueline Lagasse qui, dans une lettre touchante, a fait appel à celui dont elle lisait les exploits dans les journaux, à l'aviateur Peterson... C'est son amour qui a tout fait, et le mien aussi... Car nous nous aimons, hélas ! nous nous aimons toujours... Elle avait disparu, on la croyait sans doute morte... Moi-même, n'avait-on pas la certitude que je m'étais noyé en pleine mer ? Et pourtant, vous le voyez, monsieur, nos deux amours veillaient... et surent se retrouver... J'avais eu soin d'annoncer que je battrais tous les records français, même ceux de Villedieu... Et je les ai battus... Je fis publier que j'admirais Villedieu... que je l'avais connu... que je l'avais vu quelques minutes avant son envolée suprême... Ce nom de Villedieu, tant de fois répété à côté du mien, devait aller frapper l'imagination de Nicole dans la retraite où elle se cachait... et je m'étais dit : « Si elle m'aime encore, malgré tout, si elle souffre toujours la même abominable torture, elle se mettra en communication avec Peterson, afin d'avoir l'occasion de s'entretenir avec lui de Villedieu... » Je ne m'étais pas trompé... A Stockholm je reçus la lettre de Nicole et j'accourus à Paris !

— Elle avait signé : Nicole ?...

— Elle avait signé : Jacqueline Lagasse ! Mais en voyant son écriture, pouvais-je douter un seul instant ?... Rue Secrétan, j'errai bien des jours avant d'oser entrer chez les gens qui l'avaient recueillie !... Quel taudis ! En quelles mains la pauvre enfant était tombée ! Quelle pitié ! Quand elle sortait je la suivais. Je l'avais tout de suite reconnue... Et pourtant, combien elle était changée !... C'était son corps, son attitude, sa démarche élégante, c'était sa beauté radieuse qui forçait les regards à se retourner sur elle... mais dans tout cela je ne devinais plus l'âme de ma Nicole... Les yeux, surtout, étaient étranges... comme vides de toute vie... Quand j'entrai chez elle, et que je la trouvai seule — j'avais guetté ce moment — elle était en proie à une hallucination et en m'apercevant elle m'appela Villedieu... puis Peterson... Elle vivait avec la pensée de ces deux noms, et son amour avait fait ce miracle qu'elle ne pouvait les séparer dans son cœur... Je la détrompai... Elle ne me crut pas, tout d'abord : « Etes-vous bien celui que vous m'avez dit ? » demanda-t-elle. Et voyez, monsieur, comme s'enchaînent les choses !... Pendant que j'étais là, un homme survint, et en cet homme, du premier coup, je reconnus celui que je cherchais, au signalement donné par le joaillier Strauss, de Berlin... l'homme qui avait apporté le coffret précieux et les lettres infâmes dans la villa fleurie des bords de la Loire... l'homme à la tête de mort... Jean Cabral... Tcherko... Il ne me restait plus qu'à me rapprocher de lui, à lui inspirer confiance, à devenir au besoin son complice et son âme damnée, afin de pénétrer ses desseins... Grâce à Cocogne, ce fut facile...

— L'âme damnée de Tcherko ! murmurait César en frémissant...

Car il entrevoyait qu'enfin il allait peut-être pénétrer de redoutables mystères.

Villedieu réfléchissait... puis se décida à continuer.

Sa voix se faisait plus basse encore, et César pencha la tête pour entendre :

— J'ai été employé à des besognes étranges... à des machinations infâmes... Quelque chose se prépare d'odieux et de déconcertant... Ce que vous savez sans doute, ce que je sais de mon côté... à nous deux, en réunissant nos observations... Ecoutez-moi ! Un jour, Tcherko me confia une photographie, celle de Madeleine, sœur de Nicole... Je lui avais dit que j'étais bon à toutes choses. Il m'avait cru. Alors, depuis quelques jours, j'exerce un métier infâme... Oui infâme... Comment a-t-on réussi à entraîner Madeleine ? Il est facile de le deviner. On lui a dit : « Vous aviez perdu l'espoir de retrouver votre sœur... Nous vous la montrerons... Vous l'approcherez... Vous la reprendrez à ceux qui vous l'ont prise... Pour cela, il ne faut pas craindre d'aller, le jour, la nuit, quelle que soit l'heure, dans les endroits qu'elle fréquente et où vous aurez la chance de la rencontrer. » Madeleine, si étrange que fût cette démarche, si audacieuse et si téméraire que fût pareille tentative, ne pouvait refuser... Et l'homme qui se fit l'intermédiaire de Tcherko, qui avait la confiance de Madeleine et qui l'accompagna pour lui enlever toute crainte, celui-là est un officier de l'armée française... un traître... Ce ne peut être qu'un traître....

— Frédéric Drogont...

— Ah ! vous le connaissez ?

— Poursuivez, faisait César au comble de l'émotion... Oh ! la lumière enfin ! la lumière !... Vite, allez jusqu'au bout de votre récit !....

— J'ai presque terminé... Partout où Madeleine se présenta, avec son compagnon, pour reprendre Nicole, les choses s'arrangèrent de telle sorte que Nicole ne put ni la voir ni lui parler... Mais partout où elle fut, moi je m'y trouvais, et Tcherko m'avait dit : « Vous la photographierez en instantané, elle et Frédéric Drogont... C'est tout... Votre mission ne va pas plus loin... »

— Et vous avez obéi ? interrogeait César, haletant, la sueur au front.

— Oui, de point en point... En toute évidence, Madeleine Bénavant est déshonorée... Il suffira de livrer à la publicité les photographies que j'ai prises... celles du Théâtre-Français, où Drogont donne le bras à la jeune fille, l'aide à monter en voiture... celle de Bellevue, où Madeleine s'est évanouie, où Drogont la soutient, la presse contre son cœur, lui embrasse les lèvres, la transporte dans l'auto... et ceci est pris comme de la vie réelle, en cinéma !... celle encore du bois de Boulogne, au Pré-Catelan... où un homme de Tcherko arrache le voile de la jeune fille, où Drogont, comédie longuement et savamment préparée, souffleta cet homme... où un garde du bois dressa procès-verbal et dut prendre les noms...

— Déshonorée ! grondait César qui se tordait les mains... Oui, maintenant, ce misérable peut disposer d'elle... lui imposer sa volonté par la menace... Je comprends ! Ah ! lumière, lumière enfin ! disait-il dans un trouble extraordinaire.

Et une expression d'affreuse détresse vieillit soudain ses traits :

— Nous sommes perdus !... Le scandale ! Le scandale rêvé par Tcherko et qui doit déclancher la catastrophe sur la France, sur l'Europe, sur le monde... Je comprends maintenant... Les ténèbres s'effacent... la clarté apparaît... C'est terrible... Désormais pour Tcherko tout est prêt... Il n'a plus qu'un geste à faire, un mot à dire... et il triomphe... Le déshonneur de Madeleine, c'est son arme !... Mais celui qu'il vise, c'est le général. Par Madeleine, il va frapper Bénavant... Et Bénavant déshonoré, c'est la France inquiète, c'est la confiance disparue... C'est le cri de la trahison qui traverse l'espace et se répand jusqu'au cœur de nos armées... C'est l'angoisse des âmes... C'est la bataille sans élan, c'est la défaite ! Ah ! misère de misère !... Perdus ! Perdus !

— La jeune fille est innocente... On l'a trompée... On lui a menti !

— Qui le saura ! Qui le prouvera !

— La faute d'une fille ne peut retomber sur le père... et vous exagérez...

— Je vous dis que nous sommes perdus... Oui, par vous je viens de comprendre... Et par moi, maintenant, vous allez savoir... C'est l'abîme, vous dis-je, l'abîme !... Madeleine déshonorée, ce ne serait rien... Je connais un brave

garçon qui l'aime et qui, jamais, ne croira en ce déshonneur... Mais Tcherko a vu plus loin... Tcherko va obliger
la jeune fille à épouser Drogont... Sinon les photographies
seront remises à son père... et elle consentira pour ne point
tuer Bénavant dans un coup de désespoir... Et Drogont,
monsieur Drogont, ah ! non, vous ne savez pas, vous ne
pouvez pas savoir... Moi seul je l'affirme... et le général
lui-même a refusé de m'écouter... Frédéric Drogont a volé
le nom qu'il porte... illustré par un jeune héros... Le vrai
Drogont est mort... l'autre s'est substitué à lui, est entré
dans sa peau... L'autre est un traître... Je vais vous épou-
vanter, monsieur, et vous allez me prendre pour un fou...
L'autre, ce ne peut être qu'un officier allemand !...

Robert Villedieu écoutait. Mais, malgré la gravité des
choses qu'il entendait, malgré l'approche du désastre en-
trevu par Cœur-qui-Tremble, il restait morne, comme distrait, et il semblait que ces révélations et les menaces de
catastrophe n'arrivaient pas jusqu'à son âme. Simplement,
elles le surprenaient sans le troubler. Depuis une année,
il vivait avec une pensée unique en dehors de laquelle le
monde n'existait pas : la pensée de découvrir l'homme au
coffret, et de pénétrer le mystère de ces lettres au poison
mortel... Et s'il y avait eu crime, une autre pensée : celle
de la vengeance !... Il avait été si terriblement frappé dans
son amour, qu'on eût dit que son cerveau n'était plus acces-
sible à d'autres émotions qu'à celles de ce souvenir... Chacun de ses actes, depuis un an, avait été dirigé vers un
but... Et tout ce qui n'était pas un but lui demeurait indifférent. France, patrie, humanité, lutte des peuples, atrocités des guerres, il n'y songeait pas... Il savait, en ce moment, comme tout le monde, mais un peu moins que tout
le monde, que de nouveau la Grande Menace parcourait
l'Europe, et que les nations s'inquiétaient, que la fièvre
s'emparait des armées, et s'il avait voulu prêter l'oreille, il
eût perçu le lointain fracas des premiers préparatifs. Il
y était sourd et insensible. L'image de Nicole absorbait
son rêve.

Emporté par le torrent de la vérité enfin reconnue, César
poursuivait :

— Plus de doute... L'intrigue de Tcherko, je la dé-
chiffre... maintenant je lis clairement dans son âme de
bandit... Bientôt le scandale inouï, pareil à aucun autre,
éclatera... La France, effarée, apprendra que le généralis-

sime de ses armées avait donné sa confiance à ce traître, au point d'en faire un de ses officiers d'ordonnance... que ce traître travaillait à des rapports d'un intérêt supérieur pour la défense nationale... que Bénavant l'avait chargé de certaines missions... Le pays éperdu, révolté, dans sa conscience et sa droiture, apprendra que l'affaire du fort d'Huningue n'était qu'une comédie préparée par ce Drogont et les agents de Tcherko, et que Bénavant en a été dupe... Enfin il apprendra, et ce sera le dernier coup, celui qui achève et qui donne la mort, que le général avait choisi ou qu'il allait choisir ce traître pour le mari de sa fille !... Et un grand cri de réprobation s'élèvera de la nation entière !... Il sera trop tard ! Le mal sera fait !... L'affolement aura tout désorganisé... C'est la Fin ! ! Ah ! pourquoi ne m'a-t-on pas cru, quand je démontrais l'invraisemblable ?

Tout à coup, il s'arrête.

Il prend les mains de Villedieu. Il les serre à les briser...

— Ah ! monsieur ! monsieur ! qu'avez-vous fait ! ! Vous vous êtes prêté au projet de ce monstre... Vous avez mis votre intelligence à le servir... Vous avez tout perdu. Hélas !... Ces photographies, que sont-elles devenues ?

— Elles sont chez moi, en lieu sûr, où personne ne peut les trouver que moi !

Le visage de César pâlit sous une émotion intense... l'émotion d'un espoir fou.

— Ainsi, vous ne les avez pas remises à Tcherko ?... Cette arme empoisonnée, elle existe, mais elle est entre vos mains... Tcherko ne la possède pas encore... Il ne la possédera que si vous le voulez bien... Refusez de lui obéir et le voilà désarmé... Oh ! monsieur, monsieur, je vous en supplie... Réfléchissez ! Hésiteriez-vous ?

Sourdement, Villedieu murmurait :

— Cet homme a fait le malheur de ma vie... Cet homme a tué ma pauvre Nicole... devenue, grâce à lui, un pauvre être inconscient... sans défense et comme sans âme .. Depuis tant de jours que je le recherche, tant de jours que je veux me venger et savoir la vérité sur mon mariage, le hasard vient enfin à mon aide... le hasard envoyé par vous... C'est par vous que j'apprends que je deviens le maître de la volonté de Tcherko... que j'apprends ses projets... tout ce plan formidable dirigé contre un homme et dont la répercussion doit atteindre un pays... C'est le hasard envoyé par vous qui me fait savoir enfin que je tiens ou ma vengeance, ou la révélation des amours qui furent celles de mon père et d'où naquit Nicole, ma femme, ma sœur... Et le hasard qui met une pareille arme entre mes mains, vous voulez que je n'en profite pas ?... Hier encore, je désespérais... Aujourd'hui, j'ai la certitude de réussir... Et aux intérêts de votre cause, vous voulez que j'abandonne les miens ! !... Vous voulez que je vive éternellement dans l'ignorance, dans la folie qui suivit le lendemain de mon mariage ?... Vous êtes fou ! !

— Alors, votre projet ? dit froidement César.

— Il est bien simple, et c'est vous-même qui venez de me l'inspirer... J'attendais... et je ne prévoyais pas d'où viendrait la délivrance... Le jour prochain où Tcherko me redemandera ces photographies, pour s'en servir contre Madeleine et le général, lui et moi nous aurons à compter... Je lui dirai : « Vos projets me sont connus et pour qu'ils réussissent, les photographies vous sont nécessaires... Ces photos, cause de scandale et preuve de déshonneur, je les ai et je les gardé... Donnant, donnant... Vous les voulez ? Je les vends... Je vous les vends contre la vérité sur mon mariage et sur les amours de mon père avec Françoise Bénavant... Sinon je les anéantis et du même coup j'anéantis tout ce que vous avez rêvé... »

— S'il accepte ?

— J'ai dit : donnant, donnant... Je lui restitue les clichés.

— Et s'il refuse ?

— Je les détruis...

— Eh bien, moi, je vous dis que vous renoncerez à savoir, que vous renoncerez à votre vengeance, et que, dussiez-vous vivre toute votre vie dans l'ignorance et le désespoir, vous et Nicole, vous ne rendrez pas à ce misérable l'arme qu'il attend...

— C'est impossible.

— Vous ne permettrez pas à cet homme de faire triompher le plan qu'il a conçu...

— Peu m'importe ! Vous ne soupçonnez donc pas quelle est ma torture ?...

— Il ne s'agit pas de vous...

— Et Nicole ! Nicole !... que j'aime encore, que j'aimerai toujours !... et que je ne peux pas aimer sans avoir horreur de moi...

— Il ne s'agit pas de vous et de votre femme, continuait César avec la même parole glacée... Ni vous, ni elle, en ce moment, vous ne m'intéressez plus... Il s'agit de sauver Madeleine Bénavant... de sauver le général...

Courapied, dit Miton-Mitaine, paraissait ne rien entendre. Il conservait un regard baissé, une figure d'obstination douloureuse.

— Le sort de la patrie est entre vos mains, monsieur. Pouvez-vous hésiter ?

L'indifférence de Villedieu n'était qu'apparente, sans doute, car ses mains se portèrent à ses yeux, brusquement, comme pour en cacher la souffrence.

Et longtemps il resta silencieux.

Enfin, il balbutia :

— Pourquoi faut-il que j'aie à choisir !...

— Vous n'avez pas à choisir ! disait César dont la parole était dure et martelée... Vous n'êtes pas libre de votre choix et c'est moi qui vous l'impose...

Villedieu répliqua, en une sourde plainte :

— Que dois-je faire ?

Subitement les traits de César s'adoucirent. Une grande pitié s'y lisait, en écoutant :

— Je suis prêt à détruire à jamais mon bonheur et celui de Nicole... mais ne l'oubliez pas... Du moment que vous exigez de moi que je renonce à découvrir la vérité, vous me condamnez au suicide... Je ne veux pas vivre avec ce fardeau insupportable à mon cœur...

— Et moi, sur qui retomberait la responsabilité de votre mort, je vous ordonne de vivre ! dit César dans un accès de violente émotion. Je vous l'ordonne parce que j'ai confiance... parce qu'un jour prochain doit venir où, grâce à moi, la vérité vous éclairera. Ce qui vient de Tcherko, je vous l'ai dit, ne peut être qu'infamie et mensonge... Laissez tout d'abord triompher la grande cause de la France, celle de la Paix, en ce moment si compromise... Subordonnez à vos intérêts, à vos espoirs, à vos rêves, les intérêts du pays... Aidez-moi dans ma tâche... avant tout... Après, je vous aiderai dans la vôtre...

— Je briserai tous les clichés que je possède.

— Je vous le défends... Il faut les garder, au contraire, précieusement, pour le jour où Tcherko voudra s'en servir... Mais vous devrez en restez le maître et ne les confier à personne. Si Tcherko les réclame, lorsqu'il aura résolu d'agir sur la volonté de Madeleine, vous refuserez de vous en dessaisir... et vous demanderez d'être auprès de la fille de Bénavant l'intermédiaire des offres et des ordres du misérable... Vous êtes le maître de la situation... Il ne vous sera pas difficile pour le tromper, d'inventer quelque histoire où vous raconterez que pendant votre service militaire vous avez eu à vous plaindre du général et que vous n'êtes pas fâché de l'en faire repentir... Enfin, arrangez-vous pour rester l'ami et le complice de Tête-de-Mort... Le temps passe... L'heure est grave. Demain peut être redoutable... Jouons serré.

César tendit la main à Villedieu.

— La France d'abord, dit-il... Ensuite, je vous servirai, jusqu'à la mort... pour vous rendre le bonheur auquel vous avez droit...

Les yeux de Villedieu chavirèrent... Il refoula des larmes... Et soudain, dans un même élan, ils s'étreignirent, longuement, trop émus maintenant pour prononcer un mot.

Alors, ils songèrent à se séparer... à sortir sans attirer l'attention.

César redescendit en prenant le chemin par lequel il était venu ; celui de l'échafaudage. Souple et agile comme un chat, il fut sur le trottoir en quelques instants sans encombres.

— Dire qu'ils n'ont plus voulu de moi la seconde année, au régiment, pour faiblesse de constitution ! pensait-il en haussant les épaules.

Quant à Courapied, dit Miton-Mitaine, il était monté par l'escalier de service.

Il redescendit du même côté.

L'avenue était encore déserte. Déjà, cependant, une lueur grise apparaissait sur Paris, annonçant l'approche du jour. Il était temps de déguerpir.

Une minute, pourtant, Villedieu resta immobile sur le trottoir, devant la porte cochère qui venait de se refermer sur lui...

Il inspectait les alentours, non point pour fuir un danger possible, un espionnage imprévu, mais parce qu'il pensait à Nicole.

— Elle a fui... reviendra-t-elle ?... Et si elle ne revient pas, où la retrouver ?

VIII

Le Roman chez Chémery.

Elle avait fui l'étreinte du misérable. Malgré les « brumes » de son cerveau, l'instinct avait parlé en elle, et un manteau jeté à la hâte sur ses épaules, sans prendre le temps de chercher un chapeau, tête nue, elle avait dégringolé l'escalier en courant comme une folle et tout à coup elle s'était vue, pour la troisième fois, seule, dans la nuit menaçante de Paris.

Mais elle n'avait point songé au danger.

Une seule pensée : échapper le plus vite possible à l'homme immonde...

Et voilà pourquoi elle se met à prendre sa course au long de l'avenue sans regarder derrière elle, et ne s'arrête que vers l'Arc de Triomphe.

La nuit est chaude. Les promeneurs sont nombreux. Cette femme, affolée, en cheveux, qui se hâte à perdre haleine, n'est pas sans avoir attiré l'attention. Des gens amusés la suivent. Elle reprend haleine et descend l'avenue, plus lentement. En bas, autour des concerts, la foule est plus dense. Des spectateurs en plein vent, et qui veulent un plaisir gratuit, s'accotent aux grilles des jardins, tendent l'oreille aux couplets à la mode, reconnaissent les chanteurs et les chanteuses de leur choix. Se voyant suivie, Nicole a essayé de se perdre parmi les groupes, tourne autour des concerts, parmi les petites allées où règne l'obscurité, en dehors du rayon de lumière des lampes électriques. Mais elle s'effare. Les gens qui l'ont prise vers l'Arc de Triomphe ne l'ont pas quittée et tantôt la suivent, tantôt la précèdent, et, en passant auprès d'elle, se penchent avec insolence et la regardent de si près qu'ils la frôlent.

Elle n'est pas la seule à être l'objet de tant d'attention. Ils sont là une dizaine d'hommes qui s'éparpillent autour des petites allées, comme se donnant un mot d'ordre, et, tout à coup, ce sont des cris de femmes épouvantées :

— Les mœurs ! Les mœurs !

Oui, des agents des mœurs font une rafle, ce soir-là, aux alentours.

Une main saisit le bras de Nicole, le serre avec violence. Et une voix brutale :

— Venez, vous !... Oust, au poste !

Elle ne comprend pas. Mais une peur immense l'envahit. Elle se tord, dans un geste brusque, échappe à l'étreinte, s'enfuit avec la rapidité d'une gazelle...

Elle entend des éclats de rire ironiques à l'adresse de la police :

— L'attrapera ! L'attrapera pas !

Et des groupes se forment, pour la protéger, sur le passage de l'agent, dont ils retardent la course. Elle fuit éperdument, croyant entendre, derrière elle, le claquement des brodequins de l'homme.

Au coin de l'avenue Marigny, elle se trouve face à face avec un jeune officier en tenue. Est-ce toujours l'instinct qui parle en elle ? Cet uniforme, auquel elle est si habituée depuis l'enfance, n'est-ce pas comme le gage de la protection qu'on peut lui demander ? Elle ne réfléchit pas.

— Oh ! monsieur, défendez-moi ! Je ne sais pas ce qu'on me veut. Des gens me poursuivent... Faites qu'on ne m'arrête pas !

L'officier, un peu interdit, n'a rien répondu.

Il regarde avec tristesse cette pauvre fille aux vêtements en désordre, à la chevelure dénouée, le chignon défait roulant sur une épaule...

Il devine sans doute le drame navrant de certaines soirées de Paris où la police est obligée d'intervenir pour épurer la rue, et il soupire...

— Monsieur ! Oh ! monsieur ! Ayez pitié ! Ne me laissez pas !

C'est que les voix se rapprochent, là-bas, vers les Champs-Elysées...

— L'attrapera ! L'attrapera pas !

L'officier a continué sa route, indécis. Mais il vient d'être ému par cette suprême supplication... Et cette voix est si tremblante et si douce... si pleine d'épouvante...

La lumière d'un bec de gaz tombe sur une jolie figure effarée...

L'homme recule, comme frappé par un coup invisible.

Et il a une soudaine exclamation :

— Est-ce possible ! !

Il prend le bras de la jeune femme, l'attire au plus près de la lumière...

Il la regarde avec une curiosité fiévreuse, étrange.

— Elle ! Elle ! en cet état !... Elle que l'on poursuit ! ! ! Est-ce bien elle ?

Plus près encore, et bientôt on va les rejoindre, les voix d'ironie excitent l'agent :

— L'attrapera ! L'attrapera pas !

Et sans doute que l'agent vient de reconnaître sous le bec de gaz celle qu'il veut arrêter, car il hâte sa course avec de grands gestes de fureur.

Alors, l'officier n'hésite plus...

Une voiture passe, longe le trottoir... Un fiacre cahotant, avec un gros cocher.

— Une promenade jusqu'à la cascade, mon colonel ?

— Venez ! dit le jeune homme.

Il ouvre la portière, fait entrer la pauvre femme.

Et au cocher qui rigole, figure rouge épanouie :

— Oui, et fouette ta rosse à tour de bras !

L'officier, c'est Chémery...

L'agent survient pour les voir partir... Les rires redoublent... Il reste planté sur le bord du trottoir, montre le poing, mais n'ose intervenir...

Et, dans le fiacre qui roule maintenant aux Champs-Elysées, Chémery, stupéfait de cette rencontre, convaincu qu'il est dupe d'une ressemblance, malgré tout angoissé, garde le silence... pendant que sa compagne, renversée dans le coin de la voiture, a perdu connaissance...

— Evanouie... Bon ! qu'est-ce que je vais faire, moi ?

Il songe à s'arrêter devant une pharmacie... Laquelle ? On cherchera au hasard. Mais quand il va frapper à la vître pour avertir le cocher, il lui semble que les yeux de sa voisine se rouvrent... Oui, elle revient à la vie... L'égarement de ses yeux prouve à Chémery qu'elle essaye, sans comprendre, d'abord, de se rendre compte de ce qui lui arrive...

Pendant ce temps, toutes les fois qu'un rayon de lumière traverse le fiacre, l'officier, ardemment, l'observe, avec la même incertitude lancinante :

— Nicole ! Cette ressemblance ! Nicole que l'on croit morte !...

Et comme elle est jolie, maintenant qu'elle se calme, que ses yeux n'ont plus leur trouble d'effroi intense, que les traits reprennent leur délicatesse, qu'un peu de sang revient aux lèvres....

Dans un geste de pudeur, elle a ramené son manteau autour de ses épaules, et elle essaye de remettre un peu d'ordre dans sa chevelure, tant bien que mal.

Puis, tout à coup :

— Monsieur, je vous remercie... Des gens me voulaient du mal, je ne sais pas pourquoi... Vous m'avez sauvée de leurs mains... Vous êtes bon... J'ai vu que vous étiez officier, voilà pourquoi je me suis adressée à vous... Pourquoi ces gens me poursuivaient-ils ?

Silence de Chémery, bouleversé, qui ne sait ni répondre, ni questionner.

Elle continue :

— Maintenant, monsieur, il ne faut pas plus longtemps vous embarrasser de moi.

— Où alliez-vous, ma pauvre fille, quand je vous ai rencontrée ?

— Je fuyais... sans savoir où... Pourquoi ces gens voulaient-ils m'emmener ?

— Mais d'où veniez-vous ?

— De chez moi... d'où je m'étais enfuie aussi...

Chémery pensa :

— Elle est folle, la malheureuse...

— Veuillez faire arrêter la voiture.

— Où comptez-vous aller ? Seule ?... La nuit ? Ne désirez-vous pas que je vous reconduise jusque chez vous ? Est-ce que vous demeurez loin ?

— Je ne veux pas rentrer chez moi... jamais !...

— Vous avez des parents ? des amis qui vous recevront ?

— Je ne connais personne...

— En ce cas, donnez-moi une adresse... sans quoi vous allez courir le risque de passer la nuit à la belle étoile et l'aventure à laquelle vous venez d'échapper ne manquera pas de se renouveler... Je ne veux pas être indiscret, ni savoir où vous vous rendrez... Je ferai arrêter la voiture au plus près de l'adresse que vous m'indiquerez et je vous jure que je m'éloignerai sans tenter d'en apprendre davantage sur votre compte.

— Je ne sais pas où aller...

— La chose est invraisemblable...

— C'est la vérité...

Elle baissa la tête. Il s'imagina qu'elle pleurait, qu'elle jouait une comédie. Mais non. Elle ne pleurait pas. Sa jolie figure accusait pourtant le plus affreux désespoir.

— Où est votre famille ?

— Je n'ai pas... je ne veux plus avoir de famille... dit-elle dans un sursaut de violence.

— Du moins, vous n'êtes point partie, cette nuit, sans quelque argent ?...

Pas de réponse. De nouveau, Chémery se disait :

— Est-ce Nicole ?... Si ce n'est pas Nicole, et si cette pauvre fille ne joue pas la comédie vis-à-vis de moi, elle va droit au suicide, tout à l'heure, en me quittant.

— Si je savais votre nom ? interrogea-t-il, avec une timidité singulière.

Elle répond sans hésiter :

— Je m'appelle Jacqueline Lagasse...

Non, tout cela était mensonge ! Cette ressemblance ! Bien que Nicole fût très blonde — en tout le portrait de Françoise — et que Madeleine fût brune, les deux sœurs se ressemblaient... Et il semblait parfois à Chémery que c'était Madeleine qui lui parlait... Il y avait, sur ce visage, dans les yeux, sur cette bouche, des expressions qui étaient de Françoise et de Madeleine... Il avait trop vécu dans l'intimité de Bénavant pour s'y tromper.

Brusquement, il s'écrie :

— Vous êtes Nicole !... Nicole Bénavant ! !

Il sent, contre lui, un corps qui longuement tressaille... il entend un cri étouffé... il voit des paupières qui se ferment... et des traits empreints d'une pâleur de mort... Il a donc deviné... C'est vrai !... Ce miracle vient de se produire... Nicole ! C'est Nicole ! !

Soudain elle ouvre la portière...

Une seconde de plus et elle se fût précipitée...

Et cela aussi, c'est l'aveu !...

Il l'a retenue d'une main vigoureuse... et il murmure :

— C'est vous ! enfin vous ! pauvre, pauvre enfant ! !

Elle le regarde sans mot dire, mais avec une terreur indicible.

Jusqu'à présent, elle n'avait pas, même une seule fois, relevé les yeux sur lui.

Le fiacre passe sous un bec de gaz... Chémery paraît en pleine clarté... Et, si fugitive qu'elle soit, cela suffit, à Nicole, pour évoquer le souvenir d'un visage familier...

Elle ne peut plus, elle ne veut plus nier.

Elle sait que cela serait inutile.

— Monsieur Didier de Chémery !

Et ils sont tous les deux si émus par l'étrangeté de cette rencontre que, pendant un long moment, ils ne songent plus à parler... Puis, ils avaient trop de choses à dire... Et Nicole, détendue soudainement, pleure sans bruit...

Lui, se répète :

— Nicole ! Et en quel état !... Nicole sans asile, comme une vagabonde... Nicole poursuivie comme une fille publique par la police des mœurs ! ! !... Nicole, tombée ! tombée si bas !

Et cela évoque tant de douleurs, de hontes, de désespoirs, qu'il en reste éperdu.

Que de questions se pressaient sur ses lèvres ! Et pourtant, il se taisait. Il ne voulait pas effarer la jeune femme en l'obligeant au récit de ses misères, et sans doute de ses hontes, car il ne doutait pas de sa chute... Hélas ! pouvait-il douter ?

Seulement, il crut qu'il irait droit à ce cœur en éveillant ses souvenirs.

— Vous me disiez tout à l'heure que vous n'aviez pas de famille et je croyais comprendre que vous n'aviez point d'asile, pas un refuge, pas une tendresse à laquelle il vous était facile de vous adresser... Ne savez-vous pas que vous avez laissé le désespoir parmi les vôtres et que votre père, votre mère, votre sœur vous pleurent ?... Pourquoi êtes-vous ainsi disparue sans leur envoyer même une seule fois de vos nouvelles, et en laissant croire à votre mort ? Avez-vous réfléchi que c'était une cruauté bien grande et bien imméritée ?... Je ne vous demande pas, je ne vous demanderai jamais quels sont les événements de votre vie qui ont amené notre rencontre de ce soir... et je puis vous affirmer que chez votre pauvre père en deuil nulle question non plus ne vous sera posée... Nicole, ne voulez-vous pas revenir auprès de ceux qui vous aiment ?

— Non ! fit-elle durement.

— Il ne reste donc chez vous aucune affection pour eux ?... Vous, Nicole, que j'ai connue si douce, si gaie et si câline, qui étiez adorée de ceux qui vous entouraient, par quel miracle affreux et quel odieux changement les avez-vous oubliés ? Il semble que vous ayez reporté sur eux la cause du malheur qui suivit votre mariage, alors, vous ne pouvez en douter, qu'ils en ont souffert autant que vous... Nicole, resterez-vous insensible ? J'ai vu, depuis votre fuite, pleurer tous les jours votre père, et Madeleine, et votre mère... Et d'un mot, d'un geste, d'un signe, vous pourriez sécher ces larmes... Voulez-vous ?

— Non... Et j'ajouterai ceci, monsieur de Chémery... retenez bien ce que je vais vous dire... Je ne veux pas qu'on apprenne que je suis vivante... Si je soupçonne que vous avez fait la moindre démarche auprès de ma famille pour lui révéler que j'existe, à la minute même où le soupçon me viendra, je me tuerai...

— Rien... pas même à votre père ?...

— Non.

— A votre mère si malheureuse ?...

— Non ! fit-elle, la voix rauque et détournant les yeux.

— A votre sœur ?... à cette autre vous-même qui en serait si heureuse ?

Elle hésita devant l'image de Madeleine... ses paupières se fermèrent... sa bouche se crispa, puis, avec un violent effort sur elle-même :

— A personne ! Jurez, monsieur de Chémery ! Votre parole de soldat ?

— Je me tairai, Nicole...

La voiture continuait de rouler cahin-caha, se dirigeant vers la porte Dauphine.

Nicole parut retomber dans sa somnolence et son accablement.

Quant à Chémery, il venait d'être douloureusement ému par ce qu'il avait entendu. Quel terrible drame s'était donc passé au mariage de Nicole pour que celle-ci eût conçu pareille horreur de sa famille ? Mais il avait compris qu'elle disait vrai et que ce n'était pas une vaine menace que celle de son suicide... Ou bien, enfuie jadis dans une crise de désespoir, réduite à toutes les misères, elle se voyait maintenant tombée si bas, si bas, qu'elle n'osait plus reparaître devant les siens ?...

Mais une question se posait, avant toute autre :

Que faire de Nicole, en cette nuit ? Pouvait-il l'abandonner à elle-même ?

Il cogna contre la vitre. La voiture se rangea et Chémery se pencha à la portière.

— Nous sommes allés assez loin. Retournez rue Mansart, 13 *bis*.

Absorbée, Nicole n'entendait pas, se laissait conduire, sans âme. On eût dit que son énergie ne se réveillait pas et que la vie n'affluait en elle que lorsque surgissait le souvenir des siens, avec la menace de les revoir...

Chémery dut lui expliquer :

— Puisque vous n'avez aucune ressource, puisque vous ne savez où aller ce soir, je vais, si vous me le permettez, vous amener chez moi... N'ayez crainte... Vous y serez entourée de respect... Je ne puis vous laisser vaguer au hasard... Chez moi, vous vous reposerez... Demain nous verrons ce que nous pouvons faire... Ayez confiance...

Elle sortit de sa somnolence pour dire :

— J'ai confiance... Que craindrais-je ? Et pourquoi ?

Et cette parole ne fut pas sans surprendre étrangement le jeune homme.

Rue Mansart, au troisième... Trois petites pièces élégantes, une chambre à coucher, une salle à manger, un salon... Elle tomba harassée sur un canapé et murmura :

— Je n'en puis plus...

Et aussitôt, fermant les yeux, elle s'endormit profondément.

Chémery ne se coucha pas. Toute la nuit, il resta auprès de la jeune femme, dans une contemplation anxieuse, veillant sur son sommeil... Elle dormit jusqu'au matin, en une sorte de léthargie... Le matin seulement, elle s'agita, poursuivie sans doute par un rêve pénible... Elle parla... Il se pencha, pour recueillir un peu de son secret... Un nom, un seul nom, vint aux lèvres de l'endormie. « Robert ! » Et ce fut tout...

Avant l'arrivée de son ordonnance, il sortit, en laissant une lettre à Nicole pour la prier de l'attendre... Il connaissait, rue La Rochefoucauld, non loin, une maison tranquille, habitée par des petits ménages et où des logements restaient à louer. Il en visita un dont les fenêtres, par-dessus une courette étroite, donnaient sur un vaste jardin planté de très beaux arbres. Il le retint, promit d'emménager le jour même et revint rue Mansart. Nicole était réveillée. Il lui conta ce qu'il venait de faire.

— Il n'y a qu'une chambre, dit-il, mais elle est grande et très gaie...

Puis il demanda, non sans trembler un peu :

— Depuis un an, Nicole, comment avez-vous fait pour vivre ?

— J'ai travaillé... C'est avec mon travail que je vous rembourserai vos dépenses. Ce sera long !

Et pour la première fois elle eut un pâle et triste sourire.

— Vous ne vous souvenez donc pas que je suis très habile dentellière ?... A la maison, du matin au soir, en dehors des visites et des courses, c'était une manie.

— Nous allons sortir et nous achèterons vos meubles ensemble... Ce soir, vous serez chez vous... Vous aurez en moi un ami qui ne vous délaissera jamais, qui vous protégera, qui veillera sur vous pour écarter de vous les ennuis et les chagrins...

Elle parut hésiter devant une question... et, enfin, se décida :

— J'ai cru remarquer, jadis, que vous aimiez Madeleine et qu'elle vous aimait ?

— C'est vrai, Nicole.

— Eh bien ? votre mariage ?

— Est impossible... pour moi... Trop d'obstacles nous séparent... la situation du général, ses influences, sa fortune... Moi, vous le savez, je n'ai guère que ma solde pour vivre... Alors, j'ai demandé le Maroc... J'attends qu'on m'y envoie... Mais il est possible que je n'aie pas le temps de partir et qu'on ait besoin de moi à notre frontière... On croit à la guerre...

— Puisque vous aimez Madeleine toujours, oui, j'accepte tout ce qui vient de vous...

Elle tendit ses deux mains. Elles étaient brûlantes, puis, soudain, elles se glacèrent.

— Vous souffrez ?... La fatigue de cette nuit ?

— Non, je suis toujours comme ça !

Et devant cette tristesse et la candeur de ces yeux, Chémery, inquiet, pensait :

— Est-il vrai ?... Une pareille chute !... Si bas... si bas ?... Je ne puis y croire.

Le soir même, Nicole était installée chez elle. Chémery avait payé trois mois de loyer d'avance, un lit, quelques meubles en pitchpin, une table à ouvrage, une machine à coudre, du linge... enfin tout ce qui était indispensable... A la seule chambre s'ajoutait une petite cuisine qui se dérobait dans une sorte de placard... Nicole riait à tous ces détails et Chémery, qui sans cesse l'observait, se posait l'éternelle et mystérieuse question : Pourquoi cette enfant, qui pourrait vivre dans le luxe, se condamne-t-elle à la misère ?

— Demain matin, dit-il, dès que je serai libre, je viendrai vous voir...

Les yeux de Nicole s'emplirent de tendresse.

— Je me serais tuée !... dit-elle... Vous m'avez rattachée une fois de plus à la vie !

Une fois de plus ! Ce mot, qui lui échappait, laissait entrevoir des abîmes.

En rentrant chez lui, rue Mansart, son ordonnance le prévint qu'une visite s'était présentée pendant son absence. Et il tendit une carte sur laquelle Chémery lut : « Baron de Castel-Fressac ».

— Un drôle de corps, mon capitaine... Habit et cravate blanche — blanche d'un gris sale — et des taches de graisse sur le plastron de la chemise... Et il crache ! Tenez, mon capitaine, à quatre mètres il lançait des jets de salive qui atteignait les chenêts, à gauche. Ah ! le cochon ! S'il revient et s'il recommence, je lui flanquerai ma botte... pardon, mon capitaine.

— Doit-il donc revenir ?

— A six heures... c'est-à-dire dans cinq minutes.

— Et il ne t'a pas dit ce qu'il voulait ?

— Rien... Il a regardé le salon avec de grands airs de mépris, comme s'il était habitué à vivre dans la soie... Il a haussé les épaules et il est parti... Une figure à gifles, quoi !

On entend sonner à la porte d'entrée... Il était six heures à la pendule.

— Va ouvrir ! Ce ne peut être que lui...

Et l'ineffable Cocogne apparut, salua ainsi qu'au dix-septième siècle, avec un vaste geste de son chapeau, comme si des plumes en eussent balayé le parquet.

— Le capitaine Chémery, sans doute ?

— Oui, fit sèchement l'officier, en examinant avec curiosité cet étrange produit du pavé parisien.

— Baron de Castel-Fressac... fit Cocogne se présentant lui-même... Monsieur, je n'irai par quatre chemins... Droit au but ! c'est notre devise... Vous avez recueilli dans la nuit d'hier une jeune femme qui avait trouvé à mon foyer le respect et le bonheur et qui nous a payés de notre bonté par la plus noire ingratitude... Vous avez été vus et reconnus, aux Champs-Elysées, au moment où les mœurs allaient rendre à cette malheureuse la justice qui lui est due... Comme vous êtes un honnête homme et que cette femme serait pour vous un danger, j'ai cru qu'il était de mon devoir de vous renseigner... Nous l'avions sortie de la misère et de la débauche... Tant pis pour elle... Voici une carte, monsieur, qui vous édifiera suffisamment... Elle vous montrera que Jacqueline Lagasse, plus connue dans le monde qu'elle fréquentait sous le sobriquet de « Bille-en-Bois », était une fille légère sous la surveillance de la police, et vous savez à quelles obligations ces filles sont soumises... Vous trouverez les dates de certaines visites au verso de la carte... Elle était en règle avec le service médical jusqu'au jour où elle voulut reprendre sa liberté... C'est à ce moment que ma digne épouse la rencontra et résolut de la sortir de la boue... Monsieur, j'ai tout dit et j'ai bien l'honneur de vous saluer.

Un second salut dix-septième siècle, en panache, et il se dirigea vers la sortie.

— Il n'a pas craché, heureusement ! murmura l'ordonnance... sans ça !

Chémery contemplait avec une sorte d'horreur le carton qu'on venait de lui remettre... Nicole ! une fille soumise !... Elle-même ne lui avait-elle pas dit le nom sous lequel elle avait essayé de se cacher ?... Jacqueline Lagasse !... Bille-en-Bois !... Elle, Nicole ?

Puis, il se rappela les yeux pleins de candeur, si tristes, si désespérés !....

— Mon capitaine, faisait l'ordonnance, pour sûr que cet apache en habit doit être renseigné sur la préfectance, car il a l'air de venir en droite ligne du dépôt.

Oui, il disait vrai, ce simple !... Pouvait-on ajouter foi aux paroles de ce rôdeur de barrières ? Mais alors, s'il y avait mensonge, pourquoi ?

Il revit Nicole tous les jours. Il lui consacrait ses heures de liberté. Elle était retournée s'adresser aux maisons où la Punaise lui avait trouvé de l'ouvrage et on lui en avait donné, car elle ne mentait pas quand elle disait qu'elle était habile ouvrière. Du matin au soir, quelle que fût l'heure où il se présentait, il la rencontrait au travail avec le même sourire triste et doux. Et c'était cette femme que ce fantoche de Castel-Fressac accusait des pires débauches? Folie !... Il se révoltait à cette idée, mais quand même l'infamie du soupçon avait creusé une plaie... Il observait Nicole... et il l'observait avec une joie sans cesse renouvelée, car toutes les remarques faites étaient autant de preuves que l'enfant était innocente de pareilles hontes... Même si elle avait voulu feindre, on ne dissimule pas avec une aussi étonnante perfection et un esprit prévenu ne s'y serait pas laissé prendre.

L'existence de Chémery changea. Il négligea ses amis et ses relations. On s'en émut. On s'en étonna. On chercha à se rendre compte.

Les uns crurent à une liaison d'aventure.

Une lettre anonyme vint préciser les choses au général Bénavant.

Il manda Chémery. Le capitaine devina que le grand chef était soucieux.

— Mon cher Didier, commença-t-il, je vous ai fait venir... pour que vous preniez connaissance de cette lettre. Lisez ! Et dites-moi, simplement, si cette lettre a menti...

La lettre disait vrai, mais ne s'en prenait qu'aux apparences. De plus, l'odieuse accusation contre Nicole s'y renouvelait... Le service des mœurs !... Une fille ! !... Bille-en-Bois !... De quelle haine poursuivait-on cette enfant ? Qui s'acharnait contre elle ?

Et l'homme qui lui tendait cette lettre... l'homme qui, en y ajoutant foi, croyait du même coup à cette infamie... l'homme, par un hasard douloureux, était le père de celle contre laquelle il portait une accusation monstrueuse ! ! Le cœur de Chémery se serra.

Le général demandait :

— Mon cher Didier, vous avez été accueilli chez moi comme un fils, et pendant longtemps j'avais espéré qu'en effet, j'aurais un jour le droit de vous donner ce nom... Je ne vous parle donc qu'à ce titre et non point comme votre chef qui a la charge de votre conscience et de votre honneur... Répondez-moi simplement... Cette lettre me dit-elle la vérité ?

Chémery eut un cri d'horreur :

— Non ! Non !

— Pourtant, vous avez lu ?... Il y a des précisions ?... un

nom ?... un surnom ?... des faits ?... des dates ?... Sans doute, vous ignoriez ?

— Je savais, et je vous en conjure, mon général, taisez-vous ! taisez-vous !

L'exclamation du jeune homme avait été si violente que Bénavant en fut interdit.

Pourtant il reprenait :

— J'ai peur que vous ne soyez dupe de votre imagination, de votre illusion et de votre pitié pour une malheureuse tombée bien bas et que vous essayez de relever peut-être.

Chémery avait repris tout son calme — du moins en apparence — et ce fut très doucement, avec une netteté de paroles singulière, qu'il répondit :

— Mon général, écoutez ma prière... J'ai reçu avant cette lettre la calomnie monstrueuse qu'elle contient... On est venu me trouver... on m'a dit... on a voulu me prouver... J'avoue... mais je ne crois pas, parce que des choses ne peuvent être et qu'on se révolte contre, en dépit d'évidences qui ne sont que d'habiles mensonges... La vérité, c'est qu'en effet j'ai sauvé, recueilli, une pauvre femme abandonnée... et que je la défendrai autant que je le peux... Oui, je la vois et je la réconforte dans le désarroi affreux d'une vie jadis très heureuse et dont tout le bonheur s'écroula... Ce que je fais, je l'accomplis avec la plus grave réflexion comme le plus impérieux de mes devoirs... Et je vous en supplie, mon général, déchirez cette lettre, qui doit vous brûler les mains... Perdez le souvenir de ce que vous y avez lu... qu'elle soit comme si elle ne vous était point parvenue... Faites-le, mon général, si vous voulez vous épargner vos propres reproches... des remords...

— Que prétendez-vous dire ?

Le secret juré à Nicole avait failli échapper à Chémery.

Il se hâta de reprendre :

— Des remords de m'avoir soupçonné, moi... de m'être montré indigne de votre confiance et de votre affection...

Bénavant hésita un instant, puis déchira lentement la lettre et la jeta au panier.

— Voici, dit-il... Je vous crois, mais si vous me trompiez ?...

— Je ne vous trompe pas, mon général... Un jour vous en aurez la preuve...

Quelques minutes après, Bénavant et Chémery se séparèrent.

Et à peine étaient-ils sortis, qu'une porte s'ouvrait, timidement... et que la figure pâle de Madeleine apparaissait... Elle avait surpris les derniers mots... Elle avait compris qu'il s'agissait d'une femme... d'une dénonciation... d'une lettre...

La violence, la douleur, aussi, avec lesquelles le jeune officier s'était défendu avait mordu la jeune fille au cœur. Elle aimait Chémery... Et si la jalousie ne s'éveilla point en elle, il n'en fut pas de même de l'envie de savoir... de pénétrer ce secret, où, peut-être, en dépit de l'éloignement de Chémery, était intéressé son bonheur...

Sans raisonner ses actes, elle était entrée, s'était dirigée vers le bureau, s'était penchée sur le panier et y avait recueilli les morceaux de la lettre anonyme.

Puis, rougissante comme d'une mauvaise action, elle s'enfuit...

A pied, le lendemain, Madeleine montait la rue La Rochefoucauld.

Longtemps elle hésita, surprise de son audace, qui l'avait poussée jusque-là et arrêtée au dernier moment par sa timidité qui l'empêchait d'aller plus loin. Elle se demandait maintenant ce qu'elle venait faire ? Et son cœur était tout oppressé. Et tout à coup, sans savoir comment elle s'était décidée, elle se trouva dans le couloir obscur d'une maison, devant une femme, la concierge, qui l'interrogeait avec politesse :

— Vous désirez, mademoiselle ?...

Interdite, elle se tait. Mais la femme va s'étonner de son silence... Madeleine se hasarde, la voix blanche, apeurée et tremblante :

— Madame Jacqueline Lagasse ? C'est bien ici ?

— Pour sûr, c'est bien ici, mademoiselle... Cinq étages, la porte à gauche... Tapez à la porte fortement, parce que la sonnette est démantibulée...

Machinalement, Madeleine monta. Et toujours elle se posait la même question :

— Que vais-je lui dire ? Quel prétexte ? Quelle explication à ma visite ?...

Ce fut, d'en bas de l'escalier, la concierge qui la tira d'embarras. Elle criait :

— Si c'est pour de la dentelle, Mademoiselle a bien rai-

son de s'adresser à Madame Lagasse... J'en ai connu des
ouvrières, mais pas encore d'aussi adroites que celle-là...

Madeleine pensait, rassurée subitement :

— C'est cela... Je lui dirai que je viens pour lui donner
du travail.

Cinq étages, la porte à gauche. Elle reprend haleine, un
peu essoufflée. Derrière, elle entend un léger bruit de pas.
C'est Jacqueline Lagasse qui va et vient chez elle, tantôt se
rapproche de l'entrée et tantôt s'en éloigne... Madeleine va-
t-elle frapper ?

Plus tard, lorsqu'elle se rappela l'émotion de cette suprême minute qui suivit, elle essaya vainement de se souvenir si elle avait frappé... Jamais elle ne le put...

Peut-être avança-t-elle la main, frôlant la porte.

Peut-être Jacqueline Lagasse perçut-elle qu'on marchait,
que quelqu'un respirait sur le palier, devant l'entrée de son
logis.

Toujours est-il que soudain la porte s'entr'ouvrit et que
la jeune fille se trouva devant une femme qui restait dans
une demi-obscurité et dont tout de suite elle ne put distinguer le visage.

Elle demanda :

— Madame Jacqueline Lagasse ?

Et un grand cri d'épouvante et de joie lui répondit. En
même temps, la forme apparue s'écroulait sur le plancher
et y restait immobile.

Madeleine, surprise, alarmée, se pencha sur Jacqueline
évanouie.

Les cheveux blonds, dénoués dans la chute, s'étaient répandus sur le visage et le dérobaient à demi. Puis, dans
l'étroit vestibule, grand comme une cage, il n'y avait pas
de fenêtre et la lumière y était envoyée par l'unique pièce
du logement.

Elle ne put reconnaître sa sœur... Mais déjà Jacqueline
revenait à elle, se soulevait sur les genoux, restait ainsi
accroupie aux pieds de Madeleine et soudain elle se cacha
la figure dans les deux mains et elle éclata en longs sanglots sourds.

— Mon Dieu ! Mon Dieu ! madame !... murmurait Madeleine déconcertée.

Et pourtant elle se sentait troublée par une émotion poi-
gnante... Ces sanglots, il lui semblait que déjà elle les avait
entendus... Et les mouvements de ce corps gracieux qui se

tordait devant elle, en proie à un désespoir étrange, lui étaient familiers... Une crainte, irraisonnée, s'emparait de Madeleine... Et elle resta silencieuse, n'osant rien.

Longtemps les sanglots continuèrent.

Mais peu à peu les yeux de la jeune fille s'habituaient à cette obscurité.

— Madame, est-ce que vous avez peur de moi ? Et pour quelle raison ? Relevez-vous !

Oui, Jacqueline se relève, mais pareille à ces enfants qui veulent ne point laisser voir leurs larmes, ou qui boudent, elle avait son bras sur ses yeux, et sa poitrine bondissait sous des sanglots devenus bruyants en une crise incoërcible...

— Remettez-vous, madame ! balbutiait Madeleine.

Elle écarte les cheveux qui glissent sur le front et le front apparaît, si pur, et qu'elle connaît si bien, contre lequel tant de fois elle a appuyé son visage.

Elle abaisse le bras, avec une douce mais opiniâtre violence...

Alors, des traits se montrent, des regards bleus, des lèvres gonflées...

Et de nouveau un cri, mais cette fois avec un nom :

— Oh ! Madeleine ! Madeleine !

— Nicole ! c'est Nicole !

Les deux sœurs s'étreignent, dans un élan passionné, si violent que les paroles s'arrêtent, étouffées à la gorge... et qu'elles ne font que s'embrasser... Elles restent enlacées, s'éloignent sans se déprendre et pour se regarder avec des rires nerveux, puis s'étreignent plus fort, et toujours les baisers se cherchent, si éloquents !... où passent tant de jours écoulés dans les regrets, perdus pour le bonheur.

— C'est toi, ma Nicole, toi que je retrouve, cachée sous ce nom... Ah ! je comprends maintenant pourquoi M. de Chémery paraissait si ému en parlant de cette Jacqueline Lagasse, rencontrée par hasard et qu'il voulait protéger...

Nicole tressaillit.

— Et à qui donc M. de Chémery parlait-il de moi ?

— A notre père...

Nicole se détacha lentement de l'étreinte de sa sœur. Ses larmes s'étaient séchées. Une grande pâleur s'épandait sur son beau et fin visage...

— **Je ne veux pas que mon père connaisse ma retraite...**

Sa voix était devenue dure. Il y avait chez elle, on le sentait, une volonté inflexible.

— Nicole, ma chère Nicole... le deuil est à notre foyer... nous te pleurons tous les jours...

— Madeleine, M. de Chémery avait juré de garder le secret sur moi... Comment as-tu découvert ma retraite ?...

Madeleine le raconta. Nicole parut plus rassurée.

— Je ne retournerai jamais chez nous, dit-elle... Je l'ai dit... Je te le redis à toi... Si tu veux que je me tue, ma vie est entre tes mains... Elle tient à ta discrétion... Toi, je t'ai retrouvée... Je suis heureuse... Je te garde... Tu viendras me voir... Je ne serai plus seule... Ne m'interroge pas sur les motifs de ma conduite... Je ne répondrais pas.

Elle disait cela, fiévreuse, en une sorte d'exaltation... Après quoi elle retomba dans les bras de sa sœur et l'étreignit éperdument.

Deux coups discrets, frappés à la porte d'entrée, les séparèrent.

— C'est lui ! fit Nicole.

— Didier ?

— Oui...

Devant les deux sœurs, l'officier, un instant, resta stupéfait. Mais leurs yeux rayonnaient d'une telle joie qu'il ne pouvait douter de leur bonheur. Devant elles deux, les dernières incertitudes, jetées en son esprit par Cocogne, s'évanouissaient. Il ne restait de tout cela qu'un mystère d'infamie qu'il saurait bien pénétrer... Et déjà il lui semblait entrevoir la vérité en écoutant Madeleine qui parlait, Nicole qui répondait, en entendant des allusions qu'il comprenait, des noms qu'il connaissait... Lentement, la vérité se dégageait d'un chaos de ténèbres... Car c'était Madeleine qui disait :

— Si tu savais ! Depuis longtemps je te cherche... je te suis... et plusieurs fois j'ai failli te rejoindre... Un hasard seul, au dernier moment, nous séparait...

Elle conta les rendez-vous auxquels l'avait entraînée Drogont.

Nicole, en écoutant, joignait les mains et balbutiait :

— Si près de moi ! Si près de moi ! !

La jeune femme passait les doigts sur son front et restait accablée, les yeux fermés, avec, parfois, le geste de vouloir écarter d'elle certaines choses... C'est que la brusque apparition de Madeleine, par la violente émotion qu'elle

en avait ressentie, avait, pour ainsi dire, dénoué son cerveau... Elle contait à son tour sa vie depuis un an, sa
pauvre vie d'abandonnée, d'errante à l'aventure, et elle
n'en omit rien... Les choses qu'elle disait ainsi, elle ne les
comprenait pas toutes, car elles lui étaient venues en cette
crise de demi-folie qui avait suivi son mariage et la plupart demeuraient avec des contours indécis, se noyant dans
un lointain de brouillards... Mais des noms lui échappaient... Cocogne, la Punaise, Courapied...

Et celui de Tcherko, ainsi prononcé, de Tcherko dont
elle dit la tentative infâme, fit tout à coup tressaillir Didier
de Chémery... Il fit répéter, demanda des détails, des précisions. Aucun doute n'était possible... Celui-là était
l'homme que poursuivait Cœur-qui-Tremble... C'était le sinistre personnage de la ferme de Bernicourt... C'était Tête-
de-Mort... Ainsi, un des fils qui reliaient cette vaste intrigue arrivait presque dans sa main, de même qu'un autre
de ces mêmes fils venait d'arriver dans la main de César.

L'intrigue amassait ses dangers et ses pièges autour
du général.

Une nuit, à Herbemont, chez César, les deux jeunes gens
s'étaient dit :

— « De même que l'on s'est servi de Nicole pour atteindre Bénavant, on va tenter de le frapper dans Madeleine... Il y a là des combinaisons odieuses qui nous échap-
pent... mais qui vont nous obliger à déployer une surveillance constante, minutieuse, au prix de tous les sacrifices
et de tous les dévouements... »

Chémery avait dit alors à Cœur-qui-Tremble :

— Je sais que je puis compter sur vous ?

César avait répondu simplement :

— Jusqu'à la mort, mon capitaine.

Or, l'heure était venue des dévouements, des sacrifices...
Et, s'il le fallait, de la mort !

. . . .

Une heure après, Chémery frappait chez César, à l'hôtel
des Champs-Elysées.

Et chez César, Chémery trouvait Courapied, dit Miton-
Mitaine.

La conversation qu'eurent les jeunes gens dura tout le
reste du jour.

Elle se prolongea fort avant dans la nuit.

Lorsque Villedieu et Chémery quittèrent César, reconduits par lui jusque dans l'avenue, où ne passaient plus que de rares voitures, les trois hommes étaient silencieux... Ils n'avaient plus rien à se dire, ils n'avaient qu'à en venir aux actes définitifs et tragiques qu'ils avaient résolus... Ils étaient aussi singulièrement graves...

Ils échangèrent une étreinte de leurs mains loyales.

Ce fut lorsqu'ils furent sur le point de se séparer, seulement, qu'à voix basse certaines paroles, presque religieuses, furent encore prononcées.

César murmura :

— Notre vie et notre honneur ne sont rien. Il faut empêcher la guerre...

— Il faut sauver le général !...

— Il faut sauver la France !...

Puis, ils s'éloignèrent... Cœur-qui-Tremble regagna l'hôtel et remonta chez lui.

Chémery et Courapied, dit Miton-Mitaine, disparurent dans la direction du rond-point.

. . . .

IX

Madeleine est demandée en mariage.

Tcherko se savait traqué par les hommes de César, mais il se défendait, audacieux et prudent, ruses contre ruses et décidé à tout. Au reste, il prenait patience. Il voyait se rapprocher, à grands pas, le dénouement attendu, le triomphe de son génie diabolique.

Il était sûr du succès ; quelques jours, quelques heures encore, et ce serait fini...

Les deux pays, soulevés par la haine d'un homme, seraient en proie à la lutte suprême, à ce terrible carnage que serait la guerre... où la France combattrait pour sa liberté définitive et pour sa vie de nation.

Oui, Tête-de-Mort était sûr du succès et, selon sa prédiction au général Schweiber :

Il allait tuer l'âme de l'armée française !...

Mais justement parce qu'en ces derniers instants il ne fallait rien laisser au hasard et ne commettre aucune imprudence, il entourait ses rares entrevues avec Frédéric Drogont du plus profond mystère. Il ne voyait plus Drogont chez lui, ne l'attendait plus, sous des déguisements, soit aux alentours du quai de Boulogne, soit aux environs de l'Ecole militaire... Il lui donnait rendez-vous en plein Paris, au coin d'une rue, d'un boulevard, à l'angle d'une avenue, au milieu d'une place comme celle de la Concorde ou de la République, ou devant les Invalides ou près de l'Arc de l'Etoile... Il attendait Drogont dissimulé dans une auto, protégé par l'approche du soir... Drogont arrivait, sautait dans l'auto qui partait, après que Tcherko se fût assuré qu'on ne les suivait pas. Le chauffeur s'en allait au hasard de toutes les rues, ou bien au bois de Boulogne, quelquefois au bois de Vincennes, ou bien filait le long des

quais, sur toute la traversée de Paris. Alors, ils causaient
librement et échangeaient leurs projets. Puis l'auto s'arrêtait. Ils se séparaient en prenant un autre rendez-vous, ce
qui évitait toute correspondance dangereuse.

Ce soir-là — c'était le dix juillet — l'auto attendait, vers
sept heures, sur le cours la Reine, aux abords de la place
de la Concorde. Comme la soirée était très chaude, les passants étaient nombreux, mais ne prêtaient aucune attention, parmi tant d'autres voitures, à la voiture arrêtée...
Un homme parut, ouvrit la portière du coupé, la referma...
L'auto démarra, avec la mise en marche automatique, sans
tour de manivelle.

Les deux complices, une fois de plus, se trouvaient en
présence.

Chaque fois, Tcherko revoyait Drogont plus sombre et
plus silencieux. La lourde conscience du faux officier, chargée de trop de remords et accablée par son impossible
amour, se révoltait devant l'homme qui le tenait en esclavage.

Il venait, soumis à ses ordres, obéissait, dompté... et attendait... De lui, Tcherko savait qu'il ne devait plus compter sur nulle initiative... Ce n'était plus qu'un outil qui se
rouillait... et que le terrible agent s'apprêtait à rejeter de
ses machinations.

Il dit, après un long moment où ils furent sans prononcer un mot :

— Monsieur, nous touchons au but... Il se peut que demain tout soit fini... Là-bas, nous nous apprêtons en secret... je le sais... Sous différents prétextes, passés ina-
perçus, les réservistes ont été rappelés dans tous nos corps,
depuis Trêves jusqu'à la Suisse... Ce sera une poussée formidable de plus d'un million d'hommes, mobilisés en vingt-
quatre heures... Demain, tout se décidera ! Nous touchons
à l'anniversaire de la guerre de 1870... Les événements se
sont arrangés pour nous y conduire sans peine... C'est
d'un bon augure... Demain, monsieur, vous aurez, avec
Madeleine Bénavant, un entretien décisif... Vous lui avoue-
rez que vous l'aimez et vous demanderez sa main... Elle
doit soupçonner votre amour... Les femmes ont cet instinct
qui ne les trompe pas... Elle ne sera donc pas surprise...
Quant au mariage... c'est l'inconnu, mais j'ai confiance...
Et vous, monsieur, quel est votre avis sur la question ?

— Mon avis, fit Drogont sourdement... Ecoutez-moi bien,

Tcherko, et ne me faites pas répéter deux fois... Je ne dirai pas à cette enfant que je l'aime... parce qu'un pareil aveu dans la bouche d'un homme tel que moi la souillerait... Il me suffit qu'elle se doute de mon amour... Je ne demanderai donc pas sa main... Je me suis avancé trop loin avec vous... Je m'arrête... Et sachez-le, Tcherko... voici des semaines que je me débats contre moi-même... pour ne pas éclairer Madeleine... J'ai redouté son horreur de moi, après ma mort, et c'est ce qui m'a retenu... C'est tout... Je n'irai pas plus loin dans l'infamie...

Tcherko répliquai paisiblement :

— Je m'y attendais... Mais votre œuvre est complète... je n'ai plus besoin de vous... S'il vous plaît de rentrer dans l'ombre, faites... Seulement, votre œuvre restera... et votre œuvre, c'est le mariage de Frédéric Drogont avec Madeleine Bénavant... mariage projeté, promesses échangées... Cela me suffit... Pour cela, je suis prêt et j'avais songé à me substituer à vous, devinant vos hésitations et la trahison nouvelle que vous méditiez... C'est moi, en votre nom, qui ferai auprès de Madeleine la démarche nécessaire... Je ne vous en veux point de vous retirer de la lutte... Non... Désormais, vous m'êtes inutile... Vous avez été pour moi un instrument précieux, indispensable... Vos paroles d'aujourd'hui resteront comme si elles n'avaient pas été entendues... Vous serez réintégré dans votre régiment et dans votre grade et je vous ferai verser cinquante mille marks pour votre mise en train et vos frais d'installation... Ceci est convenu... Je paye bien, parce que vous m'avez bien servi... Je vous rendrai compte, demain soir, de ce qui se sera passé... Toutefois — poursuivit Tcherko avec ironie — soyez assuré que, quelle que soit la réponse de la jeune fille, notre triomphe est certain... Que ce mariage soit accepté, c'est le scandale... Qu'il soit repoussé, c'est le scandale quand même... Mes précautions sont prises... Votre trahison même n'y changerait rien... J'ai si bien prévu tous les obstacles et toutes les éventualités que mes dépêches sont parties au long de la frontière... Le ressort est déclanché... Rien ne l'arrêtera plus...

— Ainsi, il n'est plus temps ?

— Non.

— Rien ne peut plus empêcher la guerre ?

— Rien... si, une chose... ma mort...

Drogont eut un brusque mouvement... mais il sentit sur

le front la glace d'un canon de revolver, et Tcherko disait, avec un sourire :

— Pas un geste... Je vous surveille... Ce serait partie manquée.

Drogont soupira. Et Tcherko reprenait, sans l'ombre d'une émotion :

— Oui, une chose : ma mort, et encore faudrait-il qu'elle arrivât demain... Après mon entrevue avec Madeleine, si je meurs, la formidable machine agira sans moi !

Il prit le cornet acoustique, donna des ordres au chauffeur, qui vira.

— Nous n'avons plus rien à nous dire. Rentrons dans Paris...

Et dès ce moment, pas un mot ne rompit le silence.

C'était un samedi... Il était environ neuf heures... L'auto avait pris à dessein, coupant sa route et revenant sur son trajet, les grandes avenues et les boulevards qui descendent de l'Arc de Triomphe. Elle suivit la rue de la Boëtie, déboucha place Saint-Augustin, et là, au coin de la place, près du bureau des autobus, elle fut engagée dans un énorme remous de peuple, de voitures, de camions, d'omnibus, arrêtés là comme si toutes les rues voisines, boulevard Haussmann, boulevard Malesherbes, rue de la Pépinière, avaient été barrées par un accident... Des agents essayaient de mettre de l'ordre... Quant à rétablir la circulation, c'était impossible... Les hommes et les femmes se bousculaient, dans une agitation extraordinaire... On sentait une fièvre passer sur toutes ces têtes... et comme un vaste soupir exhalé en un seul grondement de ces milliers de poitrines... Jusqu'à présent, pas un cri... Une attente... Mais tout à coup, l'attente prit fin...

En face, de l'autre côté de la place, la lumière des becs de gaz éclairait les vastes bâtiments rectilignes de la caserne de la Pépinière.

La grande porte venait d'ouvrir ses deux battants de fer.

Et la retraite sortait aux accents de *Sambre-et-Meuse*...

Alors, ce furent des milliers de cris, en une seule formidable acclamation...

— Vive l'armée ! Vive la France !

Les femmes levaient les bras, les hommes agitaient chapeaux et casquettes.

Comme un délire d'un moment passa sur cette foule.

Et la place Saint-Augustin tout à coup redevint déserte,

les autos, les charrettes, les fiacres, les autobus et les tramways en panne se déclanchèrent lentement... pendant que derrière elle, la retraite entraînait cent mille patriotes.

Déjà sourdaient les premiers bruits de graves dissentiments entre la France et l'Allemagne, déjà les premiers mots : la guerre prochaine, avaient été prononcés...

Déjà dans les profondeurs de la nation inquiète, mais résolue, s'agitaient les redoutables remous qui, en surgissant à la surface, amènent les grandes catastrophes...

Drogont tressaillit...

Penché à la portière, Tête-de-Mort avait considéré ce spectacle grandiose.

Et le faux officier entendit le misérable proférer une menace...

C'était lui qui avait fait cela, déjà, et qui allait faire plus encore...

C'était son œuvre, le carnage qui se préparait...

Son œuvre, la détresse des mères... la sombre résignation des femmes...

Son œuvre qui lui attirerait les malédictions des deux peuples.

Il touchait au jour de son rêve...

Le jour pour lequel, depuis des années, il avait vécu.

L'incendie couvait.

Il en avait apprêté consciencieusement, avec une réflexion et un calcul démoniaques, les matériaux... et tout à l'heure, il y mettrait le feu !...

Et de ces désastres de vies, de fortunes, d'amours, de foyers détruits, il n'aurait nulle responsabilité...

Il avait agi dans l'ombre, propice aux grands crimes.

Nul ne prononcerait son nom...

Et il ne sentait point de remords...

Tcherko avait grondé, poings crispés, les yeux brûlants de leurs flammes :

— Qu'ils crient, ils se tairont bientôt ! !

Mais Drogont disait :

— Monsieur, c'est un fier et noble peuple... J'ai appris à le connaître... Il est digne de vaincre !... .

. . . .

Le lendemain, onze juillet, vers trois heures, Madeleine était seule.

Depuis quelques jours, Bénavant ne quittait plus le ministère de la Guerre ou les bureaux de l'Etat-major... Il y

passait une partie de ses nuits... y couchait parfois, dans
un coin, sur un lit de fortune, dressé en hâte, donnait une
somme de travail prodigieuse, dispos, entraîné, l'esprit
clair, présent à tous les détails...

De graves nouvelles arrivaient chaque jour, par nos es-
-pions en territoire allemand, fièvre des populations d'outre-
Rhin, attaques injurieuses des journaux qui préparaient
l'opinion... mouvements inusités et inexplicables des
troupes vers la frontière... convois incessants de matériel...

Et cependant, en apparence, la paix n'était pas troublée.

Françoise, ce même jour, plus fatiguée encore, n'avait
pas quitté son lit.

La pauvre femme se mourait lentement... depuis le départ de Nicole...

Madeleine relisait une lettre qui venait de lui être
remise :

« Je sais que le général est absent... Votre mère est ma-
» lade... Vous serez seule et il faut que vous soyez seule
» pour recevoir celui qui se présentera chez vous, dans
» l'après-midi, pour sauver votre honneur et l'honneur de
» votre père... »

Certes, cette lettre l'avait émue, mais sans doute que
depuis qu'elle s'attendait à cette visite elle avait eu le
temps de reprendre tout son sang-froid, peut-être même
parce que cette visite, elle la prévoyait, car la jeune fille,
en ce moment, paraissait très calme...

Elle travaillait, assise près d'une fenêtre du salon, sous
les longues palmes gigantesques d'un palmier retombant
tout autour d'elle...

De là, elle voyait le jardin entre la maison et la grille
d'entrée, un peu du quai et de la coulée lumineuse de la
Seine.

Sur la porte qui faisait communiquer le grand et le petit
salons, les portières, en général relevées, étaient retombées
et se fermaient hermétiquement... Si bien closes qu'on eût
dit qu'elles étaient momentanément rattachées par des
épingles, comme si on avait redouté — détail qui paraissait bizarre — qu'un coup de vent ou peut-être une main
indiscrète ne les écartât...

De temps à autre, un regard de Madeleine vers le quai,
pour y guetter le visiteur.

C'était tout, avec l'agitation menue de ses doigts sur son travail délicat, ce qui rompait son immobilité...

Deux hommes apparurent à la grille... Un bras se tendit... Un coup de sonnette.

Une légère pâleur s'épandit sur les traits de Madeleine... Ses doigts tremblèrent... Son buste se redressa, parce que, soudain oppressée, elle avait eu besoin de respirer largement.

Quelques minutes se passent. Une femme de chambre survient :

— Il y a là deux hommes qui n'ont pas voulu dire leurs noms... Ils prétendent que Mademoiselle les attend... Mademoiselle va-t-elle les recevoir ?

— Oui ! dit une voix claire et ferme.

L'enfant était maîtresse d'elle-même.

Seulement, ses yeux se posèrent longuement sur la portière mystérieusement close, comme s'ils avaient voulu aller puiser là un supplément d'énergie dans l'attente de ce qui allait se passer...

La porte du salon s'ouvrit, et se referma...

Deux hommes étaient entrés...

Le premier, au sinistre visage, était Tcherko-la-Tête-de-Mort...

L'autre, qui le suivait, était Courapied, dit Miton-Mitaine. Tcherko salua, puis regarda un instant Madeleine, comme l'épervier regarde un oiselet avant de foncer desssus, griffes en avant...

— Je vous remercie, mademoiselle, d'avoir compris qu'il était de votre intérêt immédiat de me recevoir sans délai...

D'un geste, elle indiqua deux fauteuils.

Tcherko, seul, s'assit, commodément, en homme qui s'installe pour causer et qui, en ayant long à dire, commence par prendre ses aises...

Quant à Courapied, il resta debout, derrière Tcherko, entre le fauteuil et la porte.

En entrant, Tcherko lui avait soufflé à l'oreille :

— Reste là et ouvre l'œil, pour éviter toute surprise...

Courapied, en honnête serviteur, obéissait.

Posément, Tête-de-Mort parla :

— Mademoiselle, la démarche que je suis chargé de faire auprès de vous ne vous surprendra pas, je le crois, et, dans tous les cas, même si vous ne l'aviez pas prévue, elle n'a rien qui puisse vous alarmer, au contraire... Une jeune fille ne s'alarme pas quand on vient lui parler mariage et quand elle apprend qu'elle a inspiré, par sa beauté, par sa grâce, l'amour violent d'un homme...

— Lorsque cet homme est digne d'elle, prononça doucement Madeleine... Mais pourquoi vous adressez-vous à moi et non à mon père ou à ma mère ?...

— Parce que votre père et votre mère feront votre volonté et que, en ceci, votre volonté sera toute puissante... parce que, encore, s'il y avait chez vous des objections, je vous soumettrais des arguments capables de triompher de vos hésitations... et ces arguments sont de nature si personnelle et si délicate qu'il vaut mieux que vous soyez seule à y répondre... Vous en conviendrez vous-même si, n'étant point d'accord, je suis obligé de les produire...

Déjà pointait la menace.

Madeleine ne parut pas vouloir s'y attarder.

Tcherko, un peu surpris, reprenait :

— M. le lieutenant Frédéric Drogont, vous le savez, n'a aucune famille... C'est moi qui ai reçu ses confidences... Mais c'est malgré lui que je me présente à vous... Le lieutenant Drogont n'a pu vous connaître, ni vous voir fréquemment, sans être bientôt passionnément épris... Je sais qu'il est malheureux... Il a plus d'une fois pensé au suicide... C'est moi qui l'ai retenu... Mademoiselle, peut-être avez-vous deviné cet ardent amour, si respectueux et si craintif... Peut-être n'y êtes-vous pas restée insensible... Vous me le direz... Mademoiselle, pour le lieutenant Drogont, j'ai l'honneur de solliciter votre main...

Il s'était levé et se tenait sa haute taille maigre courbée en deux...

Maîtresse d'elle-même, Madeleine disait :

— J'avais, en effet, deviné que M. Drogont m'aimait...

— Et vous avez deviné la délicatesse de sa conduite, les motifs de son silence ?

Elle rectifia, sur un ton singulier, auquel Tcherko ne prit pas garde :

— Oui, j'avais tout compris !

— Et votre réponse, mademoiselle ?

Tcherko ne pouvait plus dissimuler sa fièvre.

— Avant de vous répondre, je désire vous poser quelques questions ?

— Je vous écoute, mademoiselle.

Elle montra la lettre qu'elle avait reçue, la prévenant de cette visite.

— C'est vous qui m'avez écrit ?

— Oui.

— Cette lettre n'est même pas signée... Vous conviendrez que j'ai le droit de trouver fort singulier cette demande en mariage faite dans des conditions si anormales.

— Mon nom ne vous eût rien dit !

— Qu'importe ! Enfin, passons... Je vous ai reçu... Donc, causons...

Elle souriait, Tcherko parut de nouveau surpris. Il se tint sur ses gardes.

— Je me nomme Jean Cabral... Je suis le porte-paroles de Drogont, à son insu ; ne voyez en moi que lui, l'homme qui vous aime ardemment...

— Une autre question... Dans votre lettre, vous vous présentez comme celui qui doit sauver mon honneur et l'honneur de mon père... Ceci demande une explication, car je ne sache pas comment notre honneur serait en péril...

— Je répondrai, mademoiselle... Je suis venu pour ces explications. Avant tout, il faut que je sache... Que dirai-je à M. Drogont ?

— Vous lui direz : « Peut-être ! »

Tcherko releva la tête et ce fut lui qui, cette fois, sourit.

— Je ne me contenterai pas de cette réponse...

— Avouez que vous avez une étrange façon de plaider une affaire d'amour... Vous paraissez vouloir me contraindre...

Il se tut, mais ses yeux lançaient une menace.

Pourtant il ne brûla pas encore ses vaisseaux, et murmura, hypocrite :

— Je pense à la douleur de Drogont et je voudrais le consoler en lui rapportant une espérance...

— J'ai dit : « Peut-être ! »... Vous voulez une précision ?

— J'en serais heureux.

— Eh bien, cela veut dire : « Jamais ! » fit-elle, sans quitter son sourire.

— Songez à son désespoir... mademoiselle... au malheur de toute sa vie...

— Entre sa vie et la mienne, je n'hésite pas... Et, puisque M. Drogont m'aime à ce point, il ne voudra pas, je suppose, que je me sacrifie pour lui faire plaisir... Ce serait égoïste...

— Bien ! fit Tcherko.

Il se rassit posément dans son fauteuil, avec la même lenteur réfléchie :

— Je vous prie donc de m'écouter jusqu'au bout, car la partie sérieuse de ma mission commence... J'aurais voulu que ma prière fût entendue... J'ai le chagrin de voir qu'elle ne le sera pas... Dès lors, mademoiselle, je suis obligé de vous mettre au courant d'une situation que vous ignorez et d'en étudier avec vous la solution...

Elle fit un geste vague, pour lui dire de parler.

— Mademoiselle, il faut que vous épousiez Drogont !...

— Je vous ai répondu.

— Et vous ne reviendrez pas sur votre refus ?

— Non.

Tête-de-Mort reprit, après un silence qui fut lourd, chargé de menaces mystérieuses :

— Mademoiselle, je répète qu'il faut que vous épousiez le lieutenant Drogont. Il s'agit de votre honneur... et toutes taches qui vous souilleraient saliraient l'honneur de votre famille, le nom du général Bénavant... Le permettrez-vous ? Vous parliez de sacrifice tout à l'heure ?... C'en est un devant lequel vous n'hésiterez plus, je suppose ?

A ces allusions, elle demeurait insensible.

— Il s'agit donc de moi, fit-elle, et je me suis déshonorée ?...

— Oui.

— Sans le savoir ?

— Il se peut.

Il s'attendait à une révolte, à des protestations indignées...

Elle répondait avec un calme extrême.

N'eût été une très grande pâleur, elle eût paru indifférente.

— Je vais vous renseigner. Toutefois, laissez-moi m'étonner de vous entendre dire que vous n'aimez pas le lieutenant Drogont, alors que, dans les cercles mondains qui vous connaissent, vous passez pour sa maîtresse...

Elle baissa un peu la tête... un flot de sang au visage.

Seul signe de son émotion.

— Ah ! on sait ?

— Oui. Votre mariage avec lui n'étonnerait donc personne... au contraire... il apparaîtrait comme la fin légitime qui ferait oublier de graves fautes...

Elle respira longuement.

— L'on prétend ? Et sans doute on apporte des preuves ?

— On apporte la certitude... Car, si vous n'êtes pas au lieutenant Drogont, comment expliquez-vous les fréquentes et mystérieuses promenades pendant lesquelles vous avez été surprise en sa compagnie ?... Au Théâtre-Français, certain jour, en matinée, dans une baignoire grillagée... numéro 18... et vous ne vous cachiez guère en sortant, bien que vous ayez tenté de vous esquiver avant la fin du spectacle... Mais dans le vestibule, vous avez été vue, vous appuyant languissamment sur le bras de Drogont, de Drogont si heureux de votre intimité que lui-même en oubliait toute prudence... Et avec quel amoureux empressement il est allé chercher une voiture.

— Et si je niais ?

— Je donnerais la preuve et je vous épargnerais de la sorte un mensonge...

— Cette preuve ?

Tcherko se tourna vers Courapied... lui fit un geste brutal.

Miton-Mitaine sembla sortir d'un rêve...

Il déplia hâtivement le paquet qu'il portait sous son bras.

Il en tira une épreuve photographique. Tcherko tendait la main pour s'en emparer, mais Courapied, de l'air le plus naturel, n'y prit pas garde, s'avança entre Tcherko et Madeleine, et présenta lui-même l'épreuve à la jeune fille...

— Voyez, dit-il... La photo est très bien venue... La ressemblance est parfaite... Est-ce que vous ne trouvez pas que c'est du bon travail ?

Il n'avait pas lâché l'épreuve et la replaça dans son paquet.

— J'ai le cliché et je peux en tirer autant que Mademoiselle voudra.

Malgré l'effort qu'elle faisait sur elle-même, le trouble de Madeleine devint visible.

Tcherko murmura :

— Elle faiblit. Je la tiens !...

Et s'inclinant avec un respect affecté :

— Dois-je continuer ?

— Oui... Dites tout ce que vous avez à dire...

— Une après-midi, vous avez voulu passer des heures de tête-à-tête avec Drogont, en une petite fête intime, pour laquelle vous aviez cherché le calme de la jolie banlieue parisienne... C'était au Pavillon de Bellevue...

De nouveau, se tournant vers Courapied :

— Montrez !

Et de nouveau, Miton-Mitaine s'exécuta... fidèle à la manœuvre précédente, passant devant Tcherko sans se dessaisir des précieux clichés...

— Voici, mademoiselle... Très heureux si j'ai réussi à vous faire plaisir... J'ai plusieurs clichés de votre rendez-vous... D'abord, votre entrée au Pavillon avec Drogont... Puis à votre fenêtre, épaule contre épaule, avec l'amoureux lieutenant... Puis, toute pâmée de bonheur dans ses bras... Voyez, mademoiselle... Est-ce assez exact, assez bien rendu ?... Vous vous abandonnez, les yeux fermés, contre sa poitrine... Vous lui tendez vos lèvres... et le lieutenant ne résiste pas à cet appel de votre amour... Le baiser passionné que vous lui demandez, il vous le donne... Peu lui importe qu'on vous regarde, qu'il y ait là des étrangers, des indifférents ou des ennemis même... Son bonheur ne l'affolait-il pas ?... Et ce n'est pas tout... Voici encore votre départ... L'auto qui attend... Drogont qui vous y transporte à demi évanouie de plaisir et qui s'enferme avec vous, rideaux clos, pendant que, près de la voiture, des yeux insolents, ironiques et cyniques vous examinent et rient de vous !

Mais Miton-Mitaine s'arrête dans son boniment, car il voit Madeleine trembler. Les regards de l'enfant se troublent. La bouche se contracte.

Il se penche vers elle...

Evidemment, il veut lui faire admirer les photos, de plus près.

Et il glisse, prononçant à peine un seul mot, un mot qu'elle devine et qu'il eût été impossible d'entendre tant la voix était basse :

— Du courage !

Cela suffit à Madeleine sans doute, car elle se redresse.

Mais Courapied, stylé, est allé reprendre son poste, tel un automate, derrière Tcherko, entre le fauteuil et la porte d'entrée.

Tête-de-Mort n'a rien deviné ; il est en plein triomphe.

Il reprend :

— Ce n'est pas tout, et ici se place l'aventure la plus grave, au regard de laquelle les deux autres se pardonneraient aisément. Une nuit, vous vous êtes échappée de la maison paternelle et vous êtes allée au Pré-Catelan accompagnée de votre... ami Drogont. Ceci, vous en conviendrez, était dangereux... Malgré la protection de votre ami, avant qu'il ait pu intervenir, vous avez été assaillie à la sortie de l'auto, insultée, votre voile déchiré livrant votre visage au photographe... L'insulteur souffleté... Une querelle... Echange de cartes... Un scandale... L'arrivée des gardes du bois... Procès-verbal... Et votre retour éperdu quai de Boulogne... Courapied, montrez !....

Miton-Mitaine, pour la troisième fois, s'exécute.

Et du ton empressé d'un commis qui fait l'article :

— Les photos sont moins bien venues... Il a fallu le magnésium et voyez-vous, mademoiselle, rien ne vaut le soleil... pour la photo... Tout de même, c'est ressemblant... à crier... Ça ne pèche que par le côté artistique... Rendez-vous compte... Départ d'auto... Les apaches qui vous entourent... L'un d'entre eux qui s'approche de vous, soulève et arrache votre voile... Et v'lan ! une paire de gifles qu'il reçoit de votre ami... Les cartes... Les agents... Tout le tremblement... Est-ce exact, voyons, est-ce exact ? Mais, ce qu'il y a de plus rigolo, c'est le cinéma, oui, vous entendez bien, le cinéma... pas de la scène du Pré-Catelan, c'était la nuit... on ne fait pas du cinéma la nuit... mais de la scène du Pavillon de Bellevue... Si ça vous est agréable, rien ne sera plus facile que de vous la reconstituer de point en point, depuis votre arrivée jusqu'au baiser, jusqu'à la pâmoison, jusqu'à votre fuite en auto... C'est la vie qui est rendue, avec les moindres gestes... Les photos que je vous ai montrées tout à l'heure ne vous donnent que de l'immobilité... Je vous tournerai ça quand vous voudrez, mademoiselle, ici même, dans votre salon... Un écran contre le mur... les rideaux tirés, l'obscurité faite et ça y est... Vous vous retrouverez avec Drogont et revivrez votre scène amoureuse...

Et faiblement, dans un souffle, il murmure :

— Ne vous effrayez de rien... Nous vous sauverons...

Il lui fallait, à la pauvre Madeleine, cette parole réconfortante pour ne point s'évanouir d'épouvante.

Elle se raidit :

— Ainsi, dit-elle à Tcherko, vous me faisiez suivre ?

— Ne fallait-il point vous protéger contre vos imprudences ?

— Et tout cela n'était qu'un guet-apens ? Et pour m'attirer dans ces guet-apens, on se servait de ma sœur Nicole ?... C'était l'appât auquel je devais me laisser prendre...

Puis, avec un geste de dégoût :

— Et comme complice, vous aviez le lieutenant Drogont ?

— Non, mademoiselle — voulut rectifier Tête-de-Mort — Drogont n'a rien su... Il croyait vous défendre... Il a été trompé, comme vous.

— Vous mentez... Cet homme est un misérable '

Et avec un cri d'horreur :

— Un officier ! Un officier français !

Mais derrière Tcherko, Courapied faisait des gestes violents de dénégation.

— Non, non, semblait-il dire... Cette infamie n'est pas d'un officier de France !

Elle se calma encore...

Seulement, ses traits, creusés, indiquaient sa détresse et sa souffrance.

— Si le lieutenant Drogont n'est pas votre associé dans cette odieuse tentative, pourquoi vous présentez-vous en son nom ?

Enfin, le masque de Tcherko tomba :

— Parlons net, et faisons vite... Je n'ai nulle envie de vous expliquer ma conduite, en ce moment... Plus tard, peut-être, nous verrons... Pour le quart d'heure, je vous tiens, et je ne vous lâcherai pas... Consentirez-vous à épouser Drogont ?

— Et si je refuse ?

— Vous êtes perdue, car je livre à la publicité les documents photographiques que mon ami Courapied vient de vous soumettre et la fille du général Bénavant devient la fable et la risée de tout Paris !... Diable ! faire la fête avec un lieutenant, sauter le mur la nuit, pour aller rigoler dans les établissements joyeux, alors que l'on vous croit au chevet de votre mère malade, ceci, mademoiselle, n'est pas vulgaire...

— Mais vous savez bien que c'est un mensonge infâme !

— Oui, mais je serai seul à le savoir et je garderai jalousement mon secret.

— Donc, si j'accepte de devenir la femme de ce... de cet homme ?

— Toutes ces photographies deviendront votre propriété et vous les détruirez si bon vous semble.

Il ajouta avec une sorte d'indifférence narquoise :

— Il me suffira que vous épousiez Drogont... Je dirai même qu'il me suffira que la nouvelle de ce mariage soit rendue publique...

Madeleine, angoissée, essaya de retrouver du courage en regardant Miton-Mitaine.

Mais l'étrange photographe paraissait se désintéresser de ce qui se disait... Il fermait les yeux... les mains croisées sur son ventre et tournant ses pouces... avec le sourire béat de l'homme qui nage en plein bonheur.

— A quel moment ces documents m'appartiendront-ils ?

— Le jour où l'annonce de votre mariage sera officielle...

Elle parut réfléchir...

Puisque Courapied se désintéressait et renonçait à écouter, elle tourna son regard vers la portière hermétiquement close. Rien ne bougea.

— Il me faut le temps de prévenir, de préparer mon père...

— Vous acceptez donc ?

— Je ne refuse pas... mais je ne peux vous répondre tout de suite... je suis affolée par ce que je viens d'entendre...

— Je suis pressé... souvenez-vous-en !

— Je désire penser à ce que vous m'avez dit...

— C'est trop juste, après tout... Quel délai voulez-vous ?

Un silence... après quoi, faiblement :

— Trois ou quatre jours !

— Je serai bon prince... je vous donne quatre jours... Ainsi, c'est bien entendu ?

— Vous aurez dans quatre jours ma réponse.

— Je n'attendrai pas une heure de plus... A quatre heures de l'après-midi, le quinze juillet, je me présenterai ici, et vous demanderai...

— A moins que je ne sois morte ! fit-elle dans un cri de détresse.

— Votre mort ne détruira pas les photos de Courapied, mademoiselle... Donc, vous vous éviterez de recourir à un dénouement qui serait inutile... Adieu !

Il salua... sortit, suivi de Miton-Mitaine, trottinant, obséquieux, avec son paquet sous le bras.

Il était à peine sorti que Madeleine, les deux mains à

sa gorge, étouffant, suffoquée par la terrible émotion qu'elle domptait depuis si longtemps, s'abattit.

Alors, la portière, après quelques tâtonnements, s'ouvrit...

Et César, pâle, troublé presque autant que la jeune fille, César tremblant, parut...

Comme si la présence de Cœur-qui-Tremble avait suffi pour la ranimer, pour lui rendre la vie, en la rassurant par sa protection toute puissante, Madeleine se soulevait, se remettait debout, avec l'aide du jeune homme.

Longtemps, ils se regardèrent, en proie à une émotion extraordinaire.

César appuyait fortement la main sur le côté gauche de sa poitrine.

Il murmura, la voix étouffée et hésitante :

— Il ne faudrait pas beaucoup de ces coups-là pour me tuer !...

Puis, un large et profond soupir, à fond, le remit et son visage gai s'épanouit.

— Hein, mademoiselle Madeleine, vous avais-je trompée ? Et, Chémery et moi n'avions-nous pas bien fait de vous prévenir de tout ce qui se passerait entre vous et Tcherko ? Malgré ça, vous vous êtes démontée ?... J'entendais... Je comprenais au son de votre voix... Est-ce que je n'étais pas là, voyons, si les choses avaient mal tourné ? Et n'étiez-vous pas prévenue, également, que Courapied était notre ami ?...

— Quelle infamie ! ! balbutia l'enfant.

Et elle éclata en sanglots...

Puis, brusquement calmée par une pensée soudaine :

— Mais cet homme, cet officier, ce Drogont... son rôle ?... Est-il possible que ce héros de nos guerres d'Afrique... admiré et fêté... devant lequel s'ouvre un admirable avenir, est-il possible qu'il ait prêté les mains à pareille ignominie ?...

— Mademoiselle, rassurez-vous... Il y a belle lurette que tout ce mystère me tarabuste, voyez-vous... et longtemps aussi que j'ai mon opinion faite là-dessus... On m'a traité de fou et de visionnaire, quand j'ai voulu parler... Pensez donc ! s'attaquer à Frédéric Drogont !... Maintenant, j'espère que l'on me croira...

Et après une pause :

— Je vous ai dit qu'il fallait vous rassurer, calmer votre

indignation et votre douleur... oui, ce serait une véritable douleur que de reconnaître une indignité de ce calibre-là chez un officier jouissant d'une pareille réputation... Madeleine, fit-il avec une intimité qu'on lui permettait... j'en ferai bientôt la preuve... Le lieutenant Frédéric Drogont, du 1er tirailleurs sénégalais est mort...

— Mais cet homme....

— N'est pas Frédéric Drogont, naturellement !...

Madeleine joignit les mains. Des pleurs lui échappèrent à nouveau.

— Mon père ! Mon pauvre père ! Lorsqu'il apprendra, il se tuera !...

— Et voilà pourquoi votre père n'apprendra rien maintenant. Il ne faut pour rien au monde... tant que cette affaire ne sera pas apaisée... Il faut que son esprit reste libre, que son cerveau conserve sa puissance, qu'aucun nuage n'obscurcisse sa pensée... Lui dire la vérité, en ce moment, ce serait un crime non pas seulement envers lui, mais envers la France... Plus tard... lorsque la tempête sera calmée et la paix raffermie... ou bien après la guerre, si elle doit avoir lieu... il sera temps... Jadis, j'avais appelé son attention sur ce misérable, alors qu'il n'y avait pas de danger pour le faire... Aujourd'hui, je donnerai ma vie, s'il le faut, pour que rien ne transpire plus de cette abominable machination... Et je ne suis pas le seul, mademoiselle... Il y a Chémery... Il y a celui-là que vous avez entendu appeler Courapied, et qui nous est dévoué... Il y a mes onze apôtres prêts à se faire casser la tête... Nous sommes donc au total quatorze... Quatorze hommes qui ont fait le sacrifice réfléchie de leur vie, je vous assure, Madeleine, que c'est une force irrésistible !...

— Mais je suis à la merci de Tcherko, dit-elle tout en larmes.

— Encore une fois, rassurez-vous... Pas une de ces photographies, la seule arme que Tcherko possède, ne sera livrée au grand public... Les épreuves seront détruites, les clichés brisés. Le jour où Tcherko les réclamera, et ce serait bientôt si nous le laissions libre d'agir, il ne trouvera plus rien...

César ajouta en riant :

— Il ne trouvera même plus le photographe ! ! !

— Que comptez-vous donc faire ?

Mais Cœur-qui-Tremble n'eut pas le temps de répondre.

On entendit la grille s'ouvrir.

Sans regarder à la véranda pour voir quel était ce visiteur, Madeleine dit vivement :

— C'est mon père !...

— Pas un mot, mademoiselle !... Il faut autour du général le silence et le recueillement... Il s'agit de sa vie... et la vie de votre père est nécessaire à la France...

Bénavant montait lentement. On percevait le bruit de ses pas, un peu plus lourd que d'habitude. Madeleine courut à sa rencontre.

Et, quand il vit César, son visage s'éclaira.

— Je viens de faire téléphoner à l'hôtel... J'avais besoin de vous...

Debout, dans une attitude militaire, César Sanguinède salua :

— A vos ordres, mon général !

— Je ne vous apprendrai pas que l'heure est décisive. Vous l'avez compris et comme vous, depuis deux ou trois jours, tous les Français s'en rendent compte. La querelle soulevée depuis longtemps par l'Allemagne, dans les journaux même les moins hostiles à la France, au sujet de la légion étrangère, vient de s'envenimer tout à coup... Le parti pangermaniste, qui est celui de la guerre, a fait dans le pays une propagande qui a troublé les esprits et de nouveau ameuté les cœurs. L'empereur se trouve seul contre la nation qui veut la guerre. Il est à craindre que sa volonté pacifique soit impuissante contre les sourdes menées qui préparent la lutte. Il faut prévoir la mobilisation. De l'autre côté du Rhin, on la prépare. Les renseignements qui nous parviennent d'heure en heure ne laissent aucun doute à ce sujet. Virtuellement, la mobilisation est déjà commencée chez eux, les réservistes rappelés, les régiments ont fait le premier pas en avant vers leur concentration. Le tout, sous prétexte de manœuvres.

— J'espère bien que nous en avons fait autant ? dit vivement César.

Bénavant sourit :

— Ils ne déplacent pas un soldat sans que nous en déplacions un autre... Le gouvernement allemand serait disposé à transporter la question de la légion étrangère, du terrain de la discussion dans la presse, sur le terrain diplomatique et à demander à la France de licencier la légion... Ce serait une insulte... S'il le fait, la France répondra par un refus net et catégorique, et alors...

— C'est la guerre...

— Oui... j'ajoute que, avant même que cette question soit posée si elle doit l'être, des incidents sur la frontière peuvent rendre la guerre inévitable... Il y a de part et d'autre une grande surexcitation... En Alsace et en Lorraine, certains propos outrageants d'officiers prussiens contre le drapeau français ont soulevé des troubles dans la population... Il y a eu des émeutes à Metz, à Saverne, à Mulhouse, à Strasbourg... Les chefs ont manqué de sang-froid... Les troupes ont tiré... Il y a des morts... et depuis trois jours des déserteurs alsaciens et lorrains viennent par centaines s'enrôler chez nous.

— Votre avis, général ?

— Je ne crois pas qu'on puisse éviter la guerre... Il faudrait un miracle... Et, dam ! César, à notre époque, les miracles sont rares...

— On en fait encore, mon général, dit Cœur-qui-Tremble.

Mais il ne s'expliqua pas davantage.

Le général lui prit la main avec un peu d'émotion :

— César, une simple question à laquelle il faut répondre sans hésiter... Votre réponse peut être d'une gravité extraordinaire en la circonstance.

— Je répondrai, mon général.

— Vous savez ce dont nous sommes convenus...

— Oui.

— Etes-vous prêt ?

— Oui.

— Croyez-vous pouvoir compter sur vos hommes ?

— Sur tous, sans exception... Ils savent que, en cas d'échec comme en cas de succès, aux postes où ils attendent mes derniers ordres, c'est pour chacun d'eux la mort... Ils n'hésitent pas... Cela vous donne une force singulière, mon général, de savoir qu'on va mourir...

— Ces ordres vous les avez envoyés ?

— Pas encore, mon général... Rien ne presse... Ils sont seulement avertis d'avoir à se préparer... Ceci pour la forme... Depuis un an ils se préparent...

— Rien ne presse, dites-vous ? Les minutes sont solennelles, au contraire... Demain, peut-être, le premier coup de canon sera tiré... et le sort de la patrie engagé...

César secoua la tête...

— Non, mon général... pas demain, ni après-demain, ni dans trois jours, ni même dans quatre... Nous avons quatre jours devant nous... pendant lesquels les deux peuples vont se regarder en grinçant les dents comme deux dogues dressés l'un contre l'autre et auxquels la chaîne qui les attache ne permet pas de s'attaquer, de se mordre et de se mettre en pièces... Vous avez encore devant vous quatre jours pleins, quatre nuits pleines... Vous pouvez les mettre à profit...

— Vous en êtes sûr, César ?

— Oui, mon général.

— Et d'où vous vient cette certitude ?

— C'est une certitude... morale... Je ne pourrai rien vous préciser.

— Quatre jours, en des événements aussi graves, sont précieux, mais je n'ai pas à compter et ne compterai pas sur ce délai...

Et il ajouta, lentement, d'une voix contenue :

— Il y a trop longtemps que je pense à l'heure qui va sonner... je suis prêt...

— Mon général, il faut s'attendre aussi à la surprise...

Un coup d'œil interrogateur...

— Oui, la surprise... un revirement de l'autre côté du Rhin... le miracle...

Bénavant resta un moment sans répondre, pesant ce qu'il allait dire, puis :

— Je ne l'espère pas... Certes, ce n'est pas de gaieté de cœur qu'un homme déchaîne une pareille catastrophe... mais lorsqu'on a fait tout ce qu'il fallait pour l'empêcher, sans toucher ni à la dignité, ni aux intérêts primordiaux, ni à l'honneur, on est sans remords... sinon sans regrets... Mais cette lutte est fatale... Un jour ou l'autre elle devait éclater... Ce ne pourrait être qu'un retard... Je ne souhaite pas qu'il se produise... Mieux vaut aujourd'hui que demain... J'ai cru longtemps qu'ils n'oseraient pas nous attaquer... car ils savent qu'ils risquent gros... ils risquent de perdre l'énorme accumulation de richesse et de puissance qu'ils doivent à leurs victoires de 1870... Ils savent aussi que notre armée vaut la leur... et que, chez l'une et chez l'autre, défauts et qualités se compensent... Ils savent, enfin, qu'ils ne nous surprendront pas comme en 1870, et leur vieux Guillaume, notre vainqueur, l'a dit un jour à Bismarck pour arrêter ses velléités de nous attaquer encore : « Non, non... le hasard nous a servis... mais on ne recommence pas deux fois ce coup-là !... » Cependant, voici qu'ils y viennent, au choc inévitable... Sur quoi et sur qui comptent-ils pour être victorieux ?... Quel atout se réservent-ils de jeter, au dernier moment, dans cette formidable partie ?...

César aurait pu lui crier :

— Vous, mon général... Vous, votre vie et votre honneur !... Et comme la France n'aura pas le temps de se ressaisir... après ce prodigieux scandale... c'est la défaite !!

Mais César l'avait dit : il fallait se taire !...

Toujours très calme, avec la même douceur étrange, Bénavant ajoutait :

— Dans tous les cas, s'ils s'imaginent nous surprendre, ils se trompent... C'est eux qui seront surpris...

Il tendit la main à Cœur-qui-Tremble et s'enferma chez lui.

DEUXIÈME PARTIE

LA CLOCHE D'ALARME

I

La première journée.

« Ce n'est pas assez de dire aux citoyens : soyez bons ! Il
» faut leur apprendre à l'être et l'exemple même, qui est à
» cet égard la première leçon, n'est pas le seul moyen qu'il
» faille employer. L'amour de la patrie est le plus efficace.
» Il est certain que les plus grands prodiges de vertu ont
» été produits par l'amour de la patrie : ce sentiment doux
» et vif, qui joint la force de l'amour-propre à toute la
» beauté de la vertu, lui donne une énergie qui, sans la
» défigurer, en fait la plus héroïque de toutes les pas-
» sions...
» Voulons-nous que les peuples soient vertueux... com-
» mençons donc par leur faire aimer la patrie... »

Ces belles paroles sont de Jean-Jacques Rousseau, dans
son article de l'*Encyclopédie* sur l'économie politique.

Et il semble qu'on doive en rapprocher, pour en faire le
corollaire, et comme pour leur donner une conclusion élo-
quente dans sa brutalité, les fameuses paroles de Bismarck
à Jules Favre, lors de la conclusion de l'armistice en 1870 :

« S'il suffisait, déclara Bismarck, d'armer un citoyen
» pour le transformer en soldat, ce serait une duperie de
» consacrer le plus clair de la richesse publique à l'entre-

» tien des armées permanentes. Là est la véritable supério-
» rité et vous êtes vaincus parce que vous l'avez mécon-
» nue. »

Rudesse qui résumait la leçon d'erreurs qui coûtaient à
la France trois départements, cinq milliards, des centaines
de milliers de vies humaines, et pour de longues années
une sorte d'esclavage international...

Madeleine avait demandé quatre jours à Tcherko.

Et Tcherko, sans se douter du piège et sans deviner dans
cette exigence la volonté et le calcul de Cœur-qui-Tremble,
avait consenti.

C'est l'histoire de ces quatre journées qu'il nous reste à
raconter... Dans leurs heures rapides se nouèrent et se dé-
nouèrent des événements tragiques.

Déjà, en même temps que l'on signalait les premiers incidents, à la frontière de l'Est et du Nord-Est, des bruits
alarmants, semés à dessein par Tcherko, couraient comme
la funèbre musique d'accompagnement de ces grands cata-
clysmes...

Le premier de ces bruits fut que Paris, en cas de conflit,
manquerait d'approvisionnements, que pour une des luttes
les plus formidables de l'histoire, en vue de cette éventua-
lité douloureuse, rien n'avait été prévu pour le ravitaille-
ment de l'immense camp retranché de la capitale et que,
dès la première semaine des hostilités, les quatre millions
d'habitants de l'agglomération parisienne étaient exposés
à manquer de pain !...

Une énergique intervention du gouvernement fit cesser
cette campagne criminelle de bruits colportés en mystère,
dont les journaux ne se firent pas l'écho, et qui, pourtant,
s'étaient répandus, on ne sait comment, avec une rapidité
foudroyante.

De l'autre côté de la frontière, les feuilles allemandes
redoublaient de violence, obéissant, avec leur habituelle
discipline, au mot d'ordre venu de Berlin.

Les attaques augmentaient contre la légion étrangère.

Depuis longtemps, les journaux français avaient signalé
le danger que cette campagne de calomnies odieusement
enfantines pouvait faire courir à la paix... Au moindre
incident, cette campagne se transformerait en un *casus belli*.
Ils s'étaient employés à détruire ce germe empoisonné. Ces
réponses ne furent point lues, ou l'on n'en tint pas compte :
celui qui veut tuer son chien l'accuse d'être enragé.

Puis ce fut la gamme prévue des incidents.

D'abord, de peu d'importance, ils s'aggravaient au fur et à mesure des heures écoulées.

Les renseignements venus des régions de l'Est et du Nord, et du nord-est de la Belgique jusqu'à la Suisse, signalèrent une activité inaccoutumée des parcs d'aviation, en Allemagne, tout le long des frontières...

Pendant toutes les journées, le ciel était sillonné d'aéroplanes dont beaucoup traversèrent les Vosges et, malgré les règlements intervenus, volèrent longtemps au-dessus de nos grandes places fortes.

En même temps, les ténèbres de toutes les nuits étaient sillonnées des longs fuseaux de lumière électrique venus des *Zeppelins* en évolution dans les mêmes parages. Soudain, parfois, ces feux s'éteignaient et les dirigeables, faisant corps avec la nuit, se dirigeaient invisibles vers des missions lointaines et mystérieuses que les imaginations amplifiaient d'histoires redoutables. C'est ainsi que l'on vit les monstrueux engins de la guerre aérienne longer les côtes d'Angleterre et alarmer les populations. C'est ainsi également que deux aviateurs ayant franchi les frontières de la Pologne russe, et un coup de vent les ayant rabattus et fait descendre à cinq cents mètres, reçurent la fusillade d'un poste de fantassins et dégringolèrent, morts.

En France, malgré tout, le calme des esprits restait profond, émouvant : on y sentait la volonté résolue d'un peuple sans reproches et sans crainte.

Cependant certains remous, des profondeurs, remontaient déjà à la surface.

Des boys-scouts de Metz avaient passé la ligne frontière, au poteau de Mars-la-Tour, en une sorte de bravade contre une bande d'écoliers français en promenade, sous la conduite de l'instituteur...

Les deux bandes en étaient venues aux mains, s'étaient ruées l'une sur l'autre, avec une sorte de sauvagerie, malgré les rappels, les prières et les ordres.

Il y eut, de chaque côté, des blessures graves...

En cette même journée, des douaniers et des gendarmes en tournée, faisaient une découverte ; ils avaient remarqué, depuis quelques jours, les allées et venues suspectes des gendarmes allemands, dans la direction de Thiaucourt. Les Français s'étaient mis en embuscade, à la faveur des ténèbres, et ils avaient surpris le mystérieux travail auquel les autres se livraient... Dans un petit bois, le long

d'un arbre, un fil très fin reliait les fils télégraphiques allemands aux fils français, auxquels il allait se rattacher
sous terre... Ce fil était posé en toute évidence par les Allemands dans le but d'intercepter les télégrammes français
reçus à la frontière. Cet incident, que l'on essaya de cacher
au public, fut malgré tout vite connu et provoqua la plus
vive émotion. Un ordre du jour, venu du ministère de la
Guerre, ordonnait au général commandant le 6e corps de
féliciter douaniers et gendarmes de leur activité intelligente, en recommandant à tous les postes frontières la plus
grande vigilance.

En outre, trois fois de suite, des incidents s'étaient produits à Nancy. Toute une série d'attentats commis au parc
d'aviation militaire.

Des hommes, la nuit, s'étaient introduits dans le parc,
avaient mis le feu à un bidon d'essence et déjà l'incendie
se propageait dans les hangars de Villers-lès-Nancy, menaçant de détruire les huit aéroplanes qui constituaient la
flottille aérienne de la place, lorsque la sentinelle appela
au secours.

L'incendie était à peine apaisé qu'un soldat, en prenant
la garde, était assailli par deux inconnus et blessé d'une
balle à la cuisse.

Et le matin, au lever du jour, une autre alerte avait lieu.
Le poste sortait en armes et se trouvait aux prises avec des
individus qu'il poursuivit, sur lesquels il tira, mais qu'il
ne réussit point à atteindre. Ils avaient disparu dans le
petit bois de sapins qui borde l'une des extrémités du parc,
après avoir jeté des torches de paille enflammées vers les
bidons d'essence entassés à la gauche du réservoir d'eau
du parc de Villers.

Ces incidents causèrent dans la population de Nancy une
vive effervescence.

Des bagarres eurent lieu dans les cafés et au buffet de
la gare. Des Allemands, qui montraient des visages insolents et dont les propos perdaient toute mesure, furent
houspillés fortement et perdirent toute envie de prolonger
leur séjour.

Ainsi, le feu se propageait, de proche en proche, tout le
long de la frontière, mais, peu à peu, gagnait la France
et Paris commençait à bouillonner.

Des mouvements populaires s'y dessinaient déjà.

En face du danger que l'on prévoyait inévitable, tous les
partis désarmaient. Une union formidable se manifestait

tout à coup entre les hommes séparés jusqu'alors par des haines politiques...

Il fallait se battre, si l'on voulait vivre...

Et cette pensée de la grande lutte finale, au bout de laquelle, en cas de défaite, la France n'existerait plus, réunissait toutes les âmes en un redoutable faisceau de courages, de dévouements et d'amour commun de la patrie.

Le gouvernement sentait qu'il allait être débordé et que dans quelques heures il ne serait plus maître des événements. Il hésitait. On devinait qu'il ne voulait point paraître avoir perdu tout espoir d'empêcher la guerre, mais que, d'autre part, il ne voulait pas réfréner l'enthousiasme populaire, qui engendre les sacrifices et crée les victorieux. En de pareilles minutes, décisives et angoissantes, il fallait réchauffer encore, et non point refroidir les cœurs...

Aucun affolement ne se manifestait dans le pays.

Seulement, vers les forts et les grandes places de l'Est, affluaient les trains amenant du matériel et complétant les préparatifs.

La nuit, sur toutes les voies ferrées, de quart d'heure en quart d'heure, ils se succédaient. Toutes les tréfileries des Ardennes, dans la vallée de la Meuse, avaient été mises à contribution et des wagons filaient vers la frontière, chargés de fils de fer destinés à protéger les abords des redoutes.

Quant aux approvisionnements en obus, ils étaient au complet, prévus pour une campagne de six mois, et les canons de l'artillerie moderne sont d'effroyables mangeurs de munitions !

A Paris, une première manifestation eut lieu, entourée d'une gravité solennelle, dans un silence qui fut presque religieux : un pèlerinage à la statue de Strasbourg. La plupart des groupements du quartier Latin s'étaient associés à cette manifestation : la Ligue des jeunes amis de l'Alsace-Lorraine, les Candidats à l'école de Saint-Cyr, les Etudiants de l'Action française, les Etudiants jeunes-républicains, les Etudiants plébiscitaires, les Etudiants républicains nationalistes, l'Union des étudiants républicains de Paris et la Fédération des jeunesses républicaines patriotiques. Des affiches portaient : « Nous voulons, malgré nos divergences politiques, nous montrer en un seul cortège, unanimes pour affirmer au pied de la statue de Strasbourg notre attachement aux souvenirs et aux espoirs de la patrie... La jeunesse française n'a jamais cessé d'espérer la victoire libératrice... » Les étudiants des universités françaises, de tous les points de France, avaient envoyé des couronnes et des délégations. Le rendez-vous était fixé place de la Sorbonne, à deux heures.

Et ce jour était le premier des quatre jours demandés par Madeleine à Tcherko.

Et c'était après le quatrième jour que, si le miracle prévu par Cœur-qui-Tremble ne se produisait pas, la guerre éclaterait.

Bien avant l'heure, toute la jeunesse était là, et sur le parcours qu'elle allait suivre, il y avait une immense agglomération de spectateurs... Il semblait qu'en ces minutes, Paris tout entier venait d'interrompre son travail, ses préoccupations, pour accourir là-bas, boulevard Saint-Michel, boulevard du Palais, place du Châtelet, rue de Rivoli et place de la Concorde, contempler et scruter les visages de ces jeunes qui tenaient dans le secret de leurs cœurs l'espoir du lendemain. Des milliers et des milliers se formèrent en un long cortège par rangs de trois ou quatre.

Pas un cri ne fut poussé.

En tête, un étudiant portait un drapeau dont la hampe était coupée par un nœud de crêpe. D'autres venaient ensuite avec des couronnes, immortelles ou fleurs vivantes, bandées par des écharpes tricolores.

Devant la statue de Jeanne d'Arc, tous se découvrirent...

Le silence est le plus profond de tous les bruits, a dit une Écossaise et Alfred de Vigny répliquait par une formule impérissable : « Seul, le silence est grand, tout le reste est faiblesse... »

L'immense foule, où coulait pourtant, en ces heures historiques, une émotion intense, la foule qui, pourtant, prêtait l'oreille fiévreusement à tous les bruits de la frontière, resta silencieuse, comme le cortège.

Elle saluait le drapeau et les couronnes au passage.

Le grand soleil de cet après-midi de juillet éclairait cette manifestation d'un peuple recueilli, conscient de son droit, de son devoir et de sa force...

Après avoir tourné devant la rue Royale, les manifestants se dirigèrent vers la statue de Strasbourg. Les premiers rangs s'arrêtèrent, tête nue, devant le socle.

Les couronnes furent hissées et prirent place sur d'autres couronnes flétries, fleurs fanées et perles déteintes. Des perles roussies par le temps et les pluies s'égrenèrent des anciennes couronnes et ruisselèrent sur les dalles en un léger clapotis couleur de sang. Puis, rang par rang, les étudiants défilèrent devant la statue.

Il n'y eut pas même un seul cri de : « Vive la France ! »

Mais ce cri chantait dans tous les cœurs.

Cependant, au courant de la soirée du même jour, la fièvre parisienne s'accentua. Des manifestations, celles-ci bruyantes, eurent lieu devant le ministère de la Guerre et devant le ministère des Affaires étrangères, puis devant la villa du Parc des Princes, chez le général Bénavant.

La vue d'un soldat, dans la rue, provoquait des cris et des chants.

Les troupes furent consignées.

On était à la veille de grands événements.

Ce fut ce même jour qu'une brochure, comme par un mot d'ordre, fut répandue dans toute l'Allemagne à des millions d'exemplaires.

Elle était intitulée : « Frankreichs Ende... Im Iarhe 19... ? ?... Ein Zukunftsbild von Adolf Sommerfeld... »

C'est-à-dire : « Le partage de la France... »

La couverture représentait sur le verso un coq gaulois déplumé, misérable, ensanglanté, hideux, entre deux médaillons qui portaient :

A gauche : *Terror belli*.

A droite : *Decus pacis*.

Au recto, une carte en couleurs représentant le partage de la France ; celle-ci devenait allemande jusqu'à Bordeaux, d'une part, et la Suisse, d'autre part. Le reste, entre Bordeaux et Bayonne d'un côté, y compris le Dauphiné, la Provence, Marseille et Nice de l'autre, était adjugé à l'Italie.

En France, on ripostait par l'envoi d'une circulaire rappelant à chacun son devoir pour le jour du danger.

Elle avait pour titre : « Si la guerre éclatait. » On y rappelait que tout, désormais, devait être sacrifié aux besoins de l'armée. Se défendre d'abord. Et les devoirs des fonctionnaires, comme des citoyens... Affichage, chevaux disponibles et utilisables, logements et cantonnements, informations à prendre sur les étrangers habitant le pays, gardes des voies de communication, postes d'ambulanciers, ambulances privées, absents à prévenir, à rappeler, remplacement des médecins et des pharmaciens que leur service appellerait aux armées en cas de mobilisation, réquisitions possibles, distribution des brassards bleus aux gardes des chemins de fer... Surveillance et arrestation de tous les vagabonds qui, sous un déguisement quelconque, pouvaient dissimuler des espions... Secours à accorder plus tard aux familles des hommes qui partent sous les drapeaux... Et la circulaire concluait en disant que chaque Français devait se rendre à son poste ainsi qu'il se rendait jadis à ses affaires, sans plus de trouble, « comme s'il accomplissait l'acte le plus naturel du monde, avec la conscience calme d'une force que rien ne peut vaincre »...

. . . .

D'autres événements se précipitaient...

De graves résolutions avaient été prises, lors de leur entretien nocturne, entre César, Villedieu et le capitaine Chémery.

Ils en commencèrent l'exécution en cette première des quatre journées décisives.

Ils s'étaient séparés, prêts au dernier sacrifice... La vie pour eux ne comptait pas... S'il le fallait, pour la France, ils sacrifieraient leur honneur...

Et voilà pourquoi, en cette matinée, Chémery, dans la cour de l'Ecole militaire, venait d'aborder le lieutenant Frédéric Drogont...

Le capitaine Chémery était un peu pâle, mais calme, résolu, maître de lui.

Il fit un signe à Drogont, qui se détacha d'un groupe d'officiers avec lesquels il causait. Mais ils se tinrent si près du groupe — dans un dessein voulu — que ceux qui le composaient pouvaient entendre tout ce que les deux hommes allaient se dire.

Depuis trois semaines environ, Drogont était au régiment, cachant sa personnalité sous l'uniforme d'un officier français, et depuis trois semaines il avait évité, à force de sang-froid, les dangers les plus imprévus, les abîmes que le moindre détail, la moindre imprudence creusait sous ses pas. Ç'avait été un prodige d'attentions et de ruses, une vie de fièvre perpétuelle sous la menace constante du hasard qui pouvait le perdre.

Mais ces trois semaines terribles, de perpétuelle tension nerveuse, avaient affaibli son énergie. En outre, l'amour qu'il éprouvait pour Madeleine le rendait impuissant, désormais, à cause de ses remords et de la conscience qu'il avait de son infamie, contre toute tentative... Il était comme un noyé en perdition qui, après avoir longtemps lutté, s'abandonne au courant sans plus résister. Du reste, il entrevoyait la fin de ce supplice auquel, nouveau damné, il brûlait sa triste vie... Quatre jours ! lui avait dit Tcherko. Dans quatre jours, ce serait fini, et Drogont disparaîtrait, s'évanouirait pour ainsi dire, ne laissant, derrière lui, que la trace d'un traître, dont Tcherko se chargerait de révéler le nom véritable... Mais poursuivi, dans sa fuite, par le souvenir de Madeleine, il se ferait tuer, à la première rencontre, si la guerre éclatait... « Il y a des crimes que les femmes françaises ne pardonneront jamais ! » Terribles mots qui résonnaient en son misérable cœur.

Lorsqu'il avait vu Chémery traverser la grille de l'Ecole militaire, pénétrer dans la cour de cette caserne où rien ne l'appelait et se diriger vers lui, son instinct de bête toujours traquée lui avait crié l'approche d'un péril inconnu.

Il frémit, mais fit bonne contenance.

Au signe de main presque impérieux du capitaine, il obéit, machinal.

Tout d'abord, ce furent des paroles à voix basse, parce qu'il y avait des choses que Chémery désirait garder secrètes, car il s'agissait de Madeleine.

Mais, ces choses dites, les voix s'élèveraient.

Et forcément les officiers du groupe voisin prêteraient l'oreille.

Chémery ne se hasardait point sans calcul.

Entre César, Villedieu et lui, la scène qui allait se dérouler, inattendue et émotionnante, avait été préparée jusque dans ses menus détails, jusqu'à son dénouement... Et de point en point Chémery allait en suivre les phases.

— Monsieur, il n'y aura plus entre nous de différence de grade. Je vous prie d'oublier que je suis votre supérieur, comme je l'oublie moi-même. Il n'y a, en présence, que deux hommes... et j'ajouterai, en toute franchise, deux rivaux...

Drogont-Falker ne broncha pas.

Il se contenta de s'incliner légèrement. Déjà, du reste, il se rassurait, puisque la querelle qu'il sentait venir n'avait pour cause qu'une rivalité d'amour.

— J'ai le droit de vous demander quelques explications...

— Je vous les donnerai, si je le puis, et autant que je le jugerai bon.

Falker, on le voit, prenait position, du même coup, en égalité avec Chémery.

— Monsieur, vous avez abusé de la confiance que vous a montrée le général Bénavant et de la presque intimité dans laquelle vous viviez à la villa en entraînant Madeleine à des promenades mystérieuses et pour le moins étranges où seul, vous étiez à l'accompagner... Comment, par quels arguments, par quels mensonges avez-vous pu prendre sur elle une pareille influence et la déterminer à de pareilles aventures ?...

— Monsieur de Chémery !

— Oui, j'ai dit : « Par quels mensonges. » Le mot vous frappe, et vous le retenez ; moi, je le maintiens. De sa propre volonté, de par sa seule réflexion, cette jeune fille ne vous eût pas suivi. Il a donc fallu une autre intervention... un mirage, pour la séduire et l'attirer... pour la décider à courir ainsi, la nuit, en votre société, au risque d'y perdre sa réputation... Suis-je renseigné ?

— Votre police est bien faite.

— Si bien faite que j'ai pu deviner de quels arguments vous vous êtes servi... Afin d'attirer cette innocente partout où sa présence pouvait la compromettre à votre profit, vous lui avez représenté qu'elle avait chance de rencontrer sa sœur... Mais vous avez si bien arrangé toutes choses qu'elle ne l'a jamais vue... Seulement, d'autres témoins pourront, s'il est besoin, attester de votre intimité avec Madeleine et à de semblables témoignages il n'est pas d'honneur qui résisterait... Monsieur, je viens vous demander dans quel but vous avez agi !

— Ai-je des comptes à vous rendre ?

— Oui.

— Comment cela, je vous prie ?

— J'aime Mlle Bénavant et j'ai le bonheur d'être aimé par elle...

Drogont ferma un instant les yeux sous le coup qui le frappait en plein cœur dans son amour, mais qui augmente sa haine.

— C'est elle qui vous envoie ? murmura-t-il faiblement.

— Peut-être...

— Elle n'a subi aucune violence. Mlle Bénavant n'était-elle pas libre ?

— Je le reconnais. Aussi n'est-ce point seulement parce qu'il s'agit d'elle que je viens à vous, mais parce qu'il s'agit de son père... de son père qu'atteindrait cruellement tout soupçon qui rejaillirait sur sa fille... de son père dont l'honneur et le bonheur devaient vous être sacrés... alors que vous avez paru vous en jouer comme à plaisir...

Drogont fut quelque temps sans répondre, puis, faiblement :

— Comme vous, monsieur, j'aime Madeleine Bénavant...
Elle le sait... Elle le savait déjà lorsqu'elle a consenti à me
suivre... Entre vous et moi, elle choisira... Je comprends
votre irritation... Je n'y peux rien... Notre sort à tous deux
est entre ses mains... Quant au général, je suppose que
vous n'êtes pas son porte-parole et s'il avait à se défendre,
il saurait le faire lui-même, sans recourir à vous... Donc,
brisons là !...

— Restez donc ! Ce serait trop commode, vraiment...

Et ici, le capitaine Chémery commença d'élever la voix.
Déjà, du reste, quelques mots avaient frappé le groupe
voisin des officiers. Ils paraissaient surpris et de temps en
temps ils tournaient la tête vers les deux hommes, flairant
une querelle.

— Et de quel droit, encore, prenez-vous la défense du général ?

Lui aussi, Drogont, que la colère animait, avait parlé
plus haut. S'il s'était trouvé en présence d'un camarade, il
eût gardé son sang-froid Mais il y avait là, devant lui, un
rival... heureux... l'homme qui l'avait empêché d'être
aimé... et peu à peu il perdait toute mesure...

Chémery prit un temps, avant de répondre...

Il sentait que sa réponse allait être décisive et déchaîner
la tempête

— Du droit de tout officier français de défendre **son**
chef...

Et il ajouta :

— D'un officier vraiment français...

Drogont tressaillit.

— Je vous prie d'expliquer le sens de vos paroles...

— Elles s'expliquent d'elles-mêmes... pour tous ceux qui
vous connaissent... je veux dire pour ceux qui, ne vous
ayant point rencontré en terre d'Afrique ne peuvent juger
votre personnalité que d'après ce qu'ils ont vu, en France...
Or, il me paraît, à moi, qu'il n'est pas possible que l'officier des tirailleurs que nous admirions quand nous ne le
connaissions pas, âme généreuse et noble caractère, ressemble à M. le lieutenant Frédéric Drogont, du 179° régiment
d'infanterie... Il me paraît que l'autre n'eût point entouré
d'intrigue la fille du chef qui devait lui être doublement sacrée... Vraiment le lieutenant du 179° s'accorde mal, dans
mon esprit, avec le Frédéric Drogont qui se présentait à
nous comme un héros... Et il faut croire que le soleil
d'Afrique déprime certains cerveaux, puisque ces questions

d'honneur familial, je dirai presque d'honneur national, s'affaiblissent pour ne laisser place qu'à je ne sais quel bas égoïsme et à je ne sais quels odieux calculs !...

— Monsieur, gronda Drogont, vous me rendrez raison !

Chémery secoua la tête.

— Non, monsieur, je ne vous trouve pas digne de croiser le fer avec moi.

Les officiers entendant la querelle, se rapprochèrent et voulurent s'interposer.

Chémery les écarta doucement.

Il continuait d'être extrêmement calme, mais il était de plus en plus pâle.

— Ceci, messieurs, est une affaire toute personnelle, entre M. Drogont et moi. M. Drogont, vous le savez, est fort capable de me répondre... N'est-il pas le héros des aventures célèbres qui ont défrayé nos chroniques guerrières de l'Afrique ?... Le héros de la retraite de Tombouctou, et de Bir-Alali, et de cette merveilleuse randonnée où tout un territoire de milliers de kilomètres nous fut acquis sans qu'un coup de fusil eût été tiré... et le héros des puits d'Am-Galakka ?... Ne fut-il pas témoin d'une des plus belles actions héroïques dont puisse s'enorgueillir un peuple : la mort de Chémery mon frère... cette mort, qu'il nous raconta certain soir avec une émotion si grande qu'elle lui fit oublier que le chef sous les ordres duquel il combattait était capitaine, alors qu'il l'appelait lieutenant... et que le capitaine de Chémery qu'il avait vu se suicider, s'était tiré une balle au cœur, et non à la tête ?...

Drogont fit un pas vers Chémery.

— Monsieur, gronda le malheureux, pas un mot de plus...

— Si, un seul mot encore, je ne veux pas que nos camarades puissent croire que mon intention serait de méconnaître le valeureux soldat qui accomplit avec tant de miraculeux bonheur la mission d'explorer le fort d'Huningue... pour le compte français... et qui accomplit avec tant d'aisance cet autre miracle non moins extraordinaire de s'enfuir des casemates de la citadelle, sous les yeux émerveillés des sentinelles allemandes... Si M. Frédéric Drogont pouvait s'imaginer qu'il y a chez moi une arrière-pensée de provocation, il se tromperait. Je n'ai pas la moindre envie de me battre...

— Monsieur, fit Drogont, je n'ai pas compris le sens caché de votre intervention... Mais vos réticences sont assez claires pour que je les considère comme autant d'insultes... L'homme pardonnerait peut-être à l'homme... L'officier, que je suis, ne peut pardonner à l'officier que vous êtes... Vous recevrez mes témoins.

En souriant — mais quelle étrange pâleur, toujours ! — Chémery répliquait :

— Je ne me battrai pas contre vous !

— Je saurai bien vous y contraindre...

— Non, monsieur... ce serait, vous en conviendrez, une lutte fratricide... Et, j'ajoute, presque un crime... dans les heures graves que nous traversons, presque un duel devant l'ennemi !

— Il serait trop commode d'insulter et de vous écarter ensuite... d'outrager et de fuir...

— Et de fuir devant vous... fit Chémery en se mordant les lèvres jusqu'au sang... Pourtant j'y suis résolu... et tous, j'en suis sûr, rendront justice à ma modération...

— Monsieur, dit Drogont troublé par une colère imprudente qu'il ne dominait plus, je vous somme d'expliquer vos paroles, ou vous vous battrez !

— Mes paroles, si elles avaient un double sens, ont dû être comprises. Cela me suffit. Mais, j'ai dit que je ne me battrais pas...

— C'est donc vous qui l'aurez voulu !

Drogont fit un pas encore.

Et sa main se leva...

Chémery s'attendait à l'acte outrageant.

Il ferma les yeux pour recevoir l'outrage suprême.

Il ne fit pas un geste pour l'empêcher.

La main s'abattit mais n'effleura point le visage de Chémery.

Le capitaine Laurent, brusquement, s'était interposé, avait retenu le bras.

Un silence pénible... Effarés, les officiers se regardaient, flairaient un mystère.

Le cœur de Chémery battit un instant, visible dans la tunique, à coups tumultueux.

— Monsieur, j'aurais désiré éviter toute rencontre... Ceci est devenu impossible... Malgré moi et sans rien retirer de ce que j'ai dit, je me battrai donc... Mais j'exige que cette rencontre ait lieu sur-le-champ... La chose est facile...

— Soit !

Et Drogont, tourné vers deux officiers, demandait :

— Camarades, voulez-vous me servir de témoins ?

Le lieutenant Plouvier et le capitaine Laurent n'avaient pas de raison pour refuser.

Deux autres s'avancèrent vers Chémery pour lui offrir leur service.

Il les remercia et s'excusa.

Et montrant, derrière la grille de la cour de l'Ecole militaire, deux hommes qui, côte à côte, semblaient suivre ce qui se passait avec une attention passionnée :

— Voici deux amis, là-bas, qui m'assisteront et m'épargneront la peine de vous déranger.

Frédéric Drogont, machinalement, regarda.

Et on le vit soudain secoué d'un brusque sursaut de surprise et d'épouvante.

Dans l'un des deux hommes, il avait reconnu Courapied, dit Miton-Mitaine... Dans l'autre, Cœur-qui-Tremble...

— Monsieur, nous sommes en tenue et nous avons nos sabres... Nous sommes libres jusqu'à midi... Rien ne nous empêche d'aller vider cette querelle sans plus tarder...

Drogont flairait un piège. Son instinct de bête fauve l'avertissait toujours. Mais, cette fois, le piège, il ne le voyait pas... Pris au dépourvu, il voulut tergiverser, ne l'osa.

— J'accepte, dit-il en relevant le front avec insolence.

Il était brave. Dans son cœur, il n'y avait pas de place pour la crainte.

— Rue Campagne-Première, je connais un manège où nous serons parfaitement... En chemin, nos témoins régleront le combat... Monsieur Drogont, vous ne me dénierez pas, je suppose, la qualité d'offensé et ne me refuserez pas le choix des armes ?

Falker haussa dédaigneusement les épaules.

Peu lui importait. Il était, en tout, de première force.

— Donc, je choisis le sabre...

Drogont sourit, avec une lueur de triomphe dans les yeux.

S'il était de première force dans toutes les armes, au sabre il était sûr de lui.

Au contraire, et comme, du reste, la plus grande partie des officiers français, le capitaine de Chémery était de force médiocre, presque nul. Le lieutenant Plouvier et le capitaine Laurent ne l'ignoraient pas. Un cri leur échappa :

— Chémery, vous êtes fou !

Mais Chémery, toujours pâle, disait :

— Je vous jure que j'ai toute ma raison !...

Dans l'entretien que Villedieu, Chémery et César avaient

eu entre eux, et dans lequel ils avaient fait, tous les trois, le sacrifice de leur vie et même de leur honneur, voici quelques-unes des graves paroles qui avaient été échangées :

— Vous, Chémery, vous d'abord, vous engagerez la bataille...

— Je vous reconnais comme mon chef... César... donnez-moi vos ordres.

— Vous chercherez querelle à Drogont.

— Bien.

— Devant témoins.

— Oui.

— Vous vous arrangerez de façon à être insulté, insulté gravement.

— Ce sera chose facile... Je ferai certaines allusions auxquelles il ne pourra répondre, la querelle s'aggravera.

— Il lèvera peut-être la main sur vous, Chémery ?

— Alors, j'aurai le choix des armes... Je suis très fort au pistolet...

— Alors, interrompit Cœur-qui-Tremble avec tristesse, vous aurez en effet le choix des armes... Vous choisirez le sabre...

— Je ne sais guère m'en servir...

— Drogont, hélas ! est de première force à cette arme...

— Du moins, puis-je savoir ?

— Vous serez l'offensé et vous poserez vos conditions... Le duel suivra l'outrage... Les témoins seront constitués sans désemparer... Le terrain est tout trouvé... le manège de la rue Campagne-Première... Torse nu... J'insiste, Chémery... Torse nu...

L'officier leva sur César un regard interrogateur.

— Oui, oui, torse nu... Vous entendez ? Il le faut... Parce que le lieutenant au 1er tirailleurs, Frédéric Drogont a été blessé deux fois dans ses campagnes d'Afrique... deux blessures graves, et la seconde a mis ses jours en danger... l'une doit porter la cicatrice d'une balle à la poitrine, côté gauche... l'autre, celle d'un coup de lance dans l'aine, du côté droit... Je voudrais voir ces cicatrices... Et voilà pourquoi j'insiste... Il ne faut pas que Drogont puisse s'isoler, rentrer dans son logement de l'avenue de Suffren... Il faut qu'il soit surpris par la soudaineté de la querelle et de son dénouement... Les cicatrices, cela s'imite parfaitement. Or voici trop longtemps que j'ai, derrière la tête, la pensée que ce Drogont n'est pas Drogont... et qu'il pourrait bien être un certain officier de grenadiers sur lequel deux de mes apôtres m'ont enfin envoyé des renseignements confidentiels... Est-ce que je me trompe ? Nous le saurons, quand, torse nu, il attendra votre attaque, mon capitaine...

— Et s'il se voit découvert ?

— Il ne faut pas qu'il voie qu'il est découvert, mon capitaine... Ensuite, quelle que soit l'issue de la rencontre, je me charge de lui... Chémery — ajouta César avec émotion — il n'y a que ce moyen-là de connaître la vérité, de nous assurer que cet homme est un imposteur et de nous en assurer sans éveiller de soupçons... Mon ami, votre vie est en danger... Si vous succombez, je vous vengerai... Villedieu a réclamé Tcherko pour sa part... Car il a un terrible compte à régler avec lui... Moi, si Drogont vous échappe, je le réclame pour moi... Et si vous avez sacrifié votre vie, ami, nous sacrifierons davantage... Nous avons condamné Tcherko et Drogont à mort... Nous les tuerons avant que leur projet néfaste ait déchaîné la guerre... Nous les tuerons comme on tue des bêtes venimeuses... froidement... Nous les tuerons sans qu'ils se défendent... Ce sera deux meurtres, dont on nous accusera peut-être, dont il nous sera défendu de donner les raisons et nous en serons déshonorés...

Drogont paraissait déconcerté, pris au dépourvu.

Cette querelle, la rapidité de ce dénouement, ces témoins qui attendaient, à la grille, le moment de se montrer, tout cela n'était pas pour rassurer l'imposteur, on le voit.

Surtout, la présence de Cœur-qui-Tremble l'inquiétait.

Il savait que César le soupçonnait ; à maintes reprises, il avait constaté qu'une surveillance l'entourait, constante, sans arrêt, sans relâchement, nuit et jour...

Mais les raisons secrètes du duel lui échappaient encore.

Il avait fini par se dire :

— Ils veulent ma peau !

— Et le choix des armes l'avait fait sourire.

Il était sûr de son coup d'œil, de la promptitude et de la vigueur de son bras.

Pour lui, Chémery paierait de sa vie son insolence.

Ils sortirent séparément de l'Ecole militaire, afin de ne pas donner l'éveil, et prirent des voitures qui les amenèrent quelques minutes après rue Campagne-Première, avec un médecin-major pris en route.

Rapidement, par des palefreniers, César fit ratisser le manège.

Les portes furent fermées.

Aucun autre témoin que les témoins officiels.

D'un commun accord, le capitaine Laurent avait été choisi pour diriger le combat. Il n'y avait à faire aucune tentative de réconciliation. Le visage implacable des deux officiers indiquait leur résolution de se battre.

Le premier, Didier de Chémery, enleva son uniforme, retira sa chemise, son gilet de dessous et apparut le torse nu jusqu'à la ceinture, la peau blanche, les bras musclés...

Et il attendit, pendant que le chirurgien faisait soigneusement flamber les lames des sabres.

Drogont-Falker imita Chémery et déboutonna son uniforme, prestement.

Il avait hâte d'en finir...

Pour lui, cette lutte ne serait pas longue... quelques minutes, et ce serait tout.

Mais voici qu'il va enlever sa chemise.

Et soudain il s'arrête, pris d'un frisson soudain, et dans une hésitation extraordinaire.

Il vient de rencontrer le regard de Sanguinède, fixé sur lui, attentif à chacun de ses mouvements, et cela, avec une curiosité si âpre, si intense, que l'imposteur s'en est senti bouleversé.

Machinalement, ses yeux, quittant Sanguinède, se reportent sur Chémery.

C'est la même surexcitation d'attente chez l'officier... Chémery, penché sur son adversaire, le cou tendu, respiration suffoquée, semble guetter une révélation terrible...

Alors, une sueur de détresse monte au front du misérable.

Il a compris, car il vient de se souvenir...

De se souvenir que Frédéric Drogont, le héros d'Afrique, lieutenant aux tirailleurs, avait été blessé deux fois... et que son torse, à la poitrine et à l'aine, devait porter deux cicatrices visibles...

Tandis que sur le buste nu du baron Ulrich von Falker, des grenadiers, vierge de blessures, aucune cicatrice n'apparaîtrait...

Si Chémery et César soupçonnaient sa double personnalité, il était perdu.

Et leurs yeux fulgurants trahissaient assez leurs soupçons.

César disait, avec ironie :

— Vous craignez de prendre froid... En plein juillet... Par ce beau soleil ! !

Ah ! celui-là, ce petit homme, qu'il avait senti acharné à sa perte, dès le premier jour, dès cette soirée où il l'avait rencontré chez le général Bénavant, qu'il avait retrouvé depuis lors partout... ce terrible adversaire de Tcherko... ce petit être si délicat et si frêle qui, à la ferme de Bernicourt, s'était joué d'eux tous, avec une insolence sanglante... comme il aurait voulu le pétrir dans ses mains, l'étrangler, le pulvériser !

Et comme son étrange hésitation à se dévêtir durait depuis quelques secondes :

— Monsieur, je vous attends ! fit Chémery.

D'un brusque geste, Drogont apparut à son tour, nu jusqu'à la ceinture...

Et ce geste fut suivi d'un sourd grondement de triomphe chez César...

Rien ! Pas de cicatrice ! Celui-là n'était donc pas Drogont ! ! En dehors de toutes les preuves accumulées par ses longues et patientes investigations, une autre preuve, capitale, matérielle, éclatait de l'imposture, irréfutable, celle-là !

Drogont ne portait aucune trace de blessures !

Puis, César se remit... Aucune parole ne lui échappa !... Ah ! ce qu'il aurait pu lui dire, à ce misérable, et les infamies qu'il aurait pu lui jeter à la face ! Mais il ne le voulut pas.

Il fallait, à cause du général Bénavant d'abord, et de Madeleine ensuite, que personne ne connût cette aventure odieuse !

Personne, en dehors de lui, de Chémery et de Villedieu...

Donc, il reprit son sang-froid... et rien ne vint plus trahir son émotion...

Et, chose étrange, Drogont lui-même se tranquillisait.

Car il réfléchissait :

— S'ils m'avaient reconnu, déjà ils se seraient jetés sur moi et m'auraient arrêté. En outre, ils empêcheraient cette rencontre... Ce serait leur droit... Un homme d'honneur ne se bat pas avec moi... Et, ainsi, ils sauveraient la vie de Chémery !

Il raisonnait juste... mais il ne pouvait savoir que, pour empêcher tout scandale, trois hommes avaient fait le sacrifice complet d'eux-mêmes !

Les sabres étaient d'ordonnance ; il était inutile de les mesurer...

Le capitaine Laurent croisa les deux lames et tout de

suite ce fut la lutte acharnée. Tout de suite aussi il fut visible que Drogont était d'une force supérieure.

Pourtant, en toute évidence, Drogont n'usait pas de tous ses moyens.

Quelle tempête remuait l'âme de ce misérable ?

La conscience qu'il avait de son infamie était-elle pour arrêter son bras et devant cet officier probe et loyal, sans reproches, lui, qui se sentait criminel et déshonoré, ne reculait-il pas sous le poids de son remords ?

Etait-ce, au contraire, que son bras se paralysait sous le coup de l'émotion ressentie tout à l'heure lorsqu'il s'était cru découvert ?

Non, rendons-lui justice...

A plusieurs reprises, l'idée du suicide avait traversé son cerveau en ces derniers jours. L'amour avait fait le miracle de soulever la révolte au fond de son cœur...

Indigne d'être aimé de Madeleine, pourquoi eût-il à jamais condamné Madeleine au deuil et aux regrets en tuant celui qu'elle aimait ?

Il l'épargna...

Deux fois il vit le sabre le menacer, droit à sa poitrine...

Deux fois il eut l'envie de laisser faire.

Pourtant, la parade vint, qui le sauva. Et ce fut machinal, par habitude.

Longtemps il se contenta de parer, sans attaquer.

Chémery s'aperçut bientôt de ce manège, et sous la poussée d'une colère violente, il fit imprudences sur imprudences.

Le dénouement était prévu... Les cinq hommes qui étaient là, témoins haletants de la lutte inégale, le voyaient venir... inévitable...

Et il arriva ce qu'on ne pouvait éviter.

Ce ne fut point la lame de Drogont qui chercha et fouilla la poitrine de Chémery, ce fut Chémery qui se jeta contre le sabre de son adversaire.

Drogont avait retiré vivement la main.

Mais il était trop tard.

La lame sortit toute rouge et Chémery lâchant son arme, tomba entre les bras de César et Courapied...

Alors, on entendit Drogont murmurer :

— Ce n'est pas ma faute... Je n'aurais pas voulu...

Le lieutenant Plouvier et le capitaine Laurent s'étaient rapprochés, émus.

Laurent disait à Drogont :

— Votre querelle est-elle si grave que vous ne puissiez vous tendre la main ?...

Chémery entendit, se souleva et dit, faiblement :

— Jamais !

Le major inspectait la blessure. Elle n'était pas profonde. Sa figure se rasséréna.

Et comme il était à cent lieues de soupçonner le terrible drame qui se jouait et se dénouait entre nos personnages, il dit, sérieux, au blessé :

— Vous avez tort de ne pas vous réconcilier... Ce garçon aurait pu vous tuer comme un lapin, mon cher capitaine, s'il lui en était passé la fantaisie.

Chémery ne répondit pas et détourna les yeux...

Une heure après, il était reconduit dans son petit appartement de la rue La Rochefoucauld, où Nicole, aussitôt appelée par César, s'installait à son chevet.

. . . .

En cette même journée, la première des quatre qui précédaient la catastrophe.

César Sanguinède venait de rentrer au Splendid-Hôtel.

La veille, au soir, il avait téléphoné chez lui, à Herbemont, et il avait donné des instructions secrètes à un de ses apôtres en permanence au château.

Au reçu du coup de téléphone, l'apôtre était allé réveiller le chauffeur.

Un quart d'heure après, à fond de train, la puissante limousine roulait vers la frontière, la franchissait, après les formalités obligatoires, et filait vers Thionville.

Vers trois heures du matin, un peu avant le lever du jour et le premier chant des oiseaux réveillés sous les branches, alors que la Moselle dormait encore dans son voile de brumes bleuâtres, comme si la jolie rivière lorraine avait la pudeur de son sommeil, Catherine entendit des pierrailles sonner contre les vitres.

C'était le signal habituel de Cœur-qui-Tremble.

Elle se leva, ouvrit une fenêtre et se pencha.

Une lettre la frôla, lancée du chemin de la Moselle, autour d'une pierre.

Elle déplia le papier en tremblant, comme à l'annonce d'un malheur.

« J'ai besoin de vous voir. Urgent. Venez à Paris par le
» premier train. »

Deux hommes pouvaient lui donner cet ordre : Tcherko et Cœur-qui-Tremble.

La lettre était de César... A l'autre, elle eût refusé d'obéir...

Elle écrivit rapidement : « Je partirai ! » entoura de sa lettre la même pierre, messagère de l'autre lettre, et la lança vers le chemin de halage.

Elle vit une ombre s'agiter, aller et venir, se baisser...

Puis elle entendit, au tournant de la ruelle voisine, une auto qui s'éloignait.

Elle descendit dans le bureau de Tcherko, consulta un indicateur.

Il y avait un train pour Paris qui partait de Thionville à cinq heures quarante-cinq, heure allemande, pour arriver à Paris à midi seize minutes.

Elle avait le temps. Elle s'habilla sans hâte.

Deux jours auparavant, elle avait pu se rendre à Herbemont, où elle avait embrassé son fils. Elle était donc sans inquiétude de ce côté-là. Elle avait appris également, si retirée qu'elle vécût, les menaces de guerre qui grondaient sur les deux pays. Et en pensant à tout ce qu'elle devait à César, elle s'était demandé, maintes fois :

— Pourquoi n'a-t-il pas besoin de moi, lui qui pourrait me demander ma vie ?

Aux deux servantes, ses gardiennes, qui s'étonnaient de ses préparatifs de départ, elle expliqua que son mari la mandait auprès de lui, sur-le-champ. Elles furent incrédules, voulurent s'opposer à ce voyage. Catherine passa outre et partit, malgré elles. Du reste, ayant tout prévu, elle avait envoyé à Tcherko une dépêche en termes convenus pour lui annoncer qu'elle venait à Paris, dépêche adressée au nom de : Jean Valbois, Trianon-Hôtel, à Versailles.

Mais la raison qui, aux yeux soupçonneux de Tête-de-Mort, expliquerait ce soudain voyage ?...

Elle la trouverait plus tard, selon les circonstances.

Vers une heure, après avoir à peine pris le temps de déjeuner, elle demandait César au Splendid-Hôtel. César était absent. Elle dut attendre, au salon, en feuilletant, d'une main distraite, des journaux illustrés.

César rentra seulement vers deux heures, rassuré sur le sort de Chémery.

Il comptait avec tant de certitude **sur** le dévouement de

Catherine que, sans passer au bureau, sans vouloir aucun renseignement, il vint droit au salon.

Elle guettait sa venue, se leva, les mains tendues, les yeux dans les yeux.

— Vous avez besoin de moi ?

— Oui.

— Alors, je suis heureuse.

César jeta un coup d'œil autour de lui. Il n'y avait que cinq ou six Anglais dégustant les journaux de Londres, et deux autres qui fumaient leur pipe dans un fumoir voisin. Rien à craindre d'eux. Mais César était prudent. Et puis l'heure n'était pas où il fallait se hasarder à des confidences en public.

— Dans ma chambre, dit-il.

Ils pénétrèrent dans l'ascenseur qui les enleva au quatrième.

Quand ils furent installés, portes closes, fenêtres ouvertes sur les Champs-Elysées où, en cette étouffante après-midi, passait peu de monde :

— Je vous remercie d'être venue à mon appel, dit César.

— Vous n'en doutiez pas ?

— Non.

César parut se recueillir. Au fond, il n'hésitait pas. Ce qu'il avait à demander à la jeune femme était chose précise, bien arrêtée dans son esprit.

Mais s'il ne prenait pas tout de suite la parole, c'est qu'il admirait.

Il admirait la beauté mélancolique, faite de charme, de distinction rare, et la suprême élégance, qui, depuis longtemps, l'attiraient chez Catherine. Dès les premiers jours il avait deviné qu'elle l'aimait. Chez elle, l'amour avait commencé par la reconnaissance et le besoin de dévouement. Chez lui, par une grande pitié pour cette victime de Tcherko.

— De graves, très graves choses, dit-il. Ecoutez-moi et que chacune de mes paroles reste gravée au plus profond de votre mémoire.

César avait été mis au courant, par Robert Villedieu, de tous les événements qui avaient suivi le mariage de l'aviateur avec Nicole... l'envoi du coffret précieux... la lettre énigmatique qui accompagnait cet envoi... et les lettres anciennes, d'amour et de possession, que renfermait le coffret, écrites par Françoise au père de Villedieu...

Ce fut cette tragique histoire que conta Sanguinède.

Lui, César, devant l'honnêteté absolue de Françoise, son amour pour Bénavant, sa tendresse pour ses deux filles, devant la droiture de toute cette vie qui s'était passée à écarter de Bénavant les soucis et les ronces du chemin... lui, César, ne se résignait pas à croire que, de gaieté de cœur et sous l'épouvante de la révélation du passé, la mère eût été criminelle jusqu'à laisser s'accomplir l'inceste... Pour lui, César, il y avait autre chose... Mais quoi ? Et comment savoir ?

Et il achevait :

— De pareilles lettres tombées entre les mains de Tcherko, voilà encore un mystère que nous n'éclaircirons peut-être jamais, à moins qu'un jour Mme Bénavant ne nous y aide... Mais je doute qu'un misérable comme Tête-de-Mort ait pu se dessaisir de documents aussi dangereux, d'une arme aussi puissante dont il lui eût été permis de se servir pour son propre salut, en cas de menace contre sa sécurité personnelle...

— Ce n'est pas dans son caractère. Cet homme ne laisse rien à l'imprévu...

— Les lettres renfermées dans le précieux coffret étaient originales, de la main de Mme Bénavant... En les abandonnant, Tcherko avait voulu frapper un grand coup... Hélas ! il n'a que trop bien réussi... Mais n'en aurait-il point gardé les copies ?... Ne les aurait-il pas photographiées ?... Voilà où je veux en venir... et voilà ce que je vous demande... Certes, Catherine, vous l'ignorez, mais qui sait si, dans une des heures de votre vie commune, de cette vie qui vous est si lourde, ma pauvre enfant, qui sait si vous n'allez pas vous rappeler quelque incident, quelque détail pour vous sans importance et dont la gravité pour moi serait singulière...

Elle... réfléchissait, tout émue de ce qu'elle venait d'entendre.

— Peut-être !... murmura-t-elle.

Il eut une exclamation de joie. Mais elle s'empressa d'ajouter, tristement :

— Oh ! je ne sais rien... Ce ne sont que des soupçons... des conjectures...

— Qu'importe ! Et qui sait ? Dites, oh ! dites vite !...

— Pour apprendre où il cachait mon enfant, j'ai souvent tenté de fouiller, pendant ses longues et fréquentes absences, les choses qui lui appartenaient...

— Eh bien ! qu'avez-vous trouvé ?

— Il se tient sur ses gardes et je n'ai rien découvert...
Mais voici pourtant ce que je sais... Tcherko porte constamment autour de ses reins, sous ses vêtements, une large
ceinture-portefeuille dont il ne se sépare que la nuit...
lorsqu'il est chez lui à Thionville, et qu'il ne doit même pas
quitter lorsqu'il est en voyage... Quels documents renferme
cette ceinture ? Je l'ignore. Mais aux soins qu'il prend pour
les garder, il est facile de deviner qu'il y attache un grand
prix... S'agit-il des lettres ? Je ne sais.

— Avez-vous réfléchi au moyen de vous en emparer ?

— Il n'y a aucun moyen... car il faudrait pour cela...

Elle s'arrêta devant la pensée qui lui venait.

Elle était devenue d'une grande pâleur, puis, brusquement, sous l'empire de l'image apparue à ses yeux, cette
pâleur s'était changée en une rougeur brûlante. Ses yeux
troublés se voilèrent, pour dérober leurs larmes... Sur cette
physionomie charmante passait une expression de pudeur
et de souffrance.

Elle murmura très bas, tremblante :

— Il faudrait pour cela que la vie de Tcherko redevînt
intime...

Alors, César comprit...

Tcherko et Catherine vivaient séparés, comme deux ennemis... séparés par un abîme que rien ne comblerait plus...
Pour reprendre possession de cette femme qu'il aimait
avec fureur, Tcherko avait voulu abuser de l'amour mater-
nel... Il lui avait volé son enfant, afin de peser par la
menace et la promesse sur sa volonté et Catherine avait
résisté... L'horreur de Tcherko l'emportait chez elle sur
tout autre sentiment, même sur l'affection qu'elle avait pour
son fils...

A ce point que lorsque, dans sa suprême tentative, il
l'avait pressée d'être à lui, elle l'avait repoussée avec violence, en lui jetant le cri de sa haine victorieuse :

— Plutôt que de vous appartenir, j'aimerais mieux voir
mourir mon enfant !

Or, dans le silence douloureux qui suivit, César et Catherine venaient de penser que, seule, la vie commune avec
Tête-de-Mort pouvait faire triompher leur projet... que
Tcherko abandonnerait toute prudence, dans l'ivresse d'un
amour qu'il s'imaginerait avoir reconquis, dans l'ardeur
des joies éperdues où il oublierait, ne fût-ce qu'une nuit,
la catastrophe mondiale suspendue sur les nations, et dont
il retenait les fils dans ses mains criminelles...

Et voilà pourquoi, devant cette image odieuse, César venait de reculer, bras tendus, comme pour repousser de pareils fantômes...

Et pourquoi la pudeur révoltée de Catherine, faisant pâlir et rougir, avait fait jaillir des larmes de ses yeux.

Cette même pensée, chez lui et chez elle, fit plus pour leur amour que tout ce qu'ils auraient pu se dire. Ils venaient de voir clairement, devant la soudaine souffrance ressentie, combien profondément ils s'aimaient.

Instinctivement, leurs mains s'étaient tendues et s'étaient réunies.

Le visage de Catherine se contracta, dans une seconde de bonheur infini.

Il la rapprocha contre sa poitrine et il la sentit toute palpitante et défaillante.

— Je vous aime !

Catherine ne répondit rien, mais son front alourdi retomba doucement sur l'épaule du jeune homme... Et longtemps, ainsi, ils se tinrent enlacés...

— Il ne faut plus penser à ce que je vous ai dit, murmura César... Ce que vous ne pouvez tenter d'obtenir... ce que je vous défends de tenter, maintenant que je sais que vous m'aimez... je l'obtiendrai, moi, par la ruse...

— La ruse ne peut rien contre cet homme... Voici près d'un an que vous êtes aux prises avec lui... et vous avez pu juger combien il est redoutable.

— J'emploierai la force.

— Vous le trouverez sur ses gardes... Pas plus la force que la ruse ne viendra à bout de Tcherko et même s'il se voyait vaincu, traqué, près de succomber, est-ce qu'il ne faudrait pas craindre qu'il n'anéantisse, au dernier moment, les lettres que vous cherchez... et qu'il ne détruise ainsi, à tout jamais, toute espérance de rendre le bonheur à ceux que vous chérissez ?

César releva la tête ; ses yeux étincelaient :

— Nous arrivons au dénouement de la rude partie que nous avons jouée l'un contre l'autre, Tcherko et moi... et dans laquelle nous avons été tour à tour victorieux et vaincus... Trois jours encore vont s'écouler, Catherine, pendant lesquels la bataille restera indécise... Ayez confiance !

Elle secoua la tête :

— J'ai peur ! dit-elle.

Puis, soudain, les yeux fermés :

— Je voudrais vous aider au triomphe final... vous qui

m'avez rendu mon fils... vous qui m'aimez... vous que j'aime...

— Ce n'est pas possible !

Elle murmura, avec un geste d'effarement, de dégoût aussi :

— Non, pas possible, pas possible !...

Elle lui entoura le cou avec ses bras, et, tout à coup, très grave :

— Dites-moi encore que vous m'aimez... que vous m'aimerez, quoi qu'il arrive...

Il lui dit simplement, les yeux dans les yeux :

— Je t'aime !

Et ce fut sur ce mot qu'elle le quitta, frissonnante.

Comme, de Thionville, elle renvoyait à Tcherko sa correspondance par des émissaires — car il ne fallait rien confier à la poste officielle — elle savait toujours quels étaient les avatars, les changements de noms et les refuges du misérable.

A de rares exceptions près, Tcherko se cachait non point dans les coins de Paris les plus retirés et les plus solitaires, mais dans la foule du Paris où les événements mystérieux qui se passaient rendaient sa présence nécessaire, et, d'autre part, se sachant surveillé de près, jour et nuit, par des agents d'une contre-police qu'il devinait être à la solde de Cœur-qui-Tremble, il avait quitté son dernier logis de la rue de Rivoli pour aller habiter Versailles, comme un bon voyageur qui ne songe qu'à l'envie de satisfaire sa curiosité. Les précautions qu'il avait exagérées, prenant le train pour Granville, y passant deux heures après, reprenant le train pour Paris, s'arrêtant à Sainte-Gauburge, puis sautant dans le train qui le déposait à Versailles, valise à la main, le rassurèrent complètement sur son incognito, et il était assuré maintenant d'avoir dépisté les apôtres de César. Par le fait, pas plus à Paris, à son départ, qu'à Granville, qu'à Sainte-Gauburge et qu'à Versailles, à son arrivée, il n'avait reconnu de figures suspectes. Il avait envoyé immédiatement, à ses émissaires de la frontière, ainsi qu'à son chef direct, le général Schweiber, des télégrammes non en chiffres, ce qui eût attiré l'attention, mais en termes convenus.

La dépêche de Catherine, lui annonçant son arrivée, l'avait surpris.

Il aimait la jeune femme d'une passion violente, surexcitée depuis longtemps par le refus obstiné, énergique, de

Catherine, par son implacable volonté de ne jamais plus lui appartenir...

Entre lui et elle, il savait que tout était fini...

Et à son amour sensuel se mêlait depuis longtemps de la haine et le désir sauvage de triompher d'elle, malgré elle, d'obliger cette fierté à se soumettre.

Il avait cru que, par l'enfant, il y arriverait.

Il s'était trompé...

Cet amour, par instants distrait au cours des événements si graves de l'heure présente remontait soudain en tempête à son cerveau.

— Que me veut-elle ? Pourquoi vient-elle ?

Certes, il avait bien eu, de temps à autre, la pensée que Catherine, dans son horreur, consentirait à le trahir, mais il s'était rassuré vite car la jeune femme, pieds et mains liés par le sort de son enfant, n'oserait rien tenter contre lui.

Il l'attendait donc avec une impatience fiévreuse.

En bas, au bureau de l'hôtel, il avait donné des ordres, et chez lui, sa sinistre tête éclairée d'une lueur d'espoir, il comptait les minutes.

On frappa tout à coup : il se dressa en sursaut et courut à la porte.

C'était elle, toute pâle — et cette pâleur trahissait l'émoi de sa pauvre âme...

Elle entra sans un mot, fit quelques pas et resta debout, pendant qu'il la regardait, en murmurant dans un trouble qui le fit grelotter :

— Vous, Catherine ! c'est bien vous, ici, chez moi... toute seule !...

Mais l'émotion, maintenant, chez Catherine, était trop forte et lui fauchait les jambes. Elle s'affaissa dans un fauteuil.

Son premier émoi passé, Tcherko redevenait soupçonneux.

— J'ai reçu votre télégramme... Pour que vous ayez fait ce voyage, il faut des choses bien graves... Pourquoi êtes-vous venue ?... Car — poursuivait-il avec une sombre ironie — ce n'est point certes par amour pour votre mari ?

Le prétexte, pour le lui expliquer, elle l'avait trouvé dans le trajet entre Paris et Versailles. Elle n'était donc pas prise au dépourvu.

— J'ai entendu dire que nous allions avoir la guerre... Est-il vrai ?

— La guerre me semble inévitable.

— Dans peu de jours ?

— Dans trois jours la frontière française sera envahie...

Elle eut un geste brusque de terreur.

— C'est affreux !...

Il haussa les épaules avec indifférence.

— On la prédisait depuis longtemps... La voici !... Elle ne surprend personne... Mais est-ce pour me parler de guerre que vous êtes chez moi ?

— Oui, car dans le bouleversement qui va suivre, je pense à l'enfant que vous m'avez enlevé, que vous me cachez... Loin de sa mère, que deviendra-t-il ?...

— Oh ! au fond du Tyrol il est en sécurité... et tout récemment j'ai reçu une lettre du paysan qui veille sur lui... Voici cette lettre... Vous y verrez que l'enfant se porte bien et qu'il n'est jamais malade...

Les paupières de la jeune femme s'abaissèrent vivement pour dérober l'éclair de joie maternelle... mais il s'y fût mépris, car il eût attribué cette joie à la nouvelle qu'il lui donnait, tandis que, triomphante, une voix criait au fond de Catherine : « Ton enfant t'est rendu... Et Tcherko abusé l'ignore... Et personne ne se doute qu'il n'est pas loin de toi, et que tu le vois, et que tu l'embrasses... et que César Sanguinède le protège... »

Mais elle achevait le mensonge, médité et préparé.

— En sécurité, dites-vous, auprès d'un étranger, payé pour le défendre ? Le croyez-vous ? En sécurité au fond du Tyrol ? Et pourquoi ? D'où vous vient l'assurance que le Tyrol restera à l'abri de cette guerre où toutes les nations de l'Europe vont se trouver engagées ?... Qui vous assure que les Russes victorieux ne descendront pas jusque-là et que mon enfant ne sera point jeté au milieu de cette invasion ? Et s'il était seul, tout à coup ? Seul parmi ces atrocités et ces horreurs ? Seul loin de la tendresse de sa mère ?... Loin de vous, aussi, qui l'aimez — car je reconnais que vous aimez votre fils... à votre manière... puisque vous vous servez de lui contre moi.

— Résumez ce que vous voulez me demander, Catherine.

Et il l'enveloppait de son regard de flamme où luisait son désir insensé.

Elle hésita... Tout accusait en elle une détresse immense, qu'il ne soupçonnait pas.

Elle approchait du sacrifice... Ce sacrifice d'elle-même, auquel elle était résignée.

D'une voix à peine distincte :

— Je viens vous prier de me rendre mon enfant...

Il la contempla de son dur regard où passait son triomphe.

Il comprenait qu'il la revoyait vaincue, prête à obéir...
Elle ne menaçait plus... Elle ne se défendait plus... C'était
une pauvre chose inerte dont il ferait ce qu'il voudrait.

La passion et la haine combattaient en lui, toutes deux
avivées l'une par l'autre.

Il osa lui prendre la main... Elle ne la retira pas, mais
il sentit que cette main vibrait d'un court frisson glacé...
Il la serra, il la pétrit dans ses doigts... troublé soudain,
car il y avait si longtemps qu'il avait perdu le contact de
cette douceur, de ce corps, de cette chair où ne résonnait
pour lui que du dégoût.

— Catherine ! Catherine ! bégayait-il...

Il n'osait formuler son désir dans la crainte d'un dernier
refus.

Puis, dans un souffle, à l'oreille de la jeune femme :

— Vous savez à quel prix ?

Elle ne répondit pas... Ah ! s'il avait pu lire en cette âme,
tout ce que l'angoisse y accumulait de terreur !... Peut-
être lui-même s'en fût-il effrayé !...

Mais soudain, pris d'une rage de se grandir aux yeux de
sa femme :

— Vous ne savez pas ce que j'ai fait... Eh bien, j'ai
remué le monde... Oui, avec ce cerveau qui est plein
d'amour pour vous, j'ai organisé la plus terrible des machinations et j'ai su la mener à bien, en dépit de tous les
obstacles non pas seulement contre quelques hommes,
mais contre un peuple entier... La guerre qui éclatera dans
trois jours, j'ose le proclamer, est mon œuvre... J'ai rêvé
cette chose épouvantable et grandiose et quels que soient
désormais les événements, cela sera...

Il semblait vouloir se grandir encore et un geste de ses
deux bras parut étreindre tous les horizons.

Sans doute, il essayait de prendre Catherine par l'orgueil et l'admiration, en l'obligeant à s'apeurer et à s'incliner devant une pareille puissance...

Mais Catherine n'entendait pas...

Catherine n'entendait que la révolte qui montait du fond
d'elle et contre laquelle elle se débattait : cet homme lui
demandait l'abandon d'elle-même, qui s'était tant refusée,
et non seulement elle ne se refusait plus, mais elle était
venue s'offrir...

Elle s'offrait pour écarter de cet homme jusqu'au plus léger soupçon.

Elle s'offrait, prête à lui obéir en esclave soumise, afin de l'endormir dans ses caresses mensongères... afin de paralyser cette tête et ce cœur... afin de le réduire à néant...

Et alors, quand il dormirait dans l'accablement voluptueux qui suivait sa crise de passion, elle, froide, glacée, statue de marbre, statue de neige, exécuterait la mission qu'elle s'était donnée, pour laquelle elle jouait cette cruelle comédie...

Non, Catherine n'écoutait pas le monstre...

Elle n'écoutait que son cœur... son pauvre cœur meurtri et aimant... tout rempli par l'image de César...

Certes, si César avait connu quel dévouement sublime elle consentait, il eût repoussé avec horreur pareil sacrifice...

Mais elle lui avait donné, du premier jour, tout elle-même...

Sa vie, son honneur, sa joie, son avenir, il pouvait disposer de tout...

Et, puisque, pour sauver les êtres qu'il chérissait, César avait eu besoin d'elle, il avait raison de l'appeler : elle était prête...

Il s'aperçut tout à coup qu'elle était loin, très loin de lui...

Il la rejeta rudement dans la réalité, en redisant :

— Vous savez à quel prix ? Acceptez-vous ?

Penché vers elle, comme prêt à mordre, il guettait sa proie.

Elle ne prononça pas le mot qu'il espérait.

Mais elle baissa la tête, ferma de nouveau les yeux et se tut.

Puisqu'elle ne se révoltait plus, puisqu'aucun cri de sa haine ou de son dégoût ne venait redoubler son désir, à lui, de triompher de sa résistance, à elle, c'est qu'elle acceptait et il l'aimait tant, il était si peu préparé à cette joie, qu'il en éprouvait de l'éblouissement.

Il balbutiait dans son trouble :

— Vous voulez ? Oh ! vous voulez bien ?

Et il se mit à ses genoux. Il lui embrassa les mains. Elle ne résistait plus. Alors son baiser remonta jusqu'au visage de la pauvre femme... s'arrêta dans les cheveux... redescendit sur les yeux toujours clos... et vint chercher les lèvres.

Les lèvres non plus ne se refusèrent pas...

Il prit pour de la volupté consentante le long frisson d'épouvantement qu'il sentit sous sa bouche, pendant qu'il étouffait, sous sa passion l'effarant cri de détresse qu'il arrachait à sa victime...

La nuit s'était écoulée, et par les rideaux entr'ouverts l'aube naissante filtrait, éclairant d'une lumière grise, encore incertaine, toutes les choses de cette chambre où, couchée dans le lit de Tcherko, Catherine regardait, en une crise de folie.

La statue glacée, de toute son horreur et de tout son dégoût, avait subi l'amour du misérable... et il s'était trompé à cette pâleur, et à ces yeux d'inexprimable trouble.

Toute cette nuit, faisant semblant de dormir, elle avait attendu l'heure propice.

L'heure de sa délivrance et de sa vengeance...

Le monstre reposait auprès d'elle dans un lourd sommeil.

Elle se hasarda à sortir du lit, lentement... et se tint debout, attentive.

Il n'avait pas bougé...

Parmi les vêtements de l'homme, épars au hasard du désordre de la veille, une ceinture était jetée, de cuir noir, très large, avec des poches légèrement gonflées.

C'était cela qu'elle voulait.

C'était pour cela qu'elle s'était dévouée, sans savoir si elle y trouverait cette chose précieuse que César avait demandée... conduite seulement dans ce sacrifice cruel, par l'instinct secret qui lui avait dit : « Cette chose est là ! »

Elle fit quelques pas dans la chambre, remua légèrement une chaise, pour s'assurer que la torpeur de Tcherko était profonde...

Si profonde, en vérité, qu'elle ressemblait à la mort...

L'homme, au bruit, ne fit aucun mouvement...

Les mains de Catherine étaient glacées lorsqu'elles s'emparèrent de la ceinture, lorsqu'elles la tâtèrent... et devinrent brûlantes lorsqu'elles sentirent sous la douceur du cuir se froisser des papiers dans une des poches...

Etait-ce ces papiers-là qu'il fallait ?

Terrible incertitude dont elle ne sortirait que lorsqu'elle serait devant César.

Elle reprit un peu de calme...

Vivement, sans bruit, elle ceignit la ceinture, puis passa dans le cabinet voisin où elle se coiffa et se vêtit à la hâte !

De temps en temps, elle suspendait tout geste, écoutait...

Ou bien elle venait avancer la tête vers la porte derrière

laquelle elle continuait d'entendre la respiration forte et régulière de Tête-de-Mort.

. Quand elle fut habillée, il lui fallut repasser, pour sortir, dans cette chambre, devant ce lit, devant cet homme...

L'aube avait fait place au jour...

Le soleil se soulevait hors de l'horizon et embrasait la fenêtre de ses rouges lueurs.

Elle fit lentement glisser le rideau... et la chambre se retrouva dans des demi-ténèbres.

Alors, elle se hasarda... vers la porte... avec quelle lenteur !... Tressaillante lorsque ses pas menus arrachaient quelque plainte au plancher... et le cœur s'arrêtant de battre.

Tout à coup, au moment où sa main se posait sur la serrure, au moment où Catherine allait donner un tour de clef, l'homme se retourna brusquement dans le lit... Un bras se tendit, comme pour chercher contre lui le corps charmant de sa femme... Elle crut qu'il allait se réveiller... Elle se vit perdue...

Elle tira de son corsage un jouet qui, sorti de sa gaine, brilla un moment.

C'était un poignard, court, mince comme une forte épingle, un bijou plutôt qu'une arme, que César lui avait donné certain jour, en lui disant : « Il n'est pas besoin de frapper fort... Une toute petite piqûre... et c'est la mort foudroyante... »

Si le misérable s'éveillait, elle frapperait et, ainsi, délivrerait le monde...

Après quelques tâtonnements dans son rêve, le bras redevenait immobile.

Tcherko ne s'était pas réveillé... Maintenant, son horrible visage faisait face à la lumière qui glissait entre les rideaux mal joints...

Catherine tourna doucement la clef qui ne rendit aucun son...

La porte s'entre-bâilla... Elle se glissa dans l'entre-bâillement et avec les mêmes précautions referma... Puis elle colla son oreille tout contre pour écouter...

Rien !... Et Catherine, qui défaillait, se sentit revivre.

Elle prit sa course dans le vaste couloir et descendit...

A pareille heure, personne... Voyageurs et gens de l'hôtel dormaient.

Seul veillait en bas, dans le bureau, un valet de chambre.

Elle se fit ouvrir et, dans l'air pur et frais de la matinée radieuse, elle respira.

Bien que les abords de l'hôtel fussent déserts, elle ne se hâta point, craignant quelque regard indiscret ou une rencontre imprévue.

Elle avait bâti son plan, pendant la nuit, en ses heures d'insomnie.

Pas de train pour Paris avant une heure. Et si, d'ici là, Tcherko s'éveillait, s'apercevait de sa disparition, du vol, sa première pensée serait de courir à la gare pour arrêter Catherine et alors, même par la violence, il aurait raison d'elle...

Elle prit à pied la route de Paris... vaillante et bonne marcheuse... De cette façon, elle évitait le danger d'une poursuite, rentrerait dans Paris sans prêter aux soupçons, déjouant les agents que Tcherko avertirait par téléphone.

Et vers neuf heures, elle serait au Splendid-Hôtel...

Dans l'avenue, contre le trottoir en face de l'hôtel, une auto puissante venait de se ranger...

Catherine reconnut le chauffeur de César. César allait partir ?... Elle se hâta.

En effet, elle le trouva chez lui, faisant ses derniers préparatifs.

En la voyant, il parut troublé, inquiet, agité tout à coup par une terreur vague. Le voyage, en cette matinée, avait animé singulièrement les traits de la jeune femme, toute rose, mais les yeux mentaient à cette fraîcheur, des yeux entourés d'un cercle de bistre, des yeux d'affolement et de crise nerveuse...

Il s'élança vers elle et la prit dans ses bras.

Elle le repoussa avec une sorte d'horreur — de l'horreur d'elle-même.

Et d'une voix qui se brisa dans un sanglot :

— Ne me touchez pas !...

Il se recula, dans un coup de surprise et, sans un mot, attendit qu'elle s'expliquât.

A la barrière, Catherine avait pris une voiture et, dans la voiture, rideaux fermés, rapidement elle avait dénoué d'autour d'elle la ceinture de Tcherko.

Elle la jeta aux pieds de Sanguinède.

— Il y a des papiers, dit-elle, morne... Est-ce bien ceux-là que vous vouliez ?

César eut un geste de joie.

— Oh ! Catherine ! Catherine ! vous avez pu...

Mais comment avait-elle pu ? Subitement, à son esprit, la question se posait. Pour s'emparer de cette ceinture, il fallait vivre dans l'intimité de Tête-de-Mort, puisqu'il ne s'en séparait jamais... Mais cette intimité ?

Il n'osa se poser d'autres questions.

A regarder trop, il éprouvait maintenant une honte, et une souffrance le mordait, aiguë, intolérable à son pauvre cœur déjà si malade.

C'est que la vérité éclatait en Catherine, dans l'affaissement de son corps, dans son attitude de résignation si lasse et si désespérée, dans la rougeur qui flambait aux pommettes de ses joues... dans ses mains qu'elle joignait en ayant l'air ainsi, du fond de son humiliation, de demander à César qu'il lui pardonnât.

Et ce fut bien ce seul mot qui lui monta aux lèvres.

— Pardon ! Pardon !

Des larmes vinrent aux yeux de Sanguinède. Il n'essaya point de les cacher. Elles coulèrent, longtemps, librement, et sa poitrine se gonflait de sanglots comme celle d'un enfant pris d'un gros chagrin. Et s'ils n'avaient pas su qu'ils s'aimaient, cette douleur commune leur eût servi d'aveu...

Dans ce sacrifice consommé par son dévouement, Catherine voyait maintenant un crime d'amour, contre César...

Et César pensait :

— Je croyais que ma haine contre Tcherko n'aurait pas pu grandir... Robert Villedieu, qui se l'est réservé, est un heureux homme...

Catherine était tombée à genoux... meurtrie, pantelante...

Elle ne disait qu'un mot, très bas, toujours le même :

— Pardon ! Pardon !... Dieu veuille que j'aie pu vous être utile...

Il la releva... Il l'attira contre lui, malgré les efforts qu'elle faisait pour repousser cette étreinte, disant :

— Je suis indigne !... Je suis indigne de vous !...

Puis, réchauffée par ce cœur, elle se tut... grelottant encore, en suprêmes secousses, comme un pauvre petit oiseau effaré, tombé de son nid.

Il lui dit :

— Auprès de moi, Catherine, vous retrouverez le bonheur que vous avez perdu.

Elle montra du doigt la ceinture qui gisait.

— Il faut penser d'abord à ceux qui vous sont chers...

Les deux portefeuilles étaient fermés à clef, mais César ne s'en embarrassa point et, de la pointe d'un couteau, fit sauter les petites serrures...

De la première pochette tombèrent des papiers... couverts d'une écriture hiéroglyfique, en caractères convenus...

— Nous verrons à déchiffrer cela plus tard, s'il est besoin.

A la seconde pochette, il fit la même opération.

Et alors il s'aperçut que Catherine suivait tous ses mouvements avec une curiosité fiévreuse, avec un regard de folie...

Si les papiers qui devaient servir à César ne se trouvaient pas dans la ceinture, alors toute la honte de cette nuit, toutes ses tortures, pourquoi ?...

Un cri de joie, une exclamation de triomphe...

— J'en étais sûr ! J'avais deviné !...

Les lettres de Françoise s'éparpillaient devant eux... Les originales avaient été remises jadis à Villedieu et à sa femme dans le coffret précieux. Celles qui étaient là avaient été photographiées... Il en savait le nombre. Il devait y en avoir quarante. Il les compta. Le nombre y était... Trente-deux écrites de la main de Mme Bénavant... Les huit autres, fausses, inventées par Tcherko...

Mais César ni Villedieu ne savaient pas que ces lettres étaient fausses.

— Elles appartiennent à Mme Bénavant... se dit-il. Je les lui rapporterai et, avec moi, il faudra bien qu'elle s'explique !... Vous, Catherine, retournez à Thionville ; je vous écrirai... Moi, je pars pour Herbemont. Mes apôtres m'attendent...

Il consulta sa montre.

— J'y serai dans deux heures et demie. Je vais rejoindre Villedieu en auto à Juvisy. Le temps presse, mais avec son avion, nous ferons du 180 à l'heure !...

. . . .

Le soleil, en se levant sur l'horizon, envoya une de ses flèches brillantes sur le lit où Tcherko reposait de son calme et lourd sommeil... le rayon ardent lentement remonta sur la sinistre figure, arriva sur les yeux...

L'homme se réveilla, resta un instant les yeux ouverts, immobile, reprenant tout d'un coup, en cette matinée, la suite de la veille.

Il se souvint, se souleva, regarda...

Près de lui, cette place était encore chaude de la présence d'une femme... retenait encore l'empreinte d'un corps joli dont il croyait avoir retrouvé la joie... l'oreiller s'enfonçait toujours sous le poids d'une tête sur laquelle il s'était fatigué de baisers et qu'il avait cru arracher à sa froideur de cadavre... çà et là, près de lui, des épingles à cheveux traînaient... mais la femme ?

Il appela, sans se douter :

— Catherine ? Etes-vous donc levée, à cette heure ?

Nulle réponse.

Alors, le soupçon entre en lui, avec la souffrance physique d'un coup de poignard.

— Catherine ! Catherine !

Elle n'est plus là... Rien d'elle ne reste près de lui... Rien que le souvenir... Partie ? Pourquoi ?... Est-il vrai ?... Et sans lui laisser une lettre d'explications ?

Tout à coup, la pensée d'un guet-apens... Tout cela machiné... Ce retour si imprévu... Et cette statue de glace qu'il avait pressée dans ses bras... où rien n'avait vibré... où il avait surpris des regards de désolation... des gestes même désespérés...

Et il cherche sa ceinture, là, sur ce fauteuil, où il l'a jetée la veille.

La ceinture a disparu...

Il comprend, mais après le premier désarroi que lui cause cette surprise, il hausse les épaules...

Dans un des deux portefeuilles à secret, il y a des papiers chiffrés dont on ne pénétrera jamais le sens... et même si on y réussissait, que lui importait à présent, dans la débâcle finale des événements qui se précipitaient... Il avait ouvert l'écluse d'un formidable torrent dont rien désormais, aucune force assez puissante, n'arrêterait le déchaînement...

La fatalité de la lutte inévitable allait entraîner maintenant deux peuples l'un contre l'autre... Encore deux jours et c'était la foudre.

Dans le second des portefeuilles, pour sa sécurité personnelle, et, comme une arme suprême, dont il se serait servi en cas de danger, il avait gardé les lettres photographiées de la pauvre Françoise...

Les vraies et les fausses...

Eh bien, là encore, que lui importe !

Sa vengeance contre Bénavant est prête... Il avait vraiment mieux maintenant, pour se venger, que ces pauvres lettres d'une jeune fille abusée... Est-ce qu'il n'avait pas amassé la catastrophe sur le monde ?... La catastrophe qui allait crever ?... Que lui étaient dès lors ces toutes petites choses d'amour, ces frissons qui couraient sur ces papiers inutiles ?... Ces phrases où le cœur d'une enfant s'était épanoui ?... Que lui faisaient Nicole et sa vie de misère ? Et la mort de Villedieu ?...

Mais il aimait Catherine d'une passion sensuelle... tenace... irrésistible.

D'avoir été le jouet d'une comédie, de comprendre l'odieux sacrifice auquel elle s'était condamnée, il fut torturé...

— Et pourtant, gronda le misérable, il me semblait que je n'étais plus capable de souffrir.

Il ouvrit sa fenêtre et se pencha au dehors pour respirer l'air matinal... Il étouffait...

Le bruit de la fenêtre ouverte parut surprendre deux hommes, qui, justement, dans le même instant, passaient devant l'hôtel...

Puis un autre, qui s'en allait un peu plus loin.

Puis un quatrième, qui, planté au milieu de la rue, mouillait, d'un coup de langue, une feuille de cigarette roulée...

Tcherko, pensif, regarda ces hommes, après quoi il eut un geste de recul.

— J'ai beau faire... je les retrouve partout...

Oui, depuis des jours et des jours il se savait surveillé, pisté... Quatre hommes, avec une inlassable constance, une ruse jamais en défaut, avec des ressources prodigieuses d'imagination, sous les déguisements les plus inattendus, l'espionnaient... veillaient sur le travail de ses jours et le sommeil de ses nuits...

— Ils ne me quittent pas...

Les hommes, se voyant observés, s'étaient éloignés.

Mais quand même, Tcherko savait qu'ils étaient là...

Il savait aussi que ce n'était pas des gens de la contre-police d'espionnage.

Que c'était des soldats de Sanguinède...

Et il se sentit soudain pris d'une rage froide contre cet atôme qui s'acharnait contre lui, ce grain de poussière qui se glissait dans ses engrenages, contre ce microbe invisible... ce gouailleur gamin qui lui avait déclaré une guerre à mort.

A l'heure du courrier, une lettre, apportée à l'hôtel et non venue par la poste, lui apprenait une nouvelle étrange :

« Le paysan Erscheim, du Tyrol, auquel vous aviez con-

» fié la garde de votre fils, est mort... Et l'on vous avise
» que bien avant sa mort et depuis déjà longtemps, l'en-
» fant avait disparu... »

Il tressaillit, froissa la lettre en un geste de douleur et
de terreur.

Le vent de la défaite passait sur son front... le courba
un moment...

— Est-ce que la chance m'abandonne ?..

Il redressa la tête, dans un mouvement de menace, sûr
de vaincre.

— Allons donc !... En plein triomphe ! !...

II

La seconde journée.

Convoqués par des émissaires envoyés dès la veille, venus en hâte, et en secret, de tous les points de la frontière confiés à leur garde, neuf sur onze des apôtres de César attendaient dans la bibliothèque d'Herbemont, l'entrée de leur maître.

Bérode et Vérimond seuls, manquaient.

Attachés aux pas de Drogont et de Tcherko ils ne quittaient pas Paris.

Les autres étaient les chefs des sections éparpillées par Cœur-qui-Tremble, de Belfort jusqu'à Givet, et de la frontière est, nord-est et nord jusqu'à Paris.

Il y avait là Papillon et Letourne que César avait chargés de surveiller les Zeppelins et de les détruire dès la première nouvelle que la mobilisation était commencée et que les armées allemandes se seraient mises en marche.

Il y avait Sommery et Gilbert qui avaient établi des postes aux alentours des ponts du Rhin, de Bâle jusqu'à Cologne, et qui devaient, avec la certitude que jamais ils ne reverraient la France, les faire sauter dès la première heure, entravant ainsi la concentration allemande dans un coup d'audace qui aurait, sur l'armée française, une formidable répercussion.

Il y avait Romarin, chargé des postes auprès des voies de raccordement, des ponts et des tunnels, sur les lignes de l'Est, du Nord, et P.-L.-M., où il avait toute une armée de partisans inconnus, invisibles, prêts au signal pendant que lui s'était réservé personnellement le tunnel des Islettes.

Et d'autres, Leroque, Gerbaud, Delangle, Cabanier, avec des missions aussi graves où ils n'ignoraient pas qu'ils jouaient leur vie.

Il y avait même une femme que nous n'avons pas encore vue.

Grande, maigre, vêtue de deuil, visage énergique aux yeux noirs, elle paraissait âgée de cinquante ans environ.

C'était la mère de Galbache, l'apôtre que Werner avait assassiné.

Lorsque Romarin était allé à Lannois lui apporter les cinquante mille francs que César lui envoyait, elle avait refusé.

— Je ne veux pas de votre argent... Enrôlez-moi dans votre bande et attachez-moi à la surveillance de Werner... Je vengerai mon fils... après, je rentrerai chez nous... J'ai mes dix doigts pour travailler et vivre...

Dans ses yeux noirs et durs, on lisait, implacablement, le destin de Werner !

Vers une heure, les apôtres avaient entendu le ronflement éclatant d'un aéro qui fondait sur Herbemont comme la foudre. L'avion tournoya au-dessus du château et, en spirales, vint atterrir, avec une élégance d'oiseau, une certitude absolue, sur la vaste pelouse qui s'étendait entre la grille et la maison.

Deux hommes en descendirent : dans l'un des deux, ils reconnurent César et ils sortirent pêle-mêle de la bibliothèque pour lui faire une ovation.

Un quart d'heure après, toutes portes closes, les apôtres et leur chef se trouvaient réunis dans la salle où déjà, une fois, nous les avons vus.

Les visages animés, les yeux ardents, disaient qu'ils étaient prêts à tous les sacrifices, jusqu'à celui de leur vie.

Puis, tous, ils savaient que les heures qui s'écoulaient étaient graves.

Brièvement Sanguinède demanda :

— Rendez-moi compte !

Ils parlèrent, sans se noyer dans des digressions, allant droit au but.

Ce fut d'abord Papillon et Letourne qui, tour à tour, s'expliquèrent :

— Les Allemands, tout le monde le sait, ont vingt dirigeables de différentes sortes, parmi lesquels il y a des types militaires de Gross et quelques Parseval. En somme, dix Zeppelins... de 18.000 à 19.000 mètres cubes, faisant une vitesse moyenne de 58 kilomètres à l'heure. Ils ont divisé leur flotte aérienne en éclaireurs et en croiseurs, lesquels sont installés dans leurs hangars tout près de la frontière, à Metz, à Strasbourg et Cologne. Personne n'ignore non plus qu'ils ont fait, comme nous en France, de nombreuses et très sérieuses expériences de lancement de projectiles... sur but fixe. C'est donc à nos ponts, à nos gares, à nos tunnels, à nos voies ferrées qu'ils en veulent... Leurs stations de dirigeables sont gardées avec des précautions inouïes... Il nous a été impossible de nous en approcher... Il n'y a pas plus de quinze jours que nous avons réussi à nous installer près des immenses hangars de Metz, sur le bord de la Moselle. Nous avons là un bateau dont nous sommes les mariniers... Dans la cale, nous avons nos bombes explosives... à la nitro-glycérine... Les Zeppelins ne partiront pas... A Strasbourg, c'est d'avant-hier seulement que je sais que mes hommes comptent réussir... Nous avons acheté un mécanicien, un Polonais, à qui nous avons promis et à qui nous réservons demain une fortune.

— Combien ? fit César avec indifférence.

— Cent mille, patron.

— Vous me ferez penser à vous les remettre avant votre départ... En quoi doit consister la besogne du Polonais ?

— Oh ! une petite panne du moteur et du réservoir d'essence... Le feu au réservoir, une explosion, pouff !... Et c'est fini du dirigeable.

— Le mécanicien joue sa vie...

— J'ai dit qu'il est de la Pologne annexée. Il hait l'Allemagne autant que les Lorrains et les Alsaciens... Il aura fait parvenir l'argent à sa mère... Le reste, il s'en moque.

— Et à Cologne ?

— Nos hommes ont été trahis... deux sont sous les verrous... J'ai peur pour eux... Là nous sommes brûlés, monsieur César... Rien à faire... On ne peut réussir partout...

César resta un moment à réfléchir. Puis il murmura :

— Nos aviateurs feront le reste...

Il tendit les mains à ses deux apôtres et dit, simple, sans autre compliment :

— Vous avez bien travaillé, mes garçons... Retournez à vos postes... Je n'ai plus d'instructions à vous donner... L'heure est venue... Au premier signal de guerre, agissez !

Papillon et Letourne serrèrent les mains qui se tendirent et s'éloignèrent.

Ils n'avaient pas la moindre émotion et pourtant ils marchaient à la mort.

César se tourna, non sans une certaine curiosité inquiète,

vers deux de ses hommes qui, assis côte à côte sur un canapé recouvert de cuir, fumaient avec tranquillité leur pipe de mérisier, à grosses bouffées voluptueuses.

C'étaient Sommery et Gilbert, les deux chefs des sections de partisans auxquels était confiée la destruction des ponts du Rhin, desquels dépendent toutes les voies de communication des armées allemandes. Ces ponts détruits, un trouble énorme s'ensuivrait aussitôt dans la concentration de l'adversaire. Il n'était même pas nécessaire que fussent coupés les dix ponts de Bâle à Cologne. Quelques-uns et cela suffirait.

Laconique, César leur demandait, à eux aussi :

— Rendez-moi compte !

— Nous n'avons pas réussi partout, mais nous avons réussi sur certains points essentiels... Nous ne pouvons faire porter nos efforts sur les dix ponts du Rhin, à la fois. C'eût été les disperser, nous obliger d'autre part à nous confier à trop de complices et risquer par conséquent d'être trahis... Par contre, si notre besogne est restreinte, nous sommes sûr de la mener à bien...

— Précisez, mes garçons.

— Voilà, monsieur César, fit Gilbert en ôtant sa pipe de sa bouche. Il y a d'abord le pont de Mayence... sur piles et culées en pierres... parapets en pierres... plancher métallique. Dans le milieu, une pile en maçonnerie... A chaque extrémité de la pile, une chambre de mine où l'on descend par une trappe fermée par d'énormes cadenas reliant des boulons de fer. J'ai enlevé les cadenas... J'en ai substitué d'autres dont je garde les clefs... Dans l'inspection qu'ils font chaque semaine, les hommes du génie allemand constatent que rien n'est changé en apparence. Je suis descendu à plusieurs reprises dans le creux qui communique avec la chambre de mine. J'ai visité les chambres à hauteur du parapet et celles qui sont au-dessous. Depuis deux jours, c'est-à-dire au reçu de votre première dépêche, monsieur César, les mines sont chargées... Le pont sera coupé... Voilà pour le pont de Mayence... A Mannheim, mes hommes ont réussi le même coup.

— Moi, dit Sommery, j'ai négligé les ponts du Rhin, sauf celui de Rastadt où j'ai réussi les mêmes précautions que le camarade Gilbert et je me suis attaché surtout aux petits ponts des chemins de fer qui traversent le canal de la Marne au Rhin.

Sûr qu'ils n'ont pas la même importance stratégique

que ceux du Rhin, mais tout de même, quand trois ou quatre voies seront coupées, c'est un retard de vingt-quatre heures avant que les communications soient rétablies... Le jour qu'il faudra, dans deux ou trois jours au plus tard, lorsque l'ordre m'en sera parvenu, on verra sur le canal d'honnêtes bateaux remorqués par leurs chevaux longeant le chemin de halage. L'équipage qui les montera inspirera confiance à tous les riverains et les troupes allemandes qui les rencontreront ne penseront point à s'en préoccuper. Inutile de vous dire que tous nos papiers seront en règle. Il n'y a rien au monde d'aussi régulier que des papiers qui sont faux. Les bateaux seront chargés de farine ou d'alimentations destinées aux troupes et ils seront accompagnés de convoyeurs militaires en tenue qui les protègeront contre toute visite intempestive et contre tout désagrément. La visite amènerait la découverte dans les sacs de farine de quelque cent kilos de dynamite, et le désagrément serait pour les hommes de l'équipage, douze balles dans le corps pour chacun, bien comptées.

Sommery rechargea sa pipe et souriant :

— Vous voyez le coup, patron !... Plus besoin d'explications !... Toutes les fois qu'un de mes bateaux passera sous un pont de chemin de fer, c'est l'explosion. Tout sautera... le bateau, son équipage, et le pont... La voie sera coupée... Ce sera l'arrêt, car ils ne pourront pas détourner les trains sur les voies latérales... En pleine concentration, quel gâchis !...

César écoutait avec une émotion profonde ces projets d'héroïsme qui seraient suivis d'une mort certaine, épouvantable, d'une mort inconnue. Tout cela n'était accompagné ni d'éloquence ni de grands gestes. C'était simple. L'homme souriait d'un air finaud, comme s'il contait quelque beau tour à jouer à un copain et dont on rigolerait joliment, le tour joué.

Laroque, Germaud, Delangle, Cabanier donnèrent tour à tour des renseignements. Les braves gens avaient bien travaillé.

Puis, la mère Galbache fit signe qu'elle voulait parler... César lui demanda :

— Vous surveillez Werner ?... C'est un de nos adversaires les plus redoutables. Vous savez, hélas, ma pauvre femme, qu'il ne recule devant rien, pas même devant un crime.

La mère eut un **rire bref**.

— Werner n'est plus à craindre et le chef disparu sa bande ne sait plus que devenir.

César tressaillit... et la voix un peu trouble :

— Qu'est-il devenu ? Est-ce que vous auriez...

Elle comprit la question qu'il n'osait poser.

— Oh non ! pas encore. Son jour viendra, peut-être... peut-être, fit-elle énigmatique... mais quand j'ai appris les bruits qui courent sur la guerre, je n'ai pas attendu, et j'ai enfermé Werner dans la cachette de la carrière où il a emmagasiné son dépôt de poudres... Voilà deux jours qu'il est emprisonné là, et je suis seule à le savoir. Il a de quoi boire et manger pour quatre ou cinq jours. Il n'est pas à plaindre et il a tout le temps de penser à ce qu'il a fait de mon malheureux fils... Donc Werner n'est plus à redouter, monsieur César... C'est moi qui veille... Il est entre bonnes mains... Si la guerre éclate, son compte est bon... Je le livrerai à ceux qui le jugeront et qui l'enverront en enfer... Si la guerre n'éclate pas... alors... alors... je réfléchirai...

Romarin se mit à rire

— Ma foi, monsieur César, puisque la bonne femme a mangé le morceau, je vous avouerai une chose que je ne vous avais pas dite. Vous savez l'importance capitale du tunnel des Islettes. Il commande les communications avec Verdun. Si le tunnel saute, c'est un désastre et je vous avais prévenu que je me suis installé aux environs, en forêt d'Argonne, où j'ai obtenu une coupe de bois... De là, je suis mieux pour surveiller Dacier... Eh bien ! patron, je n'ai pas attendu le coup de chien... J'ai fait comme la bonne femme... Dacier est sous les verrous.

— Comment, sous les verrous ? Vous l'avez dénoncé ?

— Non... je l'ai simplement enfermé dans la ferme d'Arnoux, qui est dans une clairière de l'Argonne — une cinquantaine d'hectares isolés du pays par la masse de la forêt... Les fermiers d'Arnoux sont des gens à moi, dévoués, patriotes, que j'avais depuis longtemps avertis... Ils le tiennent sous bonne garde... Dacier n'est pas malheureux... Il ne lui manque rien, faut pas le plaindre... Si la guerre éclate, douze balles et on n'en parlera plus. Autrement, on avisera... Est-ce que j'ai commis une gaffe, monsieur César ?

— Dacier emprisonné, il reste ses hommes ?

Romarin se mit à rire.

— J'ai les miens... d'abord... Puis, Dacier disparu, ses gens ne bougeront plus.

Pendant tout le reste de l'après-midi, César régla les différentes manœuvres sur lesquelles il comptait, avec ses apôtres, pour assurer le succès des premiers jours.

Il distribua de l'argent...

En ces suprêmes heures, l'or acquiert sa puissance extraordinaire de destruction, mieux que les meilleurs canons et que les meilleurs fusils.

Il vit un à un partir les braves gens qui se dévouaient, avec une émotion qu'il ne cherchait pas à leur dissimuler.

Certes, il avait l'espoir de pouvoir empêcher la guerre.

Mais si, malgré tout, la catastrophe se déchaînait, de tous ceux-là qu'il avait ramenés au sentiment de leur devoir, et qui étaient devenus ses amis, il n'en reverrait sans doute aucun...

C'était lui qui les envoyait à la mort.

Il était cinq heures lorsque le dernier partit et qu'il se retrouva seul.

Alors, il quitta la bibliothèque et se rendit au salon.

Courapied, dit Miton-Mitaine, l'attendait en feuilletant des revues.

— Vous êtes prêt ? demanda César.

— Oui. Nous pouvons être partis dans cinq minutes, si vous voulez.

— Eh bien ! partons...

— Nous faisons un tour de l'autre côté de la frontière ?

— Non. Nous rentrons à Paris.

— Dommage !... Là-bas, il y a sûrement des choses intéressantes à voir...

— Vous aurez le temps, plus tard, mon cher Villedieu...

Ils firent leurs préparatifs. Le temps était calme. Pas de vent. Dans la matinée, le moteur avait fonctionné admirablement, avec une régularité parfaite.

Avant la nuit, ils seraient de retour à Paris.

Un quart d'heure après, l'oiseau gigantesque roulait sur la pelouse et prenait son vol, montait en spirales par-dessus Herbemont, les bois et les côtes de Meuse, et filait à tire d'ailes vers Paris.

A huit heures, avant la nuit, il descendait à l'aérodrome.

L'auto de César les y attendait.

Une demi-heure après, ils étaient de retour au Splendid-Hôtel.

La seconde journée était finie.

III

La troisième journée.

Ce matin-là, une femme vêtue de deuil entrait au Splendid-Hôtel, et sans vouloir dire son nom, prétendant qu'elle était attendue, se faisait annoncer chez César.

Un coup de téléphone du bureau de l'hôtel à l'appartement de Sanguinède confirmait le renseignement, et, du reste, en même temps, Cœur-qui-Tremble descendait par l'ascenseur, entrait au salon, s'inclinait profondément devant cette femme.

— Je vous supplie de m'excuser de vous avoir indiqué cet étrange rendez-vous. Ainsi que je vous l'ai écrit, les choses que j'ai à vous révéler n'intéressent que vous, mais elles sont si graves que je n'ai pas voulu vous les dire chez vous... Ce que cette démarche, ainsi demandée, a d'insolite et de hasardé, vous le comprendrez dans un instant, et après l'avoir compris, vous me pardonnerez.

Cette femme, au visage voilé de noir, était Françoise Bénavant.

Quelques minutes après, chez César, les portes soigneusement fermées, la pauvre femmes questionnait, la voix troublée par l'émotion :

— Que désirez-vous ? Et quel malheur nouveau nous menace ?

— Rassurez-vous, madame, je suis peut-être, au contraire, le messager d'une bien grande joie... Remettez-vous... Ne savez-vous pas que je suis votre ami ?

Elle lui tendit les mains, dans un geste de gratitude...

L'appartement occupé par César au Splendid-Hôtel était composé, nous l'avons dit, de trois pièces : une chambre à coucher, donnant sur un vaste cabinet de toilette-salle de bains, et un salon, les trois pièces prenant jour sur l'animation élégante et mondaine de l'avenue des Champs-Elysées.

Du couloir de l'hôtel on pénétrait directement dans le salon.

C'était là que César et Françoise venaient de s'asseoir, côte à côte.

La porte de communication avec la chambre à coucher était à demi ouverte et permettait de distinguer que cette pièce restait dans une presque obscurité, César, sans doute, ayant eu soin de se garer contre le soleil de juillet en tenant clos les rideaux et les persiennes des fenêtres.

— Madame, dit César, j'ai un autre pardon à solliciter de vous... Je vais remuer dans votre cœur des souvenirs pénibles... Je vais d'abord vous faire souffrir... Il le faut... Je le dois... pour votre bonheur... Ne vous révoltez contre rien... Laissez-moi vous conter jusqu'au bout ce que j'ai à vous dire...

— Parlez, monsieur, n'ai-je pas foi dans votre amitié ?

César réfléchit, hésita dès le début... puis, peu à peu, il se laissa entraîner... Sa voix devint plus ferme... toute son ardeur, et aussi tout son espoir de triomphe passaient dans ses paroles.

Ce qu'il contait, c'était, dans les moindres détails, le mariage de Nicole et de Villedieu, tel qu'il le connaissait par Villedieu lui-même.

Lorsqu'il en vint aux lettres mystérieuses renfermées dans le coffret, Françoise baissa la tête et se cacha les yeux dans les mains.

Il l'entendit qui sanglotait sourdement.

Ce malheur, la veille même du mariage, le chemineau couché sous les sapins, en face de l'Herbier, le lui avait laissé prévoir... Le misérable qui, sous un nom d'emprunt, avait essayé de se faire aimer d'elle, ne lui avouait-il pas, ce jour-là, qu'il avait vendu ses lettres ?... Et il mettait en garde Françoise contre le malheur de l'avenir... Elle-même n'avait-elle pas prévenu Nicole, autrefois, après la disparition de Robert Villedieu ?... Et elle se rappelait, la pauvre femme, l'éternelle et monotone interrogation par laquelle Nicole répondait aux supplications maternelles :

— Mère, est-ce bien tout ce que vous avez à me dire ?

Elle interrompit César, et, à travers ses sanglots :

— Monsieur, ma fille n'a rien ignoré de ces lettres... Afin de vaincre son mutisme, de comprendre ce qui se passait en elle, je lui ai tout avoué, hélas ! et je me suis rendu compte que je ne me rapprochais plus de son cœur... Entre elle et moi, un abîme... un mystère... Elle n'a pas voulu s'expliquer... Moi, je n'ai pas pu deviner... Et le malheur est venu de là...

— Les lettres envoyées par Tcherko à Robert Villedieu et à sa femme étaient les vôtres, originales... Elles ont été détruites par les pauvres enfants le lendemain de leur mariage, à leur réveil tragique... Mais je me doutais que Tcherko ne s'en était point dessaisi sans garder par devers lui quelque preuve... Cette preuve, je l'ai fait rechercher... On l'a retrouvée... Tcherko avait fait photographier vos lettres... et les photographies, je vous les apporte... Les voici !

Françoise leur jeta un regard indifférent.

Qu'importaient ces lettres puisque, jadis, Nicole ne l'avait pas crue !

— Oui, dit-elle, c'est bien cela...

— Je les ai lues, il le fallait... Je vous demande pardon...

— Je n'ai commis aucune faute... que celle d'avoir eu confiance... Ce misérable s'adressait à une jeune fille sans défense, presque une enfant... J'ai aimé en lui l'homme qui se présente à vous comme celui dont vous porterez le nom... et quelle affreuse désillusion s'en est suivie ! ! J'ai donc commis une imprudence en écrivant à cet homme... C'est tout ce que j'ai à me reprocher... Et si je n'ai rien dit au général, c'est que j'ai eu peur de le troubler, de l'inquiéter, de faire passer un nuage sur notre si complet bonheur... En vérité, monsieur, reconnaissez-le avec moi, j'ai cruellement expié cette imprudence... La mort de Robert Villedieu, la disparition de ma fille, le deuil où nous sommes, notre vie brisée... pour quelques mots de tendresse surprise échappés à une enfant, c'est trop, c'est trop ! !

Alors, la même question — celle de Nicole autrefois — adressée par Cœur-qui-Tremble :

— Est-ce bien tout ?

— Et qu'y aurait-il de plus ?

— Voulez-vous que nous relisions vos lettres ensemble ?

— A quoi bon ? Pourquoi ce supplice ?

— Cela est nécessaire.

Elle eut un geste de profonde lassitude.

— Lisez donc, fit-elle...

Et elle ajouta tout à coup, avec une exclamation de désespoir infini :

— Si mes enfants pouvaient entendre la lecture de ces lettres, ils jugeraient bien vite de mon innocence et de mon malheur... Hélas !...

Lentement, César commença... Elle l'écouta, ayant repris son attitude de tout à l'heure, les mains posées sur les yeux... Elle semblait dormir tant elle était immobile...

Il les lut toutes, dans l'ordre où elles étaient, placées ainsi par Tcherko lui-même.

Lorsqu'il arriva à la trente-deuxième, elle releva le front.

Elle eut un profond soupir de soulagement, sortant enfin de ce cauchemar.

— C'est la dernière dit-elle, je me la rappelle très bien...

Mais César secoua la tête, ses yeux vifs rivés sur le visage de Françoise...

— Non... Il y en a huit encore...

Elle se leva...

— Vous dites ?... Répétez-le, mon ami.

— Je répète que la lettre que je viens de vous lire n'est pas la dernière... Il y en a quarante... Il m'en reste huit, dont je vous donnerai lecture.

Il commença... Mais Françoise, dès les premiers mots, était devenue très pâle.

Elle balbutiait des mots de surprise, de folie, des dénégations insensées.

Pourtant il alla jusqu'au bout...

Et quand il eut terminé la dernière, qui était la quarantième :

— Ceci est un crime, dit-elle, revenue tout à coup à un calme étrange, un grand crime... Ces lettres ne sont pas de moi...

Puis elle se tut.

César lui-même n'osait plus rompre ce silence.

Il attendait, dans une anxiété très grande.

Elle avança la main et murmura :

— Donnez !

Il lui remit les lettres : elle les feuilleta, les lut... ses yeux chaviraient... Elle dit :

— C'est un acte monstrueux... on a imité mon écriture, cela est vrai... on a voulu continuer jusqu'au dénouement d'une faute commise, d'une séduction consentie, jusqu'à la naissance d'un enfant, le roman de cette liaison chaste commencée avec Villedieu... C'est infâme... infâme, monsieur... Et toutes ces lettres entre les mains de Nicole et de son mari ! !... Oui, la catastrophe était inévitable...

Pourquoi ne sont-ils pas venus se confier à moi ?... Pourquoi Nicole n'a-t-elle pas osé pousser jusqu'au bout sa confidence ?... Hélas ! Cette écriture, on dirait la mienne... Elle est parfaitement imitée... Pourtant, ce n'est pas moi... Je le jure... Est-ce que tout ne plaide pas pour moi ?... Est-ce que j'aurais pu laisser s'accomplir cette chose odieuse, ce mariage entre un frère et une sœur...

Nerveusement, en une fièvre, elle examinait chaque phrase, chaque mot, et attirait l'attention de César :

— Regardez... malgré la perfection criminelle de ce mensonge, et puisqu'il faut que je me défende... est-ce que cette lettre ressemble à cette autre, cette liaison à celle-ci, cette majuscule à celle-là... Ne voyez-vous pas dans le tremblé de mes phrases à moi, écrites par moi, sous le coup de mon émotion et comme si j'avais d'instinct prévu quel danger je me préparais pour l'avenir, ne voyez-vous pas quelle différence avec les phrases des lettres fausses écrites fermement par l'homme qui s'appliquait et dont le mensonge ne faisait pas frissonner la main ?... Voici où se termine, à cette lettre, mes relations avec le père de Villedieu... Je le jure et je ne veux pas qu'il m'en soit parlé désormais... Le reste est mensonge !

Elle ne suppliait pas.

Sa fierté et son honneur se révoltaient contre cette accusation.

Elle s'était levée, avait rejeté loin d'elle les papiers d'horreur, cause de tant de drames, source de larmes si brûlantes.

Et le regard qui tombait sur Sanguinède était un regard de reproche.

— Madame, dit-il, je vous crois... Et je suis sûr que si vos enfants pouvaient, en ce moment vous entendre, ils vous croiraient comme moi...

Les yeux désespérés, dans l'anéantissement d'une douleur immense, et cependant toujours maîtresse d'elle-même, Françoise répliqua :

— Du reste, monsieur Sanguinède, pour qui conserverait quelque doute, il est une preuve à laquelle vous n'avez pas pensé, et que je suis seule à pouvoir vous offrir...

— Votre indignation suffit... Moi, connaissant le misérable de qui venaient ces lettres, je n'avais pas cru à leur mensonge...

— J'ai dit : une preuve, une preuve cruelle, qui broiera l'âme d'un homme, mais qui est nécessaire... et cette preuve est bien simple... Je dirai tout à mon mari, devant vous, devant Madeleine... Et si Robert et Nicole étaient là pour m'entendre, ils me demanderaient pardon !...

Son courage était à bout. Elle pleura...

Et César semblait, par son attitude, dans une hésitation singulière.

Un mot, une exclamation plutôt lui échappa :

— Qui sait, madame ?

Mais devant le regard éperdu de la pauvre femme, ces yeux dilatés par une espérance folle, par la crainte, il s'effraya de ce qu'il allait dire... il eut peut de la tuer par trop de joie...

. . . .

Une autre scène, de profonde émotion, se passait à quelques pas de là...

Avant l'arrivée de Françoise chez César, un homme et une femme se trouvaient chez lui, qu'il y avait mandés en même temps qu'il mandait madame Bénavant : c'était Nicole et Courapied, dit Miton-Mitaine.

A Courapied, arrivé le premier, il avait dit :

— Mon cher Villedieu, la scène qui aura lieu tout à l'heure ici, entre la générale et moi, sera décisive pour votre bonheur. J'ai besoin que vous écoutiez, sans qu'elle le sache, les explications qu'elle me donnera... Vous entrerez dans ma chambre... De là vous pourrez tout entendre...

Et après une pause :

— Vous n'y serez pas seul... Il faut que Nicole, elle aussi, entende... Nicole sera là... J'ai dit que cette entrevue serait décisive entre Mme Bénavant et moi... elle sera décisive également entre vous et Nicole... De ce que vous entendrez dépendra votre avenir... Eternellement, vous resterez pour elle le camelot Miton-Mitaine qu'elle vous croit et qu'elle a vu chez Cocogne... ou bien... ou bien, vous jugerez, après les aveux de Mme Bénavant, que vous ne devez plus cacher qui vous êtes... Vous l'appellerez dans vos bras... et moi, Robert, je serai heureux infiniment de la joie que je vous aurai donnée...

Villedieu restait sombre, inquiet.

— Certes, dit-il, il y a un secret qu'il faut que je sache, mais hélas ! ma vie est brisée... N'ai-je pas lu, jadis, les terribles lettres !... J'ai peur !

— Moi, dit César, très calme, je ne crains rien.

Lorsque Nicole entra, il la prépara, avec une grande prudence, à revoir sa mère, mais il fallait lui expliquer également la présence de Courapied, de cet homme qui, auprès d'elle, allait entendre de si graves et si délicates confidences.

— Ma chère enfant, dit-il, je vous prie d'avoir foi en moi, une foi entière... et de ne vous étonner de rien... Ne pensez qu'à une chose, ne croyez qu'à une chose... C'est que tout ce que je fais n'a qu'un but : vous rendre le bonheur auquel vous avez droit... Si détournés que soient mes moyens, qu'ils ne vous surprennent pas... Acceptez-les et ne vous étonnez de rien... Ne vous étonnez pas de rencontrer chez moi... dans cette chambre, un homme qui, de même que vous, entendra le récit que je provoquerai... et par conséquent deviendra le confident, comme vous, d'un secret qui ne devrait appartenir qu'à vous... En un mot, attendez !... Votre mère va venir ici, seule... Elle parlera... Vous écouterez... et vous la jugerez !... Elle ne saura pas que vous êtes auprès d'elle... Elle parlera donc librement...

Nicole, surprise, regardait avec crainte la porte de la chambre.

— Qui donc est là ?

— Courapied, dit Miton-Mitaine.

Elle resta longtemps silencieuse, agitée, puis elle murmura :

— J'ai foi en vous !

Il la conduisit vers la chambre, elle entra, la porte resta entre-bâillée.

Là, un homme se leva, puis la salua avec un respect profond, les yeux baissés, si troublé qu'elle s'aperçut, malgré tout, de cette émotion.

Elle-même, du reste, avait été émue chaque fois qu'elle s'était rencontrée avec lui, depuis la première soirée, chez Cocogne, où, dans une hallucination de la coco, elle s'était avancée, les bras tendus, vers Courapied, poursuivant le rêve de sa pauvre âme endolorie, l'illusion de son amour meurtri...

Et cette fois encore, elle éprouva auprès de lui une sensation étrange d'apaisement, de confiance et de force...

Pourquoi ?

Il était bien humble, pourtant, ce garçon, bien quelconque, dans ses vêtements propres, mais fripés, de coureur des rues parisiennes.

Et son attitude même, gênée en ce moment, avec ces mains qui ne savaient pas où se mettre, ces yeux qui n'osaient regarder droit, et cette pâleur extrême, qui apparaissait aux pommettes, là où la barbe broussailleuse et drue permettait tout de même d'apercevoir un peu de la peau... toute cette attitude n'accusait guère d'énergie et disait plutôt que celui-là, comme elle, était en proie à des préoccupations graves, à une très grande détresse morale.

Courapied et Nicole ne s'adressèrent pas un mot.

Tous les deux assis l'un auprès de l'autre, et non loin de la porte entr'ouverte, ils attendirent, en cette situation singulière...

Mais pour un troisième personnage, qui eût été présent, combien eût été visible le drame violent qui se passait dans ces deux cœurs et se reflétait sur ces deux visages lorsque Françoise Bénavant fit son entrée !... Certes, ils étaient prévenus et pourtant ! Lorsque Nicole reconnut, distincte, dans la chambre voisine, la voix maternelle, quels que fussent ses souvenirs, les ressentiments qu'elle croyait justes, si odieuse que fût la mémoire d'un passé dont elle accusait sa mère, ses traits se contractèrent brusquement dans une douleur si forte qu'elle lui arracha une sourde exclamation.

Quant à Villedieu, comme ses paupières étaient closes, on ne voyait pas son trouble, et du reste, sa pâleur ne pouvait s'accentuer.

Renversé au fond d'un fauteuil, il garda tout le temps une immobilité de statue.

Alors, là-bas, de l'autre côté de la porte, la confession de Françoise commençait.

Et, au fur et à mesure que César lisait les lettres, Courapied et Nicole revivaient, comme si les choses s'étaient passées la veille, les heures tragiques du lendemain de leur mariage... Chaque détail renaissait, ainsi brutalement évoqué... C'était leur réveil si tendre et si joyeux... coupé par d'interminables baisers... C'était le soleil de cette matinée radieuse qui entrait à pleins rayons dans leur chambre... C'étaient les fleurs qui tombaient sur eux, sur le balcon, sur les arbres du jardin, sur la villa entière, du haut du ciel, jetées à pleines gerbes par les avions des amis de Villedieu...

Puis, le coffret aux rutilantes pierreries...

Et l'horrible révélation, les lettres...

Petit à petit, Courapied et Nicole, en écoutant cette voix, s'isolèrent l'un de l'autre... chacun des deux revivant à part lui la désolante scène d'autrefois...

Et les mains sur les yeux, sans savoir que l'autre pleurait, chacun des deux pleura.

De l'autre côté de la porte, César continuait sa lecture.

Les trente-deux premières lettres étaient lues...

Ce n'était rien, cela !... Ce n'était pas même une faute...

Mais le supplice allait commencer... se renouveler du supplice d'autrefois...

Et voici soudain que le cri d'indignation, le cri de la mère en révolte les fait tressaillir !...

Non pas un cri de douleur, mais de fierté et d'horreur...

Elle n'est pas coupable...

Leurs larmes, soudain, se sont séchées... Ils tremblent... Ils ont la fièvre !... Dans l'exaspération de leur angoisse et de leur espérance, ils ne prennent plus garde l'un à l'autre... Ils sont debout près de cette porte qui les sépare de la pauvre femme, une victime comme ils sont des victimes... debout, haletants, ne respirant plus pour mieux entendre, et la joie est trop forte et les étouffe... Et de sourds gémissements... et des mains qui se tordent, et se lèvent, jointes, comme pour un remerciement...

Ils croient !...

Est-ce qu'elle serait coupable, cette femme qui vient de s'écrier :

— Une preuve ! Je donnerai une preuve qui broiera le cœur d'un homme, mais qui est nécessaire... Je dirai tout à mon mari ! devant vous, devant Madeleine !...

Et c'était vrai que Villedieu et Nicole lui eussent demandé pardon !...

Mais que se passe-t-il donc ! Et quel spectacle étrange !... L'humble camelot, le pauvre Miton-Mitaine vient de s'écrouler à genoux... Et il sanglote...

Et Nicole bouleversée, contemple cet homme... Elle essaye de comprendre...

Cette fois, il ne garde plus les yeux baissés. Il les a relevés sur elle... Il semble l'attirer, la fasciner, et cet homme elle ne le reconnaît plus... Ce regard a changé tout à coup... Il est devenu si doux et si tendre, parmi les larmes... et les lèvres se gonflent, se gonflent, source intarissable, d'où tombent les sanglots... Voici qu'une image apparaît à Nicole... animée par ce regard... et que les mois qui viennent de s'écouler s'effacent... et que s'évanouissent les exécrables souvenirs de tant de jours passés dans le désespoir et de nuits passées sans sommeil... Voici que sous cette barbe brune des traits se forment et se précisent...

Elle recule, en un moment d'égarement...

Elle recule parce qu'elle est prise d'épouvante...

Elle a peur de ce qu'elle vient de penser, parce qu'elle a peur de se tromper !...

Mais il l'a deviné, lui, et vers elle ses bras sont suppliants.

Un cri... un grand cri de Nicole :

— C'est toi !... Est-ce toi ?...

Déjà elle ne doute plus... Et dans les bras tendus elle s'affaisse sans mouvement.

Lui, du reste, comme elle, est bien près de s'évanouir.

Et tous les deux s'étreignent, mêlent leurs baisers... Et si grande, si dangereuse est leur joie, si près de la folie en vérité, qu'ils ne trouvent rien à se dire, et que ce sont toujours les mêmes mots :

— C'est toi ! C'est bien toi ! Je te retrouve...

Et comme il faut bien qu'une pareille crise se dénoue, et que les nerfs se détendent, et que les cœurs se dégonflent, tout à coup, l'un contre l'autre, visage contre visage, sans plus pouvoir parler, silencieusement, ayant tant souffert en cette année disparue, ils se mettent à pleurer...

C'est lorsqu'ils ont bien pleuré qu'un peu de calme leur revient, avec un sourire de Nicole, un sourire de Robert...

Les mains toujours étreintes, alors, et les yeux dans les yeux, ils balbutient l'hymne jolie, l'hymne éternelle, interrompue jadis, et qu'ils reprendront bientôt :

— Je t'aime...

. . . .

Cependant, ces sanglots, ces exclamations, Françoise, à son tour, les avaient entendus.

Tout d'abord, surprise et effrayée, elle avait dit à César :

— On nous écoutait... Qui donc est là ?...

César souriait et la pauvre femme fut tout de suite rassurée.

Il murmura :

— Quel plus grand bonheur souhaitez-vous, madame ?

Son visage s'exalta en une supplication suprême...

— Ma fille ! ma Nicole ! Qu'elle me soit rendue... mais qu'elle me soit rendue croyant en moi, confiante en sa mère... autrement...

Et sa voix se fit plus ferme, d'une résolution inexorable :

— Autrement, et si elle ne doit pas me croire, qu'elle

reste à jamais loin de moi... Je préfère ne la revoir jamais...

— N'est-il pas un autre bonheur aussi grand que vous souhaiteriez aussi ?

— Hélas ! monsieur, dit Françoise, celui-là est impossible... Robert Villedieu est mort...

César ne répondit rien.

Il alla vers la porte de la chambre... resta un moment immobile devant le spectacle des deux jeunes gens enlacés...

Là, du moins, Cœur-qui-Tremble avait terminé son œuvre...

Il fit un signe à Nicole :

— Venez ! dit-il tout bas.

Elle obéit... elle devinait... Et elle apparut tout à coup devant Françoise...

Devant Françoise qui la reçut contre son cœur en balbutiant :

— Méchante, méchante fille ! Oh ! ma pauvre chère petite !...

— Pardon, mère, pardon !

Puis, tout à coup, Nicole prend entre ses mains la tête maternelle.

Elle la couvre de baisers fiévreux, passionnés :

— Oh ! mère, mère, si tu savais combien je suis heureuse !...

Et riant de son rire frais de jeune femme, de jeune fille, les yeux émerveillés, éclatante de fraîcheur, triomphante d'amour.

— Jamais, je t'assure, je n'ai été si heureuse...

Françoise, devant tant d'exaltation, éprouva une certaine crainte... Elle a peur que tant de joie retrouvée ne dérange l'esprit de l'enfant affaibli par les misères de cette dure année d'épreuves et de larmes.

Heureuse ! certes, elle devait l'être ! Mais comment pouvait-elle avoir oublié Robert Villedieu ?... Robert, l'aimé, dont elle porte le deuil ?

A cette pensée, son cœur est serré d'angoisse et elle étreint sa fille plus étroitement.

Tout à coup, Nicole lui échappe... Elle court vers la chambre... Elle revient, entraînant par la main, riant, nerveuse, un homme qui, lui aussi, semble au comble de l'émotion, et elle pousse cet homme dans les bras de Françoise, en lui disant :

— Embrasse-là ! Et dis-lui que nous lui ferons tout oublier !

Mais la mère reste indécise devant cette figure toute couverte d'une barbe épaisse où elle a peine à démêler les traits qu'elle a connus... les traits fins et gamins, un peu railleurs, de celui que le cœur de Nicole avait élu...

Il vient de prononcer doucement un mot qui lui a remué le cœur :

Françoise, éperdue, murmure :

— Maman ! pardon, aussi, pour moi comme pour elle...

— Robert ! Est-il donc vrai ?...

Et tous trois s'affolent, en cette joie qui les transporte hors de la vie réelle.

Lui, Cœur-qui-Tremble, s'est un peu éloigné pour ne pas gêner ces effusions.

Il regarde le défilé ininterrompu des Champs-Elysées... On dirait qu'il s'y absorbe et que ce spectacle l'intéresse prodigieusement.

En réalité, il ne voit rien... Il est aussi ému que les trois qui sont là.

Mais son émotion se mélange de beaucoup de fierté.

— C'est à moi qu'ils doivent d'être si heureux ! pense-t-il.

Et corrigeant plaisamment sa pensée, en hochant la tête :

— A moi et au cirage à la Maréchale !... Voilà ce qu'on oublie trop !...

Certes, s'ils oubliaient le cirage à la Maréchale, ils n'oubliaient pas César. Leurs protestations de tendresse, leur émotion le lui prouvèrent.

Et César y coupa court, gêné et troublé dans sa timidité, en faisant à Villedieu un signe mystérieux.

— César me rappelle que je ne dois pas m'abandonner à mon bonheur, dit-il... Nous avons d'impérieux devoirs à remplir... Nicole, ma chère Nicole, je dois vous abandonner de nouveau... Du moins, cette fois, j'aurai la certitude que je vous laisserai entourée d'affections, puisque vous allez rentrer dans votre famille...

— Mais vous, Robert, vous ?

— Ah ! moi, j'espère que je vous y retrouverai bientôt... Mais notre bonheur ne sera complet que lorsque je vous aurai vengée, Nicole, et vous aussi, mère, dit-il à Françoise. Il y a un homme chargé de tous les crimes, dont nous avons prononcé la condamnation à mort... Cet homme n'a plus qu'un jour à vivre... Et nul autre que moi ne le tuera...

— Encore une séparation ! Encore des dangers ! fit Nicole avec désespoir.

— Il le faut, chère enfant. Il faut que cet homme meure... ce bandit... Puis, il ne s'agit pas seulement de toi, ma Nicole, mais de Madeleine aussi... Plus tard, vous saurez, nous vous dirons... Madeleine est en péril... Calmez-vous... Nous la sauverons...

Les deux femmes restaient toutes tremblantes.

Villedieu acheva :

— Il y a, au Parc des Princes, un homme vers qui la France en ce moment tourne les yeux... Cet homme s'abstrait de tout ce qui l'intéresse, pour ne plus penser qu'à la lourde responsabilité qui pèse sur lui en ces heures critiques où la guerre peut être déchaînée... Le retour de Nicole, de sa fille bien-aimée, la nouvelle que Villedieu n'est pas mort, en l'emplissant d'une grande joie, seront un réconfort puissant pour son esprit. Il y puisera une énergie nouvelle, car il verra sans doute, dans ce bonheur qui lui est ainsi rendu, comme une sorte de présage que tout lui réussira... et son espoir en lui s'en fortifiera... Quelle que soit sa force d'âme, il a souvent pleuré en secret, j'en suis certain, sous l'accablement de sa tristesse intime... Vous le délivrerez de cette douleur ! !... Il deviendra invincible... le bonheur est contagieux... de même que le malheur... Allez, ma chérie, allez, mère... toutes les minutes que vous passez ici vous les volez au général...

— Villedieu a raison, madame, fit César... Allez remplir auprès de lui, toutes deux, votre devoir de consolatrices... Villedieu et moi, nous avons à remplir un autre grand devoir, celui de justiciers et de vengeurs...

IV

La fin de la troisième journée.

De partout, au ministère, se concentraient de graves nouvelles : certes, le feu n'était pas encore aux poudres, mais
la poudrière n'était plus gardée, les explosions n'attendaient qu'un choc ou une étincelle.

Les minutes qui s'écoulaient étaient pleines de fièvre.

L'heure était historique.

Chaque matin, on attendait un incident de frontière ou
une démarche diplomatique qui déclancherait la mobilisation. Bien plus, dans toute la France, chaque matin, au réveil,
on se demandait, sans terreur du reste, et avec un calme
stoïque, évocateur de ripostes foudroyantes et de coups
décisifs :

— Sont-ils entrés ? Ont-ils franchi la frontière ?

Car, de déclaration de guerre, on savait qu'il n'y en
aurait pas.

Et chaque jour, on se disait :

— Ce sera pour demain !

De part et d'autre, du reste, toutes les précautions étaient
prises.

Chez nous, cette fois, on ne serait pas surpris.

De l'autre côté des Vosges se préparait l'attaque brusquée...

Par ici des Vosges, la parade...

C'était la quatrième fois, depuis la guerre de 1870, que
les deux armées en éveil s'attendaient au suprême signal
du départ.

Des deux côtés, sous le prétexte de manœuvres extraordinaires, en ce mois de juillet qui est celui des congés pour
moissons, les conscrits avaient été rappelés.

Les casernes étaient bondées.

Tous les soldats et les officiers permissionnaires avaient
regagné leur garnison.

A dix heures du matin, le troisième jour — la nouvelle
en avait été apportée à la préfecture de Nancy par un des

10

apôtres de César — le chef du seizième corps allemand avait reçu des instructions secrètes...

Aussitôt des ordres étaient partis de tous côtés.

Les régiments, les escadrons, les batteries des garnisons de Lorraine se concentraient sous Metz et Thionville aux lieux de rassemblements désignés.

Le même troisième jour, trois heures après la réception des instructions à l'état-major du seizième corps et l'envoi des ordres, vingt-quatre escadrons avec trois batteries à cheval débarquaient à Fontoy, près de la frontière, et établissaient leur bivouac sur la ligne de Thionville annexé à Audun-le-Roman français.

A la même heure, des troupes, en masses considérables, débarquaient à Novéant, à Ancy, à Ars-sur-Moselle, aux environs de Gorze ; la garnison de Metz sortait tout entière sur la position Gorze-Vionville.

Le soir, vers six heures, à la préfecture de Nancy, tous les renseignements concordaient, transmis par téléphone à Paris, rue Saint-Dominique, où le grand état-major se tenait, jour et nuit, en permanence.

Ces renseignements fixaient des chiffres avec certitude : 24 escadrons à Fontoy, c'est-à-dire 4.000 cavaliers et 3 batteries.

De Vionville à Novéant, 16 régiments d'infanterie, 3 régiments de cavalerie et 27 batteries, soit 32.000 fantassins, 1.800 cavaliers, 162 pièces de campagne et un parc léger de siège.

Ainsi massées à quelques kilomètres, ces troupes n'attendaient qu'un signal pour franchir la frontière, et les escadrons profiteraient des heures de nuit pour détruire les gares, les garages de machines, les postes et les lignes télégraphiques, ponts et ouvrages d'art... dans un raid téméraire où ils périraient tous peut-être, d'où pas un homme ne reviendrait, mais qui causerait un désastre irrémédiable pour l'armée française, en isolant la place de Verdun et en permettant à l'ennemi d'aborder les Hauts-de-Meuse par Hattonchatel et Vigneulles.

En France, discrètement, sans éclat, on répondait à tous ces préparatifs.

Sur toute la ligne frontière, de Belfort aux Ardennes, les ordres étaient donnés.

Un télégramme chiffré, laconique, et le déclanchement va s'opérer méthodiquement, automatiquement.

Mais déjà toutes les machines remisées trop près de la

frontière, proie facile pour l'ennemi, celles de Conflans entre autres, refluaient vers l'intérieur et se concentraient à Verdun, qui devenait ainsi l'entrepôt d'un immense matériel.

En apparence, rien de changé.

Les convois circulaient comme d'habitude entre les deux pays, seulement il y avait des postes dans toutes les gares, et les gardes de la voie, qu'on n'avait pas convoqués depuis longtemps, avaient pris leur service de cinq cents mètres en cinq cents mètres, tout le long des lignes de chemin de fer.

Ce calme était d'autant plus troublant qu'une fois l'ordre de mobilisation transmis, l'on savait que les convois s'arrêteraient à toutes les stations les plus proches quelles qu'elles fussent, déposant voyageurs et marchandises, puis repartiraient suivant un horaire nouveau, calculé de telle manière qu'il sera pratiquement et sûrement applicable, quelle que soit l'heure à laquelle sera connue la déclaration de guerre. Un seul convoi subsistera : le train poste...

La France attendait avec confiance.

Six semaines auparavant, l'heureuse erreur d'un receveur des postes dans le canton d'Arracourt, en déclanchant la mobilisation répartie sur plusieurs villages de la frontière, avait prouvé que la machine guerrière fonctionnait à merveille... La gendarmerie avait envoyé partout ses hommes, tous les réservistes et les territoriaux avaient été prévenus... Tocsin, tambour, clairon avaient réveillé en pleine nuit les paisibles paysans endormis... Les placards de mobilisation avaient été affichés... Tous les hommes étaient partis... Dans la matinée, ils arrivèrent en masse à Lunéville, à Toul, à Nancy... Les boulangeries furent vidées de leur farine et de leur pain... Les boucheries dévalisées afin de faire le vide devant les envahisseurs... Les bestiaux furent dirigés en arrière...

Au matin seulement les explications arrivèrent et l'erreur fut constatée. Tout rentra dans l'ordre.

Il ne resta, de l'incident, qu'une confiance plus grande, de la nation en elle-même. Du reste, des alertes avaient mis en éveil tous les points du territoire.

Une scène, entre tant d'autres, parmi celles qui se passèrent dans ces garnisons frontières, durant cette troisième journée de tension diplomatique :

A Belfort, caserne Friederische :

Le 35ᵉ régiment d'infanterie rentrait vers cinq heures du soir d'une marche-manœuvre.

Le régiment se disloqua... bataillons, compagnies, sections... Les chambres furent envahies, et les armes aux râteliers, tous les hommes descendirent aux réfectoires.

On était parti à trois heures du matin et les vivres de campagne étaient loin.

Comme c'était justement un samedi, il y avait d'assez nombreuses permissions données depuis plusieurs jours, mais tous les hommes, astiqués et crânes, qui se présentèrent à la grille, furent impitoyablement renvoyés dans les chambrées.

Un ordre venait d'arriver de la place.

Dans les casernes et quartiers de la ville, de même que par coups de téléphone dans tous les forts, fantassins, cavaliers, artilleurs, génie, chasseurs, étaient consignés.

Dame ! les figures s'allongèrent.

Etait-ce encore une alerte ?

Des alertes pour rien, il en pleuvait depuis quelque temps.

— Bon sang, de bon sang, qu'on se batte donc une bonne fois !...

— Et que ça finisse !

Des officiers traversaient la cour, affairés, mais calmes.

L'un d'eux envoya, en riant :

— Patience, vous n'attendrez pas longtemps, à ce qu'il paraît.

Le mot courut partout.

Dans l'immense caserne, il y eut soudain un silence...

Les hommes se regardèrent et l'un d'eux souffla :

— De la blague, depuis le temps qu'on le dit !...

— Pour sûr, ça n'sera pas encore c'te fois !

Cependant il y avait dans la caserne une animation inusitée.

Les voitures du régiment étaient attelées.

Les chevaux des officiers étaient sellés.

Un clairon sonna tout à coup : « Sac au dos ! »

Il y eut un effarement d'abord, puis une bousculade...

La cour se vida en un instant.

Dans les chambres, les sergents-majors venaient de faire porter les uniformes n° 1, collection de guerre et caisses à vivres de campagne.

— On dirait tout de même que ça y est ! murmura le caporal Landureau.

Et comme les soldats, ahuris, dans le premier coup de surprise, ne faisaient pas mine de bouger, il ronchonna :

— Au trot, vous autres, les poilus, et plus vite que ça !

Du reste, il n'y eut bientôt plus aucun doute.

Le capitaine Leroy passait dans les chambrées de sa compagnie.

— Mes enfants, c'est la guerre !... On file dans une heure !... Hardi, mes garçons !

Le caporal ne lanternait pas.

On l'avait trop souvent faite à l'œil, la mobilisation. Maintenant qu'il paraît que c'était pour de bon, ça marcherait tout aussi bien. En somme, il n'y aurait rien de changé, si ce n'est qu'il y aurait des balles dans les cartouches.

— Les hommes de missions spéciales, à vos fiches ! hurlait Landureau.

Les fiches indiquaient ce que les hommes avaient à faire...

Ils filèrent dare dare, chacun de son côté...

Les autres se hâtaient, mais sans désordre, réunissaient les vivres et les effets de campagne, bourraient les sacs, emportaient trois jeux de brosses pour l'escouade — les troupiers qui devaient s'en charger étant désignés d'avance. De même, les vivres de chemin de fer et de débarquement.

Un soldat des fiches apporta les plaques d'identité.

— Collez-vous ça sur la peau, disait le caporal. Ça empêche les rhumastismes.

Ce fut le tour des paquets de pansement.

Les musettes reçurent le quart, la cuiller, du pain, de la viande...

Il n'y avait pas une demi-heure que le clairon avait sonné et déjà les hommes, en tenue du départ, avaient chaussé les brodequins de guerre, et déjà les ballots individuels étaient entassés dans les sacs, portés au magasin, et, déjà tout était prêt dans la chambre, tout à l'heure vide de ses soldats de l'active, pour y recevoir les réservistes qui, le lendemain, à l'aube, allaient affluer de partout, et déjà les bidons étaient remplis.

Le sifflet de l'adjudant se fit entendre en bas.

C'était le rassemblement.

Les hommes dégringolèrent silencieux.

Tout cela était si brusque qu'ils s'en venaient un peu comme s'ils avaient été mal réveillés...

Ce fut seulement quand ils furent alignés dans la cour et se sentirent les coudes qu'ils se redressèrent... Une fierté passa sur le front de ces jeunes hommes.

Le capitaine Leroy les contempla un instant.

Et de les voir si calmes, et si graves avec je ne sais quoi de résolu dans tous ces regards qu'il sollicitait et qui se tournaient vers lui, il éprouva une très grande confiance et de l'orgueil. Il tordit un coin de sa moustache et murmura :

— Ils sont un peu là !

Il leur adressa quelques paroles encourageantes.

Il n'eut pas de peine à aller jusqu'au cœur de ces braves gens.

Là, à deux pas de la frontière, gardant la trouée de Belfort, ils étaient tous les jours pour ainsi dire en contact avec l'ennemi... Que de fois ils avaient manœuvré en vue les uns des autres !... Ils savaient pourquoi ils se battaient, et ils se battraient bien... Ils n'avaient pas voulu la guerre... Et l'un d'eux, Blaireau, résuma :

— Bon sang, de bon sang ! faut la leur faire payer !...

Le capitaine donnait un ordre au sergent de tir :

— Sergent, distribuez les cartouches... 120 par homme...

Soudain, un roulement de tambour...

— Garde à vous ! Rompez les faisceaux !

Le colonel passait à cheval devant le front.

Le drapeau, sorti de l'étui, entouré de sa garde, se leva soudain au-dessus des fronts, frissonna dans un brusque coup de vent.

Le souffle de la France en danger passa sur les hommes.

Et le colonel aussi parla...

Oh ! il n'eut pas besoin d'une grande éloquence.

Il montra le drapeau de la pointe de son sabre :

— Mes enfants, nous nous ferons tous tuer pour le défendre... Il reviendra à Belfort troué et déchiqueté par les balles allemandes, mais il reviendra victorieux !

Il commanda :

— L'arme sur l'épaule droite !... Au drapeau !

Puis, par quatre, le régiment défila et franchit la grille...

Le capitaine Leroy consulta sa montre.

— Huit heures moins une minute...

Le régiment avait mis juste une heure pour entrer en campagne. Un sourire illumina le visage de l'officier.

— Un record !

Cette fois, la musique n'attaqua point la marche du 35ᵉ : Elle joua *Sambre-et-Meuse*.

La soirée était très douce, pas trop chaude... L'air vif de la montagne combattait les ardeurs de l'été... Toute la population de Belfort — mais on y remarquait surtout de tout jeunes gens, des vieillards et des femmes — s'était massée sur le passage du régiment... Un immense cri le salua... le suivit quand il disparut dans la nuit...

V

Soldats de demain.

L'ordre était d'aller occuper certains villages de l'extrême frontière.

Comme le régiment avait manœuvré toute la journée, c'était un rabiot de vingt kilomètres qui lui tombait dans les jambes.

Personne ne bougonna. La marche était légère et élastique. Et puis, cette fièvre si particulière dans les heures de danger soutenait les hommes, leur faisait abattre gaillardement les kilomètres. Non, la guerre n'était pas déclarée. Oui, tout cela pouvait s'arranger encore. Mais on savait les Allemands massés sur la frontière. On savait que chez eux aussi les cartouches à balles avaient été distribuées aux soldats, et que les caissons contenaient les munitions de guerre.

A de pareils et aussi menaçants préparatifs on avait le droit de répondre.

Le régiment savait où il se rendait.

Point de direction : la frontière, ce qui ne changeait pas ses habitudes.

Poste d'attente en avant-garde, les bois de Romagny et le village du Châtelet.

En face, de l'autre côté de la limite, les troupes allemandes occupaient Soppe-le-Haut, Soppe-le-Bas, Bellemagny, Elbach et semblaient devoir se ramasser en un effort pour porter un coup de bélier dans la direction du fort de Roppe, de la défense de Belfort.

Le capitaine Leroy expliquait la situation à ses hommes, à la halte qui se fit près des Errues.

Du reste, le 35e avait fait bien des fois la manœuvre.

Tous les coins de campagne qu'il traversait, vallées, coteaux, bois, fourrés, lui étaient familiers. Il y avait là des sous-officiers rengagés qui connaissaient leur terrain par cœur et qui auraient pu donner des détails sur tous les arbres des environs, les fossés, les talus, les murs de clôture.

Cependant au fur et à mesure que la marche silencieuse se poursuivait dans la nuit, le régiment se disloquait pour prendre ses positions de couverture, bataillon par bataillon, appuyés par quelques batteries et des pelotons de dragons. Un bataillon de réserve fut laissé à Saint-Germain, un autre bifurqua vers Vanthiermont, le premier bataillon seul gagna Romagny.

Il y arriva vers minuit...

Il prit tout de suite ses dispositions de cantonnement et de combat.

Les habitants, cette nuit-là, ne s'étaient pas couchés.

Ils attendaient les troupes de Belfort.

Mais, dans les maisons et dans les rues, pas une lumière.

Il ne fallait pas donner l'éveil à l'ennemi qui, sans aucun doute, avait dû faire surveiller les alentours par ses espions ordinaires.

Les hommes s'égaillèrent...

Romagny fut gardé par une compagnie qui réunit charrettes, tombereaux, de façon, au premier signal, à former des barricades.

Dans les maisons de l'entrée du village, de chaque côté de la route, et au premier coup de fusil qui serait tiré sur la frontière, ces créneaux seraient prêts. Toutes les issues étaient ainsi gardées.

La seconde compagnie s'éloigna pour prendre position en grand'garde dans les bois de Romagny.

La nuit était d'un noir intense.

Les ombres des hommes, défilant par la campagne, y disparaissaient, noyées dans l'obscurité opaque.

Les chefs de section avaient fait rompre le pas afin que le martèlement si caractéristique d'une troupe régulière en marche ne pût être distingué de loin.

A quelques centaines de mètres du bois, un léger coup de sifflet.

La compagnie fit halte et attendit des ordres.

Au village, des habitants avaient prétendu, à la nuit tombante, que des cavaliers allemands, des chasseurs, avaient franchi la frontière et s'étaient avancés jusqu'au bois...

Un charretier, du nom de Roumieux, les avait rencontrés.

Il leur avait fait observer qu'ils avaient traversé la limite et qu'ils se trouvaient en France, ayant sans doute perdu leur chemin.

A quoi les cavaliers n'avaient pas répondu. Mais ils s'étaient mis à rire et avaient rebroussé chemin.

L'un d'eux, un officier, avait seulement dit en excellent français :

— Ce qui est différé n'est pas perdu !...

Or, le bruit courait, à Romagny, que le bois pouvait bien avoir été réoccupé la nuit venue. Si la chose était vraie, il n'y avait plus d'incertitude possible. C'était bien la guerre, et c'était de ce petit coin de terre d'Alsace qu'allaient partir, tout à l'heure, les premiers coups de fusil.

Les bois couronnaient un coteau en pente douce. On y accédait par des chemins herbeux qui avaient été défoncés récemment par des charrois exploitant les coupes de l'hiver précédent.

Le capitaine prit ses dispositions.

Sans qu'une seule fois le son clair de l'acier résonnât, rencontrant l'acier, les baïonnettes se soudèrent au bout des canons.

Et les hommes gardant leurs intervalles, montèrent lentement dans la nuit.

Il y avait une ferme, là-haut, de l'autre côté des bois et il était possible qu'elle servît de poste aux Allemands. La futaie était coupée par une allée assez large qui la partageait dans sa longueur. D'autre sentes, plus étroites, serpentaient dans les taillis et dans des gaulis... On se rapprochait... Bientôt, malgré le noir, on distingua la vague silhouette plus sombre des grands arbres au-dessus desquels semblaient se jouer les étoiles sur le bleu foncé du ciel.

Ils atteignirent la lisière.

Aucune alerte... Pas de sentinelle... Pas un coup de fusil.

Il était certain que l'ennemi n'occupait pas le poste.

Le capitaine rassembla ses hommes. On traversa le bois. A la ferme, tout le monde dormait. Un sous-officier cogna aux contrevents.

Une fenêtre s'ouvrit, une tête de bonne vieille femme se montra, effarée.

— Eh ! quoi qu'il y a mes bons messieurs !

Et tout à coup, elle reconnut qu'elle avait affaire à des soldats français.

— Ah ! Seigneur Jésus, c'est y que ce serait la guerre ?

— Peut-être, ma brave femme... On nous avait dit qu'ils étaient peut-être chez vous... Est-ce que vous les avez vus ?

— Dans la journée d'hier, oui... une de leurs patrouilles qui s'est égarée soi-disant comme ça leur arrive souvent... Oh ! ils ont bien tout inspecté... On aurait dit qu'ils comptaient combien qu'il y a d'arbres dans le bois... Et ils sont repartis... en s'excusant d'avoir passé la frontière...

— Et depuis ?

— Pas de nouvelles, heureusement, mes bons messieurs...

— Eh ! bien, ma brave femme, vous pouvez vous coucher et achever paisiblement votre nuit... Nous allons vous garder... et veiller sur vous...

— Ce n'est pas de refus, je suis toute seule... Tous les hommes ont rejoint... mais pour ce qui est de me recoucher, non !... D'abord, vous pouvez avoir besoin de moi, ne fût-ce que pour faire un peu de cuisine...

— Comme vous voudrez !...

Il était un peu plus de minuit.

Trois heures de ténèbres encore, avant que la première lueur d'aube n'apparût.

Rapidement les hommes faisaient leurs préparatifs.

Des tranchées étaient creusées, des trous de loup... des broussailles abattues sur la lisière, afin de ne pas gêner le tir, si les autres attaquaient.

Ils travaillaient avec hâte, mais avec méthode, renforçant certains points avec des pierres qu'ils arrachaient à un mur en ruines, et derrière, établissant des banquettes de terre, pour les tireurs. Le lieutenant Jacquier, un petit, sec, noir comme une taupe, qui ronchonnait tout le temps, passait et repassait parmi les travailleurs, et sans cesse répétait gaîment le premier mot d'éloge qu'on eût entendu dans sa bouche :

— Bravo ! les enfants ! Bravo !...

Les hommes rigolaient tout bas.

— Pour sûr, ça va chauffer, v'là le lieutenant qui admire !

— Dis donc, Berlot, est-ce qu'on va pas croûter un peu ?

— Toi, Blaireau, tu songes qu'à la gueule !

— Dame ! Si on doit cogner le matin, j'aime autant prendre des forces tout de suite... J'aime pas être dérangé, quand je mange !...

Une section, que le capitaine Leroy dirigeait lui-même, venait de quitter le bois de Romagny et se perdait dans la direction de Lachapelle...

Lachapelle, c'était presque le point extrême de la frontière.

Leroy voulait s'assurer que rien d'anormal ne se passait. Il interrogerait les fermiers, les gardes, les douaniers, tous les gens qu'il rencontrerait.

Et même, si on avait le temps, et si on pouvait pousser une pointe ?

. Là-bas, de l'autre côté, c'était un grouillement d'hommes !

Parfois, dans ce silence, dans le calme profond de cette belle nuit d'été, lorsqu'il prêtait l'oreille, il croyait entendre des roulements lointains...

Mais il se trompait peut-être...

Malgré tout, il n'y croyait pas encore...

On en avait tant vu de ces alertes !...

Celle-ci serait peut-être comme toutes les autres.

Entre les bois de Romagny, en avant et au delà de la frontière, tout était tranquille. Il n'y avait pas traces de troupes ennemies. On ne signala que la patrouille de chasseurs qui avait débordé sur le territoire français.

Là-haut, en bordure de Romagny, tous les postes étaient occupés.

Et rien ne pouvait faire supposer que le bois et le village étaient gardés par un millier d'hommes sur le pied de guerre, cartouchières bondées, fusil à l'épaule et doigt sur la détente...

Les dernières heures de la nuit furent longues.

Le capitaine venait de rentrer avec son détachement.

Il avait dit à Jacquier :

— Je ne crois pas que nous aurons quelque chose avant le jour, mais défions-nous ! Ils ne sont pas loin !... Dites-le aux hommes !...

Et le mot courut de poste en poste :

— Ils sont là !...

Vers une heure et demie du matin, Berlot et Mouton étaient de faction à la pointe du bois. Les nerfs des soldats étaient surexcités par l'approche du danger qui semblait maintenant inévitable. Même, on se demandait comment il pouvait se faire que les autres n'eussent pas encore franchi la limite pour envahir les premiers villages, couper les communications, fils télégraphiques, voies ferrées, ponceaux et le reste.

— Qu'est-ce qu'ils attendent, Berlot ?...

— Je ne sais pas, Mouton... Peut-être qu'ils ne sont pas sûrs... Tu sais bien, c'est des gens à ne rien entreprendre sans avoir pris leurs précautions...

— Ecoute !

Ils tendirent le cou.

Au loin, de nouveau, des bruits sourds.

— Ça vient du côté de Soppe...

— Non, plutôt de Romagny.

Ils collèrent, à plat ventre, l'oreille contre le sol.

— C'est une troupe en marche... nombreuse... et il y a des roulements.

— De l'artillerie...

Les deux copains firent silence. Du reste, les paroles qu'ils échangeaient étaient prononcées à voix très basse. On ne les eût point entendus à deux pas.

— Qu'est-ce que tu dis de tout cela, toi, Berlot ?

— Je dis qu'on va se cogner demain, au petit jour... ou je me trompe fort.

— Ça ne te fait rien, toi, de te battre ?

— Sûr que j'aimerais mieux aller faucher les blés qui mûrissent chez nous.

— C'est comme moi... Mais y a trop longtemps que ça dure...

— De quoi, qu'y dure, à ton avis ?

— Mais, tout ça...

— Oui, trop longtemps... Y faut que ça finisse... tout ça ! V'là des années et des années qu'on ne dort pas tranquille... et avant nous, ç'en était d'autres qui ne dormaient pas non plus... et avant ceux-là d'autres encore... Et ça remonte jusqu'à nos pères et nos grands-pères. A la fin, c'est fatiguant... Ce qu'y a de rageant, c'est de savoir qu'ils nous méprisent, de l'autre côté, et qu'ils nous traitent comme des petits garçons... On les vaut bien, après tout...

— On montrera qu'on les vaut, pas, Berlot ?

— Sûr, Mouton... J'ai pas plus peur que ça, moi... Et toi ?

— Moi, non plus... Et puis, sais-tu ce que je me dis ? Je me dis que je suis chez moi, qu'il y a une brute qui vient m'insulter, et qui veut m'en faire sortir. Alors, vieux, je me défends et je tape dur, voilà !

— Voilà ! fit Berlot en branlant la tête...

— Moi, je m'appelle Mouton, mais je ne me laisserai pas tondre... Attention, j'entends des pas.

Ils écoutèrent. Oui, dans le bois, sous la feuillée, des gens passaient.

— Qui vive ?... Avance à l'ordre...

Le sergent Troussait se fit connaître, un gros blond, l'air guilleret.

— Rien de nouveau, mes garçons ?

— Rien... sauf un fort roulement de caissons, là-bas, de l'autre côté.

— Leurs caissons roulent par là... les nôtres par ici... Y a du bon.

Il s'éloigna, faisant sa ronde, se frottant les mains.

— Le premier tireur du régiment... Ce qu'il compte en descendre !...

— Oui, il va à la guerre comme il irait à la cible...

— Manquera toujours le rigodon, toutes les fois qu'il aura fait mouche !

Les deux hommes se turent, surveillant les ténèbres...

Vers deux heures du matin, ils furent relevés.

Mitache et Blaireau les remplacèrent, reçurent la consigne.

La nuit s'écoula lentement... Vers trois heures, dans l'aube indécise, ils aperçurent des ombres qui semblaient flotter dans le brouillard... paraissaient, disparaissaient, s'avançaient et s'éloignaient... Tout à coup, elles se dirigèrent hardiment vers la lisière du bois... sans essayer de se cacher...

C'était deux hommes vêtus en paysans, jeunes et délurés.

Ils tendirent les mains aux factionnaires.

— Bonjour, Blaireau ! fit l'un.

— Bonjour, Mitache ! fit l'autre.

Bouche béante, les deux soldats regardaient...

— Mais... c'est qu'on dirait Marmelet, un copain.

— C'est qu'on dirait Lepuit....

— Eh ! on se trompe pas, camarades...

— Déserteurs, alors ?...

— Eh ! pas de bêtises vieux !...

Et relevant la tête avec fierté :

— Envoyés cette nuit en mission, de l'autre côté... par le capitaine...

— Vous avez du nouveau ?

— Bien sûr qu'on en a, du nouveau, et de l'intéressant encore !

— Justement, v'là le capiston... Vous pouvez lui rendre compte.

L'aube flottait en grisaille à la cime des arbres... mais un brouillard dense envahissait la campagne, l'étouffait d'un voile épais.

Le capitaine Leroy sortit de la brume comme s'il surgissait du fond de la mer.

Les deux hommes saluèrent et attendirent que le chef les interrogeât... Très crânes, les yeux vifs, intelligents, ils venaient d'accomplir une mission périlleuse et de l'accomplir avec succès.

— Eh bien, garçons, vous en avez vu ?

— Si on en a vu, mon capitaine, dit Lepuit... Il y en a tant qu'on marche dessus... Ils sont cantonnés dans les villages ou couchés à la belle étoile... Ça me rappelle un camarade de chez nous, à Jandun, dans les Ardennes, qui un jour que nous chassions ensemble, le long d'un bois, me disait en montrant des crottes de lièvres : « Regarde donc, Jules, ça en est tout pavoisé ! » Eh bien, de l'autre côté, les champs en sont pavoisés, sauf que je ne les compare pas à des crottes, bien entendu, mon capitaine... Soppe-le-Haut... un régiment de dragons... Saulzbach, quatre batteries d'artillerie lourde, Soppe-le-Bas, un bataillon de chasseurs et un régiment de ligne... à Bellemagny, des dragons... En voulez-vous, en voilà, mon capitaine...

L'officier fronça les sourcils.

— Comment êtes-vous si bien renseignés ? Il n'est pas possible qu'en quelques heures, c'est-à-dire de minuit à trois heures du matin, vous ayez pu parcourir...

Les deux hommes se mirent à rire.

— Bien sûr, mon capitaine, dit Marmelet, aussi nous avons eu une de ces veines... Nous avons fait le voyage à bicyclette... tous les deux... A Petite-Fontaine, on nous a prêté deux bécanes... Alors !... Mais le chiendent, c'est qu'on ne les a pas ramenées, non... Ça a bien marché jusqu'au dernier moment... puis, en revenant, crac ! un pneu qui crève à la mienne... Et en même temps, Lepuit, trompé par le brouillard, se jette dans un fossé, voile ses deux roues... Impossible de remonter... d'autant plus que nous commencions à nous apercevoir qu'on nous poursuivait... La bicyclette, ça roule bien sur les routes ou dans les bons chemins, mais une fois dans les moissons, les pommes de terre ou les luzernes, plus rien !... Nous la portions sur le dos... ou bien on la cachait pour la retrouver plus tard... Par-ci par-là on avait essuyé pas mal de « Wer dà ? » auxquels on ne répondait pas, naturellement, mais qui avaient fini par donner l'éveil... Sans le brouillard, nous étions frits... et sauf respect, mon capitaine, ça nous aurait dégoûtés de ne pas pouvoir vous accompagner pendant la campagne... Depuis le temps qu'on en parle !...

Des hennissements les interrompirent, partant du brouillard...

Il y avait là, non loin, sur le versant du coteau, un cheval, plusieurs peut-être.

Le capitaine tentait de sonder la brume de son regard aigu.

— Un cheval ? murmurait-il... D'où diable peut-il venir ?

Lepuit et Marmelet parurent très gênés.

— Ne cherchez pas, mon capitaine, on va vous dire... Donc, les bécanes avariées ne pouvaient plus nous servir, et v'là justement qu'on était poursuivi... Rien ne se voyait, mais on entendait et ils allaient finir par nous tomber dessus... quand nous rencontrons un charretier qui sortait d'une ferme pour atteler un bon gros percheron à un tombereau chargé de fumier... Nous l'abordons, essoufflés... On veut lui faire entendre raison, pour qu'il nous aide... Il ne comprend pas un mot de français... Heureusement, je baragouine leur langue et, v'là que je compte notre aventure, croyant que je m'adresse à un Alsacien et qu'il va nous tirer d'affaire. Pas du tout : c'était un alboche... Et il n'a pas plutôt compris ce que je lui disais, à savoir que nous étions des soldats français, en mission et en péril, que voilà qu'il se met à pousser des cris de paon, capables de réveiller la ferme, et d'ameuter l'armée allemande tout entière... Ma foi, capitaine, fallait sauver notre peau... et n'y avait pas à hésiter... alors, dame ! on a ramassé une bûche, on a cogné sur la tête carrée... tous les deux, on a sauté sur la bête... moi je savais monter... le camaro, derrière moi, me tenait par la taille... On s'est dégourdi... Et voilà comme quoi, mon capitaine, vous aurez à rembourser, pour nous, deux vélos au forgeron de Petite-Fontaine à qui nous les avons empruntés, et à renvoyer ce cheval à la ferme des Deux-Corbeaux, sur la frontière... Nous n'avons pas de cartes de visite, sans quoi on les joindrait avec nos excuses...

— Vous êtes de braves garçons... Retournez vous mettre en tenue !

Mitache et Blaireau restèrent en faction.

Ils sentaient, depuis quelque temps une sorte de lourd, d'insupportable fardeau sur leurs épaules. C'était le brouil-

lard qui leur donnait cette impression physique. Ils auraient voulu percer ce sombre voile afin de distinguer ce
qui se passait derrière.

Ils n'échangeaient plus aucune réflexion.

Leurs sens surexcités étaient aux aguets.

Et tout à coup, dans le silence qui planait sur cette nuit
troublante, un coup de feu éclata...

Mitache et Blaireau tressaillirent, se rapprochèrent.

Etait-ce l'attaque ?..

Etait-ce enfin la guerre qui se déclanchait et qui allait
répondre, par toutes ses horreurs, à cette provocation, à
cette détonation ?

Aucun autre coup ne partit... L'autre était venu du bois...
Peut-être était-ce une imprudence ?... Un fusil qui n'est
pas au cran d'arrêt, un doigt qui appuie sur la gâchette..
Et la balle, comme la foudre, s'en va à deux mille mètres
s'abattre, comme le gland lourd du chêne, quand elle n'a
pas troué, au passage, des poitrines d'hommes...

Cependant, les postes avaient pris les armes... Une haie
ininterrompue de tirailleurs s'était plantée en avant du
bois, contre une dépression légère du terrain.

Une section, avec le lieutenant Jacquier, battait la plaine.

Elle revint au bout d'une demi-heure sans avoir rien vu.

Coup de fusil de braconnier, sans doute ?

Ce fut très tard, dans la matinée, vers six heures seulement, que le brouillard commença de se dissiper, au fur
et à mesure que le soleil, en montant à l'horizon, pompait
les vapeurs légères et les dispersait par morceaux.

Un souffle de vent acheva leur déroute et tout à coup,
comme dans un décor de théâtre, apparut la plaine coupée d'arbres, grasse de ses moissons dorées par le soleil,
frémissante dans la brise, agitée de flots qui baissaient et
relevaient les hautes herbes.

Un grand calme heureux de paix.

Etait-il possible que la guerre fût si proche, en ce
bonheur champêtre ?...

C'était le matin du quatrième jour !...

VI

La quatrième journée.

Le matin du 15 juillet.

On abordait les lugubres anniversaires de la campagne de 1870.

Or, Tcherko, lors de son entrevue avec Madeleine, lui avait dit :

— Le 15 juillet, à quatre heures de l'après-midi, je me présenterai Parc des Princes, pour solliciter au sujet de Drogont, votre réponse définitive.

Le matin de ce quatrième jour, Madeleine reçut un avis. Il lui était dit, dans une lettre non signée :

« Vous m'attendez, mais je ne puis me présenter à vous,
» chez vous, que si je suis certain de vous parler seul à
» seule. Si donc je puis venir sans crainte que notre entre-
» tien soit interrompu, veuillez vous montrer à quatre
» heures, à l'une des fenêtres de la villa donnant sur le
» quai de la Seine... Je comprendrai et je viendrai... Au-
» trement votre abstention sera considérée par moi comme
» un refus... et alors, j'agirai, sans autre retard, en met-
» tant ma menace à exécution... »

Madeleine lut cette lettre sans émotion. Elle l'attendait. En ces quatre derniers jours elle avait été tenue au courant des moindres événements écoulés. Elle avait compté toutes les chances pour elle, contre elle... Et elle sentait autour de la villa, autour d'elle-même ainsi qu'autour de son père, des dévouements sans limite, des héroïsmes silencieux prêts aux suprêmes sacrifices.

Elle aurait pu ne point donner le signal qu'on lui demandait.

Elle le donna.

Et aussitôt, la fenêtre refermée à peine, elle entendit que l'on sonnait à la grille.

Quelques secondes après, Tcherko entrait au salon.

Madeleine assise le dos contre la lumière, le visage dans une demi-obscurité, ne se leva point à son approche et ne lui désigna point de siège.

Tcherko jouait sa dernière partie.

Mais ne tenait-il pas tous les atouts dans ses mains ?

— Monsieur, dit-elle d'une voix lasse, comme si cette entrevue devait être inutile et la fatiguait d'avance — vous avez voulu venir... Vous êtes venu... Parlez et soyez bref, car mon père peut rentrer d'un instant à l'autre et il me serait malaisé d'expliquer le motif de votre présence chez lui...

Tête-de-Mort s'inclina, ironique.

— Je désire, mademoiselle, connaître votre volonté... Vous m'avez prié de vous laisser quatre jours pour réfléchir... Avez-vous réfléchi ?

— Non... Ma résolution fut prise dès la première minute...

— De telle sorte que ces quatre jours ?

— Etaient pour gagner du temps, simplement.

Il fronça les sourcils. Un éclair jaillit du fond de ses orbites.

— Puis-je connaître votre résolution ?...

— Je refuse...

— Vous refusez d'épouser Frédéric Drogont ?

— Avez-vous vraiment cru que j'accepterais ?

— Oui, je l'ai cru, parce que je vous avais dit : « Si vous refusez d'épouser Drogont, je livre à la publicité les photographies que vous connaissez et la fille du général Bénavant deviendra aussitôt la fable et la risée de tout Paris... Ce sera un scandale effroyable dont votre père sera la première victime... Ce sera son bonheur perdu et sa vie brisée... Je sais que tout cela n'est qu'un mensonge, mais je suis seul à le connaître et je garderai jalousement mon secret... On le prendra pour la vérité...

— Monsieur, vous connaissez ma réponse... Votre présence me pèse... Je vous prie de ne pas me l'imposer plus longtemps...

Cette fois, elle se leva et fit un geste du bras vers la porte.

Tcherko s'inclina :

— Est-ce bien votre dernier mot ? Ne reviendrez-vous pas sur votre décision ?

— Allez, monsieur, allez, dit-elle frémissante.

Il sortit... murmurant :

— Qu'importe ! Mes mesures sont si bien prises que, de toute façon, ce scandale éclatera... Elle est perdue, et elle entraînera le général dans sa perte !...

Maintenant, il fallait courir au plus pressé...

Et le plus pressé, c'était de faire publier les photographies. Elles étaient toujours en la possession de Courapied. Sûr de son homme, Tcherko n'en craignait rien.

Il sauta dans un taxi et se fit conduire rue Biot, où habitait, dans une chambre garnie, le camelot Miton-Mitaine.

Miton-Mitaine n'était pas chez lui. Depuis deux jours, il n'était pas rentré !

Au bureau de l'hôtel meublé, Tcherko trouva une lettre que le gérant lui remit. Elle était à l'adresse de Jean Cabral. Il la déplia avec quelque surprise. Cette lettre disait que Courapied se croyait suivi par la police, qu'il avait mis les documents à l'abri de toute recherche, qu'il ne reparaîtrait plus rue Biot, et que, sachant Tcherko lui-même caché à l'hôtel Trianon de Versailles, Courapied allait essayer de se rapprocher de lui. La lettre donnait rendez-vous dans un café, en face de la gare des Chantiers.

Elle disait, à la fin :

— Je vous y attendrai tous les soirs, de cinq heures à sept heures.

Tcherko se rendit à la gare des Invalides.

A Versailles, aux Chantiers, il aperçut son homme.

Courapied, paisiblement, sirotait un apéritif et tuait le temps en feuilletant des journaux illustrés.

Les deux hommes se reconnurent et se serrèrent les mains.

Courapied se faisait attentif et tout à fait affectueux :

— Eh bien, patron, le résultat ? la donzelle ?

— Refuse.

— Il fallait s'y attendre.

— N'importe... N'avais-je pas tout prévu ?

— Oui, vous êtes un rude homme. C'est plaisir de travailler avec vous...

— Vous avez, je suppose, les photographies ?

— Pas sur moi, bien sûr,... J'ai eu trop peur, ces temps derniers... Figurez-vous, patron, que je ne pouvais faire un pas dans la rue sans avoir à mes trousses des gaillards que je connais bien, allez !... Pour trouver leur signalement, il ne faudrait pas chercher loin de la préfecture...

— Ils ne vous ont pas suivi jusqu'à Versailles ?

— Plus souvent... J'ai fait un petit détour pour venir...

suis allé jusqu'à Chartres... de là à Thouars... J'ai pris l'Etat qui m'a ramené à Tours... J'ai pris à Tours, une petite ligne qui revient à Chartres et je me suis arrêté ensuite à Versailles... quelques centaines de kilomètres pour en faire dix-sept ! Et allez donc !...

Il tourna sa cuillère dans son absinthe et dégusta lentement une gorgée.

— Où sont les photos ? demanda Cabral pour la seconde fois.

— Chez moi...

— Où demeurez-vous ?

— Loin ! Si vous voulez me suivre...

— A l'instant. Il me les faut. Et je n'ai pas une minute à perdre...

— Que je vide au moins mon Pernod ! fit Miton-Mitaine, sans se presser.

Après quoi, ils partirent de compagnie.

A la gare, des fiacres traînaient.

Tcherko fit mine d'en appeler un.

Courapied le retint.

— Non, patron, si ça ne vous fait rien, allons à pied.

— Pourquoi ?

— A pied, j'y vois mieux, devant et derrière... Et mon avis, c'est qu'il faut se défier.

— Où êtes-vous allé chercher refuge ?

— Du côté de la porte Saint-Antoine... Il y a là quelques maisons et, entre autres, une petite auberge où il y a des chambres... J'en ai loué une... Les deux autres sont inoccupées. La mienne est au rez-de-chaussée... En cas d'alerte, on enjambe une fenêtre et l'on est tout de suite en pleine campagne... C'est plus commode...

Ils firent le reste du trajet en silence.

De temps en temps, Miton-Mitaine s'arrêtait, se livrait à un examen minutieux de tous les environs, en avant, en arrière, dévisageant les passants.

Après quoi il se frottait les mains.

— Ça va ! Ça va ! Il faut avoir le sourire, patron ! faisait-il.

La recommandation n'était pas inutile.

Jamais le visage de celui qu'on appelait Tête-de-Mort n'avait été plus sinistre.

Et cependant ce n'était pas ces dangers qu'il craignait. Sa vie se passait, depuis des années, au milieu de périls et d'aventures du même genre.

Lorsqu'il était en France, il ne dormait jamais, pour ainsi dire.

Ils traversèrent la porte Saint-Antoine, arrivèrent sans encombre à l'auberge... Un homme était sur le seuil en train de jeter paisiblement du grain à des poules, pendant qu'une femme préparait une pâtée pour des canards... C'était le père et la mère Mouflier... Dans la salle de l'auberge personne...

— Vous êtes sûr de ces gens ? murmura Tcherko.

— Oui. Je les connais depuis longtemps... Un peu recéleurs, beaucoup contrebandiers... C'est ici que tous les voleurs de cigares de luxe qui opèrent dans Paris viennent écouler leur marchandise... Ils en ont souvent des dix mille et des dix mille... Une vraie cargaison et une vraie fortune... Ils gagnent gros... On les a soupçonnés deux fois et deux fois on a perquisitionné. On n'a rien trouvé... Les cigares sont en lieu sûr... Je connais la cachette... Du reste, de braves gens, qui ne feraient pas de mal à une punaise... Et l'homme a horreur du tabac...

Ils entrèrent.

Le soir tombait sur cette chaude et belle journée.

— Je croûterais volontiers, dit Miton-Mitaine... Les Mouflier ont une cuisine supérieure et leur petit vin n'est pas à dédaigner... Même ils ont un arbois rose mousseux... dont vous me direz des nouvelles... Vous régalez, patron ?

— Dîner ici ou ailleurs, ce n'est pas perdre mon temps.

Ils s'attablèrent devant une fenêtre ouverte qui donnait sur des tonnelles touffues de vigne vierge et de chèvrefeuille, où sifflaient des merles, saluant le coucher du soleil. Et tous les deux, ils firent honneur au repas, simple mais excellent.

La mère Mouflier avait apporté une lampe à pétrole à abat-jour rouge, autour de laquelle des papillons et des insectes nocturnes vinrent danser la folle danse de leur ivresse de lumière et de leur mort...

Silencieux, Tcherko fumait un cigare... Il songeait à repartir.

— Allez me chercher vos clichés, dit-il tout à coup.

Depuis quelques instants, Courapied paraissait inquiet. Il se penchait à la fenêtre, regardait, écoutait.

— Patron, vous n'avez rien entendu ?

— Non.

— Moi, j'ai cru voir et j'ai cru entendre.

— Quoi ?

— Des ombres qui filaient en se cachant derrière les tonnelles...

Il se pencha de rechef.

— Chut ! dit-il... Décidément, il faut que je m'assure...

Il appela l'aubergiste :

— Mouflier ?

L'autre accourut.

— Rien de suspect ?

L'homme hocha la tête.

— Il y a de la mouche qui bourdonne autour de la maison... Mais rassurez-vous, monsieur Courapied, elle s'en retournera comme elle est venue...

Courapied murmurait à l'oreille de Tcherko :

— Reste à savoir si la mouche est là pour lui ou pour nous ? Et je le saurai...

Tcherko tira un revolver de sa poche, enleva le cran d'arrêt et le garda sous la main.

A l'heure suprême, tragique, qu'il traversait, il était prêt à tuer, pour se défendre.

Courapied était sorti. Il resta hors de l'auberge pendant un quart d'heure. Il rentra :

— Pas de doute, patron, dit-il, haletant... La maison est entourée... Et c'est pour nous... Je me suis fait poursuivre pour les entraîner loin... Ça nous donne quelques secondes de répit, mais va falloir aviser... Je les ai reconnus... Il y a les apôtres !

Tcherko tressaillit... Sa main droite se crispa sur son revolver.

— Mauvais, ça, patron, très mauvais ! disait Miton-Mitaine en haussant les épaules.

On entendit, au dehors, des coups de sifflet qui se répondaient, échangeaient des signaux.

Courapied se consulta rapidement avec Mouflier, à voix basse, puis :

— Venez, patron... On va vous tirer d'affaire... Moi, je n'ai rien à craindre.

Dans un placard, au fond de la chambre de Courapied, il y avait une trappe soigneusement dissimulée, et qui donnait accès à un caveau. C'était dans ce caveau que les Mouflier cachaient les cigares de luxe volés dans les bureaux de Paris. Un amas de houille, de charbon de bois, de bûches, des détritus de toutes sortes cachaient la trappe qui, par une ingénieuse disposition de carrelage, ne sonnaît pas le creux lorsqu'on frappait dessus. Grâce à cette ruse, elle avait échappé à toutes les recherches.

— Restez là dedans, patron. Je viendrai vous prendre tout à l'heure.

— Vos clichés ?

— Vous les trouverez à gauche, sur une étagère, à hauteur de tête... Voici une bougie. Vous avez des allumettes ?... Bon... Un peu de patience... Si vous aimez les bons cigares, vous n'aurez que l'embarras du choix. Hein, père Mouflier ?

— Il n'y en a que cinq mille, pour le quart d'heure ! fit l'aubergiste en riant.

La trappe s'abaissa. Tcherko, d'abord plongé dans une obscurité de tombeau, se hâta de faire de la lumière. Sur une planche étagère, il y avait un petit paquet dont il déchira l'enveloppe sur un coin. C'étaient des clichés de photographie. Il les glissa dans sa poche. Il tenait donc son triomphe. Et il saurait le défendre.

Autour de lui, des caisses de toutes les dimensions. Il en ouvrit une. Il y avait là, en effet, des cigares de luxe, petits, moyens, énormes, dépareillés, bagués d'or...

Courapied ne lui avait point menti !

Mais son attention fut bientôt distraite par le bruit qui se faisait au-dessus de sa tête. On eût dit une lutte violente, entrecoupée d'exclamations, de râles, de cris de rage, le tout lui arrivant assourdi, mais pourtant perceptible.

Il se passait là-haut un drame... Les employés de la régie y eussent mis plus de douceur... Donc, c'étaient les hommes de César Sanguinède !... Ils jouaient leur va-tout !

Puis, plus rien, que des pas qui allaient et venaient... tantôt lointains, tantôt rapprochés. On bouleversa tout dans le placard. Un instant, Tête-de-Mort s'imagina qu'on avait découvert le secret de la trappe. Il se tint prêt, revolver aux doigts... Rien. Tout, bientôt, retomba dans le silence... Alors, il attendit... un peu oppressé... Car, outre que le caveau où il se trouvait enfermé n'était pas très large, les émanations des cigares, âcres, le prenaient à la gorge, le suffoquaient, l'empoisonnaient presque.

Il patienta, consulta sa montre, et fut tout surpris de voir que depuis qu'il était enfermé, deux heures déjà s'étaient écoulées...

Il était plus de onze heures...

Il pensait :

— Qu'est-il arrivé ?... Reste-t-il là-haut quelqu'un pour me délivrer ? Si les Mouflier sont garrottés, dans quelques coins, si Courapied a été enmmené, je vais mourir ici comme un chien, d'une mort ridicule... Et si je meurs...

Il n'osait aller plus loin dans sa pensée...

Lui mort, tout s'effondrait de sa gigantesque intrigue !...

Lui mort, Bénavant était sauvé !...

Lui mort, Bénavant sauvé, c'était la guerre impossible !

Il remonta les marches de pierre qui le conduisaient sous la trappe, essaya, de toute la puissance de sa vigueur, de soulever celle-ci...

Rien ne bougea...

Il était réduit à l'inaction... Le secours ne pouvait venir que du dehors.

Il patienta, assis sur la dernière marche, la tête entre les mains, enfiévré. Toute sa vie aboutissait aux minutes suprêmes qui s'écoulaient, rapides, aux tic-tac de sa montre qu'il entendait distinctement.

Que faisait donc Courapied?

Pourquoi tardait-il ?

Il fallait qu'il fût prisonnier, ou, qui sait ? mort peut-être ?... Les hommes de Sanguinède étaient des gens résolus... Et ils se battaient pour une cause sacrée.

Une heure du matin, une heure et demie, deux heures...

Et à cette époque des plus longs jours de l'été, le jour naît à trois heures et demie...

Déjà Tcherko désespère et mord ses doigts dans une rage d'impuissance, lorsqu'il entend au-dessus de sa tête un bruit significatif. Là-haut, on travaille avec une hâte fébrile, impétueuse... Les tas de bûches et de charbon sont rejetés, balayés avec fureur.

Bientôt la trappe se soulève... Et sous la projection de la lumière d'une lampe, la tête broussailleuse de Courapied apparaît.

— Excusez-moi, patron... Ce que j'ai eu de fil à retordre ! Venez... au trot !

Il tendit la main, aida Tcherko à escalader... Le misérable respira :

— J'étouffais !

— Je comprends, patron. Excellente cure pour se guérir de l'abus du tabac... Filons, mais prudence !... La campagne est pleine d'agents... C'est une mobilisation générale... Nous ne sommes pas au bout de nos peines. Mais j'ai mon projet... Ecoutez !

— Vite !

— Oui... C'est bien les hommes de César, toute la sé-

quelle, avec la contre-police... Ils sont plus de cinquante...
Les Mouflier ont résisté. On les a emballés. Ils sont au
clou. Ça n'a pas d'importance... Nous deux, va falloir,
grâce aux dernières heures de la nuit, filer à travers le filet
qu'il nous ont tendu... parce que, vous sachant ici et ne
vous ayant pas découvert, ils sont certains que vous y êtes
toujours.

— Mais alors, je suis perdu ! fit Tcherko en frémissant.

— Pas encore... Il y a quelqu'un qui peut vous sauver...

— Celui-là ! celui-là ! s'il réussit, sa fortune est faite.

— Merci, patron, ce n'est pas de refus...

— C'est vous qui me tirerez du danger ?

— Oui, patron, avec le concours d'un camarade... s'il
plaît à Dieu et au diable... Et si la somme que vous m'of-
frez est suffisante à ses yeux et aux miens.

— Cent mille marks pour chacun de vous.

— Ce qui fait deux cent cinquante mille francs pour les
deux. Ça va, patron...

— Votre plan !

Courapied se mit à rire.

— Oh ! patron, un plan auquel ils ne s'attendent guère...
Le tout, voyez-vous, c'est de passer entre les mailles de leur
filet... Si nous réussissons à les égarer un peu, c'est couru,
vous être sauvé... Nous traverserons Versailles, nous ga-
gnons grâce à la nuit l'aérodrome de Buc, qui n'est pas
bien loin, et là, j'ai un ami qui est prévenu, qui nous attend, et qui vous emmènera où vous voudrez à deux cents
kilomètres à l'heure, dès que le petit jour se montrera à
l'horizon.

Tête-de-Mort eut un rauque soupir de soulagement.

— Ah ! si vous faites cela ! si vous faites cela !

— Il y a des chances pour que ça réussisse, patron.

— Alors, ce n'est pas cent mille, c'est deux cent mille
marks que je ferai donner à chacun de vous !

— Merci, patron ! Ce n'est pas de refus, mais je n'en
demandais pas tant.

Il alla sur le seuil, resta silencieux, sonda, écouta la nuit.

— En route, dit-il.

Et sous la conduite de Robert Villedieu, dit Courapied,
dit Miton-Mitaine, le misérable s'engagea dans les ténèbres.

Il leur fallait traverser tout Versailles de la porte Saint-
Antoine au Petit-Montreuil. Dès les premiers pas, ils
s'aperçurent qu'ils étaient suivis. Et il y eut ainsi toute une

lutte de ruses, de marches et de contre-marches pendant le reste de la nuit. Sous l'adroite direction de Courapied, les minutes succédèrent aux minutes sans amener d'aventure fâcheuse, Tcherko se laissait conduire comme un enfant.

Lorsqu'ils arrivèrent au bois des Gonards, le jour commençait à poindre.

Tcherko s'arrêta.

Depuis quelques instants, aucune ombre suspecte n'apparaissait plus.

— Ils ont perdu nos traces... dit-il. Dès lors, croyez-vous qu'il soit utile de pousser jusqu'à l'aérodrome de Buc, où nous courons le risque de ne rencontrer personne ?... En allant jusqu'à Viroflay, nous sautons dans le train pour Paris...

— Et, à Paris, vous vous faites pincer comme un enfant...

Courapied haussa les épaules et dit, ensuite, avec philosophie :

— Ce sera du reste comme vous voudrez ! Essayons...

Par les allées et les contre-allées du bois ils rebroussèrent chemin, mais toutes les fois qu'ils voulurent déboucher dans la direction de Paris et de la voie ferrée, ils furent obligés de rétrograder en toute hâte... Partout les mêmes figures d'espions surgissaient...

Il semblait qu'un mot d'ordre eût été donné pour barrer à Tcherko le retour à Paris et pour le conduire insensiblement vers l'aérodrome.

Ils eurent beaucoup de peine à échapper.

— Encore une imprudence comme celle-là, patron, et je ne réponds plus de rien.

De poursuite en poursuite, ils avaient été amenés jusqu'au bois des Metz. Ils descendirent jusqu'au Petit-Jouy et filèrent sur la route qui longe la Bièvre.

Lorsqu'ils montèrent vers le plateau de Buc, il n'y avait plus aucune vision menaçante à l'horizon et bientôt sur le champ d'aviation se profilèrent les hangars... L'aérodrome était vide, ce matin-là, ou à peu près... Seuls, trois hommes travaillaient à mettre en état un aéroplane à deux places, devant un hangar ouvert... Ils allaient et venaient, autour du gigantesque papillon, sans paraître se préoccuper des nouveaux venus qui s'avançaient.

— Reposez-vous, patron, pendant que je vais négocier votre voyage.

Miton-Mitaine rejoignit les aviateurs et conféra avec eux.

La discussion ne fut pas longue. Il revint presque aussitôt.

Il avait l'air triomphant et se frottait les mains :

— Ça va, patron, ça y est... Dans dix minutes vous serez parti... Il ne reste qu'une petite formalité à remplir... la signature des deux chèques, un pour moi, un autre pour mon camarade... Vous avez votre carnet ?... Votre stylo ?...

— Chose promise, chose due ! fit le misérable.

Il signa, et remit les papiers à l'en-tête de la Deutsch-Bank.

Courapied garda un silence singulier. Dans ses yeux vifs et noirs passait une émotion... De quelle nature ?... Tcherko la devina et se méprit.

— Vous me quittez, Courapied ?

— Il le faut bien, patron. Moi, je ne suis pas du voyage... Mais tout de même, en vous quittant, je veux que vous sachiez que j'emporterai un bon souvenir de vous... Mon ami l'aviateur — il s'appelle Robert — va venir vous prendre... Vous pouvez vous fier à lui... C'est un de nos plus adroits et de nos plus expérimentés pilotes... Adieu !...

Tcherko tendit la main.

Mais, par hasard, Courapied avait déjà le dos tourné, regagnait les hangars.

Il ne vit pas et ne serra point la main qu'on lui tendait.

Tcherko l'aperçut qui échangeait quelques mots rapides avec les mécaniciens, puis disparaissait dans le hangar ouvert. Et là, Tête-de-Mort ne pouvait plus rien surprendre de l'étrange scène qui se déroulait.

Il y avait un cabinet attenant au hangar et là, des vêtements de rechange, une table de toilette, tout ce qui était nécessaire.

Courapied venait d'y entrer. Un homme l'y avait suivi. La porte se referma.

L'homme était le pilote ami de Robert Villedieu que nous avons vu si inquiet le matin du départ de l'aviateur vers l'inconnu, vers le suicide, vers la mort.

— Tout est prêt, Roussel ?

— Oui, vieux, tu n'as plus qu'à partir...

— Auparavant aide-moi à rentrer dans ma figure d'autrefois... Tu ne saurais croire comme cette barbe me gêne... Tu as un rasoir, des ciseaux ?... Vas-y et rondement... seulement, ne me détériore pas trop...

Cinq minutes se passent... L'homme qui se lève n'a plus rien de commun avec celui qui tout à l'heure s'appelait Courapied.

C'est Robert Villedieu, rasé, la figure jeune. Les yeux, seuls, ont changé... Il n'y a plus rien de leur gaieté de jadis, gaieté de gamin. Ils brillent d'une lueur de haine et de triomphe... La haine qui va s'assouvir... le triomphe qui approche.

En un clin d'œil il a revêtu son costume, coiffé son casque, mis ses lunettes.

— Les bretelles ? dit-il.

— Tout est paré, mon cher vieux... Tu pourras t'attacher toi-même sur ton siège, ce sera l'affaire d'une seconde... Quant à ton passager...

— Libre dans tous ses mouvements... Je le veux...

Roussel se mit à rire.

— Et surtout ne lui fais pas boucler la boucle ! Autrement, quelle pirouette !

Villedieu ne répondit pas... Il tira une cigarette d'un étui... tordit les deux chèques de Tête-de-Mort en un mince chiffon de papier qu'il approcha d'une allumette enflammée.

Et, avec les cinq cent mille francs du misérable, il alluma sa cigarette.

— Adieu, Roussel !

— Bon voyage, ami... Cette fois, tu comptes bien nous revenir ?...

— J'y compte...

A cent pas de là, Tcherko attendait toujours. Robert Villedieu le rejoignit, le salua.

— Monsieur, Courapied m'a fait sa confidence... Vous m'avez payé royalement... Je suis à votre service... Voulez-vous monter ?... Et surtout n'ayez pas peur !

Tcherko répliqua — mais il avait tressailli en entendant cette voix :

— Je n'ai jamais eu peur !

Villedieu sourit :

— Ce n'est pas comme moi : j'ai eu peur quelquefois dans ma vie...

VII

A travers l'immensité.

Roussel s'empressa auprès de Tcheko :

— Vous allez geler, monsieur, quand vous serez là-haut... Prenez ces fourrures... et ce bonnet passe-montagne... ces lunettes également... Enveloppez-vous !

Il aida Tcherko à se vêtir, lui passa un chandail, le coiffa.

Déjà Robert Villedieu était au volant, calme, indifférent en apparence.

Quelques pilotes se présentaient. Des hangars s'ouvraient les uns après les autres. Peu à peu, la vie prenait possession de l'aérodrome. Et au fur et à mesure que les portes restaient béantes, on apercevait, derrière leurs cloisons en tôle ondulée, dans leurs box comme des pur-sang, les appareils prêts au départ : biplans, monoplans, monocoques. Accroupis sur le sol, ils attendaient que la main de l'homme ranimât leur existence endormie. On eût dit qu'ils avaient été remisés là pour passer une nuit de repos et que le soleil, se levant, allait être pour eux le signal de nouvelles et puissantes randonnées, de nouveaux et incomparables exploits.

Tcherko venait d'escalader le monoplan et s'asseyait sur l'étroit siège, derrière Robert Villedieu.

Il fit un signe à Roussel :

— Vieux, ce sera quand tu voudras !

Roussel lança l'hélice.

Et soudain éclata le rugissement du moteur. Ce n'était plus le papillon élégant, à la tête brillante, sur laquelle étincelaient les premiers rayons du soleil. C'était une bête inconnue, quelque monstre des anciens mondes, qui grondait furieusement, prête à se ruer à l'attaque. Et quelle attaque !... celle de l'immensité... Cela ressemblait au déchaînement d'une tempête, en cette matinée si calme, sous le ciel blanchâtre encore embrumé de légers voiles, dans l'immobilité absolue des arbres, sans qu'il y eût même un frémissement des feuilles. Et partout les oiseaux faisaient tapage.

Le monoplan a bondi, roulé en trombe, sursautant et trépidant sur l'herbe, cahotant un moment avec une lourdeur de bête puissante mais maladroite.

Puis, voici qu'il se détache du sol et retrouve son élégance d'oiseau magique.

Il est parti, dans un rush formidable.

Il parut, dans l'espace, diminuer progressivement et pour ainsi dire se dissoudre, comme une feuille de zinc jetée dans un bain d'acide sulfurique.

Et on ne le vit plus : les blancheurs laiteuses du ciel qui ne se déblayait que lentement l'avaient absorbé.

Roussel avait consulté sa montre et il murmura :

— Il doit faire tout près de trois mètres à la seconde... pas loin du 200 à l'heure.

Et il rentra dans un hangar s'occuper d'autre chose...

Cependant, Villedieu n'était pas monté très haut. Après une ascension de mille mètres presque en ligne droite, il décrivit de larges tours au-dessus de Paris qui commençait à s'éveiller et dont le brouhaha confus arrivait péniblement jusqu'à eux...

Il se pencha en arrière et dit à Tcherko, dans le vacarme du moteur :

— J'attends vos ordres... Où dois-je vous conduire ?

— Hors frontière... dit Tcherko qui, un peu impressionné par l'allure vertigineuse du départ, reprenait un peu de sang-froid maintenant que Villedieu ralentissait.

Villedieu se mit à rire :

— Monsieur, veuillez préciser... Nous sommes libres comme un oiseau... L'espace est devant vous et je puis vous diriger vers le sud, l'est ou l'ouest, selon votre bon plaisir... Frontières de Suisse, d'Italie, d'Espagne, de Belgique ou tout bonnement celles de l'Allemagne...

— Thionville, si vous voulez.

— Thionville, soit... vous n'en serez pas loin dans deux heures...

L'aéro vira, prit la direction de l'Est...

Et pendant longtemps, entre les deux hommes, aucune autre parole ne fut échangée.

Vers six heures, ils aperçurent la ligne des Vosges, toutes

bleues dans la gloire du soleil matinal... Villedieu descendit et se tint à la hauteur de cinq cents mètres... Toutes les commandes obéissaient aux souples indications de l'aviateur... Le moteur donnait avec une régularité parfaite. Les extrémités des ailes se gauchissaient régulières pour s'agripper dans l'air à chaque virage, lorsque le caprice de Villedieu l'amenait à venir frôler quelque clocher d'église, dans une ville ou dans une bourgade.

— Monsieur, dit l'aviateur, un petit tour le long de nos marches de l'Est ne sera sans doute pas pour vous déplaire... Je vous permets de recueillir des observations dont vous ferez votre profit... Mais je ne vous cacherai pas que, lorsque vous m'aurez quitté, j'irai à mon tour de l'autre côté, chercher quelques renseignements par-dessus les campagnes où se meuvent vos armées... Croyez-vous, monsieur, que la guerre entre nous et l'Allemagne soit aussi certaine qu'on le dit ?...

Tcherko ne répondit pas : il regardait, regardait de tous ses yeux.

Il semblait que Villedieu, complice de sa trahison, fît exprès de lui montrer les préparatifs par lesquels en France on répondait aux préparatifs allemands.

Entre Paris et la frontière est, nord et nord-est, c'était un fourmillement d'hommes autour des grandes places, des camps retranchés et des forts.

L'aviateur passa comme une trombe sur le camp de Châlons, sur Sainte-Menehould, la forêt d'Argonne et Verdun, rabattit vers Saint-Mihiel, Lérouville, Commercy et Toul, remonta vers Nancy, Lunéville, et alors qu'il était sur le point de passer en Allemagne, revint tout à coup sur sa course, longea les Vosges, courut vers Epinal et contourna Belfort...

Mais depuis quelque temps, immobile sur son étroit siège, silencieux depuis le départ et du reste maître de lui, Tête-de-Mort paraissait inquiet.

A Lunéville, sa sombre figure s'était épanouie.

Quelques minutes le séparaient de la frontière.

Il se sentit sauvé.

Et voici que tout à coup, sans qu'il comprît pourquoi, obéissant à quelque caprice, l'aviateur avait rebroussé chemin.

Il se pencha, lui appuya la main sur l'épaule et dit :

— Pourquoi n'allez-vous pas plus loin ? L'Allemagne est près de nous...

Une voix goguenarde, une voix gouailleuse de gamin, celle du Robert Villedieu des anciens jours, lui répondit :

— Ne trouvez-vous pas la promenade agréable ?

— Si, mais j'avoue que...

— N'est-il pas, d'autre part, intéressant de surprendre ce qui se passe sur notre frontière ?

— A la vérité... Toutefois rien de ce que vous me montrez ne m'étonne...

— Attendez. Ce n'est pas fini...

L'avion frôlait presque la cime des arbres du bois couronnant le coteau que gardait une compagnie du 35e de Belfort. Ils virent distinctement les trous de loup, les tranchées construites pendant la nuit, les postes avancés — plus loin, les troupes dans le village, — plus loin un bataillon, puis un autre, puis un autre encore... Et les petits soldats, avertis qu'un avion français passait au-dessus de leurs têtes étaient sortis des abris, des maisons, des broussailles où ils se tenaient invisibles, et regardèrent, en agitant les képis, l'oiseau de guerre qui venait de France.

— Monsieur, dit Villedieu à Tcherko, vous êtes Allemand ?

— Non, mais je sers l'Allemagne, fit Tête-de-Mort avec orgueil.

— C'est kif kif... Eh bien, répondez-moi franchement. Croyez-vous, que cette fois, vous allez surprendre nos garnisons au lit, dans leurs casernes ?...

— Non... Il est trop tard...

— Ah ! vous avez joué de malheur, monsieur Tcherko ?

Le misérable eut un sursaut de terreur.

— Vous me connaissez ?

— Il paraît.

— Qui vous a dit mon nom ?

— Oh ! je pourrais vous rassurer en vous affirmant que c'est Courapied, Miton-Mitaine, mais je n'aime pas mentir... Je vous connais depuis longtemps... Je vous connais même assez pour avoir le droit de vous dire que depuis quelque temps, malgré votre audace et votre intelligence, vous jouez de malheur, Jean Cabral...

Un courant d'air attira, pompa l'aéroplane pour ainsi parler. Un instant, la fragile machine se pencha sur le côté dans un angle tel, qu'en bas, les soldats qui regardaient, croyant qu'elle capotait, eurent un cri d'épouvante.

Villedieu, pendant quelques minutes fut tout à sa manœuvre.

Il remonta de deux mille mètres et s'y tint retrouvant le calme...

Mais, en ce court répit, l'esprit de Tcherko n'était pas resté inactif.

Son instinct de bête sauvage, en éveil toujours, l'avertissait d'un danger... Il venait d'embrasser, d'un coup d'œil, les événements de ces jours derniers et il leur supposait maintenant une signification alarmante...

Est-ce qu'il n'était pas tombé dans un piège ?

D'un geste rapide, il tira de sa poche les clichés photographiques, sur lesquels il comptait comme ressource suprême, et qui pour lui, si humbles et modestes qu'ils fussent, renfermaient de si grandes et si effroyables choses...

Là, dans ses mains, il tenait l'honneur de Bénavant et le scandale rêvé !

Dans ses mains, quoi qu'on fît, l'âme de l'armée française...

Et il laissa tomber au-dessous de lui un regard sinistre sur ces vastes campagnes qui semblaient se niveler, de la hauteur où il se trouvait, où se mouvaient les armées prêtes au combat, et sur lesquelles, comme la foudre, allait s'abattre la nouvelle atroce... la nouvelle de Bénavant déshonoré... du général acculé au suicide pour échapper à la révolte d'un peuple...

Du même geste fiévreux, il déplia le paquet, et son misérable cœur s'arrêta de battre.

Oui, c'était bien des clichés de photographie, mais des clichés à blanc... Rien... Nulle trace... Il avait été trompé... On s'était joué de lui... Et pour la première fois lui venait à l'esprit que Courapied pouvait n'être qu'un traître !... Et pour la seconde fois, il fut frappé par un ressouvenir étrange... Lorsque l'aviateur Robert, ami de Miton-Mitaine, lui avait adressé la parole, il avait été frappé, comme d'un choc soudain, par le son de sa voix... de sa voix déjà entendue...

Et il se disait maintenant que l'aviateur Robert avait la même taille, la même démarche, les mêmes gestes que Courapied : on ne se refait pas ainsi en quelques minutes une personnalité nouvelle...

Dès lors...

Mais il n'osait pas conclure... il était pris d'épouvante... Et puis, il se disait que tout ce qu'il pensait était folie...

Pourtant ! ces yeux petits, mais si vifs, si brillants... ces yeux de gamin, il les avait vus chez Courapied...

11

Dans quel effroyable piège était-il donc tombé ?

Il jette un regard au-dessous de lui, dans l'immensité, et il se hâte de fermer les yeux... Ils volent maintenant si haut que la terre semble perdre ses sinuosités, ses ressauts, ses vides, et que les bois, les fleuves, les plaines et les montagnes n'apparaissent plus que dans un plan uniforme et c'est en vain qu'il essayerait d'y chercher la fourmi humaine qui s'y agite... Elle est noyée, ensevelie, comme un atome dans tout ce qui l'entoure...

Mais cet homme ?... Cet homme au volant ?... Cet homme qui le connaît, qui l'a appelé Tcherko ? qui l'a appelé Jean Cabral ?

Il demande d'une voix qui s'étrangle d'angoisse dans sa gorge :

— Vous qui semblez si bien me connaître, qui êtes-vous ?

Les mots arrivent pourtant distinctement à l'oreille de Villedieu...

Il se penche en arrière :

— Non, Tcherko, vous n'avez pas eu, en ces derniers temps, beaucoup de chances dans vos entreprises. Vous venez de vous apercevoir que les photographies de Madeleine Bénavant vous ne les possédiez pas...

Un cri de rage, chez Tête-de-Mort...

— Rassurez-vous, elles ne sont et ne seront à personne. Elles n'existent plus... Vous le voyez... pas de chance !... Votre plan était pourtant bien combiné... A la vérité, il vous reste votre complice Frédéric Drogont, qui vous a si bien servi, mais Frédéric Drogont doit avoir en ce moment maille à partir avec un de vos amis intimes, César Sanguinède... César est entêté, on ne le sème pas facilement, et quand il a une idée dans la tête... Ce bon petit César !...

Tcherko hurlait :

— Qui êtes-vous ? Que me voulez-vous ?

— Pas de chance non plus, avec l'autre fille du général Bénavant... Cette pauvre Nicole, si malheureuse !... Ah ! vous avez été cruel, Jean Cabral... Pourquoi, le lendemain de leur mariage ? Pourquoi, surtout, votre affreux mensonge qui les a séparés et qui a failli causer deux morts... celle de Nicole... celle de son mari...

Un cri domina le grondement du moteur, le ronflement de l'hélice.

— Vous êtes Robert Villedieu !...

— Oui, Tcherko... Et vous allez mourir ! Vous allez mourir en face de votre triomphe... que vous touchiez de la

main, mais que vous n'atteindrez pas... Vous allez mourir
en face de la ruine de vos projets formidables... Vous avez
réussi à ameuter deux peuples qui sont prêts à s'égorger...
Leurs armées sont en marche... Vous les avez vues... A
Berlin, on n'attend que la dépêche que vous avez promise,
celle du scandale, de la démoralisation, de la trahison...
La dépêche, on l'attendra vainement... et l'incident de
frontière, l'incident tragique, qui déclanchera les armées
et fera partir les fusils, ne se produira pas... Chez vous,
on reculera, au dernier moment, parce que l'atout suprême, sur lequel ils comptaient, leur manquera... Et ils
n'auraient pas confiance. Votre travail est perdu, Tcherko...
Remettez-vous, Jean Cabral... Soyez brave devant la mort,
vous dont la figure sinistre est l'image vivante de la mort !

— Oh ! vous ne me tenez pas encore ! Et mourir pour
mourir, je vous entraînerai du moins avec moi...

Et soudain, par derrière, ses deux mains s'abattirent sur
la gorge de Villedieu.

Elles serrèrent, serrèrent, dans une énergie faite de rage
et de désespoir.

Villedieu attendait l'étreinte et ne fit rien pour s'y dérober.

Depuis quelques minutes il avait passé les bretelles qui
le liaient à son siège, étroitement... Tcherko, dans la forte
émotion qu'il venait de ressentir en s'apercevant qu'il ne
possédait pas les photographies de Courapied, n'avait rien
remarqué, ou n'y avait pas pris garde...

Mais c'était un spectacle horrible que celui de ces deux
hommes, à des milliers de mètres dans le firmament, qui
allaient vider leur querelle, assouvir leur haine... l'un,
grinçant les dents, épouvantable, les doigts fourrageant le
cou de l'autre... l'autre, sentant la respiration qui lui manquait, mais n'abandonnant pas la direction du volant où
était son salut...

Et quelques minutes effarantes se passèrent ainsi...

— Je mourrai, soit ! hurla Tcherko, mais tu mourras
avec moi...

Le souffle manque de plus en plus à Villedieu... Déjà
ses veines se gonflent et ses yeux se troublent... Seulement
il a conservé toute sa présence d'esprit...

Soudain, le grand oiseau, qui filait droit sur les montagnes bleues, semble hésiter un moment dans sa course
foudroyante...

Cependant, rien ne le menace, aucun coup de vent...

Il est enveloppé, noyé, dans le calme infini de l'éther...
Au-dessus de lui, le ciel est d'un bleu limpide, dégagé de
toutes vapeurs.

L'oiseau semble battre des ailes... comme si une balle
invisible l'atteignait.

Il se penche sur l'aile gauche, sur l'aile droite, cherchant
un équilibre qui lui manque, et, sans doute, mortellement
frappé, le voilà qui chavire, qui culbute, mais qui, par un
prodige inouï, continue de voler ainsi sens dessus-des-
sous...

Tcherko a compris, a poussé un rugissement...

Il essaye de s'agripper plus fortement au cou, aux épaules
de Villedieu qui, attaché à son siège, lié au sort du monoplan, ne redoute rien tant qu'il ne perdra pas la direction...

Tcherko est suspendu, hors de son siège, les pieds dans le
vide...

Et quel vide ! Cinq mille mètres au-dessus de la terre.

Peu à peu, ses doigts se desserrent...

Il sent que la force lui manque...

Déjà il a lâché le cou de l'aviateur. Ses mains ne se re-
tiennent plus qu'à l'étoffe du vêtement... et, sous sa pesan-
teur, l'étoffe se déchire...

Pour échapper à la vision de la chute horrible, il a fermé
les yeux...

L'avion file, toujours, contre nature... comme un aigle
gigantesque qui volerait les deux pattes en l'air...

Villedieu a pu respirer un peu au moment où sur sa
peau arrachée et tordue, l'étreinte du misérable s'est re-
lâchée.

Mais l'étoffe du vêtement tordu l'étrangle de nouveau
comme une corde...

Tout à coup, il sent qu'une des mains a lâché prise...

Tcherko suspendu, n'est plus retenu au-dessus de l'effroyable vide que par les cinq doigts de la main gauche...

Et, un à un, les doigts fléchissent...

Le fardeau qui pèse sur la gorge de l'aviateur n'existe
plus...

Ce qui devait arriver arrive.

Tcherko bascule, tournoie, s'allonge, se replie, se forme
en boule, et finalement s'amincit, s'affaiblit, se dissout
dans l'espace, pour disparaître bientôt dans l'immensité,
pas plus gros qu'une toute petite mouche qui s'en va
s'écraser là-bas, en bas, très loin, en une informe loque
sanglante qui n'a plus rien d'une créature humaine...

Et quand il atteint le sol, depuis longtemps il a cessé de vivre !...

L'appareil de Villedieu s'est redressé.

Il file à toute vitesse par-dessus les Vosges, dans une téméraire randonnée vers l'Allemagne.

Pour éviter une panne d'essence, Villedieu descend à Remiremont, refait son plein, mange un morceau à la hâte, ne répond à aucune des questions qui lui sont adressées, soit par les civils, soit par les militaires, et repart.

Sa pensée ?

Survoler les Vosges, les armées allemandes en position, les postes avancés, sans se préoccuper des zones interdites, comme si l'on pouvait interdire quelque chose à un aéroplane qui file librement sous le ciel, à l'allure d'un bolide, et rapporter à Paris, à l'état-major français, tous les renseignements ainsi surpris.

— Cela servira toujours en cas de guerre !

Il a accroché audacieusement, près de son siège, un long pavillon tricolore, bleu, blanc, rouge, afin de bien montrer à l'ennemi que la France veille et qu'il va falloir compter avec ses enfants.

Déjà, le matin, il a remarqué une grande animation en passant au-dessus de Verdun, de Toul, d'Epinal, de Belfort où sont les hangars de nos grands dirigeables. Les autres, en Allemagne, doivent se préparer aussi à la formidable guerre aérienne, à celle que l'on n'avait jamais crue possible, et qui l'est devenue... et des milliers et des milliers d'hommes doivent se presser autour des Zeppelin, des Parseval et des autres, aussi bien à Kœnisberg qu'à Francfort, et à Postdam, et à Breslau, et à Strasbourg, et à Metz.

— Ils ont quinze dirigeables et quatre ou cinq cents aéroplanes, se disait Robert Villedieu... Nous, en France, nous avons une dizaine de dirigeables tout à fait inférieurs... Mais nous possédons six cents avions, moins lourds que les leurs. Ils ont trois cents pilotes, nous en avons le double... Mettons chez eux comme chez nous un déchet de cinquante pour cent... l'avantage nous restera toujours...

Vers deux heures, dans toute la gloire d'une journée éclatante de soleil, il filait de Colmar à Molsheim... avec l'intention de passer au long de la frontière, sur l'autre versant, jusqu'à Sarrebourg, Dieuze, Morhange, Metz, Thionville, même jusqu'à Trèves, qui devait servir de base à une attaque allemande par la Belgique et le Luxembourg.

— J'aurai toute l'armée aérienne à mes trousses, se disait-il... Les dirigeables, je m'en moque... Ils font du 75, moi je peux faire du 200... On rira. Quant à leurs avions, dame ! nous verrons bien... S'ils ne sont que sept ou huit, ça marchera encore, mais s'ils se mettent cinquante pour me barrer la route, ils finiront bien par me rencontrer soit en haut, soit en bas, et il y aura de la dégringolade...

Il y avait longtemps qu'au-dessus des lignes allemandes le passage de Villedieu avait été signalé... Tant qu'il s'était tenu à des hauteurs de cinq à six mille mètres, il était resté invisible, et du reste, de si haut, lui-même ne pouvait rien voir. Mais l'avion était redescendu. Et maintenant l'immense oiseau, au pavillon français, déployait ses ailes à quinze cents mètres au-dessus de la terre annexée.

De tous les points de l'horizon, d'autres aigles partirent pour fondre sur lui.

C'était la chasse qui commençait.

Et tout à coup, deux mastodontes, deux énormes dirigeables de plus de cent mètres de long, et cubant trente mille mètres, s'élevèrent lentement, majestueux, dans l'espace et combinèrent leur tactique pour escorter Villedieu, semblait-il, l'un en avant, l'autre en arrière... Quant aux oiseaux minuscules, les avions, ils se mirent à tournoyer au-dessus, au-dessous, en avant et en arrière... Et il y en eut d'abord cinq, puis six, puis vingt... De partout, ils accouraient...

Depuis longtemps, Villedieu aurait pu s'enfuir à tire-d'aile...

Il ne fuyait pas.

On eût dit qu'il voulait braver, dans un coup de témérité inouïe, cette poussière aérienne... et qu'il ne s'occupait que du dirigeable...

Pourtant les autres se serraient, se pressaient de plus en plus... Le cercle mouvant se rétrécissait autour de lui.

Et cette chasse se faisait à quinze cents mètres à peu près en l'air.

— Pourquoi ne tirent-ils pas ? se demandait Villedieu avec un peu de surprise. Leurs fusils portent jusque-là... Quant aux canons, rien à craindre, je suis hors de leur portée...

Il montait, attirant, dans l'immensité, toute la meute derrière lui.

Et lourdement — par comparaison — le dirigeable montait aussi.

Villedieu le survolait...

— C'est un bel instrument, se disait-il... et qui, certainement a son utilité, avec ses mille kilos de projectiles qu'il
peut laisser dégringoler sur terre... sa télégraphie sans fil
qui le reliera constamment avec l'état-major... et sa faculté
précieuse de pouvoir s'immobiliser au-dessus d'un point
visé, hangars militaires, magasins, poudrières, bifurcations
de chemins de fer... Bien qu'à mon avis, on exagère, comme
bombardier, son efficacité...

Il en était là de ses réflexions lorsqu'il entendit autour de
lui comme le bourdonnement d'un essaim d'abeilles.

Dans son désir d'examiner le Zeppelin, car c'en était un,
il s'était trop rapproché.

Sur la coupole supérieure du dirigeable, il aperçut deux
hommes qui maniaient une mitrailleuse à l'arrière, pendant que deux autres, à l'avant, attendaient l'instant propice pour en faire autant...

On venait, bel et bien, de tirer sur lui et de lui envoyer
une rafale !

— Tiens ! Tiens ! Est-ce que, décidément, la guerre serait
déclarée ?

Puis, réflexion faite :

— Après tout, ils sont très capables de tirer, même en
temps de paix !

Une autre rafale l'enveloppa. Il entendit « tac », contre la
coque de l'aéro... Une balle.

En quelques secondes, il fut hors de portée... montant
toujours...

Il n'était pas blessé... Aucune balle n'avait atteint les
bambous, ni le moteur, ni surtout le réservoir d'essence...
C'était la chose essentielle... Le reste importait peu...

— Dommage que je n'aie pas quelque petite bombe à lui
verser !... Je répondrais bien volontiers à sa politesse...
Paix ou guerre, je suis en cas de légitime défense...

Mais voici qu'une idée soudaine illumine sa figure mali-
cieuse...

— Oh ! elle est bien bonne ! murmure-t-il... Ce que ce
serait rigolo !

L'avion tangue tout à coup, semble se débattre, pique une
tête, se redresse...

A le voir, on le dirait blessé dans ses œuvres vives, en
perdition...

Et il descend, comme s'il avait hâte de chercher du
secours...

Jamais il n'aura le temps de toucher terre... De rudes

secousses le brisent... On le dirait entre des vagues puissantes qui le manient brutalement.

Et soudain, il capote et tombe, la tête en bas.

Il passe dans sa formidable chute si près du Zeppelin qu'il entend les hourrah ! de triomphe des hommes de l'équipage.

Ils croient Villedieu touché et l'aréroplane détruit.

C'est une chute de mille mètres entre les oiseaux de la flotte aérienne. Et des voix grêles et lointaines viennent choquer les oreilles de l'aviateur, pâle à son volant où ses mains se crispent, renversé, les jambes en l'air, mais qui, pas une seconde, par bonheur — car il joue sa vie — ne perdra sa présence d'esprit... Hourrah ! Hourrah !...

Lui ne peut répondre... la violence de l'air renfonce sa voix dans sa gorge.. mais sa pensée est toujours libre... et libre aussi son intarissable gaîté !...

— C'est un tour du genre de la *Marseillaise* dans le mur, de César !

Et à mille mètre au-dessus des Vosges, l'avion se redresse, reprend sa marche régulière et file vers la France, pavillon flottant et claquant en dessous, pendant que là-haut, du gigantesque Zeppelin, comme des aéros menus, des regards stupides d'effarement contemplaient la fuite en triomphe du petit aviateur goguenard...

Une heure après, il atterrissait sur l'immense pelouse du château d'Herbemont.

VIII

Le lieutenant Ulrich von Falker.

Cependant, depuis deux jours, il y avait une grande inquiétude au 179°, caserné à l'Ecole militaire.

Depuis deux jours, en effet, un officier avait disparu.

Le treize juillet, vers dix ou onze heures, il avait quitté l'Ecole, ayant fini son service, et rien, dans son attitude, n'avait indiqué plus particulièrement ce matin-là, qu'il eût des préoccupations graves.

Le lendemain, il avait manqué aux exercices de tir...

On avait envoyé chez lui, on avait interrogé son ordonnance.

Depuis son évasion du fort d'Huningue, on savait qu'il avait été retenu, hors du régiment, par le travail que lui avait demandé Bénavant.

Mais depuis le treize juillet, il avait repris sa place dans le rang.

On téléphona au ministère de la Guerre et au généralissime.

Nulle part, on ne put donner de nouvelles.

La journée du quatorze et celle du quinze s'écoulèrent. L'émotion se faisait de plus en plus profonde, parmi ceux qui avaient été des camarades de l'officier.

Le commandant Denis murmurait, en tortillant sa moustache :

— Ce Frédéric Drogont m'a toujours paru un personnage bizarre... Un cerveau un peu confus... Il avait, comme on dit, des absences ! Vous rappelez-vous la conférence qu'il nous fit sur l'Afrique, lors de son arrivée au régiment ?... Il s'exprimait, ma parole ! comme s'il n'était pas de chez nous...

La préfecture de police fut avisée.

Toutes les recherches n'aboutirent à aucun résultat.

Et, avenue de Suffren, pas une lettre ne parvint au nom de Drogont.

On eût juré qu'il venait d'être anéanti et pulvérisé, atomes jetés à tous les vents, comme s'il n'avait jamais existé.

— Et tout cela, pensait le commandant Denis, à la veille de la guerre !

Malgré le soin qu'on mît à ne pas ébruiter cette disparition, les journaux la connurent, s'en emparèrent... Ce mystère était trop passionnant... Drogont, ce héros des guerres du Congo, de Mauritanie et du Tchad, enlevé tout à coup à son régiment, alors, que d'une heure à l'autre, le 179ᵉ attendait l'heure de la mobilisation, c'était un événement sensationnel qui ne pouvait passer inaperçu.

Or, dans la nuit du quinze juillet, à peu près au moment où Tcherko, enfermé dans la trappe de l'auberge de la porte Saint-Antoine, attendait le bon vouloir de Courapied, une limousine, tous les rideaux fermés, les phares électriques projetant à deux cents mètres leur faisceau de lumière aveuglante, franchissait à la vitesse de cent kilomètres à l'heure, la distance qui sépare Paris de la frontière de l'Est.

Sur le siège, deux hommes : le chauffeur et un compagnon.

Quant à l'intérieur de l'auto, y avait-il un seul voyageur ? Y en avait-il plusieurs ? Il était impossible de s'en rendre compte...

Elle vint stopper, au petit jour, devant le château d'Herbemont.

Et sans doute qu'au château, les gens étaient avertis de cette arrivée inopinée, car il n'y eut aucun remue-ménage de réveil, portes ouvertes et refermées en toute hâte, par des dormeurs surpris en plein sommeil dans une bousculade.

Le moteur cessa de ronfler. Le chauffeur et son compagnon sautèrent du siège. La porte de la limousine s'ouvrit et trois hommes descendirent.

Le camarade qui avait fait le voyage nocturne près du chauffeur était Bérode, l'un des apôtres, paraissant un peu engourdi.

Un autre était Vérimond, frais et dispos, comme s'il fût sorti de son lit...

Un autre encore, César...

Quant au troisième, sombre, le visage dur, aux yeux de

haine ; vaincu dans la lutte sans merci qui se poursuivait depuis près d'un an entre Tête-de-Mort et Cœur-qui-Tremble, c'était le baron Ulrich von Falker.

Ainsi encadré par les apôtres et leur chef, il fut conduit à la bibliothèque.

Les portes furent fermées.

Aux portes et aux fenêtres, veillèrent les hommes.

Drogont était prisonnier, et gardé à vue.

La veille au soir, alors que déjà il avait quitté son régiment où il n'osait point reparaître, il avait erré longtemps au bois, et le long des quais de Boulogne, se rapprochant peut-être, malgré lui, de la villa de Bénavant où il savait que Madeleine, près de Nicole, était heureuse. Il était poussé, en cela, par un instinct plus fort que toute résistance de sa volonté... Prêt à quitter la France, à aller reprendre son rang aux grenadiers de Berlin, il avait voulu revoir celle qu'il aimait.

Il ne s'était pas aperçu que depuis le matin, errant ainsi à l'aventure, il était suivi par des hommes adroits et hardis, habiles à se dissimuler, et que ces hommes eux-mêmes étaient accompagnés d'une grande auto fermée dont le chauffeur avait reçu un mot d'ordre à coup sûr, car elle ne les quittait pas et se trouva toute la journée à portée d'un coup de sifflet, prête à se rapprocher au moindre geste.

Le coup de sifflet, on l'entendit tout à coup.

Et en un clin d'œil, sur le quai désert, Drogont, attaqué, renversé, mis dans l'impossibilité de faire un mouvement, était transporté dans l'auto.

Et l'auto filait dans la nuit, gagnant le bois de Boulogne.

Tout de suite, les liens de Drogont avaient été enlevés.

César Sanguinède tourna le commutateur électrique. La voiture fut violemment éclairée pendant un instant.

— Monsieur, dit Cœur-qui-Tremble, rien de ce qui vous arrive ne doit vous surprendre... Vous deviez sûrement vous attendre à toutes les aventures... Celle-ci en est une... Nous vous emmenons faire une partie de campagne.

Mais le baron Ulrich von Falker était toujours dans la peau de Drogont.

Ce fut donc en qualité de Drogont qu'il répliqua :

— Que voulez-vous de moi, monsieur, et m'expliquerez-vous ?... Un pareil attentat contre moi, et venant de vous, monsieur !... J'en suis confondu... Et à moins que ce ne soit une comédie dont j'ignore le sens...

— Vous aurez bientôt l'explication que vous désirez. En attendant, comme nous avons quelques heures à rouler sur les routes, dormez, si bon vous semble. Pour le moment, votre vie ne court aucun danger.

— Je pense, en effet, monsieur, que vous n'êtes pas un assassin...

Cœur-qui-Tremble haussa les épaules et dit avec indifférence :

— L'occasion ne s'est jamais présentée...

Il ferma le commutateur et l'obscurité se fit.

A l'immobilité de César et de son compagnon, on eût pu croire qu'ils dormaient. Il n'en était rien. Dans le courant de la nuit, pourtant, Drogont, trompé par leur silence, glissa la main vers la portière et essaya d'ouvrir.

Doucement, César murmura :

— Elle se ferme à clef. C'est une invention de moi, pour certaines nécessités. Auriez-vous besoin de prendre l'air ? Nous pourrions faire quelques pas sur la route... Il fait une nuit admirable.

Drogont répondit en essayant de rire :

— Décidément, je suis votre prisonnier. C'est une singulière histoire.

Et jusqu'au château d'Herbemont il se tut.

Dans la bibliothèque, César lui désigna un canapé-lit :

— Reposez-vous, monsieur.

— Est-ce que cette mauvaise plaisanterie durera longtemps ?

— Je ne le pense pas... toutefois, je vous recommande un peu de patience...

Et les heures de la journée s'écoulèrent.

Drogont semblait rester maître de lui.

Mais au fond du cœur, il était obligé de se dire que César n'avait pas recours contre lui à de pareils moyens sans être certain de pouvoir le confondre.

Il s'attendait à quelque chose d'extraordinaire.

Puis, son esprit plein de ressources cherchait déjà le moyen de se tirer de ce mauvais pas. Difficile, certes ! Mais peut-être pas impossible ! Est-ce que bien des fois déjà il ne s'était pas sauvé de dangers aussi graves ?

Vers midi, César s'était avancé vers lui et avait dit, dans une politesse raffinée :

— J'ai donné des ordres pour qu'on vous serve votre déjeuner... Vous n'aurez pas besoin de vous déranger... J'espère que vous me permettrez de partager votre repas, et de m'asseoir à votre table...

Drogont mangea peu...

César, au contraire, dévora.

Même, il crut devoir s'excuser :

— Je ne sais pas pourquoi... J'ai une faim de loup... moi qui, d'habitude, ne mange pas plus qu'un moineau... La joie de votre présence, monsieur...

Vers quatre heures, César consulta sa montre, sortit sur le seuil, et pendant quelques instants regarda le ciel... comme s'il avait attendu, de là, un dernier avertissement.

— Il est en retard sur les heures qu'il m'avait indiquées... Et il rentra.

— Monsieur, fit-il, vous êtes curieux de savoir pourquoi je vous ai obligé à devenir mon hôte à Herbemont... Votre curiosité est toute naturelle et je vais m'empresser de la satisfaire...

Drogont pencha le buste, assis, les coudes sur les genoux, et écouta.

La bataille commençait... Elle allait être courte...

— Monsieur le baron Ulrich von Falker, lieutenant des grenadiers de la garde, vous avez perdu la partie. Soyez beau joueur ! En entamant pareille lutte et quand vous êtes devenu le complice de Tcherko, vous n'ignoriez pas qu'en cas de défaite, votre vie serait l'enjeu... Il faut payer, monsieur.

— Vous venez de prononcer un nom que je ne connais pas, monsieur.

La voix méprisante, Cœur-qui-Tremble répliqua :

— J'aurais cru que vous ne vous seriez pas réfugié derrière de pareils mensonges, et surtout j'étais persuadé que vous ne douteriez pas que pour vous arracher à votre régiment je possédais contre vous certaines preuves devant lesquelles il faudra bien que vous vous courbiez tout à l'heure... Or, savez-vous bien, monsieur, que pour un soi-disant officier français, vous vous êtes fort peu inquiété, depuis hier, de l'émotion que votre disparition a dû causer dans votre régiment. Et ne serais-je point fondé à penser que cette disparition, qu'elle eût été voulue par vous ou qu'elle eût été rendue obligatoire par moi, répondait en somme à vos secrets désirs ?... Vous n'aviez plus l'intention de reparaître à l'Ecole militaire... Dans tous les cas, monsieur de Falker, les journaux s'occupent de vous...

Il tendit à Drogont une liasse de feuilles parisiennes qui

venaient de lui être remises. L'autre ne les prit pas et les repoussa de la main.

— Cela vous intéresse peu ? monsieur, je vous demande, une seconde fois, de reconnaître que vous êtes battu...

— Je ne vous comprends pas. Vos paroles sont autant d'énigmes.

— Vous êtes Ulrich von Falker, et vous avez failli être chassé de l'armée allemande parce que vous avez été surpris en flagrant délit de trahison au profit de la Russie. Vous vous étiez introduit chez un ami de votre famille, le général Hortmutz... et vous étiez, par ma foi, grassement payé. Ce préambule ne vous indique-t-il pas suffisamment que je suis bien renseigné sur tous vos avatars ?... Non ?... Vous espérez m'échapper encore ? Quelle erreur et quel enfantillage ! ! Vous étiez à la ferme de Bernicourt avec le général Schweiber, et c'est à Thionville, le lendemain, que Tcherko vous a confié la mission que vous avez acceptée... Cette mission ?... Oh ! simple et effrayante à la fois... Prendre le nom et la place d'un officier français... se substituer partout à lui, au profit de l'intrigue imaginée par Tête-de-Mort contre le général Bénavant... A Paris, tous vos rendez-vous avec Tcherko, épiés par moi et surpris, depuis le soir de notre première rencontre chez le général, ce fameux soir où tout à coup votre voix, que vous ne pouviez déguiser, me rappela celle du compagnon de Tcherko, dans la gare de Fontoy, cette voix qui avait dit : « Vous ne faites pas aux Français l'honneur qu'ils méritent. » Depuis lors, vous n'avez pas eu un geste, pour ainsi dire, qui n'ait été vu par mes gens, pas une parole qui n'ait été entendue... Nous vous avons suivi de votre garni de l'avenue de Suffren à l'Ecole militaire, où vous avez failli tant de fois vous trahir et où tant de fois, par vos étranges propos, malgré votre présence d'esprit, vous avez soulevé la stupéfaction de vos camarades... de l'avenue de Suffren à vos logements mystérieux, où vous changiez de figure avant d'aller retrouver Tcherko... avenue de Trudaine, rue Say, boulevard Malesherbes et avenue Wagram... jusqu'à vos rendez-vous en auto et en canot-automobile... Et pendant ce temps, que se passait-il ? Oh ! rien que des aventures indifférentes, comme l'assassinat de ce pauvre douanier Walter, avec la complicité de la fille galante de Boulogne... Passons ! et mon aventure à moi, que votre ami Tcherko a voulu changer, dans sa baignoire, en pot-au-feu, s'il vous plaît !... Passons encore... Et la fausse attaque de

l'auto de la générale, passons toujours... Ces aventures
sont comme des images destinées à illustrer et agrémenter
mon histoire...

Drogont ne répondait pas. Il se sentait perdu.

— Monsieur, je vous demande une dernière fois si vous
voulez ne plus mentir...

Le misérable releva sur César des yeux troubles, mais
se tut.

— Faut-il vous dire à quelle odieuse intrigue vous avez
prêtez les mains contre une jeune fille innocente, en
l'abusant par des mensonges, par lesquels vous lui repré-
sentiez qu'elle allait voir sa sœur ?... Ceci n'est pas seulement infâme, monsieur de Falker... ceci empêche pour
vous, si elle était possible, toute pitié... Mais vous nierez
toujours... Nierez-vous également cette preuve accablante,
matérielle, flagrante... Frédéric Drogont avait été blessé
deux fois... deux blessures dangereuses... Or, vous aviez le
torse nu pendant votre duel avec M. de Chémery... Et votre
torse nu ne portait aucune cicatrice...

Par un brusque geste, Falker se cacha le visage dans les
mains.

C'était presque déjà un aveu... la manifestation du remords...

Ce n'était pas l'aveu encore...

Le reste de l'immense orgueil de sa race, de l'orgueil
qui l'aveugle, combattait en lui contre les autres sentiments.

— Monsieur, dit César, que nous ayons votre aveu ou
que vous nous le refusiez, votre culpabilité ne fait de doute
pour personne. Tous ceux qui sont ici non seulement vous
connaissent, mais ont été mis au courant de vos efforts
depuis que vous êtes devenu le complice de Tcherko... Ils
vous ont jugé et ils vous ont condamné, comme moi je vous
ai jugé et condamné... à mort !

Falker redressa le front.

— Soit, dit-il... Depuis le moment où je suis tombé entre
vos mains, j'ai compris que j'étais perdu... Mais vous
autres vous êtes perdus avec moi... et la France avec
vous... Moi disparu, il reste Tcherko... Tcherko suffit pour
accomplir l'œuvre commencée... Aujourd'hui, demain au
plus tard, éclatera le scandale qu'il avait préparé... Par ses
soins, par des notes envoyées à tous les journaux d'Allemagne et qui forcément seront reproduites par vos journaux
français, l'on apprendra la vérité, et que dans l'intimité de

votre général en chef, dans l'intimité de sa fille, vivait, sous l'uniforme d'un officier français...

César étendit la main...

— Attendez, monsieur !

Une grande ombre venait de passer devant les larges baies de la salle de la bibliothèque, et un avion se posait doucement sur la pelouse.

César sortit sur le seuil et fit un signe.

L'aviateur avait sauté lestement de son siège et se dirigeait vers lui.

La porte fut refermée...

Il y avait là, avec les apôtres, un homme, un juge de plus : Villedieu.

César le désigna à Drogont :

— M. Robert Villedieu, dit Courapied, dit Miton-Mitaine... le mari de cette pauvre Nicole... le photographe amateur, le tourneur de cinéma, qui vous a fidèlement accompagné dans les aventures où vous avez voulu conduire Madeleine...

Falker eut un sursaut et considéra, stupéfié, le nouveau venu.

— Vous ne le reconnaissez pas ?... Oh ! il ne lui manque que la barbe... Mais vous nous disiez, monsieur, que vous hors de cause, votre complice Tcherko continuerait votre œuvre... que notre armée allait être déshonorée dans son chef... et que, perdant confiance, elle était battue d'avance ? Car, telle était bien votre pensée... inachevée ?...

— Oui !

— Car la guerre, pour vous... l'effrayante catastrophe, était inévitable... n'est-ce pas ?

— Oui...

— Eh bien, monsieur, j'ai une mauvaise nouvelle à vous apprendre... Le scandale que vous avez rêvé n'aura pas lieu... l'incident de frontière ou diplomatique que ce scandale devait déchaîner ne se produira pas... La guerre n'éclatera pas... Les nations, réunies sur la frontière... ne se choqueront pas... car Tcherko a été foudroyé, broyé comme un serpent avant d'avoir pu mordre... Voici l'homme qui l'a châtié...

Villedieu, paisible, allumait une cigarette :

— Il a fait une sacrée chute... en bouclant la boucle, figurez-vous, à cinq mille mètres au-dessus des Vosges... Ses sensations ont dû être curieuses... Dommage qu'on n'ait pas pu prendre une interview...

— Tcherko est mort... et vous, monsieur, vous allez mourir... Alors, ce sera fini, pour le moment, de ce cauchemar de guerre...

Puis, après quelques instants de réflexion :

— Voici, monsieur, ce que nous avons résolu... Vous écrirez tout à l'heure une lettre par laquelle vous déclarerez que vous vous êtes volontairement donné la mort... Cette lettre, on la retrouvera sur vous... Nous vous conduirons cette nuit sur la frontière, de l'autre côté de la ferme de Bernicourt... C'est là que l'on retrouvera votre corps... Et que Dieu vous pardonne tout le mal que vous avez voulu faire...

— Je n'écrirai rien... et je ne me suiciderai pas.

César haussa tranquillement les épaules :

— Alors, monsieur, c'est moi qui vous tuerai !...

Les dernières heures de la soirée s'écoulèrent. Les ténèbres descendirent. Des nuages voilèrent le ciel. La nuit fut très obscure.

L'auto emporta Falker avec ceux qui l'avaient amené de Paris.

Elle traversa les bois de Bernicourt et s'arrêta, du côté allemand, sur l'extrême frontière, où il y avait une hutte de planches et de gazon ayant servi à des charbonniers.

Falker se laissait aller sans résistance.

Depuis des heures, depuis qu'il était prisonnier, il avait essayé de trouver quelque moyen de fuir... Rien ne s'était présenté à son esprit...

Une seule pensée persistait en lui... celle de son orgueil humilié.

Et souvent cette pensée se trahissait dans le regard de haine profonde, de destruction qu'il laissait tomber rapidement sur le petit homme qui avait été l'artisan de sa défaite.

Les hommes poussèrent Falker dans la hutte.

César entra derrière lui.

Les autres demeurèrent au dehors, faisant le guet.

Cœur-qui-Tremble tendit un revolver au condamné :

— Faites-vous justice !... Rachetez votre misérable vie par une mort courageuse.

Un moment, Falker le regarda.

Puis il eut un sourire étrange.

César s'était rangé contre l'ouverture béante de la porte.

Falker se pencha, saisit l'arme... la mania, comme s'il traversait une dernière minute d'angoisse... et d'effroi...

Tout à coup, il leva le revolver à la hauteur de son visage...

Et avant que César eût pu faire un geste pour l'éviter, Falker le visa au front, presque à bout portant, et tira...

Une détonation sèche éclata...

César était resté debout, les mains derrière le dos, souriant.

Et l'autre, comme devant un miracle, recula, effaré.

— Ne cherchez pas l'explication, monsieur, dit César... je vais vous la donner... J'avais deviné que vous auriez, certes, le courage de mourir, mais j'avais deviné également qu'auparavant vous voudriez vous venger... votre revolver était chargé d'une cartouche à blanc... celle que vous avez tirée sur moi...

Sans émotion apparente, César sortit un second revolver de sa poche.

Falker fit un bond vers lui pour le désarmer.

Le coup le saisit au vol et l'arrêta...

Il tourna sur lui-même et tomba raide, le cœur traversé.

César considéra un instant ce cadavre, puis tira de la poche le portefeuille de Drogont, y glissa une lettre et remit le portefeuille à sa place... après quoi, il partit...

IX

A Berlin.

Le lendemain soir...

M. le général Schweiber se trouvait seul dans le vaste cabinet particulier de son appartement, sur le quai longeant le Landwehrcanal...

Les fenêtres ouvertes laissaient entrer des bouffées d'air tiède...

Le jour baissait et le disque du soleil s'entourait de nuages rouges.

Le général Schweiber ne travaillait pas.

Il semblait agité par la fièvre et en proie à la plus vive préoccupation.

Il allait et venait, d'une marche heurtée, parfois s'arrêtant brusquement sous le coup des pensées qui l'assaillaient et alors réfléchissait profondément.

Il mâchonnait avec distraction son cigare qu'il avait oublié d'allumer.

De minute en minute l'appel du téléphone le faisait tressaillir.

Il se jetait à l'appareil et prenait le récepteur, avec une sorte d'angoisse comme si, également de minute en minute, il allait recevoir enfin une nouvelle, qu'il attendait depuis des heures.

Mais ce n'était pas encore la nouvelle espérée.

Et il raccrochait le récepteur avec un geste d'impatience farouche.

Des dépêches s'entassaient sur son bureau, et si l'on avait pu y jeter un regard on aurait vu qu'elles ne venaient pas toutes de la frontière française, mais que des agents les envoyaient de Hollande, de Belgique, d'Autriche, de Russie et d'Italie... De temps en temps, Schweiber reprenait un de ces télégrammes chiffrés, mais traduits, et le relisait comme pour s'en imprégner.

Et sur son dur visage autoritaire l'angoisse redoublait.

Le coup de la guerre par surprise, qu'il avait rêvé, était manqué cette fois.

De Russie, on lui faisait savoir que les masses énormes des armées se mobilisaient avec une promptitude qui, jusqu'alors, avait paru impossible... Cette année-là, en Russie comme partout, on avançait de trois mois les grandes manœuvres... Car, rappelons-le, si le mot sinistre de « guerre » était prononcé, le prétexte à ces immenses agglomérations d'hommes était toujours les manœuvres... L'allumette qui devait faire flamber ce tonneau de poudre n'avait pas encore pris feu... Mais toute l'Europe vivait dans la détresse des minutes qui s'écoulaient... Un seul coup de fusil pouvait déclancher le désastre... De Belgique, on lui faisait savoir que cent mille soldats s'exerçaient à des embarquements... Une autre dépêche venait dire qu'au premier uhlan qui franchirait la frontière belge, cent mille Anglais débarqueraient en Belgique. D'Afrique, par l'Italie, on lui faisait savoir que les troupes de la métropole qui devaient gagner les lignes de l'Est se rassemblaient sans bruit, sans même qu'un seul journal signalât ces mouvements, et que les transports qui devaient les mener à Marseille attendaient dans tous les ports...

Oui, oui, raté le coup de la surprise !

L'appel du téléphone retentit.

Schweiber se précipita.

Et, machinalement, récepteur à l'oreille, il prit l'attitude du profond respect.

Il écouta, sans répliquer un mot...

Sans doute, et dès le premier moment, on lui avait ordonné le silence.

Mais, certes, ce qui lui fut dit ne pouvait lui être indifférent, car lorsque son mystérieux interlocuteur se retira, le général était d'une pâleur extrême.

Des secrétaires entrèrent, saluèrent rigidement, remirent des dépêches.

Il les parcourut... lança un juron rauque.

— Rien... toujours rien !

Encore une dépêche... Longue, pleine de détails... mais renfermant une énigme...

Car n'était-ce pas une énigme que cette histoire que l'on y contait ?... Elle venait de l'état-major, était transmise de

Colmar... venue de Mulhouse... Elle disait qu'un avion français avait parcouru la frontière, sans passer la limite, filant le long des hauteurs des Vosges... Les deux armées massées de chaque côté avaient pu suivre ses évolutions... Un instant... il était descendu et l'on avait aperçu, alors, distinctement, les couleurs de son pavillon...

Il y avait deux hommes à bord... Puis il était remonté... avait disparu dans les nuages. Et tout à coup, un accident effroyable, incompréhensible... Un des deux hommes était tombé d'une hauteur vertigineuse... gros comme une mouche d'abord, puis comme un bourdon, puis comme un papillon, puis comme un petit oiseau, au fur et à mesure qu'il se rapprochait de terre... tourbillonnant, lamentable, tragique et grotesque... Et l'homme était venu s'abattre sur le Ballon d'Alsace, mais en terre française, presque contre le socle qui supporte la statue de Jeanne d'Arc dominant de là les lointains brumeux des montagnes et la plaine d'Alsace.

Ensuite, l'avion, sans paraître se préoccuper du drame qui venait de se passer à son bord, était passé audacieusement sur les lignes allemandes, dans un défi téméraire qui avait ameuté contre lui toute une flotte aérienne et un dirigeable Zeppelin.

Tout à coup, Schweiber tressaillit et murmura :

— On a tiré !...

Les mitrailleuses du Zeppelin avaient envoyé une rafale à l'aviateur... mais sans l'atteindre, et le pavillon tricolore avait regagné la terre française.

Une sourde exclamation de dépit, chez le général :

— L'insolent !

Le téléphone se fit de nouveau entendre... Schweiber colla son oreille au récepteur... Sa figure s'éclaira... Une lueur dans ses yeux...

— Vous dites ?... Il n'a pas voulu donner son nom ?... De la part de ?... Répétez !... De Tcherko et de Falker ?... Cet homme vient de la part de Tcherko et de Falker ?... Faites-le monter... Conduisez-le près de moi !

Et sa marche reprit fiévreuse... pendant que son regard ne quittait plus la porte.

Celle-ci s'ouvrit, un homme entra, petit, gringalet, l'air assuré.

Schweiber l'examine rapidement.

— Vous venez de France ?

— Oui.

— Vous êtes Français ?

— Oui... et Lorrain, par-dessus le marché.

Schweiber se retourna. Le mot avait été dit comme une menace.

— Vous appartenez à Tcherko ?

— Je n'appartiens à personne... je travaille pour mon compte...

— Vous venez pourtant de sa part ?

— Oui.

— Et vous avez dit aussi... de la part de Falker ?

— Oui.

— Vite, qu'avez-vous à m'apprendre ?

— Oh ! pas la peine de tant se presser... Les mauvaises nouvelles, on les apprend toujours assez vite...

— Tcherko ?

— Mort ! ! !

Du bout du doigt, l'inconnu remua les tas de télégrammes sur le bureau...

— Vous devez avoir là une dépêche... L'homme tombé du ciel, au-dessus du Ballon d'Alsace, c'est Tcherko... Les détails transmis à l'état-major, c'est moi qui les ai envoyés... Le corps était informe... un amas de chairs sanglantes et d'os brisés... une bouillie horrible.

— Qui l'a tué ? gronda Schweiber ?

L'homme hésita une seconde...

— Il est tombé de si haut dans le ciel que je pourrais vous répondre que Dieu seul l'avait foudroyé, mais vous n'y croiriez pas ; celui qui l'a tué était le pauvre garçon dont il avait, il y a un an, détruit le bonheur, la foi et l'amour.

— L'aviateur Villedieu ?

— Oui.

Le général était sous le coup d'une émotion profonde.

— Vous me semblez fort bien renseigné, monsieur ? dit-il en menaçant.

— Sans cela, serais-je venu vous déranger ?

— Tcherko mort, qu'est devenu le lieutenant...

Il s'arrêta, craignant un piège... L'inconnu acheva sa pensée :

— Vous voulez parler du lieutenant Frédéric Drogont ?

— Soit.

— Autrement dit... Falker ?... M. de Falker est mort...

La pâleur de Schweiber s'accentue...

Il a passé la main sur son front et il dit à voix basse :

— Qui l'a tué ?

— Moi ! !

— Qui donc êtes-vous ?

— César Sanguinède...

Le général fit un mouvement brusque pour appeler.

Et tout à coup il vit un revolver à hauteur de son front.

— Monsieur, je ne vous veux pas de mal... mais je vous donne ma parole que si vous appuyez sur le bouton de cette sonnette, je vous tue comme un chien... A part ça... fit César, avec une grimace gamine, vous n'avez rien à craindre.

Schweiber s'éloigna de la sonnette pour résister à la tentation.

Le revolver de César s'abaissa, reprit place dans sa poche.

— Maintenant, monsieur, je n'ai plus rien à vous apprendre. Vous devinez, par ma présence ici, que vos projets ont été depuis longtemps percés à jour, et vous devez vous rendre compte que rien de ce qu'avait imaginé votre ami Tcherko ne s'accomplira... Il n'y aura pas de scandale en France... M. le lieutenant Ulrich von Falker y restera inconnu et nous trouverons facilement une explication à la mort de Frédéric Drogont, lequel, à la suite de ses blessures et des maladies contractées en Afrique, était atteint de neurasthénie, et la neurasthénie l'a conduit à un accès de folie, au suicide... Le général Bénavant ignorera toujours la vérité, et moi-même, après avoir fait naître dans son esprit les premiers soupçons, j'aurai soin de le détromper s'il le faut... bien que, à tout prendre, et lorsque le calme sera revenu sur la frontière, il n'y aurait plus danger à lui céler cette vérité. Il est juste, monsieur, de vous avouer vaincu... C'était un atout dans votre jeu que le triomphe de Tcherko. L'atout vous manque... J'ai l'honneur de vous saluer, n'ayant rien plus rien à vous dire...

Schweiber refit un pas vers la sonnette.

— Ah ! j'oubliais, fit César... Non, ne donnez pas l'alarme. Je tiens à m'en aller de chez vous tranquillement...

Il tira sa montre.

— Il est dix heures... Je vous demande une demi-heure de liberté. Dans une demi-heure, vous pourrez envoyer contre moi tous les ordres qu'il vous plaira... J'ai votre parole d'honneur ?...

Schweiber, visiblement, hésitait.

— Voyons, général, un bon mouvement...

Tout à coup, Schweiber porta la main à son front et salua en inclinant le buste.

— Allez, monsieur, sans crainte... Vous avez fait votre devoir !...

Nous avons dit que César était la victime des calomnies de gens du pays, qui, ne sachant pas les immenses et généreux efforts de son patriotisme, le représentaient depuis longtemps comme un agent de l'Allemagne.

Souvent se produisaient contre lui des manifestations outrageantes.

Certes, elles ne le laissaient point indifférent.

Il en souffrait, mais le mystère dont il entourait ses actions était une condition même de leur succès.

Il était condamné à ne se point défendre et à garder le silence.

Lorsqu'il entra à Herbemont, retour de Berlin, il ne fut donc pas autrement étonné de l'attitude hostile de la population. Son retour avait été vite connu, et près de son château il entendit des cris significatifs :

— A bas l'espion ! A mort l'asssassin !

Il attendit sans rien faire pour demander une explication.

Du reste, cette explication lui vint aussitôt sous la forme d'un commissaire de police, accompagné de deux gendarmes.

Il les reçut poliment et les fit entrer dans le grand salon d'honneur, non sans dire, avec un peu d'ironie :

— Excusez-moi de ne pouvoir mieux vous accueillir ! Et maintenant, veuillez satisfaire bien vite ma curiosité... A quoi dois-je cette bonne surprise de votre visite ?...

Le commissaire expliqua, non sans embarras, que de multiples dénonciations lui avaient signalé l'arrivée nocturne d'un homme chez lui, en auto ; que cet homme avait été retenu prisonnier toute une journée complète, sous la garde d'une dizaine d'individus qu'on savait liés à César par des intérêts mystérieux ; qu'il était reparti sous escorte, en auto également, que l'auto avait été perdue de vue dans les bois d'Héricourt, non loin du poteau-frontière... et que, quelques heures plus tard, lorsqu'elle avait reparu, le prisonnier ne s'y trouvait plus...

Sanguinède répliqua paisiblement au commissaire de police :

— Cette histoire ne m'intéresse pas, monsieur. Est-ce pour cela seulement que vous avez pris la peine de vous déranger ?

— Il y a un détail de plus, et qui a son importance.

— Dites.

— Cet inconnu a été retrouvé tout à l'heure dans une hutte de charbonnier, assassiné d'un coup de revolver...

— Etes-vous sûr que c'est mon homme, à moi ?

— Je suis venu pour vous le demander.

— Comment le saurais-je ? Il faudrait voir.

— J'ai pensé que vous ne refuseriez pas de m'accompagner.

— En aucune façon. Et, si vous voulez, j'ai une de mes autos qui est toujours prête... Nous perdrions moins de temps... Vous acceptez ?

— Soit.

Une demi-heure après, ils descendaient dans la clairière du bois d'Héricourt.

Il y avait là des gens des alentours, des charbonniers, des bûcherons, des paysans... contenus avec peine par des gendarmes et des gardes forestiers.

A l'arrivée de César, des cris retentirent.

Le jeune homme croisa les bras, s'arrêta devant un groupe et murmura :

— Pauvres diables ! Et dire que c'est pour cela que j'ai tant travaillé !

Dans la hutte de terre, le cadavre de Falker était étendu, à la même place.

— Vous le reconnaissez ? C'est bien l'homme que vous avez ramené de Paris ?

— Je n'ai aucune raison de le nier. Il m'avait prié de le conduire jusqu'ici, ne voulant pas prendre le train, craignant d'être arrêté, m'a-t-il confié... Je me suis mis à sa disposition... pensant qu'il s'agissait d'une mission secrète, et sachant que cet officier s'en était déjà tiré à plusieurs reprises avec succès. Car ce jeune homme est officier... et s'appelle Frédéric Drogont... Du reste, les gendarmes ont dû le fouiller déjà et je ne vous apprends rien de nouveau...

Les gendarmes firent des gestes de dénégation. La découverte du crime était toute récente. Ils avaient téléphoné au magistrat de police et en attendant son arrivée, ils n'avaient voulu prendre aucune initiative. Dans l'état de surexcitation où se trouvaient les deux peuples, on redoutait la moindre imprudence sur la frontière.

Et la cabane de charbonnier était située sur la limite extrême, laquelle coupait en deux la clairière traversée par une route.

— Fouillez le cadavre ! dit le commissaire.

Les hommes obéirent.

On ne découvrit rien de compromettant. Rien que des objets familiers. Mais le revolver qui avait servi au meurtre gisait près d'un bras. Quelques cartes de visite dans une poche du portefeuille. Un peu d'argent dans un porte-monnaie. Deux billets de cent francs dans le portefeuille et une enveloppe fermée sur laquelle il n'y avait aucune indication. Elle contenait une lettre : on sentait sous le doigt l'épaisseur du papier. Mais à qui était-elle adressée ?

Le commissaire de police n'hésita pas.

Il coupa méthodiquement l'enveloppe de la pointe de son canif. Et il lut :

« Je vais me tuer : qu'on ne recherche pas les motifs de
» mon suicide. Quelques-uns les comprendront peut-être.
» Cela me suffit. En me tuant, j'ai voulu racheter bien des
» fautes qui me sont personnelles, mais j'ai voulu aussi
» épargner cent mille vies plus précieuses que la mienne. »

Le commissaire la tendit à César :

— Vous pouvez nous expliquer sûrement le mystère de ce suicide ?

Cette lettre était celle que Drogont avait écrite un jour avenue de Suffren, dans un coup de passion et de remords... On se rappelle qu'en rentrant chez lui, le soir, n'ayant plus les mêmes sentiments, il l'avait recherchée vainement pour la détruire ; elle avait disparu. Et longtemps, il s'était demandé quel pouvait être le voleur... Tcherko ou César...

— En effet, je le pourrais, monsieur, fit Cœur-qui-Tremble. J'ajoute même que cela me serait aisé. Seulement, ce secret ne vous intéresse pas, monsieur...

— Je suis seul juge de ce qui peut intéresser la justice...

César se mit à rire. Vraiment il n'avait pas souci de ce mort qui traînait là.

— Je n'en disconviens pas, certes. Pourtant, il faudra que vous en preniez votre parti, monsieur le commissaire... Vous ne saurez rien !...

— En ce cas, je vous garde à ma disposition jusqu'à ce que tout cela soit éclairci.

— Oh ! Oh ! monsieur, vous ne vous imaginez pas à quoi vous vous engagez... Diable ! Diable ! Et si cette affaire ne s'éclaircissait jamais, je serais donc condamné à devenir l'hôte de votre violon jusqu'*ad vitam œternam ?*

L'assurance de César démontait le magistrat.

— Du reste, monsieur, je m'incline... Je vous demanderai simplement, aussitôt notre arrivée dans votre bureau, de téléphoner avec Paris, rue Saint-Dominique, et d'y annoncer votre capture... J'aurai l'honneur ensuite de vous tirer ma révérence.

— Nous verrons bien !

Une heure après, le commissaire recevait, en effet, un coup de téléphone de Paris.

Et en écoutant la voix lointaine, il passa par toutes les couleurs de l'arc-en-ciel.

— Monsieur, dit-il à César, aussitôt ramené devant lui... c'est une gaffe... je vous demande pardon... je ne savais pas... Je suis tout à fait désolé... Je suis un honnête homme et un bon Français... alors...

— Alors, c'est un honnête homme et un bon Français qui vous tend la main.

Puis, tout à coup, lui frappant sur l'épaule :

— A-t-on éclairci le mystère ?

— Non.

— Eh bien, un bon conseil, n'essayez pas. Ce serait inutile. Il y a tant de mystères dans la nature ! ! Un de plus, un de moins, qu'est-ce que ça peut vous faire ? Comme je repars ce soir même pour Paris, et comme j'entends mon auto à la porte, je vous emmène déjeuner à Herbemont. Ne refusez pas. Vous me devez bien ça ! Et c'est moi qui serai au volant. Ce que ça va faire jaser la population ! !

Le lendemain, César était à Paris...

X

La fausse alerte.

Là-bas, de l'autre côté de la limite, dans les villages de Soppe-le-Haut, Soppe-le-Bas, jusqu'à Bellemagny et jusqu'à Elbach, où les troupes allemandes, fantassins, cavaliers, artilleurs, soldats du génie étaient cantonnées, rien n'avait bougé, rien ne s'était déclanché ! On attendait là, évidemment, comme partout, un dernier signal, et le signal ne venait pas...

Dn moins celui qu'on attendait.

Il en vint un autre : celui qu'on n'attendait pas.

Et tout à coup se dessina un mouvement en arrière...

En même temps, une dépêche de Belfort arrivait au colonel du 35e, était communiquée aux officiers.

Cela fit, en quelques minutes, la traînée de poudre, chez les soldats.

— On rentre !

D'abord ils ne comprirent pas très bien. Ils étaient si montés, se sentaient si pleins d'allant et d'entrain, que la nouvelle restait confuse, à leur esprit.

— Paraît qu'on va autre part ? disait Mitache.

— M'est égal, fit le caporal... Les fusils, ça tire partout.

Le sergent Troussait passa le long du bois de Romagny.

— Faut regagner, y a pas la guerre !

— Allons donc !

— Vous blaguez, sauf respect, sergent.

— Je blague pas... on rentre au patelin...

— Ah ! mince !

— Alors, on s'a dérangé pour rien ?

— En v'là une histoire !...

Les hommes se regardaient avec stupéfaction.

Berlot gronda :

— Moi, je le disais que ça ne serait pas encore pour c'te fois-ci le coup de tampon !... Et puis, voulez-vous mon sentiment ?

— C'est ça, Berlot, donne-le ton sentiment...

— Eh bien, ça ne viendra jamais.

— Pourquoi ?

— Parce que si ça avait dû venir, ça serait venu déjà... Et voilà !...

Les officiers se taisaient, sur la ligne...

Blaireau disait :

— C'est pas le moment de leur demander le temps qu'il fait...

Ils avaient l'air préoccupé, désappointé, rageur.

Le petit lieutenant Jacquier examinait sérieusement l'horizon, comme s'il avait espéré y découvrir quelque chose d'extraordinaire.

Le capitaine Leroy s'approcha.

Ils conversèrent vivement, à voix basse.

Mitache, en se rapprochant comme par hasard, pour ramasser une boîte de conserves vide, qu'il envoya dans le bois, entendit les derniers mots.

— Dommage, mon capitaine, dommage !...

— Oui, on les tenait...

— Et puis, attendre, toujours attendre...

Leroy haussa les épaules.

— Ne souhaitons pas le branle-bas, camarades, mais rentrons pour nous y préparer.

Une demi-heure après, le poste du bois de Romagny avait rejoint son bataillon au village... Une heure après, le régiment s'était reformé... et reprenait la direction de Belfort...

Il fit la route en silence... parmi les moissons mûrissantes...

XI

Les paradis retrouvés.

Les promotions dans la Légion d'honneur qui devaient paraître pour les fêtes du 14 Juillet furent, cette année-là, en retard, et pour cause. Les ministres attendaient le dénouement de la grave crise que traversait la France, mais alors que la tension, en se prolongeant, accumulait les dangers formidables, tout à coup l'accalmie se produisait. On respirait, soulagé. Toutes les nouvelles des frontières annonçaient le retrait des troupes allemandes. La paix ne serait pas troublée.

Et successivement les promotions parurent.

Parmi celles du ministère de la Guerre, on remarqua la nomination de César Sanguinède. Elle ne pouvait passer inaperçue. On en parla, surtout dans le pays de César où il avait été méconnu et vilipendé. On flaira un mystère... On devina que le jeune homme, depuis longtemps, avait souffert des injustices. Déjà on venait de le voir de Bernicourt à Audun, et d'Audun à son château d'Herbemont, reconduire le commissaire de police, au volant de son auto... Il y eut un revirement complet de l'opinion publique. En lui remettant la croix, Bénavant l'embrassa.

— Vous l'avez bien gagnée, mon ami...

César sentit ses yeux se mouiller, puis répliqua gaiement :

— Ce qui me fait plaisir, c'est que je tiens ma croix du ministère de la Guerre, comme un soldat. C'est ma revanche contre les farceurs qui m'ont réformé. Et quand je pense que le ministère du Commerce aurait pu me décorer à cause de mon cirage à la Maréchale !

D'Herbemont, le lendemain, il écrivit à Catherine.

« Votre enfant se plaît beaucoup chez moi... Je suis sûr
» qu'il aurait bien grand'peine à me quitter... Je ne vois
» qu'un moyen d'arranger les choses, puisque vous voici
» libre et puisque le misérable qui vous enchaînait est
» mort... Ce moyen, c'est que vous veniez habiter à Herbe-
» mont, auprès de votre fils... Est-ce que ce ne sera pas na-
» turel puisque vous êtes sa mère ?... Et auprès de moi... Ce
» qui paraîtra également naturel à tous, si vous voulez bien
» être ma femme... Je vous aime !... »

Catherine, timidement, mais infiniment heureuse, répondit sur-le-champ :

« Puisque mon fils vous aime, jamais il ne l'enlèvera » d'auprès de vous... »

Cœur-qui-Tremble embrassa la lettre. . . . .

Deux jours après, sur un télégramme de lui, ses onze apôtres accouraient. Il voulait leur donner de nouvelles instructions pour l'avenir.

— Ce qui s'est passé hier peut se renouveler demain... Il faut veiller, veiller toujours...

Et pendant deux heures ils l'écoutèrent, ardents, ne perdant pas une de ses paroles.

Lorsqu'ils se séparèrent, l'un d'eux, Bérode, dit :

— En somme, pendant cette campagne, il n'y a eu que trois morts... Deux, de leur côté, le Falker et Tête-de-Mort... Un, de notre côté, le pauvre Galbache.

Et tous les yeux se tournèrent vers la vieille paysanne... César disait :

— Vous vous trompez, Bérode... Vous avez oublié le douanier de Pauillac, qu'ils avaient attiré, à Boulogne, dans un guet-apens...

— C'est vrai, ça fait quatre...

La mère Galbache fit un geste tragique :

— Vous vous trompez, vous aussi, monsieur César... Il y en a un de plus...

— Qui donc ?...

— L'assassin de mon homme... Werner...

— Vous l'avez tué ?

La vieille hésita, puis branlant la tête, elle murmura :

— Non, je ne l'ai pas tué... mais je l'avais enfermé dans une carrière abandonnée dont il avait fait son dépôt d'explosifs... Il y a de cela quinze jours... Et... je ne lui avais pas laissé de nourriture...

Un frisson passa sur ces cœurs d'hommes.

Puis, après un silence très long, César dit, un peu troublé :

— Ils nous avaient menacés de la guerre au couteau... C'est la guerre ! . . . .

Deux mois après, à l'église Saint-Nicolas, de Blois, les cloches sonnaient à toute volée et Didier de Chémery, encore un peu pâle de sa blessure, sortait en donnant le bras à sa femme, Madeleine... toute jolie et heureuse dans ses voiles blancs...

Derrière eux, le général Bénavant et Françoise... Françoise revenue à la vie, et dont le doux regard, lorsqu'il se posait sur le soldat qui lui donnait le bras, s'imprégnait d'une sorte d'exaltation mystique... Derrière eux — et c'était surtout ceux-là qu'on regardait — Nicole et Villedieu...

Et il semblait à Nicole et à Villedieu qu'ils venaient de vivre un mauvais rêve, que rien n'avait été vrai de ces journées de désespoir pendant un an, et de ces nuits sans sommeil ; il leur semblait que ce n'était pas seulement le mariage de Madeleine qu'on fêtait ce matin-là, mais aussi, mais surtout, mais plutôt, le mariage de Nicole...

Et ce fut encore à l'Herbier qu'ils se rendirent...

Les enfants y restèrent seuls, sans autres témoins de leur infini bonheur. Et vraiment elle avait raison Nicole, de répéter sans cesse à Robert :

— Je t'assure... nous nous sommes endormis il y a un an... Rien ne s'est passé... Et nous nous réveillerons demain, tu verras, pendant qu'au-dessus de nous voleront de grands oiseaux dont les ailes immenses laisseront échapper des fleurs, des fleurs qui empliront le jardin, qui couvriront l'Herbier. . . . .

Nicole avait raison... C'était un affreux rêve que tout cela. Elle le savait mieux que personne, puisque les « brumes qui enveloppaient son cerveau » s'étaient dissipées...

Elle avait raison, la douce Nicole, puisque le matin du lendemain, dans le soleil d'une pure journée, lorsqu'elle ouvrit la fenêtre, lorsqu'elle leva les yeux vers le ciel, elle eut une exclamation joyeuse :

— Robert ! Robert ! Je te le disais bien... Ce sont les fleurs !...

Il accourut...

Comme il y a un an, les gigantesques frelons vrombissent dans l'éther, et des avions se sont donné rendez-vous au-dessus de l'Herbier... Ils tournoient comme des oiseaux de proie, non point pour une besogne de carnage, mais d'allégresse ; ils tournoient au-dessus de l'Herbier, attendant le réveil de ceux qui y abritent leur amour et leur bonheur...

Et tout à coup, au signe de vie que leur donne cette fenêtre ouverte, ils fondent sur la villa... s'en rapprochent à la toucher presque...

Et des fleurs tombent, des fleurs innombrables... du haut du ciel, comme d'un paradis qui ne s'épuisera pas...

IMPRIMERIE DE CHOISY-LE-ROI. — GRUFFEL ET Cⁱᵉ.

www.ingramcontent.com/pod-product-compliance
Lightning Source LLC
Chambersburg PA
CBHW071633270326
41928CB00010B/1908